中外哲学典籍大全

总主编 李铁映 王伟光

外国哲学典籍卷

埃克哈特大师文集

〔德〕埃克哈特 著

荣震华 译

商务印书馆
The Commercial Press

Meister Eckhart
DEUTSCHE PREDIGTEN UND TRAKTATE
Diogenes Verlag,1979
DEUTSCHE PREDIGTEN
Manesse Verlag,1999

本书根据瑞士苏黎世第欧根尼出版社 1979 年版《埃克哈特大师德语讲道和论说集》、马内斯出版社 1999 年版《埃克哈特大师德语讲道录》并参考美国 Kessinger Publishing Company《埃克哈特大师著作集》英文版译出。

中外哲学典籍大全

总主编 李铁映 王伟光

顾 问（按姓氏笔画排序）

王树人 邢贲思 汝信 李景源 杨春贵 张世英 张立文
张家龙 陈先达 陈晏清 陈筠泉 黄心川 曾繁仁 楼宇烈

学术委员（按姓氏笔画排序）

万俊人 马援 丰子义 王立胜 王南湜 王柯平 王博
冯颜利 任平 刘大椿 江怡 孙正聿 李存山 李景林
杨耕 汪晖 张一兵 张汝伦 张志伟 张志强 陈少明
陈来 陈学明 欧阳康 尚杰 庞元正 赵汀阳 赵剑英
赵敦华 倪梁康 徐俊忠 郭齐勇 郭湛 韩庆祥 韩震
傅有德 谢地坤

总编辑委员会

主 任 王立胜

副主任 张志强 冯颜利 王海生

委 员（按姓氏笔画排序）

甘绍平 仰海峰 刘森林 杜国平 李河 吴向东 陈鹏
陈霞 欧阳英 单继刚 赵汀阳 郝立新

外国哲学典籍卷

学术委员会

主　任　汝信

委　员（按姓氏笔画排序）

　　　　马寅卯　王齐　王颂　冯俊　冯颜利　江怡　孙向晨
　　　　孙周兴　李文堂　李河　张志伟　陈小文　赵汀阳　倪梁康
　　　　黄裕生　韩水法　韩震　詹文杰

编辑委员会

主　任　马寅卯

委　员（按姓氏笔画排序）

　　　　邓定　冯嘉荟　吕超　汤明洁　孙飞　李剑　李婷婷
　　　　吴清原　佘瑞丹　冷雪涵　张天一　张桂娜　陈德中　赵猛
　　　　韩骁　詹文杰　熊至立　魏伟

中外哲学典籍大全
总　　序

《中外哲学典籍大全》的编纂,是一项既有时代价值又有历史意义的重大工程。

中华民族经过了近一百八十年的艰苦奋斗,迎来了中国近代以来最好的发展时期,迎来了奋力实现中华民族伟大复兴的时期。中华民族只有总结古今中外的一切思想成就,才能并肩世界历史发展的大势。为此,我们须要编纂一部汇集中外古今哲学典籍的经典集成,为中华民族的伟大复兴、为人类命运共同体的建设、为人类社会的进步,提供哲学思想的精粹。

哲学是思想的花朵、文明的灵魂、精神的王冠。一个国家、民族,要兴旺发达,拥有光明的未来,就必须拥有精深的理论思维,拥有自己的哲学。哲学是推动社会变革和发展的理论力量,是激发人的精神砥石。哲学能够解放思想,净化心灵,照亮人类前行的道路。伟大的时代需要精邃的哲学。

一　哲学是智慧之学

哲学是什么?这既是一个古老的问题,又是哲学永恒的话题。追问"哲学是什么",本身就是"哲学"问题。从哲学成为思维的那一天起,哲学家们就在不停的追问中发展、丰富哲学的篇章,给出一张又一张答卷。每个时代的哲学家对这个问题都有自己的诠释。哲学是什么,是悬在人类智慧面前的永恒之问,这正是哲学之为哲学的基本特点。

哲学是全部世界的观念形态、精神本质。人类面临的共同问题,是哲学研究的根本对象。本体论、认识论、世界观、人生观、价值观、实践论、方法论等,仍是哲学的基本问题,是哲学的生命力所在!哲学研究的是世界万物的根本性、本质性问题。人们已经对哲学作出许多具体定义,但我们可以尝试再用"遮诠"的方式描述哲学的一些特点,从而使人们加深对"何为哲学"的认识。

哲学不是玄虚之观。哲学来自人类实践,关乎人生。哲学对现实存在的一切追根究底、"打破砂锅问到底"。它不仅是问"是什么(being)",而且主要是追问"为什么(why)",特别是追问"为什么的为什么"。它关注整个宇宙,关注整个人类的命运,关注人生。它关心柴米油盐酱醋茶和人的生命的关系,关心人工智能对人类社会的挑战。哲学是对一切实践经验的理论升华,它关心具体现象背后的根据,关心"人类如何会更好"。

哲学是在根本层面上追问自然、社会和人本身,以彻底的态度反思已有的观念和认识,从价值理想出发把握生活的目标和历史的趋势,从而展示了人类理性思维的高度,凝结了民族进步的智慧,寄托了人们热爱光明、追求真善美的情怀。道不远人,人能弘道。哲学是把握世界、洞悉未来的学问,是思想解放与自由的大门!

古希腊的哲学家们被称为"望天者"。亚里士多德在《形而上学》一书中说:"最初人们通过好奇—惊赞来做哲学。"如果说知识源于好奇的话,那么产生哲学的好奇心,必须是大好奇心。这种"大好奇心"只为一件"大事因缘"而来。所谓"大事",就是天地之间一切事物的"为什么"。哲学精神,是"家事、国事、天下事,事事要问",是一种永远追问的精神。

哲学不只是思想。哲学将思维本身作为自己的研究对象之一,对思想本身进行反思。哲学不是一般的知识体系,而是把知识概念作为研究的对象,追问"什么才是知识的真正来源和根据"。哲学的"非对象性"的思维方式,不是"纯形式"的推论原则,而有其"非对象性"之对象。哲学不断追求真理,是认识的精粹,是一个理论与实践兼而有之的过程。哲学追求真理的过程本身就显现了哲学的本质。天地之浩瀚,变化之奥妙,正是哲思的玄妙之处。

哲学不是宣示绝对性的教义教条,哲学反对一切形式的绝对。哲学解放束缚,意味着从一切思想教条中解放人类自身。哲学给了我们彻底反思过去的思想自由,给了我们深刻洞察未来的思想能力。哲学就是解放之学,是圣火和利剑。

哲学不是一般的知识。哲学追求"大智慧"。佛教讲"转识成智","识"与"智"之间的关系相当于知识与哲学的关系。一般知识是依据于具体认识对象而来的、有所依有所待的"识",而哲学则是超越于具体对象之上的"智"。

公元前六世纪,中国的老子说:"大方无隅,大器晚成,大音希声,大象无形,道隐无名。夫唯道,善贷且成。"又说:"反者道之动,弱者道之用。天下万物生于有,有生于无。"对"道"的追求就是对有之为有、无形无名的探究,就是对"天地何以如此"的探究。这种追求,使得哲学具有了天地之大用,具有了超越有形有名之有限经验的大智慧。这种大智慧、大用途,超越一切限制的篱笆,具有趋向无限的解放能力。

哲学不是经验科学,但又与经验有联系。哲学从其诞生之日起,就包含于科学形态之中,是以科学形态出现的。哲学是以理性的方式、概念的方式、论证的方式来思考宇宙与人生的根本问题。在亚里士多德那里,凡是研究"实体(ousia)"的学问,都叫作"哲学"。而"第一实体"则是存在者中的"第一个"。研究"第一实体"的学问被称为"神学",也就是"形而上学",这正是后世所谓"哲学"。一般意义上的科学正是从"哲学"最初的意义上赢得自己最原初的规定性的。哲学虽然不是经验科学,却为科学划定了意义的范围,指明了方向。哲学最后必定指向宇宙、人生的根本问题,大科学家的工作在深层意义上总是具有哲学的意味,牛顿和爱因斯坦就是这样的典范。

哲学既不是自然科学,也不是文学、艺术,但在自然科学的前头,哲学的道路展现了;在文学、艺术的山顶,哲学的天梯出现了。哲学不断地激发人的探索和创造精神,使人在认识世界的过程中不断达到新境界,在改造世界的过程中从必然王国到达自由王国。

哲学不断从最根本的问题再次出发。哲学史在一定意义上就是不断重构新的世界观、认识人类自身的历史。哲学的历史呈现,正是对哲学的创造本性的最好说明。哲学史上每一个哲学家对根本问题的思考,都在为哲学添加新思维、新向度,犹如为天籁山上不断增添一只只黄鹂、翠鸟。

如果说哲学是哲学史的连续展现中所具有的统一性特征,那么这种"一"是在"多"个哲学的创造中实现的。如果说每一种哲学体系都追求一种体系性的"一"的话,那么每种"一"的体系之间都存在着千丝相联、多方组合的关系。这正是哲学史昭示于我们的哲学之多样性的意义。多样性与统一性的依存关系,正是哲学寻求现象与本质、具体与普遍相统一的辩证之意义。

哲学的追求是人类精神的自然趋向,是精神自由的花朵。哲学是思想的自由,是自由的思想。

中国哲学是中华民族五千年文明传统中最为内在、最为深刻、最为持久的精神追求和价值观表达。中国哲学已经化为中国人的思维方式、生活态度、道德准则、人生追求、精神境界。中国人的科学技术、伦理道德、小家大国、中医药学、诗歌文学、绘画书法、武术拳法、乡规民俗,乃至日常生活都浸润着中国哲学的精神。华夏文明虽历经磨难而能够透魄醒神、坚韧屹立,正是来自于中国哲学深邃的思维和创造力。

先秦时代,老子、孔子、庄子、孙子、韩非子等诸子之间的百家争鸣,就是哲学精神在中国的展现,是中国人思想解放的第一次大爆发。两汉四百多年的思想和制度,是诸子百家思想在争鸣过程中大整合的结果。魏晋之际玄学的发生,则是儒道冲破各自藩篱、彼此互动互补的结果,形成了儒家独尊的态势。隋唐三百年,佛教深入中国文化,又一次带来了思想的大融合和大解放。禅宗的形成就是这一融合和解放的结果。两宋三百多年,中国哲学迎来了第三次大解放。儒释道三教之间的互润互持日趋深入,朱熹的理学和陆象山的心学,就是这一思想潮流的哲学结晶。

与古希腊哲学强调沉思和理论建构不同,中国哲学的旨趣在于实践人文关怀,它更关注实践的义理性意义。在中国哲学当中,知与行从未分离,有着深厚的实践观点和生活观点。伦理道德观是中国哲学的贡献。马克思说:"全部社会生活在本质上是实践的。"实践的观点、生活的观点也正是马克思主义认识论的基本观点。这种哲学上的契合性,正是马克思主义能够在中国扎根并不断中国化的哲学原因。

"实事求是"是中国的一句古话,在今天已成为深邃的哲理,成为中国人的思维方式和行为基准。实事求是就是解放思想,解放思想就是实事求是。实事求是是毛泽东思想的精髓,是改革开放的基石。只有解放思想才能实事求是。实事求是就是中国人始终坚持的哲学思想。实事求是就是依靠自己,走自己的道路,反对一切绝对观念。所谓中国化就是一切从中国实际出发,一切理论必须符合中国实际。

二 哲学的多样性

实践是人的存在形式,是哲学之母。实践是思维的动力、源泉、价值、标准。人们认识世界、探索规律的根本目的是改造世界、完善自己。哲学问题的提出和回答都离不开实践。马克思有句名言:"哲学家们只是用不同的方式解释世界,而问题在于改变世界。"理论只有成为人的精神智慧,才具有改变世界的力量。

哲学关心人类命运。时代的哲学,必定关心时代的命运。对时代命运的关心就是对人类实践和命运的关心。人在实践中产生的一切都具有现实性。哲学的实践性必定带来哲学的现实性。哲学的现实性就是强调人在不断回答实践中的各种问题时应该具有的态度。

哲学作为一门科学是现实的。哲学是一门回答并解释现实的学问；哲学是人们联系实际、面对现实的思想。可以说哲学是现实的最本质的理论，也是本质的最现实的理论。哲学始终追问现实的发展和变化。哲学存在于实践中，也必定在现实中发展。哲学的现实性要求我们直面实践本身。

哲学不是简单跟在实践后面，成为当下实践的"奴仆"，而是以特有的深邃方式，关注着实践的发展，提升人的实践水平，为社会实践提供理论支撑。从直接的、急功近利的要求出发来理解和从事哲学，无异于向哲学提出它本身不可能完成的任务。哲学是深沉的反思、厚重的智慧，是对事物的抽象、理论的把握。哲学是人类把握世界最深邃的理论思维。

哲学是立足人的学问，是人用于理解世界、把握世界、改造世界的智慧之学。"民之所好，好之，民之所惠，惠之。"哲学的目的是为了人。用哲学理解外在的世界，理解人本身，也是为了用哲学改造世界、改造人。哲学研究无禁区，无终无界，与宇宙同在，与人类同在。

存在是多样的，发展亦是多样的，这是客观世界的必然。宇宙万物本身是多样的存在，多样的变化。历史表明，每一民族的文化都有其独特的价值。文化的多样性是自然律，是动力，是生命力。各民族文化之间的相互借鉴、补充浸染，共同推动着人类社会的发展和繁荣，这是规律。对象的多样性、复杂性，决定了哲学的多样性；即使对同一事物，人们也会产生不同的哲学认识，形成不同的哲学派别。哲学观点、思潮、流派及其表现形式上的区别,来自于哲学的时代性、地域性和民族性的差异。世界哲学是不同民族的哲学的荟萃。多样性构成了世界,百花齐放形成了花园。不同的民族会有不同风格的哲学。恰恰是哲学的民族性,使不同的哲学都可以在世界舞台上演绎出各种"戏剧"。不同民族即使有相似的哲学观点,在实践中的表达和运用也会各有特色。

人类的实践是多方面的,具有多样性、发展性,大体可以分为:改造自然界的实践、改造人类社会的实践、完善人本身的实践、提升人的精神世界的精神活动。人是实践中的人,实践是人的生命的第一属性。实践的社会性决定了哲学的社会性,哲学不是脱离社会现实生活的某种遐想,而是社会现实生活的观念形态,是文明进步的重要标志,是人的发展水平的重要维度。哲学的发展状况,反映着一个社会人的理性成熟程度,反映着这个社会的文明程度。

哲学史实质上是对自然史、社会史、人的发展史和人类思维史的总结和概括。自然界是多样的,社会是多样的,人类思维是多样的。所谓哲学的多样性,就是哲学基本观念、理论学说、方法的异同,是哲学思维方式上的多姿多彩。哲学的多样性是哲学的常态,是哲学进步、发展和繁荣的标志。哲学是人的哲学,哲学是人对事物的自觉,是人对外界和自我认识的学问,也是人把握世界和自我的学问。哲学的多样性,是哲学的常态和必然,是哲学发展和繁荣的内在动力。一般是普遍性,特色也是普遍性。从单一性到多样性,从简单性到复杂性,是哲学思维的一大变革。用一种哲学话语和方法否定另一种哲学话语和方法,这本身就不是哲学的态度。

多样性并不否定共同性、统一性、普遍性。物质和精神、存在和意识,一切事物都是在运动、变化中的,是哲学的基本问题,也是我们的基本哲学观点!

当今的世界如此纷繁复杂,哲学多样性就是世界多样性的反映。哲学是以观念形态表现出的现实世界。哲学的多样性,就是文明多样性和人类历史发展多样性的表达。多样性是宇宙之道。

哲学的实践性、多样性还体现在哲学的时代性上。哲学总是特定时代精神的精华,是一定历史条件下人的反思活动的理论形态。在不同的时代,哲学具有不同的内容和形式。哲学的多样性,也是历史时代多样性的表达,让我们能够更科学地理解不同历史时代,更为内在地理解历史发展的道理。多样性是历史之道。

哲学之所以能发挥解放思想的作用,原因就在于它始终关注实践,关注现实的发展;在于它始终关注着科学技术的进步。哲学本身没有绝对空间,没有自在的世界,只能是客观世界的映象、观念的形态。没有了现实性,哲学就远离人,远离了存在。哲学的实践性说到底是在说明哲学本质上是人的哲学,是人的思维,是为了人的科学!哲学的实践性、多样性告诉我们,哲学必须百花齐放、百家争鸣。哲学的发展首先要解放自己,解放哲学,也就是实现思维、观念及范式的变革。人类发展也必须多途并进、交流互鉴、共同繁荣。采百花之粉,才能酿天下之蜜。

三　哲学与当代中国

中国自古以来就有思辨的传统,中国思想史上的百家争鸣就是哲学繁荣的史象。哲学是历史发展的号角。中国思想文化的每一次大跃升,都是哲学解放的结果。中国古代贤哲的思想传承至今,他们的智慧已浸入中国人的精神境界和生命情怀。

中国共产党人历来重视哲学。1938年,毛泽东同志在抗日战争最困难的时期,在延安研究哲学,创作了《实践论》和《矛盾论》,推动了中国革命的思想解放,成为中国人民的精神力量。

中华民族的伟大复兴必将迎来中国哲学的新发展。当代中国必须要有自己的哲学,当代中国的哲学必须要从根本上讲清楚中国道路的哲学内涵。中华民族的伟大复兴必须要有哲学的思维,必须要有不断深入的反思。发展的道路就是哲思的道路;文化的自信就是哲学思维的自信。哲学是引领者,可谓永恒的"北斗",哲学是时代的"火焰",是时代最精致最深刻的"光芒"。从社会变革的意义上说,任何一次巨大的社会变革,总是以理论思维为先导。理论的变革总是以思想观念的空前解放为前提,而"吹响"人类思想解放第一声"号角"的,往往就是代表时代精神精华的哲学。社会实践对于哲学的需求可谓"迫不及待",因为哲学总是"吹响"新的时代的"号角"。"吹响"中国改革开放之"号角"的,正是"解放思想""实践是检验真理的唯一标准""不改革死路一条"等哲学观念。"吹响"新时代"号角"的是"中国梦""人民对美好生活的向往,就是我们奋斗的目标"。发展是人类社会永恒的动力,变革是社会解放的永恒的课题,思想解放、解放思想是无尽的哲思。中国正走在理论和实践的双重探索之路上,搞探索没有哲学不成!

中国哲学的新发展,必须反映中国与世界最新的实践成果,必须反映科学的最新成果,必须具有走向未来的思想力量。今天的中国人所面临的历史时代,是史无前例的。14亿人齐步迈向现代化,这是怎样的一幅历史画卷!是何等壮丽、令人震撼!不仅中国亘古未有,在世界历史上也从未有过。当今中国需要的哲学,是结合天道、地理、人德的哲学,是整合古今中外的哲学,只有这样的哲学才是中华民族伟大复兴的哲学。

当今中国需要的哲学,必须是适合中国的哲学。无论古今中外,再好的东西,也需要经过再吸收、再消化,经过现代化、中国化,才能成为今天中国自己的哲学。哲学的目的是解放人,哲学自身的发展也是一次思想解放,也是人的一次思维升华、羽化的过程。中国人的思想解放,总是随着历史不断进行的。历史有多长,思想解放的道路就有多长;发展进步是永恒的,思想解放也是永无止境的;思想解放就是哲学的解放。

习近平同志在2013年8月19日重要讲话中指出,思想工作就是"引导人们更加全面客观地认识当代中国、看待外部世界"。这就需要我们确立一种"知己知彼"的知识态度和理论立场,而哲学则是对文明价值核心最精炼和最集中的深邃性表达,有助于我们认识中国、认识世界。立足中国、认识中国,需要我们审视我们走过的道路;立足中国、认识世界,需要我们观察和借鉴世界历史上的不同文化。中国"独特的文化传统"、中国"独特的历史命运"、中国"独特的基本国情",决定了我们必然要走适合自己特点的发展道路。一切现实的、存在的社会制度,其形态都是具体的,都是特色的,都必须是符合本国实际的。抽象的或所谓"普世"的制度是不存在的。同时,我们要全面、客观地"看待外部世界"。研究古今中外的哲学,是中国认识世界、认识人类史、认识自己未来发展的必修课。今天中国的发展不仅要读中国书,还要读世界书。不仅要学习自然科学、社会科学的经典,更要学习哲学的经典。当前,中国正走在实现"中国梦"的"长征"路上,这也正是一条思想不断解放的道路!要回答中国的问题,解释中国的发展,首先需要哲学思维本身的解放。哲学的发展,就是哲学的解放,这是由哲学的实践性、时代性所决定的。哲学无禁区、无疆界。哲学关乎宇宙之精神,关乎人类之思想。哲学将与宇宙、人类同在。

四 哲学典籍

《中外哲学典籍大全》的编纂,是要让中国人能研究中外哲学经典,吸收人类思想的精华;是要提升我们的思维,让中国人的思想更加理性、更加科学、更加智慧。

中国有盛世修典的传统,如中国古代的多部典籍类书(如《永乐大典》《四库全书》等)。在新时代编纂《中外哲学典籍大全》,是我们的历史使命,是民族复兴的重大思想工程。

只有学习和借鉴人类思想的成就,才能实现我们自己的发展,走向未来。《中外哲学典籍大全》的编纂,就是在思维层面上,在智慧境界中,继承自己的精神文明,学习世界优秀文化。这是我们的必修课。

不同文化之间的交流、合作和友谊,必须在哲学层面上获得相互认同和借鉴。哲学之间的对话和倾听,才是从心到心的交流。《中外哲学典籍大全》的编纂,就是在搭建心心相通的桥梁。

我们编纂的这套哲学典籍大全包括四个方面的内容:一是中国哲学,整理中国历史上的思想典籍,浓缩中国思想史上的精华;

二是外国哲学，主要是西方哲学，以吸收、借鉴人类发展的优秀哲学成果；三是马克思主义哲学，展示马克思主义哲学中国化的成就；四是中国近现代以来的哲学成果，特别是马克思主义在中国的发展。

编纂《中外哲学典籍大全》，是中国哲学界早有的心愿，也是哲学界的一份奉献。《中外哲学典籍大全》总结的是经典中的思想，是先哲们的思维，是前人的足迹。我们希望把它们奉献给后来人，使他们能够站在前人的肩膀上，站在历史岸边看待自身。

《中外哲学典籍大全》的编纂，是以"知以藏往"的方式实现"神以知来"；《中外哲学典籍大全》的编纂，是通过对中外哲学历史的"原始反终"，从人类共同面临的根本大问题出发，在哲学生生不息的道路上，彩绘出人类文明进步的盛德大业！

发展的中国，既是一个政治、经济大国，也是一个文化大国，也必将是一个哲学大国、思想王国。人类的精神文明成果是不分国界的，哲学的边界是实践，实践的永恒性是哲学的永续线性，敞开胸怀拥抱人类文明成就，是一个民族和国家自强自立，始终伫立于人类文明潮流的根本条件。

拥抱世界、拥抱未来、走向复兴，构建中国人的世界观、人生观、价值观、方法论，这是中国人的视野、情怀，也是中国哲学家的愿望！

李铁映
二〇一八年八月

关于外国哲学
——"外国哲学典籍卷"弁言

李铁映

有人类，有人类的活动，就有文化，就有思维，就有哲学。哲学是人类文明的精华。文化是人的实践的精神形态。

人类初蒙，问天究地，思来想去，就是萌昧之初的哲学思考。

文明之初，如埃及法老的文化；两河流域的西亚文明；印度的吠陀时代，都有哲学的意蕴。

欧洲古希腊古罗马文明等，拉丁美洲的印第安文明，玛雅文化，都是哲学的初萌。

文化即一般存在，而哲学是文化的灵魂。文化是哲学的基础，社会存在。文化不等同于哲学，但没有文化的哲学，是空中楼阁。哲学产生于人类的生产、生活，概言之，即产生于人类的实践。是人类对自然、社会、人身体、人的精神的认识。

但历史的悲剧，发生在许多文明的消失。文化的灭绝是人类最大的痛疚。

只有自己的经验，才是最真实的。只有自己的道路才是最好的路。自己的路，是自己走出来的。世界各个民族在自己的历史上，也在不断的探索自己的路，形成自己生存、发展的哲学。

知行是合一的。知来自于行,哲学打开了人的天聪,睁开了眼睛。

欧洲哲学,作为学术对人类的发展曾作出过大贡献,启迪了人们的思想。特别是在自然科学、经济学、医学、文化等方面的哲学,达到了当时人类认识的高峰。欧洲哲学是欧洲历史的产物,是欧洲人对物质、精神的探究。欧洲哲学也吸收了世界各民族的思想。它对哲学的研究,对世界的影响,特别是在思维观念、语意思维的层面,构成了新认知。

历史上,有许多智者,研究世界、自然和人本身。人类社会产生许多观念,解读世界,解释人的认识和思维,形成了一些哲学的流派。这些思想对人类思维和文化的发展,有重大作用,是人类进步的力量。但不能把哲学仅看成是一些学者的论说。哲学最根本的智慧来源于人类的实践,来源于人类的生产和生活。任何学说的真价值都是由人的实践为判据的。

哲学研究的是物质和精神,存在和思维,宇宙和人世间的诸多问题。可以说一切涉及人类、人本身和自然的深邃的问题,都是哲学的对象。哲学是人的思维,是为人服务的。

资本主义社会,就是资本控制的社会。资本主义社会的文化、哲学,有着浓厚的铜臭。

有什么样的人类社会,就会有什么样的哲学,不足为怪。应深思"为什么?""为什么的为什么?"这就是哲学之问,是哲学发展的自然律。哲学尚回答不了的问题,正是哲学发展之时。

哲学研究人类社会,当然有意识形态性质。哲学产生于一定社会,当然要为它服务。人类的历史,长期是阶级斗争的历史,而哲学作为上层建筑,是意识形态。阶级斗争的意识,深刻影响着意识形态,哲学也如此。为了殖民、压迫、剥削……社会的资本化,文化也随之资本化。许多人性的、精神扭曲的东西通过文化也资本化。如色情业、毒品业、枪支业、黑社会、政治献金,各种资本的社会形态成了资本社会的基石。这些社会、人性的变态,逐渐社会化、合法化,使人性变得都扭曲、丑恶。社会资本化、文化资本化、人性的资本化,精神、哲学成了资本的外衣。真的、美的、好的何在?！令人战栗！！

哲学的光芒也腐败了,失其真！资本的洪水冲刷之后的大地苍茫……

人类社会不是一片净土,是有污浊渣滓的,一切发展、进步都要排放自身不需要的垃圾,社会发展也如此。进步和发展是要逐步剔除这些污泥浊水。但资本揭开了魔窟,打开了潘多拉魔盒,呜呜！这些哲学也必然带有其诈骗、愚昧人民之魔术。

外国哲学正是这些国家、民族对自己的存在、未来的思考,是他们自己的生产、生活的实践的意识。

哲学不是天条,不是绝对的化身。没有人,没有人的实践,哪来人的哲学？归根结底,哲学是人类社会的产物。

哲学的功能在于解放人的思想,哲学能够使人从桎梏中解放出来,找到自己的自信的生存之道。

欧洲哲学的特点,是欧洲历史文化的结节,它的一个特点,是与神学粘联在一起,与宗教有着深厚的渊源。它的另一个特点是私有制、个人主义。使人际之间关系冷漠,资本主义的殖民主义,对世界的奴役、暴力、战争,和这种哲学密切相关。

马克思恩格斯突破了欧洲资本主义哲学，突破了欧洲哲学的神学框架，批判了欧洲哲学的私有制个人主义体系，举起了历史唯物主义，唯物辩证法的大旗，解放了全人类的头脑。人类从此知道了自己的历史，看到了未来光明。社会主义兴起，殖民主义解体，被压迫人民的解放斗争，正是马哲的力量。没有马哲对西方哲学的批判，就没有今天的世界。

二十一世纪将是哲学大发展的世纪，是人类解放的世纪，是人类走向新的辉煌的世纪。不仅是霸权主义的崩塌，更是资本主义的存亡之际，人类共同体的哲学必将兴起。

哲学解放了人类，人类必将创造辉煌的新时代，创造新时代的哲学。英特纳雄耐尔就一定会实现，这就是哲学的力量。未来属于人民，人民万岁！

埃克哈特大师文集

目　　录

教诲录……………………………………………… 1
论属神的安慰……………………………………… 55
论贵人……………………………………………… 103
讲道录……………………………………………… 117
附录………………………………………………… 497
　　埃克哈特逸闻…………………………………… 499
　　教皇约翰二十二世训谕………………………… 506

译者后记…………………………………………… 515

教诲录

下面是埃克哈特兄弟向教会内的青年人传道时的谈话录。其时,他任图林根代理主教,埃尔福特修道院院长。在埃克哈特作这些谈话时,青年们于一个晚上围坐在一起聆听他的讲道,并向他提了不少问题。

一
论真正的顺从

真正而完全的顺从,是位居首位的美德,无此美德,就根本谈不上会有什么大的作为。有了真正的顺从,不管所做之事多么细小,多么微不足道,就都是有益的:在做弥撒或望弥撒时,在出声祈祷或无声默祷时,或者在做任何你能想到的事时,都是如此。随便做哪一件事,你若有了真正的顺从,就必使这事变得可贵。顺从,始终造就万物中的至善。说实在的,如果一个人的所作所为出自真正的顺从,那么,他就不会感到会受到什么妨碍,因为,真正的顺从不会摈弃任何善行。有了顺从,就必定可以无忧无虑,常有善行。

处于顺从之中的人,从他的"自我"中摆脱了出来,抛弃了属他的一切,这时,上帝就必定会在必要的时候进入,因为,如果一个人为自己什么也不要,那么,上帝必定会像为自己一样为他要到一切。如果我已经将我的意愿完全交托在我在天上的主的手中,为自己什么也不要,那么,上帝必定会因此而为我要到一切,而且,如果他为我而摈弃什么的话,他为自己也同样摈弃。这样,万事都是如此:如我不为自己要什么,上帝就为我要。但是,注意!倘若我为自己什么也不要,那他为我要什么呢?只要我从我的"自我"中解脱出来,他就必定会为我要一切为他自己所要的东西,不多也不少,就像他为自己要的一模一样。假设上帝竟然不是这样,那么,凭着上帝所是的真理,上帝就会显得不公正,他就不成其为实实在在的上帝了。

在真正的顺从中,没有什么"我要这样那样"或"我要这个那个",有的只是完完全全地放弃你的一切。故而,在最好的祈祷中,不应该有"祈求主赐给我这个美德",也不应该有"哦,主,祈求你赐给我你自己或永生",应该有的是:"哦,主,祈求你只赐给我你所要的,求主做你想要做的,不管是以什么方式!"这样的祈祷胜过一切,就像天胜过地一样;而如果人这样来祈祷,那就是做了很好的祈祷,就在真正的顺从中走出了他的"自我",进入了上帝。并且,就像真正的顺从不应该有"我要这样"一样,它也不应该有什么"我不要";因为,"我不要"对任何顺从来说确实是真正的祸根。诚如圣奥古斯丁所言:"上帝的忠实仆人不会企望人们对他说出或给予他他想听到的或想看到的东西,因为,他的首要的、最高的追求,乃是听到最讨上帝喜欢的话。"[①]

---

① 见奥古斯丁:《忏悔录》,X c. 26 n37。——德文本编者

二
论最有力的祈祷和至高无上的作为

最有力的祈祷和几乎能成就万事的全能的祈祷,以及最成功的作为,首先是出自于一颗纯净的心灵。越是做到纯净,所作的祈祷和作为就越是强有力,越是有成效,越是值得赞美和越是完美。有了纯净的心灵,才得以成就万事。

那么,什么是一颗纯净的心灵呢?

一颗纯净的心灵,不受任何东西的迷惑,也不受任何东西的牵连,从不追求自身的利益,遇事从不想到满足自己,反之,完完全全沉浸在上帝的旨意之中,彻底抛弃属于自己的一切。这样,哪怕做一件微不足道的事,都会在其中得到他的力量和他的能力。

我们应该做到全身心地祈祷,让人的所有的肢体和力量,让眼睛、耳朵、嘴巴、心脏和所有的感官全都投入其中。而且,在我们确实感到我们正要与那位我们向之祈祷并已经实实在在得到的主上帝合而为一之前,我们绝不应该停下来。

三
论那些满怀私念而无法摆脱自己的人

人们说:"啊,我主,是的,我也希望与上帝同在,我也希望像别人一样虔诚地侍奉上帝,并且,我也愿意过他们一样的生活,甘受贫穷之苦",或者说:"除非我到另外某个某个地方,除非我如此如此行事，否则我怎么也不行。我必须到陌生地方生活，或者到修道院过隐居生活。"

其实，这里面正到处隐藏着你的"自我"，除此之外，就什么也没有了。尽管你不知道或感觉不到，但确实是你的私念：每次你感到不安，无一不是来自于私念，只是不一定觉察到而已。我们认为，所谓这人应该避离这个去追求那个，也许是指这个地方和这些人，这些方式或这一大堆事情或活动，但是，这些方式或事物妨碍你，过错不在此，在这些事物中，妨碍你的正是你自己，因为，你颠倒了你与这些事物的关系。

因此，首先从自己开始，抛弃你自己！说实在的，如果你不是首先避离自己，那么，不管你逃到哪里，你总是会遇到障碍和不安。那些在外界事物中寻求安宁的人，不管是在地点、方式、人群还是事业中去寻求，哪怕离乡背井，甘受贫穷自贬之苦，无所不用其极，然而，却一无所是，根本得不到安宁。这样的寻求，适得其反。他们游荡得越远，越少得到他们所寻求的东西。他们好像一个迷路者：走得越远，迷得越深。但是，他们究竟应该做什么呢？首先，他们应该抛弃自己，这样，也就抛弃了一切。其实，如果一个人抛弃了一个王国或者整个世界，但他仍然保留了自己，那么，他也许就什么也没有抛弃。而如果一个人摆脱了自己，即使他还保留有他的财富或荣誉或别的什么，那么，他确是抛弃了一切。

圣彼得说："看哪，我们已经撇下所有的"（《马太福音》，19章，27节），而实际上他撇下的只是一张渔网和一条小船。一位圣者（希罗尼姆思）为此说道：谁甘愿抛弃他仅有的细小的东西，那他抛弃的不仅是这个，而是抛弃了一切世俗的人已得到的或仅仅向往的东西。因为，如果谁连他自己的意志和自己本身也抛弃掉了，那么，他当然实实在在地抛弃了一切东西，哪怕这些东西曾经是他仅有的财产和全部的家当。因为，你不想去追求的，你就为了上帝的缘故而献出和放弃掉。因此我们的主说："灵心方面贫乏的人有福了"（《马太福音》，5章，3节）*，这就是说："少有个人意志的人有福了。"在此，不应该有人怀疑；再也没有比主下面的话说得更好的了："若有人要跟从我，就当舍己"（《马太福音》，16章，24节）。看住你自己，你在什么地方发现有你自己，你就在那里摆脱你自己；这才是至善之行。

四
论从内和从外摆脱自己的好处

你们应该知道，在今生中，还没有人已经如此彻底地将自己抛弃，以至于他找不到他还能再抛弃自己什么东西。很少有人能注意到这一点并能持之以恒。这是一种等价的交换和公平的交易：你离开所有的事物有多远，上帝就恰恰如此带着他的一切进入，不多也不少，你也就在所有的事物中如此远地使你完全摆脱你自己。你就此开始吧，让你为此付出你能承受的一切代价。只有如此，你才能得到真正的安宁，除此，别无可能。

人们不该太多考虑他们应当做些什么，倒是应该考虑他们会是什么。善良的人，其所作所为也能闪出光辉。如果你是正直的，

---

* 中文本《圣经》译作"虚心的人"，与原文意思有较大出入。——译注

那么，你的所作所为也正直。我们不会打算把神圣建立在某一种行为上；我们总是把神圣建立在某种存在上，因为，并不是行为使我们得以神圣，而是我们应该使行为神圣。不管行为看起来多么神圣，只要它们还只是行为，就绝不能使我们得以神圣。如果我们是神圣的，具有神圣的存在，那我们就使我们所有的行为得以神圣，不管是吃喝、睡觉、苏醒还是其他什么。那些没有伟大的存在的人，不管他们做出了什么样的行为，都是毫无意义的。由此你们应当知道，你们要竭尽全力争取成为善良，而不是在意做些什么事或行为如何如何；重要的是注意这些行为的根基所在。

五
注意，是什么东西造就善美的存在和根基

人的所作所为得以善美是依赖于他具有善美的存在，而他的善美的存在的根基却在于：他的心灵完完全全投向上帝。你要竭尽全力崇仰上帝，无论做什么事或不做什么事，都是为了上帝的缘故。其实，越是如此，你的一切行为就越是善美。不管是什么事。你要依附上帝，这样，他就将一切善美赐给你。去寻求上帝，你就能找到上帝并一切善美的东西。是的，说实在的，有了这样的信念，你可以踏到一块石头上去，倒比你一边领受主的圣体但一边想到你自己的私事要更讨主的喜欢。谁依附上帝，上帝也与他同在，使他具有一切好的品德。而你先前所寻找的，现在来寻找你；你先前所追求的，现在来追求你；你先前想要避开的，现在却避开你。因此：谁紧紧依附上帝，一切属神的东西就来依附他，一切跟上帝

格格不入的东西就离他而远去。

六
论离群独居和侍奉上帝

有人问我：不少人甘愿严格地离群独居，以为可以由此得到安宁，就像处身教堂之中一样。这是不是最好的方法？我说："不！"请看为什么。

其实，一个人，若是为人正直，那么，在任何地方、在所有人中间，都是如此。而若是为人不正，那么，在任何地方、在所有人中间，也都是这样。但是，若为人正直，那他心中就实实在在有了上帝；而心中实实在在有了上帝，他就在任何地方，在街上，在所有的人中间，不管是在教堂里、在荒漠中还是在密室中，都有了上帝；况且，如果他真有了上帝并仅仅只有上帝，那么，谁也无法去阻碍他。

为什么呢？

因为他唯一只有上帝，只向着上帝，在他看来，一切事物全成为上帝。这样的人，在他所有的所作所为和在任何地点，都带着上帝，只有上帝对这人的所作所为起作用；因为，任何行为，从根本上实在应首先归属于这行为的导发者，而胜过这行为的实施者。如果我们心目中真的仅仅只有上帝，那么，他必定对我们的所作所为起作用，谁也无法阻碍他的所作所为，不管是什么样的人和在什么样的场所。这样，无人能够阻碍这样的人，因为，他不追求任何东西，除了上帝，他对什么也不感兴趣；因为，上帝与这人在所有他的意向中合而为一。正像上帝不会因世上形形色色的东西而分心一样,也没有什么东西能使这人分心,因为,世上的形形色色本是归一的,而他却已归到这归一之中。

人应当在一切事物中抓住上帝,应当使他习惯于时时刻刻心中有上帝,驱使你奋发向上和常有爱心。注意,你在教堂里或在密室中是如何侍奉你的上帝的,你也应该保持这同样的心情,将其带到人群中去,别管那里有多么喧嚣,有多么千差万别。并且,我已多次说过,要说没有差别,并不是指我们应该把一切事情或者一切地点或者一切人都同等对待。这是完全不正确的,因为,祈祷总是胜过织布,教堂总是比街道更值得敬重。然而,你应该在所有的事情中都有着同样的心灵,对你的上帝有着同样的信托和同样的爱,有着同样的认真。确实,如果你做到能保持同样的心灵,那么,就没有人能妨碍你每时每刻都与上帝同在。

但是,任何人,如果他不是真正在内心中得到上帝,而总是必须从外部,在这个和那个里面,去得到上帝,用不同的方式去寻求上帝,不管是做什么事或者在什么人那里或者到什么地方去,这样的人是得不到上帝的。并且,很容易有什么样的东西会对这样的人产生阻碍,因为,他并没有得到上帝,他并不单一地寻找上帝,也不是单一地去爱和追求上帝。因此,会阻碍他的,不单是坏人,还有好人,不单是街道,还有教堂,不单是邪恶的言语和行为,还有善良的言语和行为。因为,阻碍是在他里面,这是由于上帝还没有在他里面成为一切。

不然的话,他就能在所有的地方和所有的人那里都守正不移,这是由于,他得到了上帝,无人能从他那里取走,也无人能阻碍他的行事为人。

那么，如何才算是真正得到了上帝呢？

真正地得到上帝是在心灵之中，是在内心深处对上帝的仰望和企求，而不在于经久不息翻来覆去的思考；因为，这是不可能或者很难以追求的，同时也不是最好的方法。人不应该满足于得到一位由思考而得到的上帝；因为，思想过去了，上帝也就过去了。我们宁可要得到一位实在的上帝，他远远高出于人和一切被造物的思想。上帝不会过去，除非人有意背离他。

谁如此地，也即在存在之中，得到上帝，那他就以属神的方式得到了上帝，上帝就在所有的事物中照亮他；因为，所有的事物都让他感到了上帝，从所有的事物中他都看到了上帝的形象。在他里面，上帝始终得以荣耀，在他里面，完成了一种解脱，而让他所爱的无所不在的上帝铭刻在他的心中。好有一比，就像一个人口渴已极：他虽然除了喝水以外还想做些别的事情，他还想到一些别的事情，但是，不管他在做什么，不管他想跟谁在一起，不管他有什么样的追求，不管他想些什么或做些什么，只要他还是这样渴，那么，喝水的念头就怎么也丢不开；而且，渴得越是厉害，想喝水的念头就越是强烈和迫切，越是无法解脱。或者，一个正处于爱心之中的人，正倾注全身心于此，除此以外别无所求：显然，一个这样的人，不管他在哪里，不管他跟谁在一起，不管他开始做什么事，在他内心，他所爱的对象总不会消失，在一切事物中他都看到了他所爱的对象的形象，而且，爱得越深，这样的感觉就越是强烈。一个这样的人，并不去刻意寻求安宁，因为，没有什么不安宁会去妨碍他。

这样的人，得到上帝更多的恩典，因为他用属神的眼光去把握一切事物，高于它们本身所是的。实实在在，这里面包含勤奋和奉献,对人的内心世界的细察,包含对人的心灵在事物和人群中如何安置的清醒的、真实的、审慎的、现实的认知。靠逃离现实,靠离群独居,人是无法学到这一切的;倒不如说,他应该不管在哪里和不管与谁相处都能学会一种内在的独居。他必须学会突破事物并且能够在其中抓住他的上帝,有力地实质性地将上帝引入自己内心深处。好有一比,就好像一个想学书法的人。说实在,如果他要掌握这门艺术,就必须勤学苦练,不管看起来有多么艰难;只要持之以恒,他总是能学好,掌握这门艺术。说实话,一开始他必须把他的思想集中到每一个字母,铭记在心。后来,他掌握了这门艺术,就不必再左思右想了,可以驱笔疾书,驾轻就熟了。对他来说,只要知道自己想要从事自己的艺术就完全够了;即使他不是经常意识到这一点,脑子里还想些别的什么,但他还是能写得很好。

同样,人也应该满怀着属神的心灵,学习他所爱的上帝的榜样,让上帝常驻在他的心中,使得不必费力就有上帝照亮着他,使得他在所有的事物中都能做到超然其上,不受牵制。为此,一开始总需要多加小心,就像学生学书法一样。

七
人应当如何最理性地行事为人

如果有心的话,我们不难在好多人那里看到这样的情况:他处理的事物对他并不起妨碍作用,也不会使他产生什么割舍不下的念头;因为,只要内心充满了上帝,那么,被造物就不会有存身之处了。但是,我们不应满足于此;我们应该让一切事物高度为我们所用,不管是什么东西,不管我们在什么地方,不管我们看到或听到什么,不管是多么地陌生和格格不入。只有这样,我们才是做对了。而且,不是就此停步不前,他可以不断成长,不断有所进步。

人应当很注意地在他一切所作所为中和在接触一切事物时都运用他自己的理性,并时时处处都对自身和自己的内心世界具有一种有洞察力的意识,以尽可能至高无上的方式在一切事物中抓住上帝。因为,就像我们的主所说的,人应该做到的是:"你们应当像那些始终警醒着等候他们主人的人。"(参见《路加福音》,12章,36节)确实,如此等候着的人始终警醒着,他们密切注视着他们所等候的他会从哪里来,他们在一切来临者中期待着他,不管是多么陌生,看起来不会是他也好。因而,我们应该在一切事物中有意识地期待着我们的主。这样一来,势必需要多费精力,全身心投入;如此,就一切都好了,他们在一切事物中抓住了上帝,同时,他们也从上帝那里找到了这些事物中的许多东西。

虽然每一件事情都不一样,但是,如果一个人以相同的心灵去做每一件事,说实在的,他所做的事就都一样,都做得对,都是按上帝的榜样做的,其实,上帝既在最属神的事情中照亮着他,同样也在世俗的事情中照亮他。确实,不可认为人应该去做某些世俗的或不相宜的事;而是,如果他从外界的事物中看到和听到了什么,他应该将其转向上帝。谁能在一切事物中都看到了上帝的存在,谁能最大限度地运用自己的理性,那么,只有这样的人,才知道真正的安宁,才得到了真正的天国。

因为人要想做到守正不移,二者必居其一:或者是他必须学会在事情中抓住和保住上帝,或者是他必须抛弃一切事情。可是,因为人在今世不可能没有活动，人活着就必有活动，且有各种各样的活动，因此，人应该学会在一切事物中得到他的上帝，在所有的事情中和在所有的地方，都保持不受阻碍。因此：初涉世者如果想要在人间做些什么，那么，他首先应该竭尽全力做到与上帝同在，在内心中牢牢地记住上帝，将他的一切追求、思想、愿望和他的力量都与上帝合而为一，做到没有什么其它的东西能够占有一席之地。

八
论在突飞猛进中持之以恒

对某一件事情，人不应该如此高估，也不可能做得如此正确，以至于他竟会对自己的所作所为感到万分放心，可以高枕无忧。他应当经常运用自己的理性和意志这两方面的力量来使自己得到提高，就此不断地攀登高峰，并从外部和内部审慎地抵御各种损害；这样，他在任何事物中都绝不摈弃什么，而是日积月累地突飞猛进。

九
犯罪的倾向如何总是对人产生好处

你必须知道，对正直的人来说，心中产生做坏事的冲动，也绝不是没有收获和益处的。听着！有这么两个人：一个人在成长过程中没有或很少受到什么邪恶的引诱；而另一个人生来就是要受到种种引诱。外在的他受到存在着的外在事物的刺激，也会由于不同情况而导致他发怒、虚荣或去寻花问柳。但是，处在他的最高的力量中，他守正不阿，丝毫不为所动，不会犯什么过错，既不会发怒也不会犯罪，有力地克制了自己的软弱；因为，也许是天生的软弱，例如有些人生来就容易发怒或者比较傲慢等等，然而却不愿意犯下这样的罪。一个这样的人理应更得到称赞，他所得的报酬也更大，他的美德比起第一种人来更为宝贵；因为品德的完善，只有来自于奋斗，正像圣保罗所说的："好的品德是在软弱上显得完全。"（参见《哥林多后书》，12 章，9 节）

犯罪的倾向并不是罪，但是，愿意做有罪的事，就是罪了，愿意发怒，也是罪。其实，一个正直的人，如果他必须请求得到权力，那么，他不会要求犯罪的倾向离他而去，因为没有了这种倾向，人在一切事物中和在他的一切作为中都会显得无所适从，会对各种事物甚至于对奋斗得胜取得报酬这样的荣誉也漠不关心。因为由邪恶而引起的冲动和激情，会带来德行并对为此所作的努力给予报酬。也就是说，犯罪的倾向使人奋发向上，守正不移，有了这种倾向，便驱使他和鞭策他严守德行；因为人越是感到自己软弱，就必须越是加倍地武装自己，德行和邪恶毕竟都是存在于意志之中。

<h2 style="text-align:center">十
意愿何以成就万事，一切美德何以
皆在良好的意愿之中</h2>

人若知道自己具有良好的意愿，他就无须担惊受怕，而且，如果不能如愿以偿，他也不该烦恼；况且，如果他知道自己具有良好

的意愿，他也就不应该认为自己离美德还很遥远，因为美德以及一切美好的东西都存在于良好的意愿之中。如果你具有真正良好的意愿，那么，你就不会缺少什么，不缺爱心，不缺谦卑，不缺各种美德。倒不如说，你以你全部的意愿极力想要的，如果这意愿确实是一个良好的和属神的意愿，是一个现实的意愿，那么，上帝和一切被造物都不能从你那里拿走。由此可见，不应该说："不久以后我要怎样怎样"，这是将来的事，而应该说："现在我想要如此如此！"听着：如果某件事相隔千里之遥而我想要它，那么，比起已经在我怀抱之中的东西来，我当然就宁可放弃前者了。

善对善比起恶对恶来，也是同样强有力的。注意，虽然我什么恶事也还没做，但是，我有从恶的意愿，那我就有了罪，就好像我已经做了恶事一样；而且，由于有了某个坚定的意愿，即使我还未付诸实施，我也许因此而犯下了很大的罪，就好像我毁灭了全世界一样。为什么一件善事就不可能也如此呢？其实，还远远胜过于此呢！

说实在的，我用意愿可以无所不能。我能够担当一切人间的苦难，救济一切穷人，什么人的事都能做，只要你能想到的。就意愿而言，什么也不缺少，只是不一定有能力去做到，因而，在上帝面前，你什么都做到了，没有人可以把它从你那里夺走，甚至一刻也无法阻碍你；这是因为，在上帝的面前，我如果能够，就愿意去做，和我实在已经做到了，这二者是一样的。倘若我甚至于想要有像全世界所有的那么多的意愿，而且我对此有很大和很广的追求，那么，我确实是有了它；因为凡是我想要有的，我就有了。同样，如果我真的想要有那么多的爱，等于所有的人总共曾经得到过的那么多,如果我想要同样那么多地去赞美上帝,或者任何你能想得到的,那么,如果这意愿是完美的,你就确实有了这一切。

现在你也许会问,什么时候意愿才会成为一个正当的意愿呢?要使一个意愿成为完美,那它一定没有任何的私念,已经彻底摈弃了自我,已经转化成为上帝的旨意。是的,越是如此,这样的意愿就越是良好和真实。而且,在这样的意愿中你无所不能,不管是爱心或者你所愿望的其它什么事情。

现在你会问:"既然我觉察不到这种爱心,不能像好多人那样大有作为,显示出非凡的虔诚和许多奇迹,而我却一点也没有,那么,我如何可以具有这个爱心呢?"

这里,你必须注意存在于爱心之中的两件事情:一件是爱心本身,另一件则是爱心的作为或者说爱心的表现。爱心本身只存在于意愿之中;谁有更多的意愿,谁也就有更多的爱心。但是,谁会有更多,别人谁也不知道;这隐藏在灵魂之中,而上帝又是隐藏在灵魂的根基之中。这个爱心完完全全存在于意愿之中;谁的意愿多,谁的爱心也多。

可是,还有第二件事情:爱心的表现或作为。这件事诚然特别显眼,譬如虔心奉献和大声欢呼,然而,说到底,毕竟这不是至善之事。因为,它有时并不是来自于爱心,也会是出自于一种本性,即人们会有这样的喜悦和愉快的感觉,或者,也许会是受了天象的影响或感官的作用所致;而如果他们经常如此,那就总不是最好。因为,即使它真是来自于上帝,我们的主也只是把它给予这样一些人,为的是吸引他们,使人们由此而得以与别的一些人远离开来。但是,如果同样的这些人日后在爱心方面有所长进,他们也许很容易发现自己不再有那么多的感觉和体验了,而这就清楚地表明他们具有了爱心:虽然他们没有了这样的保留,但他们全身心地忠诚于上帝。

现在,即使确实是出于完完全全的爱心,这样还算不上是至善之事。这可以从下述情况中清楚地看出。我们有时应该停止这样的大声欢呼去做一件从爱心出发来说更好的事,做一件恰恰如雪中送炭般的献爱心的事,不管是精神上的还是肉体上的。正像我已经说过的:如果一个人处在像圣保罗曾经有过的那种狂喜之中,这时,他知道有一个病人渴望从他那里得到一小碗汤,那么,我认为,出于爱心,你应当停止这样的狂喜,以更大的爱心去满足这个病人的需求。

人不可错误地认为他会由此而丢弃掉恩典;因为人出于爱心而自愿放弃掉的,他会极其光荣地加倍得到,就像基督所说的:"凡为我的名撇下的,必要得着百倍"(《马太福音》,19章,29节)。是的,人为了上帝的缘故而撇下的和放弃掉的,——也许是,如果他强烈渴望得到这种受到安慰和感到亲密的感觉,而做了他能做的一切,但上帝并不给予他,他因此也就不再追求,自愿地为了上帝的缘故而放弃,——他也将在他(指上帝)里面得到这一切。譬如说,他虽然曾经应有尽有,但为了上帝的缘故却心甘情愿地将其舍弃掉,那么,他就将百倍地获得。因为凡是人愿意拥有,但为了上帝的缘故而忍痛舍弃的,不管是肉体上的还是精神上的,他都在上帝里面得到这一切,就是这一切,人曾经拥有但又自愿放弃的;因为人理应为了上帝的缘故舍弃一切,在爱心之中脱离一切的安慰,出于爱心而牺牲一切的安慰。

关于我们有时出于爱心而应该撇下这样的感受这一点，充满爱心的保罗如此告诉我们："为了对我弟兄的爱，就是与基督分离，我也曾经愿意过"（《罗马书》，9章，3节）。他这里所指的是爱的现在的方式，而绝不是先前的那种方式，按照现在的方式，他一刻也不愿意为了天上地上可能发生的任何事情的缘故而与基督分离，由此他所指的是：安慰。

但是，你们应该知道，上帝的朋友是绝不会没有安慰的；因为，上帝所希望的，就是他们的至高无上的安慰，不管现在看起来是否有安慰。

十 一
当人失去了上帝而上帝隐而不现时人该做些什么

你还应该知道，良好的意愿绝不会失去上帝。但是，人的心灵在感觉上有时会以为失去了上帝并且经常误以为上帝已经离他而去。这时，你该做些什么呢？恰恰应该做你在得到最大的安慰时所做的；当你处于最大的苦难之中时，要学会也如此，百变不移其志。要得到上帝，最好是在你们放松他的地方找到他。你最后得到了他，因为你失去他而又找到了他。然而，良好的意愿是绝不会失去上帝的。许多人说："我们具有良好的意愿"，但他们没有上帝的旨意；他们愿意有他们自己的意愿，竟然想叫我们的主做这做那。这绝不是良好的意愿。我们应当在上帝那里研究他的至善的旨意。

在一切事物中,上帝的目的都是希望我们放弃我们自己的意愿。当圣保罗与我们的主说了很多话,而且我们的主也跟他说了很多话时,这一切都没有记入,直到他将自己的意愿放弃并说:"主啊,你要我做什么呢?"(《使徒行传》,9章,6节)因为我们的主知道要他做些什么。当天使出现在圣母面前时,也是这样:她和他尽管说了很多很多,但这一切都不会使她成为上帝的母亲;而一旦她放弃了她的意愿,她就立即成了这永恒之道的真正的母亲,立地受胎于上帝;上帝成了她的自然的儿子。除了放弃意愿,再也没有什么能使一个人成为纯真的人。确实,如果不能在一切事物中放弃自己的意愿,那我们在上帝面前根本什么也做不了。然而,如果我们能做到放弃我们全部的意愿并且为了上帝的缘故敢于从外部和内部摆脱掉一切事物,那么,我们才算是做到了一切,而在这之前就做不到。

也有少数这样的人,他们有意或无意地总是不希望完全这样,他们希望能感受到一些惊天动地的事,他们向往的是奇特的方式和出奇的场面:这一切其实只不过是他们的私愿而已。你应当完完全全地奉献给上帝,至于他如何以他的方式行事,你就不必操心了。有成千上万的人死了进了天国,他们并没有完全摆脱他们自己的意愿。如果我们完全进入上帝之中而不再有自己的私愿,那么,这才是完善和纯真的意愿。谁在这方面达到得越多,谁就越是真正地投身于上帝。是的,有一首"圣母颂"说到了这个意思:人摆脱掉自己,胜过念一千遍《诗篇》而摆脱不了自己;是的,如此走一步,胜过无此而越过海洋。

人若如此将自己的一切都抛弃掉,他就完全投入主的怀抱之中,以至于要碰到他就势必先要碰到上帝;因为他在上帝的怀抱之中,就像我的帽子盖住了我的头,谁想要拉我,就必定先要拉我的衣服。同样,如果我要喝东西,那么,总先要流过我的舌头,辨出滋味。如果我的舌苔发苦,那么,不管所喝的酒原本多么甘甜,但由于它必须经由我的舌头,因而我感到是苦的。确实,一个人,如若已经将他的一切都摆脱掉了,那么,他就由上帝护卫着,世上任何被造物要想触动他,必须先触动上帝;要加之于他的,必须先通过上帝然后才到达于他;他这才辨得了滋味,是上帝赐给他的。不管有多大的苦难,它总是先经过上帝,上帝先承受这苦难。是的,凭着上帝所是的真理:人所遭受的任何苦难,不管多么细小,哪怕只不过有些不称心或者有些反感,只要将其放到上帝里面去,就会大大地触动上帝,远远超过对本人的触动,上帝为之感到难过,也远远超过人。如果说上帝的确是为了某种在其中预见到的对你的好处而容忍了它,而如果你甘愿遭受这个上帝也在遭受并且是经过他才临到你的苦难,那么,这当然就是属神的了。遭人蔑视与备受敬重,苦涩与甘甜,漆黑一片与光辉灿烂:这一切的滋味都是从上帝那里得到的,都是属神的,因为,只要人除此之外别无所求,别无所感,那么,临到他的一切,就都是按照上帝的旨意而形成的;因此,无论在苦涩还是甘甜之中,他都抓住了上帝。

在黑暗中有亮光照入,那里,我们察觉到了上帝。教训或者亮光对人们的好处,不就在于使他们能由此而受益吗?当他们处在黑暗之中时,他们即将看到亮光。

是的,我们拥有自己的东西越多,我们拥有上帝的东西就越少。摆脱了自己的所有东西的人,无论做什么事,都不会失去上帝。但是,他倘若偶尔失足或失言,或者出了什么差错,这时,正因为上帝一开始就亲临其境,他必定毫不犹豫地承担其损失;但你不可因此而中止你的行为。在这方面,我们在圣伯尔纳*和另外许多圣者那里都找到了例子。在今世生活中,我们无法避免遇到这样的偶然事情。但是,不能因为谷子里面混进了杂草种子就要把好的谷子丢弃掉。说实在的,对于善于与上帝融洽相处的正派人来说,有一些这样的苦难和偶然事情,乃是一种福分。因为,善良的人万事都会得到益处,就像圣保罗所说的(参见《罗马书》,8章,28节)以及圣奥古斯丁所表述的:"是的,连罪孽也是如此。"

十 二

论罪恶:当我们发现自己在罪恶之中时我们该如何

说真的,犯了罪,如果我们为此感到内疚,那就不是罪了。人不可心甘情愿去犯罪,不管是一时的还是经常的,不管是大罪还是可宽恕的小罪,都如此。谁真正信奉上帝,他就应该时刻牢记,可靠而又充满爱心的上帝使人脱离罪恶的生活而进入属神的生活,使他由敌人而成为朋友,这些胜过创建一个新世界。这也许就是使人完全投靠上帝的最强的推动力之一,并且令人惊喜的是,这样必定会使人以强大的爱心做到完完全全地摆脱他自己。

是的,谁真正投入到上帝的旨意中去,他就不应该希望他业已

---

* 指中世纪法国神学家 Bernard de Clairvaux (1090—1153)。——译注

陷入的罪恶最好不曾发生。当然,之所以不应该,并不在于这罪恶是违反上帝的旨意的,而是由于你由此得以增加爱心和变得更谦卑,可见,并不是因为他已经做了违反上帝旨意的事。然而,你应该真正地信赖上帝,相信他让你有此遭遇是为了使你由此而得到最大的好处。一旦人完全从罪恶中解脱出来并彻底远离罪恶,那么,我们所信靠的上帝就不再追究他曾经犯过的罪,一刻也不要他为他所犯的罪作出偿还;即使所犯的罪多得像所有的人所犯的加起来那么多,上帝也不要他作出偿还;他给予他曾经给予任何一个被造物的一切信任。只要他现在信奉主,主就不计前咎。上帝是一位只注视现在的上帝。他一找到你,就接纳了你,不计较你曾经是怎样,而只看你现在怎样。一切罪恶可能让上帝蒙受的各种屈辱,他都甘愿忍受并忍受多年,无非是希望人就此可以大大加深对他的爱的认识,从而,使他自己的爱和感恩之心得以大大增加,怀有更虔诚的敬神之心。这种情况的确非常合乎自然地经常在犯了罪之后发生。

因此,上帝甘愿容忍罪恶的祸害,似乎往往视而不见,最多让其降临到那些特经他挑选要按他的旨意成就大事的人头上。看:还有谁比使徒们更得到我们的主的爱和信任呢?而他们中无一人得以免于陷入大罪;他们都曾经是大罪人。在《旧约》和《新约》中,他多次借助于那些后来成为他最亲近的人来证明这一点;即使今天,我们还很少看到有成大事者不先有这样那样的过错的。我们的主这样做,目的就在于要我们认识他的怜悯心,要我们真正做到谦卑和虔诚。因为,每加一次悔过,也就增加一次爱,使爱得以增强。

十 三
论两种悔过

有两种悔过:一种是暂时的或者说感性的,另一种则是属神的或者说超自然的。暂时的悔过总是导致更大的苦难,使人陷于如此的悲哀之中,似乎他就此身处绝境而不能自拔。

而属神的悔过就完全不同。一旦人感到不对头,他就立即向上帝祈求,意志坚决地永远摈弃一切罪恶。这样,他充分信靠上帝,赢得了很大的安全。而且,由此而产生一种精神上的喜悦,它使灵魂从一切苦难和悲哀中得以升华,使它牢固地紧靠在上帝那里。因为人越是感到自己软弱和欠缺,就越是会以全身心的爱去紧靠上帝,在上帝那里,没有罪恶和欠缺。如果我们要完完全全地敬奉上帝,那么,我们能够踏上的最好的阶梯就是:藉助于属神的悔过而摆脱罪恶。

而且,我们自己越是认识到罪孽深重,上帝就越是乐意于宽恕它们,亲临我们的灵魂来赶走这罪恶;每个人都会尽其所能去掉它最讨厌的东西。罪恶越是深重,上帝就越是愿意宽恕它们,越是愿意尽快地宽恕它们,因为它们也使上帝讨厌。这样,只要属神的悔过上升到了上帝那里,所有的罪恶都立即消失在上帝的深渊之中,快得甚至我还来不及闭上我的眼睛;然后,它们就完全灭绝,就好像它们从来没有发生过一样,只剩下有一个完美的悔过。

十四
论真正的信心和希望

要识别是否具有真正而完善的爱,就要看是否对上帝怀有很大的希望和信心;除了信心以外,再也没有什么东西可以更好地识别是否具有完全的爱。显然,如果一个人发自内心完完全全地爱另一个人,那么,就一定由此而产生信任;因为我们在上帝那里敢于信托的一切东西,我们就真的在他里面找得到,并且还超过了千百倍。如果一个人不能做到对上帝怀有高度的爱,那么,这人也就无法信靠上帝。我们所能够做的所有事情,没有一件能像信靠上帝那样得益。在由于信靠上帝而赢得的所有东西中,上帝都会记住用它们来成就大事。他清楚地明白,所有人的信靠都是出自爱;而爱不仅产生信靠,还拥有真正的知识和无可置疑的安全性。

十五
论永生的两种保障

在今生中有两种关于永生的知识。一种来自于上帝亲口对人所说或派天使转告或通过一种特殊的指点加以启示的。然而,这并不多见,只针对少数人。

另一种知识就较此更好和更有益,能为所有具有完全爱心的人所得知。它基于人出于对上帝的爱和在多次交往中产生的信赖而完完全全地信靠他,对他笃信无疑,而且,由于这样的人在所有被造物中一视同仁地只爱他的上帝而更笃信无疑。即使所有被造物都奚落他,赌咒发誓要与他断绝往来,甚至上帝也好像对他无动于衷,他却还是坚信不疑,因为爱是不会心存疑虑的,爱总是满怀信心地有着良好的期待。我们根本不需要对付出爱的人和接受爱的人说些什么,因为就凭他(指上帝)感知到他(指人)是他的朋友这一点,他就同时懂得了所有于他有益的和带给他福乐的事情。因为,只要你对他一心一意,那么,他就加倍地加爱于你,加倍地信任于你。因为他就是真之本身,我们在他那里当然可以不必有任何顾虑,一切爱他的人也都不必有什么顾虑。

这后一种保障,比起前一种来,要远远来得大,来得完全和真实,绝无半点虚假。反之,一时的灵感则可能含有虚假的成分,很容易会是一种虚假的觉悟。而现在这后一种保障,则是我们在灵魂的全部力量之中感知到的,它对那些真正爱上帝的人绝不会有半点虚假;他们对此坚信不疑,就像一个这样的人对上帝坚信不疑一样,这是由于爱心确实驱走了一切恐惧。正像圣保罗所说的,"爱里没有惧怕"(《约翰一书》,4章,18节);他还说:"爱能遮掩许多的罪"(《彼得前书》,4章,8节)。因为有罪恶的地方,就不能有完全的信任,也不能有完全的爱;爱完全遮掩罪恶,爱对罪恶一无所知。并不是说我们根本就没有犯过罪,而是由爱完全抹去和驱除了罪恶,就好像从来没有过一样。因为上帝的一切行为都是如此完善和充裕,因此,他所宽恕的人他就完全给予宽恕,宁多弗缺,由此而得以造就完全的信靠。我认为这后一种知识远远胜过前一种知识,比之更纯真,带来更大的酬报;因为无论是罪恶还是别的什么东西,都阻挡不了他。确实,上帝以相同的爱对待的,他也就给予相同的评判，不管这人犯过大错还是根本没有犯过错误。但是，能得到更多宽恕的人，也必定有更多的爱，就像我们的主说的："他许多的罪都赦免了，因为他的爱多"（《路加福音》，7章，47节）。

十六
论真正的忏悔和论福乐生活

许多人都以为他们必须做一些显眼的大事情，例如斋期禁食，赤足行路等等，称之为忏悔赎罪行为。然而，真正而至善的忏悔，也即使人得以强有力地和最高度地改邪归正的忏悔，却在于人使自己完完全全地远离一切不是上帝的和在自身及一切被造物那里不完全是属神的事物，在于使自己以一颗无可动摇的爱心去完完全全地投靠亲爱的上帝，这样，使他对上帝的虔诚和请求变得伟大。做一件事使你觉得在这方面有长进，你就越成为一个正直的人；越是这样做下去，忏悔就越是真实，就越是能抵消罪恶，甚至也抵消了一切惩罚。是的，确确实实，你若是能够如此迅速地痛改前非，远离一切罪恶而信靠上帝，这样，即使你曾犯过自亚当时代开始即有的和以后还会有的一切罪恶，你也会得到宽恕，也会免于受罚，你死后即能面见上帝。

这才是真正的忏悔，而它特别地和以最完善的方式建筑在由我主耶稣基督的赎罪行为所代表的庄严受难之上。人对此越是深入思考，一切罪恶和因犯罪而将得的惩罚就越是离他而去。而且，人还应该习惯于在自己的一切作为中始终深思我主耶稣基督的生活和行事为人，深思他的所取和所舍，他的受难和复活，每时每刻常在眼前有主,就像主也常在他的眼前有我们一样。

这样的忏悔(不外)就是那源自一切事物而完全在上帝里面得到升华的心灵。而你能在什么样的行为中最大限度地得到这个而且通过这样的行为确实得到了,那么,你就完全放心地去做吧。但是,如果某种表现于外的行为,不管是斋期禁食,守夜不眠,大声读经还是别的什么,对你在这方面有所妨碍,那么,你应当毫不犹豫地停止下来,丝毫不用担心你是否会因此而在忏悔赎罪方面有什么过失。因为上帝并不在乎你的行为怎样,而唯独注意你的爱心如何,你是否虔诚,在你的行为中你的心意如何。他并不十分看重我们的行为,而只注重在我们所有行为中的我们的心意,注重看我们是不是在一切事物中唯独敬爱他。因为在上帝那里得不到满足的人,实在是过于贪得无厌。你的行为,只要你的上帝知道了,只要你一直念着上帝,那么,你的所有行为就得到了报酬;这对你永远是足够的。而你越是坦诚而单纯地侍奉他,你的所有的行为就越是实实在在地赎去了一切的罪恶。

你也许会想,上帝是整个世界的普遍的拯救者,而如果他单单为了拯救我一人而做了什么,那我的感激之情确是无以言表的了。所以,你自己也应该成为一个普遍的拯救者,去拯救你自身由于犯罪而败坏了的一切;你应该带着这一切去紧紧地投靠他,因为由于你的罪恶你已经败坏了你自身的一切:心、感官、身体、灵魂、体力等等,所有的一切都已病入膏肓,彻底败坏。所以,你要逃到他那里去,在他那里,什么也不缺乏,一切纯真纯善,他是一位帮助你排除你身上所有败坏的普遍的拯救者,不管是内在的还是外在的败坏。

十　七
既然不像当年基督和许多圣者那样受尽苦难，那么人何以能心安理得；他又该如何去跟随上帝

　　人们经常会感到恐惧和沮丧，因为他们看到我主耶稣基督和圣者们的生活是如此严谨和艰苦，而人却做不到这样，并且也不想这样做。为此，当人们发现自己与此大相径庭时，他们就以为自己远离上帝，无法跟随。这样的想法是不对的！不管是由于有所欠缺或是由于有什么弱点，或者由于别的什么，人都不可据此就以为自己远离上帝。而且，即使你所犯下的大罪使你十分惶恐，觉得再也不能靠近上帝了，然而，即使如此，你还是要认定上帝在你身边。因为人将自己远离上帝，这里面包含着很大的祸害；确实，不管人离上帝的远近如何变化，上帝却绝不远离，他始终留在你的近处，而如若他无法留下，那他只得离去，但也还并不远，他停留在你的门前。

　　至于如何效法严谨，也是如此。注意，你该如何效法。你应该看到和已经注意到什么是上帝对你的最强有力的告诫；因为绝不是所有的人都以同样的途径蒙召，就像圣保罗所说的那样（参见《哥林多前书》，7章，24节）。如果你觉得你接下来的路并不在于什么显眼的行为和吃大苦耐大劳，——除非有人是上帝特地为此挑选的，使他有能力如此去做而不会扰乱他的内心——，如果你确实并不感到你有这方面的能力，那么，你尽可以心平气和，不必为此而耿耿于怀。

你也许会说：如果可以不必耿耿于怀，那么，为什么我们的前辈，许多圣者，要这样做呢？那么，想一下：我们的主给了他们这种方式，也给了他们将这种方式贯彻到底的力量，而他确实喜欢他们这样做；他们应当如此来达到他们的至善。上帝并不将人的得救束缚在某种特定的方式上。一种方式所具有的，另一种方式就不具有；然而，上帝已经将实施能力赋予一切良好的方式，任何良好的方式都不被拒绝，因为良好的东西并不相互排斥。人们自己应当注意的是，如果偶尔见到一个善良的人或者听到在谈论他，发现他并不遵循他们的方式，这时，他们绝不可因此而立即认为他所做的一切都是徒劳无益的。他们不喜欢他的方式，就立即对他的良好的方式和良好的想法不屑一顾，这样做是不对的！在看待人们的方式时，更多的要看他们是不是有好的想法，对任何人的方式都不要加以鄙视。任何人都不能只有一种方式，也不可能所有人都只有一种方式，一个人也不可能具有所有方式，不可能具有任何一种方式。

就让每一个人都保持着他的良好方式，包容所有（其它）的方式，并且以他的方式去把握所有一切的善和所有的方式。方式的变更使得方式和心灵都不安稳。某一种方式能提供给你的，你也能够在另一种方式中得到，只要它是良好而值得推崇的，是眼中唯独只有上帝的。况且，不可能所有的人都走一条路。有关效法任何一个圣者的严谨的生活品行，也是这样。你固然应该热爱这样的方式，也会喜欢它，但你不一定要去效仿它。

现在，你会问：我主耶稣基督的方式总是至高无上的，我们按理总该时时效法他吧。

这是千真万确的。我们确实应当效法我们的主，然而，并不是指任何一个方式。我们的主,他曾禁食四十天;可是,没有人应当这样去效法他。基督做了好多事,他想要我们在精神上而不是肉体上去效法他。所以,我们应当努力以精神的方式去效法他;因为,他更注重我们的爱,胜过我们的行为。我们应该以我们自己的方式去效法他。

那么,如何做到呢?

听着:在所有事物中!怎么样和以什么方式做到呢?那么,正像我经常说过的:我以为精神的行为远远胜过肉体的行为。

为什么?

基督禁食了四十天。你要效法的是:注意自己最乐意做的或者最方便能做到的事,就试着去做,然后对自己保持着敏锐的注视。这样,你常常在不知不觉中比你完全禁食还要做更多的放弃。有时要你不说某一句话甚至比要你什么话都不说还要来得难。因而,有时对一个人来说,听一句无足轻重的脏话比挨打还难以忍受,在大庭广众下一人向隅远比独居荒野更难以做到,常常是放小比放大还难,做小事比做大事还难。这样,处于软弱之中的人还是能够效法我们的主,可以不必以为自己离开主很遥远。

十八
人若自然而然地享有锦衣美食并交友广阔,他可以以什么方式去享受这些

你不必因方式中的衣食之类的事而感到不安,似乎觉得这样过于优越不太好;你倒应该让你的内心习惯于远远超越这些。除

了上帝以外，什么东西也不应使你感到快乐与钟爱；与之相比，一切别的事物都显得渺小。

为什么？

因为只有软弱的内心才会要藉助于外在的衣服以求得妥当；说得正确一些，内在的东西应当恰当地规定外在的东西，因为只有前者才是你拥有的。可是，如果它（指外在的衣服）确已属你所有，那你就可以出于你内心在如下的方式中将其作为好东西接受下来，即你确实做到如果脱掉了它你还是同样无动于衷。对于食物、朋友和亲戚，以及上帝可以赐给你也可以从你手中夺去的一切，都是这样。

所以，我以为最好是这样：人完全将自己交托给主，如果上帝要让他挑起什么重担，受耻辱也罢，劳累也罢，或者别的什么苦难也罢，他都满怀喜悦和感恩加以接受，让自己更多地得到上帝的引领，而不是自作主张。所以，如果你们愿意在一切事物中学习和效法上帝，那你们就是做对了！这样你们也会得到荣誉和舒适。但是，如果人失去了荣誉和舒适，那也要忍受，并且心甘情愿地忍受。因此，人们既可以理直气壮地吃，同时也对禁食挨饿有充分的思想准备。

这也确实是说明为什么上帝让他的朋友免于遭受巨大苦难的理由；否则，凭他的无比的纯真似乎不会允许这样做，因为在苦难中实实在在包含着如此多和如此大的恩赐，而他不愿意也不可能让什么善美的东西遗漏掉。但他却宁可让自己满足于一个良好而正直的意愿；不然的话，他也许为了包含在苦难之中的无法形容的恩赐的缘故而不让他们免于遭受苦难。

既然上帝也满足了，那么，你也应该满足；但是，如果他喜欢你别的什么，你也照样应该满足。因为人应当从心底里用他的全部意愿归顺主，他根本就不可由于方式或行为的缘故而使自己感到不安。你尤其要避离一切标新立异，不管是衣着还是食物，还是言辞，如夸夸其谈，或者矫揉造作，这些都是毫无好处的。这里，你还应当知道，并不是禁止你有任何特点。有许多特殊的东西是我们在许多时间和在许多人那里必须遵循的；因为谁是一个特殊的人，他也就必须在许多时间以各种方式做许多特殊的事。

从内心来说，人应当在一切事物中都效法我主耶稣基督，做到在他里面找到他所有的行为和属神的现象的一个反射；并且，只要能做到，人就应该通过刻苦努力把基督的一切行为带到自身里面来。你如此持之以恒地做下去，他就会接纳。你要以你完全的奉献和你整个的心念做下去；让你的心灵在任何时间都习惯于此，即习惯于在你的一切行为中都效法他。

十 九
为什么上帝经常让一些真正的善人在行善事时受到阻碍[①]

上帝之所以会让他的朋友们常常陷入软弱之中，其目的仅仅在于使他们失去一切他们能够向往的或者能够得到依靠的支撑。

[①] 关于本节的标题：正是对上帝自己的"朋友"，上帝经常在他们做一些虽然敬神但却正在支撑和增强他们自己的自我意识的大事时对他们加以妨碍，其目的乃在于使他们唯独只在上帝那里得到他们的支撑。参见本文集中的《论属神的安慰》，第二章章末。——德文本编者

因为对于一个有爱心的人来说，当他能够做各种大事，不管是在守夜时还是在禁食时，或者在做别的什么特别而艰难的事时，他都会感到莫大的喜悦；他们把这看作是重大的喜悦、支撑和希望，这样，在他们看来，他们的行为就成了他们的支撑和希望。而我们的主正是要从他们那里去掉这个，他希望只有他才是他们唯一的支撑与希望。因为他要给他们很大的恩赐，而这纯粹是出于他的慈悲心；他应当是他们的支撑和安慰，而在上帝的一切巨大的恩赐中他们应该看到自己一无所是。因为归给上帝的心灵越是纯净，越是受到上帝的支撑，人就越是深入地投入到上帝里面，越能得到上帝的所有最宝贵的恩赐，因为人本当唯独只信赖上帝。

二　十
论我们的主的圣体，
论我们应该经常领受圣体，
以什么方式和虔诚领受圣体

愿意领受我主圣体的人，不必去观察他自己感受到什么或者他的内心有多大的崇敬和虔诚，而应当注意他自己的意愿和他自己的心灵究竟处于什么状态。你不应该把你的感受估计得很高；你倒是更应该以你所爱的和所追求的为大。

愿意并能够无忧无虑地到我们的主那里的人，第一，要使自己的良心完全不再受到所犯罪恶的谴责。第二，这个人的意愿要切切实实转向上帝，除此以外别无所求，他所追求的唯独是上帝以及完全属神的事物，凡是不适合于上帝的，他必不乐于求取。因为正是如此,人才认识到他离上帝有多远或者有多近;正是如此,人才认识到他从这样的举止行为中得到的是多少。第三,他必须牢牢谨记,对圣餐礼和对我们的主的爱应当不断增长,不至于由于时常领受圣餐反而使敬畏之心有所减弱。因为,是生是死常常因人而别。所以,你应当密切注视着,看看你对上帝的爱是否有所增长,对上帝的敬畏是否还保持着。这样,你越是经常领受圣餐,你就越是有所改善,领受圣餐对你就越是有好处。因此,不要因了某些议论而对你的上帝心存疑虑;你领受圣餐越多越好,上帝也就更为可爱。我们的上帝也乐于与人同在。

现在你会问:啊,主啊,我觉得我是那么空虚、冷淡和懒惰,所以,我不相信我能进到主你那里。

那么,我说:你这就更需要进到主那里去!因为,在他里面,你会热情高涨,在他里面你变得圣洁,与他紧密相连,合而为一。只有在圣餐礼中,你才真正得到了恩典,这恩典使你的肉体的力量由于我主圣体的亲临这样一种无比崇高的力量而得以归一和凝聚,使得人的所有分散的感觉和心灵得以在这里凝聚和归一,这样,虽然它们原本确是趋向于向下散落,但现在在此挺拔而起,呈献到主的面前。居住在他里面的上帝就使它们安于向内,戒除掉由于尘世的事物而形成的种种属肉体的障碍,轻装上阵,进到属神的事物中去;而且,由于受到主的圣体的强化,肉体也得到了更新。因为我们应当变成像主一样,完全与他合而为一(参见《哥林多后书》,3章,18节),属他的就是属我们的,就是我们的一切,我们的心和他的心成为一颗心,我们的身体和他的身体成为一个身体。这样,我们的感觉,我们的意愿和追求,我们的力量和我们的肢体,都应当进到他里面去,在肉体和灵魂的一切力量中都察觉到有他。

现在你会说:哦,主啊,我在我里面除了贫困以外察觉不到什么别的东西。那我怎么敢去领受圣餐呢?

确实,如果你想要完全改变你的贫困,那么,你就应该去往放满金银财宝的地方,让你致富;你心中自应明白,只有找到了宝藏,才能使你心满意足。你就这样说吧:"所以,我要到你这里,希望你的财富能够弥补我的贫困,希望你的海阔天空可以填补我的空虚,希望你的莫测高深的神性来充实我的可耻而沉沦的人性。"

"啊,主啊,我已经犯了很多的罪;我无法赎罪。"

正是为此,你就该去领受圣餐,它已经承担了所有的罪过。在它里面,你可以为你的所有罪过向你在天上的父献上确有所值的祭品。①

"啊,主啊,我极愿赞美我主,但我做不到。"

那么,你就该去领受圣餐,唯独这才是天父所悦纳的感谢,才是对所有属神的善美的无比崇高真诚而完美的赞美。

总之,如果你想要完全摆脱一切贫乏,想要具备美德和恩典,想要带着所有美德和恩典返归到自己的本原,那么,你应当使你自己能够庄重而经常地去领受圣餐;这样,你就与他合一,以他的圣体而变得高贵。是的,在我主的圣体里,灵魂跟上帝靠得那么近,以至于所有的天使,不管是基路伯还是撒拉弗*,都无法把二者区

---

① 可参看:《哥林多前书》,15 章,3 节;《以弗所书》,2 章,4 节;《彼得前书》,3 章,18 节。——德文本编者

* 二者均为天使。当上帝将亚当和夏娃逐出伊甸园时,基路伯带着火焰剑把守住生命树的道路。事见《创世记》,3 章,24 节。又,当以赛亚见到主时,看到有撒拉弗侍立,各有六个翅膀。事见《以赛亚书》,6 章,2 节。——译注

别开来；因为他们碰到了上帝，也就碰到了灵魂，而碰到了灵魂，也就碰到了上帝。这是何等亲近的合一啊！因为灵魂之亲近上帝，远远胜过使其成为一个人的肉体与灵魂之间的亲近程度。这种合一，远比把一滴水滴入一个酒桶里更要亲密。水滴入酒桶，水还是水，酒还是酒；而灵魂与上帝合一，完全合而为一，没有一个被造物能够加以区分。

现在，你会说：怎么会这样呢？我一点也感觉不到如此！

究竟怎样呢？你越是不大感觉到，你越是坚定地信仰，你的信仰就越是值得称赞，越是得到重视和赞扬；因为真正的信仰在人里面远远不是什么纯粹的臆想。在真正的信仰里面，我们具有真正的知识。说实在的，我们所缺乏的，不外就是正当的信仰。至于我们有时觉得在某一件事里比在另一件事里有大得多的收获，这只是由于一些外在的条条框框，而事实上没有大的差别。所以，有着同样的信仰，所领受到的和所得到的也相同。

现在你会说：既然我尚未达到更高的境界，我有很多缺陷，对许多事物都有所留恋，那我怎能企望去信仰更高的事物呢？

看，你必须看到在你身上有两类事物，而我们的主同样有着这两类事物。他也同样具有最高的力量和最低的力量，二者有着两类行为：他的最高的力量在于拥有和享受永恒的福乐，而他的最低的力量则在同一时间处于在地上遭受到最大的苦难和你争我斗之中，而在他的密切关注之下，后者不会对前者产生妨碍。于你也是如此，即你的最高力量应当上升到上帝那里，完全奉献给上帝，与上帝连在一起。更甚于此：我们还应当将一切的苦难完完全全托付给肉体和最低力量以及感官，从而使得我们的灵心以其全部的力量得以升华，得以不受束缚地专注于上帝。感官及最低力量的苦难，还有这一类的诱惑，并不触动其灵心；因为斗争越是激烈，取得的胜利以及因胜利而获得的荣耀就越是令人赞不绝口；因为遇到的诱惑越是大，做恶事的冲动越是强烈，而人却克制住了，那么，你就越是品德高尚，深得上帝喜悦。因此，如果你想要隆重地领受你的上帝的圣体，那么，要注意把你的最高力量奉献给你的上帝，让你的意愿去追寻他的旨意，注意你在他那里所追求的目标，注意你对他的忠诚达到何等程度。

处于这样的境界，人所领受到的绝不单是我们的主的宝贵的圣体，他领受到的是无比浩大的恩典；而且，次数越多，所得的恩典也越大。是的，人可以带着这样的虔诚和信念来领受圣体，即如果安排他到最底下的唱诗班，那他就可以唯一一次领受圣体，使他得以升到第二层的唱诗班；是的，你可以带着这样的虔诚去领受圣体，使得你被认为有资格进到第八层或第九层唱诗班。因此，如有两个人，毕生情况都相同，而其中一人比另一人多一次庄严地领受了我主的圣体，那么，这人就可能由此而大大超过这另一人，如日中天，达到了与上帝的特殊的合一。

对我主圣体的这样的领受和充满福乐的享用，不仅在于外在的享用而已，而在于以渴求的心灵和虔诚的合一而得到的灵心上的享受。人可以充满信心地这样领受到，他比地上任何一个人都更因蒙恩而富有。人可以日复一日地千遍万遍地这样做，随时随地，不管是在病中还是健康无病，都可以做到。然而，我们还是应该像参加领受圣餐礼时一样对此做好充分的准备，一切按照规定去做，使之适应于所求之事的强度。如果我们并无所求，我们还是对此做好充分的准备,热情洋溢,那么,我们就能立时成圣,得到永恒的福乐;因为上帝随后就到,直到永永远远。愿我主,真理之师,贞洁之爱,永恒之生,将这赐给我们。阿门。①

二十一
论 热 心

一个人想要领受我主圣体时,他可以毫无顾虑地去领受。但是,如果我们能事先作忏悔,哪怕根本就没有负罪感,只是为了由于忏悔而使圣餐礼更有效果,那么,这就更为恰当和有益了。然而,倘若有什么事判定某人有罪,使他因负罪而不能去忏悔,那么,他应当到他的上帝那里去,对自己的罪深切悔改,直到他感到自己必须去忏悔为止。只要他不再有负罪意识或自责感,那么,他可以认为,上帝也已经将其忘记掉了。我们向上帝忏悔,理应先于向人忏悔,而且,如果我们有罪,我们就应当十分认真地在上帝面前忏悔,尖锐地责备自己。可是,如果我们想要去领受圣餐,那么,我们就不可为了追求表露于外的忏悔而轻易将此丢弃,因为在人的所作所为中,要紧的是使他的灵心保持正直,保持属神和善良。

我们应该学会在我们行事为人时在内心里做到不受束缚。可是,对于一个对此感到生疏的人来说,要让他做到不受周围的人群

---

① 埃克哈特在此强调内心的圣餐礼,或者说,与上帝的合一;这种合一,就像童贞女分娩一样,是超越时间和空间的(可参阅他的《讲道录》,第二讲),从而,可以日复一日地无数次发生。当然,他提到了如何通过正式庄严地领受圣餐而对这种内心的圣餐礼做好充分准备的意义所在。——德文本编者

和行为的妨碍——这可需要很大的热心才能做到——，要让他感到上帝始终与他同在，感到上帝何时何地都在照亮着他，那确实是一件不寻常的难事。这需要一种灵巧的热心，尤其是要做到下面两件事。第一，人应当保持内向，使他的心灵能抵御外面形形色色的影像，不让它们进入自己里面，不让自己受它们的误导，不让它们在自己里面有存身之处。第二，人不管是在他的内部影像（可能是什么观念或者心灵的崇高）还是在外部影像中，或者在他所遇到的别的什么事物之中，都不可因此而神分志夺。人应当使他自己所有的力量都矢志于此，始终保持内心的纯正。

现在你会说：但人若是要做些什么事，他务必要面向外界；除非以其固有的表现形式表现在外，不然就什么事也不做。

这是对的。然而，外在的表现形式，对于熟知其道的人来说，就不是什么外在的东西，因为在注重内心世界的人看来，一切事物都具有一种内在的属神的存在方式。

面对一切事物，人必须要做到正确而完全地使他自己的理性适应于上帝，运用他自己的理性；如此，使他的内心世界始终保持着属神。就理性而言，再也没有什么东西能像上帝那样完全拥有它，随时随地都运用它，贴近它。它绝不改弦易辙。它并不致力于已深陷于暴力和不义之中的众多被造物，它在那里遭受到的是横加破坏和颠倒是非。如果它在某个年轻人那里，或者，在某个人那里，已经彻底败坏，那么，非得花大力才能使其恢复，要竭尽全力去重新找回理性。因为对它来说，尽管上帝是那么顺理成章，那么合乎本性，但是，一旦它受到误导，把根子扎到了被造物上面，带有被造物的种种色彩，习惯于此，那么，它在这一部分就变得如此软弱，无以自制,原先高贵的企求因此而受阻,以致人即使费尽九牛二虎之力,也难以完全恢复。而且,即使一切就绪,他自己还是需要得到经常的保护。

在一切事物面前,人必须注意使自己培养起坚忍而正直的习惯。没有良好习惯的人,如果想像具有良好习惯的人一样行事为人,那他也许会彻底崩溃,一事无成。只有当人摆脱了一切的事物,与其疏远,然后,他就能够审慎地行事为人,可以放心地去做什么事,也可以不受阻碍地不去做什么事。反之,如果人爱上了什么,对之有兴趣,他甘愿服从于这个兴趣,不管是吃什么、喝什么,还是别的什么,在一个还没有养成良好习惯的人那里,这也往往会引起一些害处。

人应该具有这样的习惯,即在任何事物中都不寻找和追求属于自己的东西,而是宁可在一切事物中去找到和把握上帝。因为上帝绝不会给出这样的恩赐,而且确实也从来没有给出过这样的恩赐,以至于使我们可以坐享它而无需操心。宁可说,他迄今在天上和在地上已给出的一切恩赐,他总是到终了的时候才给予,证明他所能给予的恩赐,就是他自己。[①] 他用所有那些恩赐,只是要为我们准备这个恩赐,这就是:他自己;而上帝所做的一切,他在天上和在地上所做的一切事,只是为了能做一件事,那就是:创建福乐,从而使我们能够享受到福乐。所以,我说:在上帝的一切恩赐和作为中,我们必须学会注视上帝,我们绝不可由于什么而沾沾自喜,安于现状而停步不前。在今世生活中,我们不可有任何形式的停

---

① 可参见本文集的《讲道录》,第四十一讲。——德文本编者

步不前,而且,迄今为止,也没有任何人可以如此,哪怕他多么功成名就。在一切事物面前,人都应该始终向着上帝的恩赐,日复一日,永无止境。

我想稍稍讲一下一位女性①的事。她十分想要从我主那里得到些什么;可是,我当时就对她说,她尚未真正准备好,而如果上帝在她没有准备好的情况下给予她恩赐,那这种恩赐反而会变成坏事。

现在你们会问:"为什么她没有准备好呢?她毕竟具有良好的意愿,而你们也说过,良好的意愿无所不能,一切事物,一切完善,尽在其中。"

这不错,然而,就意愿而言,我们应区分两种意义:一种意愿是偶然的和非本质的意愿,而另一种意愿则是决定性的和创造性的,是已经习以为常的意愿。

确实,人的心灵因一时冲动而要将自己与上帝联为一体,潜身修道,这是不够的。人一定要具有习以为常的虔诚信奉,以前如何,以后还是如此;只有这样,我们才能够领受来自于上帝的大事,并在万事中领受到上帝。若是有人未曾准备好,那么,他就败坏了上帝的恩赐,而且,跟这恩赐一起,也败坏了上帝。这也就是为什么上帝并不是每时每刻都赐给我们我们所求的事的道理所在。这过错不在他,因为他想赐给我们的心情千百倍地胜过我们想要取得的心情。可是,是我们使他不得不克制住,是由于我们行了不义之事而阻碍他去做他原本要做的事。

---

① 埃克哈特这里是指某一个修女。——德文本编者

人应该学会,在得到所有恩赐时把自我舍弃掉,不再保留任何属于自己的东西,也不去追求什么,包括利益、乐趣、挚情、享受、报酬、天国、自有的意愿。上帝从未曾而且以后也不会按照某个陌生的意愿将自己赐予;他只按照他自己的旨意将自己赐予。但是,当他找到了他自己的旨意时,他就将自己赐予,并且以一切他所是的投入其中。这样,我们越是摈弃我们自己,就越是实实在在地得到上帝的恩赐。所以,我们如果单是某一次抛弃掉自我以及我们所有和所能的一切,那是不够的,我们必须时时履新,使我们自己在一切事物中变得纯朴而解脱。

还有一件极有益的事,那就是,人不要满足于仅仅在内心里具有诸如顺从和清贫等美德,应该让自己在行为和美德的结果中付诸实践,经常检验自己,并且争取通过别人来使自己得到实践和检验。所以,我们履行德行,对主顺从,甘于清贫和受贬,或以另外的方式使自己保持忍辱负重和泰然自若,这样还不够;我们更应该要不断奋发努力,直到我们做到从本质和根基上赢得美德。至于我们是否具有美德,可以以如下的方法来加以识别:如果我们倾心于美德胜过所有别的事物,如果我们无须做准备即能履行德行,在履行德行时并不特别考虑要以此成就什么了不起的大事,而是为行德行而行德行,是出于对美德的爱,说不上有什么缘故,那么,我们就完全具有了美德,否则就还谈不上具有美德。

只要我们还没有彻底抛弃掉所有属于自己的东西,我们就始终要学习有所不为。不管我们是否察觉到,实际上,一切狂躁和不安总是来源于私欲。我们应当连同所有属于我们自我的东西,在确实摈弃掉各种愿望和企求以后,投入到上帝的真善而至爱的旨意中,而且，必须是真正连同我们在万事中可以愿望和企求的一切。

有一个问题：我们是不是有意识地要把所有对上帝的甜蜜感情也抛弃掉呢？而这不是由于懒惰和对上帝少有爱所造成的吗？

是的，如果不作区别，当然是这样。因为究竟是出于懒惰，还是出于真正的超脱，这就要看我们是不是在内心里做到超脱，是不是在超脱以后还像处于激情时一样忠诚于上帝，还是一模一样，没有丝毫减弱，对于一切安慰和帮助，还是一如既往地感到不受任何约束。

对于具有如此善美意愿的正直的人来说，时间绝不会太短暂。因为就意愿而言，他总是要万事如愿以偿。不单是现在，既然他将千百年地活下去，他就要做一切他能做的事。这样一种意愿把我们千千万万年也许能做到的事都包括进去了；而在上帝面前，他已经做到了一切。

二十二

论我们该如何跟随上帝，兼论良好方式

人若想要开始新的生活或行为，就应该信靠他的上帝，全力以赴和满怀虔诚地祈求上帝赐给他至善至美，赐给他最喜爱和最有价值的东西，而他则不去企求什么自我的东西，而是一心一意于上帝的旨意。只要是上帝加之于他的，他都直接从上帝那里受取，并视为他的至善至美，在其中感到完全的满足。

虽然在这以后也许他会更喜欢另一种方式，但是，他应该想到：这种方式是上帝赐予你的，因而它是上帝认为最好的方式。他

应该信任上帝,将所有好的方式都纳入到上述方式中,并以此去接受所有多种多样的事物。因为凡上帝认为是好的方式,我们也必定在一切良好的方式中找得到。我们正是要在上述一种方式中把握一切良好的方式,而不是这方式的特殊性。因为人总是只能做一件事,他不可能什么都做。总是要有这样一个"一",他必须在这个"一"之中去把握万物。因为如果人什么都想做,既做这个,又做那个,弃上帝给予的方式而采取另一种他特别喜欢的方式,就会造成极大的不稳定。一个脱离尘俗进入教团并始终留在那里的人,之所以要比那种从一个教团转到另一个教团的人——哪怕这教团多么圣洁——更要来得完善,是因为在后者那里有了方式的转变。人理应抓住一种良好的方式后即始终保持,并将所有良好的方式都引入到它里面,将它看作是从上帝那里受取到的,因而不可朝三暮四,这样也就无须担心会有什么闪失。因为与上帝同在,我们就不会有什么闪失;上帝没有闪失,与上帝同在的我们也就不会有什么闪失。所以,你们应该从上帝那里受取"一",然后从这个"一"中引出所有的善美。

然而,如果它们彼此不相协调,互不相容,对你来说,这就是一个明确的信号,说明它们不是来源于上帝。各种善美绝不相互排斥,因为正像我们的主所说的:"凡一国自相纷争,就成为荒场"(《路加福音》,11 章,17 节),而主同样又说:"不与我相合的,就是敌我的,不同我收聚的,就是分散的"(《路加福音》,11 章,23 节)。所以,对你来说,这是一个明确的信号:如果某种善美不包容甚或破坏另一种善美哪怕是微小的善美,那么,它必定不是来源于上帝。如若是来源于上帝,则必能将其包容,而不是加以破坏。

这里插入一个简短的注释:毫无疑问,忠诚可靠的上帝对每一个人都以其最佳予以接纳。

这是千真万确的。对某一个人,上帝如在他站着时可以找到他,就不会在他躺下时才去找到他;因为上帝出于他的善美本性,对万事都力求其最佳。

有人问到,有一些人,上帝明知他们受洗之后将要堕落,堕落以后也无法再重新站立起来,那么,上帝为什么不采取最佳的方式,在他们还在童年尚未懂事时就让他们死去呢?

我说:上帝不是某种善美的东西的破坏者,他是一位实施者。上帝不是本性之破坏者,而是它的完成者。上帝的恩典也并不破坏本性,而是去完成本性。如果上帝在一开始就这样来破坏本性,那就是将暴力和不公正加给本性;他不会这样做。人具有自由意志,他可以选择善和恶,而上帝对他指明,行恶者死,行善者生。人应该可自由选择,自主他的行为,不受破坏,也不受强制。恩典并不破坏本性,它是去完成本性。① 上帝显灵并不破坏恩典,而是去完成恩典,因为显灵乃是完成了的恩典。由此可见,在上帝里面没有什么对某种存在之物进行破坏的东西;宁可说他是万物的完成者。同样,我们也不可破坏我们里面任何的善美,不可因了某个大的方式而破坏一个小的方式,我们应该完成它们,直到至高无上。

这里说起一个人,他要从头开始过一种全新的生活,我就以这样的方式对他说:你要做这样的人,即在万事中寻求上帝,在一切

---

① 关于恩典与福乐之间的关系,可参阅本文集的《讲道录》,第二十二讲。——德文本编者

时间、一切地点和一切人那里以一切方式找到上帝。如此,我们就能够无论何时都毫不间断地取得进步,永无止境。

二十三
论内在的行为和外在的行为

假定有一个人,他想用他全部的力量,包括内部的和外部的,使自己闭目塞听,修身自好,在他的内心,既没有任何观念,也没有任何强制性的驱动力,使他内在或外在均无任何行为可言:那么,要注意,处在这种状态是不是出于本身并没有行为的需求。如果不是这样,即并不是没有什么东西吸引人去做什么行为,并不是他不想做什么,那么,他还是应该强制自己去做出行为,不管是内在的还是外在的。因为尽管看起来很好,但人绝不可固步自封。如果他受到压力或者出于自我约束,使得大家得到他是被驱使去行为而不是自动做出行为的印象,然后他就学会与他的上帝共同行为了。并不是要人们逃避或脱离或拒绝他们的内心活动,而是应当学会正是在其中、藉助于此并由此出发来做出行为,使得他们的内心活动得以展开获得实效,并且又将这实效引入他们的内心活动中,使得他们习惯于不是被迫去行为。因为人们理应盯住这内在的行为,并由此出发来做出行为,不管是做弥撒还是做祈祷,或是需要时所做的一些外在的事。可是,如果这外在的事对内心活动起破坏作用,那么,我们应该遵循内心活动。二者能一致当然最好,我们就得以与上帝共同行为。

有这样的问题:既然人业已超脱了自己和所有的行为,——正像圣狄奥尼修斯所说的那样①：以最美的语言谈论上帝的人，由于内心的富有反而可以闭口不谈，——既然一切想法和行为，一切赞美和感恩，都已去除，那么，我们应如何做到与上帝共同行为呢？

回答是：有一个行为是合乎情理的，那就是否定自己。然而，这种对自己的否定或者贬低会是十分重大的事，以至于如果不是由上帝亲自在某一个人里面予以完成，就总是有所欠缺。所以，只有当谦卑达到足够完全，当上帝让人可以通过人自己而达到谦卑，人才算是完美有德了。

还有一个问题：可是，上帝如何让人做到自我否定呢？这种对人的否定似乎是一种由上帝而得到的提升，因为福音书里说到："自卑的必升为高"（《马太福音》，23章，12节；《路加福音》，14章，11节）。

回答是：又是又不是。他应该"自卑"，但这不能够就此为止，我们要看上帝是如何做的；他"升高"了，但并不是说自卑是一回事，而升高又是另一回事。宁可说，升高所达到的至高的高峰正存在于自卑的最深下的根基之中。因为根基越深下，升得就越高，井打得越深，这井也就越高；高和深二者原本就是合一的。因此，一个人越是能够自卑，他就越是高。所以我们的主说："若有人愿意作首先的，他必作众人末后的"（《马可福音》，9章，35节）。* 愿意作那个的，也就必须作这个。先要成为这个，才可以是那个。成为

---

① 参见身为雅典最高法官的狄奥尼修斯：《论神秘神学》（De Mystica Theologia），c.1，S1.（PG3，997）。——德文本编者

* 埃克哈特原文为："若有人愿意作最大的，他必作众人最小的。"现按《圣经》原文译出。——译注

最小的,其实就是最大的;已经成为最小的,也就已经是最大的了。这样,福音书作者的话就得到证实和应验:"自卑的必升为高"(《马太福音》,23章,12节;《路加福音》,14章,11节)。因为我们整个的存在,无非就是植根于归向虚无。

《圣经》中写到:"你们在他里面万事富足"(《哥林多前书》,1章,5节)。* 说实在的,我们一定要先做到在一切事物上一贫如洗,不然就做不到那样。谁想要得到一切事物,他就必须放弃一切事物。这是一个公平的交易,是一个等价的交换,就像我很久以前说过的那样。所以,因为上帝愿意把他自己以及一切事物都无偿地赠予我们,他也就要从我们这里把属于我们的一切东西完全取走。是的,上帝很不希望我们仅仅占有用我们的鼠目寸光所能看到的那一点点东西。因为他迄今所给予我们的所有赏赐,不管是自然之赏赐还是恩典之赏赐,都只抱有一个愿望,即希望我们什么也不要占有;他对他的母亲,对任何人或任何一个被造物,也都从未以任何方式给予过什么。而为了教导我们和使我们对此有所准备,他就经常从我们那里把肉体的和精神的财富都取走。因为荣誉不应归于我们,只应归于他。我们宁可应该如此来拥有一切事物,即把它们看成是借给我们的而不是赠送给我们的,我们对它们没有所有权,不管是肉体还是灵魂、感觉、力量、外在的财富或名誉、朋友、亲戚、房子、庭院和所有的事物,都是这样。

可是,上帝如此蓄意将这一切加诸我们,究竟为的是什么呢?是为了要做到只有他自己才成为我们所有的全部。他愿意如此,

---

* 埃克哈特原文为:"你们富有一切的美德。"现按《圣经》原文译出。——译注

并力求做到如此,他一直致力于使他能够和可以做到如此。他的最大的喜悦和乐趣,也就在于此。而他越是能够在更大的范围内做到这个,他就越是欢欣鼓舞;因为我们对一切事物占有得越多,我们对上帝的拥有就越少,而我们对一切事物越是少有爱恋,我们就越是享有上帝以及他提供给我们的一切。所以,当我们的主谈论各种福乐时,他把灵心的贫乏*放在一切福乐的首位,为的是表明一切福乐和完善毫无例外地以灵心的贫乏作为其开端。确实,如果说确有什么根基使得一切善美得以建于其上,那么,没有这一点它就不能存在。

因了我们摆脱掉我们的身外之物,上帝愿意赐给我们天堂的一切,赐给我们天堂及其全部的力量,是的,赐给我们由他里面流出来的一切,赐给我们天使和圣者所享有的一切,希望我们像他们一样地享有它们,比我们享有任何东西都更高。因了我为他而抛弃自我,上帝就把他所是的和他所能够提供的一切都完全归我所有,他有什么,我也有什么,不多也不少。他归我所有,千百倍地胜过一个人曾经获得过的某一样东西,不管是把它藏在箱子里还是爱不离身。我拥有任何东西,都无法与上帝将他自己及其所能和所是的一切归于我相比拟。

为了得到这,我们应当丢弃我们在尘世间所拥有的一切,丢弃一切不是"他"的东西。并且,这种贫困越是彻底,我们从上帝那里得到的就越多。然而,我们不应以这个报酬为目标,不可眼睛盯住它不放,不应计较做了什么好事就要得到些什么。因为越是不在

---

* 参见《马太福音》,5 章,3 节。并参见本《教诲录》之"三"中的译注。——译注

乎,就越是得到得多,就像圣保罗说的:"似乎一无所有,却是样样都有的"(《哥林多后书》,6 章,10 节)。这样的人,没有私有的财产,不去追求也不想要,对自己是这样,对一切自身之外的东西也这样,是的,即使对上帝和对一切事物,也都是这样。

你想知道,如何才是一个真正贫困的人吗?①

一个真正贫困的人,能够省却一切非必须的东西。所以,那位裸体坐在桶内的人对征服了全世界的亚历山大大帝说道:"我比你大得多;因为我所蔑视的,超过你所拥有的。你自以为了不起所拥有的,我却不屑一顾。"②能舍弃万物并对之无所需求的人,远比那些刻意追求而占有万物的人更为幸福。能省却不急需的东西的人,最为好。所以,能最大限度地省却和蔑视的人,就会尽最大可能加以抛弃。如果一个人为了上帝的缘故作了巨额的捐赠,建成了多个修道院房,并救济穷人,这算是一件大事了。但是,那个为了上帝的缘故而以同样程度予以蔑视的人,也许更为有福。能得到真正的天国的人,为了上帝的缘故可以放弃万物,不管是上帝所赐予的还是没有赐予的。

现在你会说:"是的,主啊,我有很多缺点,那我岂不是因此而成障碍了吗?"

如果你感到有很多缺点,你就理应再三地祈求上帝,看他是否愿意让这些缺点从你那里去掉,要知道,没有他,你什么也做不了。如果他把它们去除掉了,你就感谢他;而如果他不这样做,你就为

---

① 对这个题目,可参见本文集的《讲道录》,第三十二讲。——德文本编者
② 参见西塞罗(Cicero), Tuscul. V, 32, §92. 也可参见塞涅卡(Seneca), De Beneficiis, VII, 2, §§3—6; "Gesta Romanorum", c. 183. ——德文本编者

了他的缘故而忍受,但不再是作为一种罪孽的缺点,而是作为一种伟大的实践,你应该以此来获得报酬并练习忍耐。不管他赐予你还是不赐予你,你都应该满足。

上帝对每个人总是按照什么对他最好和最适合于他来赐给他。我们做衣服时要度身裁衣,对这个人适合的,对另一个人就不适合。对每一个人都要按他的尺寸给他裁衣。上帝也是如此,他赐给每一个人的,都是他认为最适合于他的。其实,谁完全信靠他,谁就能够在最小的事物中得到与在最大的事物中所得到的同样多的东西。假如上帝想要赐给我像他当年赐给圣保罗一样的东西①,那么,如他所愿,我就乐意受取。然而,如果他不想把这个赐给我,——因为他只愿意让很少的人在今世生活中达到这样的知识——,那么,我还是同样敬爱他,同样感谢他,同样感到完全的满足,对他的不给予视同他的给予;我对此同样心满意足,虽然它只在我周围,但我还是同样爱慕它,就好像上帝已赐给了我一样。确实,对上帝的旨意我应当如此感到满足:只要上帝想要做什么或赐给什么,对我来说,他的旨意就是如此可爱和宝贵,一点也不亚于他将这赐给我本人或者在我自己里面做这事。这样,上帝的一切恩赐和一切行为就都是我的,从而,无论所有的被造物行善或行恶,都于我无损。既然给予一切人的恩赐也都是我自己的,那我怎能发怨言呢?其实,对于上帝为我做什么或赐给我什么或不赐给我什么,我都感到心满意足,因为我一分钱也不付出却能够过我所

---

① 这里是指保罗在第三层天所经历的狂喜。参看《哥林多后书》,12章,2、3节。——德文本编者

能想象的最美好的生活。

现在你会说:"我害怕我对此不够努力,没有尽我所能地去敬爱他。"

你要以此为憾,然后用耐心去承受它,将此作为一次练习而得以安心。上帝甘愿忍受屈辱和劳累,甘愿得不到侍奉和赞美,为的是使那些敬爱他和跟随他的人能得到安宁。那么,为什么我们还要计较他赐给我们些什么或我们还少些什么,因而得不到安宁呢?《圣经》中写到,我们的主说,"为义受逼迫的人有福了"(《马太福音》,5章,10节)。一个即将被绞死的罪有应得的贼,或者一个因犯有杀人罪而依法将被处以极刑的犯人,倘若他们也能够坦然地认为:"看,你是为了正义而受此苦难,无可非议",那么,他们无疑也变成有福的了。确实,不管我们如何感到不公正,如果我们把上帝为我们所做的或没有做的从他的角度认为是公正的东西接受下来,为了上帝的缘故而忍受苦难,我们就有福了。所以,你不可发怨言,要发怨言,只应埋怨你竟然还在发怨言,尚未感到满足;你只应为你已有了太多太多而发怨言。因为凡是正直的人,无论处在贫乏之中还是处在富有之中,他的感受是一样的。

现在你会说:"上帝在那么多人那里做了那么伟大的事情,使他们因此而显得属神,可是,那是上帝的作为,而不是他们的作为啊。"

那么,你就应该在他们里面感谢上帝,如果他将其赐给你,以上帝的名义,那你就拿下吧!如果他不赐予你,你也该心甘情愿地得不到。你应当心中只有他,至于你的行为究竟是上帝所为还是你自己所为,根本不用为之操心;因为,如果你心中只有他,那么,不管他愿意与否,他都必须这样做。

你也根本不用去关注,上帝究竟给予某人什么东西或什么方式。倘若我是如此善美和圣洁,以至于大家把我抬高到圣人之列,这时,人们就议论纷纷,要追根究底看看这里面是恩典还是自然所使然。其实这是不对的。应当让上帝在你里面起作用,将你的行为归于他,然后你就不用去过问他做事是遵循本性还是超乎本性;二者都是他的:本性和恩典。至于他认为如何行事比较恰当或者他是在你里面还是在另外一个人里面行事,这与你有什么相干呢?他自己会选择怎样或在哪里或以什么方式去行事。

若有一个人想把泉水引到他花园里来,他会说:"只要泉水能引来,我才不管用什么样的水槽,铁的、木的、骨色的或锈色的都可以。"所以,有些人成天在考虑上帝是通过什么在你里面行事,到底是本性还是恩典,这样的人完全是本末倒置。就让他去行事吧,你尽可安心。

确实,你有多少在上帝里面,你也就有多少安宁,而你脱离上帝有多远,你离开平安也就有多远。任何东西,如只在上帝里面,它就必得安宁。在上帝里面有多么多,就有那么多的安宁。要想知道你在上帝里面究竟有多少,你可以去看你是不是得到了安宁。因为你在哪里感到不安,那么,在那里你是必然感到不安,这是由于不安乃来自于被造物,而不是来自于上帝。在上帝里面,没有什么东西要惧怕:在上帝里面的一切,仅仅是去爱。同样,在他里面,没有什么东西要悲哀。

能具有他的全部旨意和愿望的人,必有喜悦。但无人能具有,没有人能使他的意愿和上帝的旨意完全一致。愿上帝赐给我们这样的一致!阿门。

论属神的安慰[①]

[①] 这篇论著也被称作《安慰书》。据海德堡神学教授文克(Johannes Wenck)的考证,埃克哈特此书系为匈牙利女皇阿格涅斯(Agnes,约 1280~1364)所作。阿格涅斯为 1308 年被谋杀的哈布斯堡阿尔布雷希特一世(Albrecht I)之女。——德文本编者

愿颂赞归于我们的主耶稣基督的父神。

(《哥林多后书》,1章,3节)

　　尊贵的使徒圣保罗说了这样的话:"愿颂赞归于我们的主耶稣基督的父神,就是发慈悲的父,赐各样安慰的神。我们在一切患难中,他就安慰我们。"有三种患难使人不堪困扰。一种是由于身外财产遭受损失,另一种是由于其亲友遭遇不幸,还有第三种是他本人所遭受的种种患难,如遭人鄙视,艰辛劳累,身体病痛和内心烦恼。

　　我极愿在本书中写下若干个教训,俾使处于各种劳苦悲哀之中的人由此可以得到安慰。本书分为三个部分。在第一部分中,人们看到的是普遍的真理,从中可以引出能恰如其分地安慰人的各种痛苦的东西。然后,在第二部分中,列出约30条教训,其中每一条都能使人们藉以找到安慰。最后,在本书第三部分中,人们可以看到智慧人在受苦时所做的和所说的,将其作为行为和言论的模范。

一

　　首先必须知道,有智慧的人与智性,说真话的人与真理,正义的人与正义,善良的人与善性,前后二者之间都是密切关联的①。善性,既不是被创造出来,也不是被制造出来或生养出来的;然而,它却是能有所生养的,由它生养出善良的人,而这善良的人,就其为人善良而言,并不是被制造出来和创造出来的,但却是善性所生养出来的儿子。善性,在善良的人里面,生养出自己以及一切它所是的:它将存在、知识、爱心和行为,全部注入善良的人里面去,而善良的人接受其全部的存在、知识、爱心和行为,一切都出自善性之心深处,仅仅来源于它。善良的人与善性,二者不外就是同一个善性,在所有的东西中都是合而为一的,所差无非就是一个是生养,一个是被生养而已;然而,善性之生养与在善良的人那里的被生养却完全是同一个存在,同一个生命。凡属于善良的人所有的,他都是在善性之中从善性那里接受到的。他就在那里存在着,生活着,居住着。他在那里认识他自己和一切他所认识的,他热爱一切他所热爱的,并且,他处在善性之中以善性来作出行为;而善性之行事,乃是与他一起并在他里面,完全按照《圣经》中我们的主所说的那样:"父居留在我里面行事"*(《约翰福音》,14 章,10节)。"我父作事直到如今,我也作事"(《约翰福音》,5 章,17 节)。"凡是父的都是我的,凡是我的,都是我的父的:他是赐予,我是受取"**(《约翰福音》,17 章,10 节)。再进一步,我们必须知道,当我

---

① 所谓"存在"、"太一"、"真者"、"善者"、"智慧"、"正义"等与其被造物携带人之间的关系,尤其是正义与正义的人二者之间的本质关联,构成埃克哈特的基本论题,参见本《文集》的《讲道录》的第二十五、四十六、二十七讲。——德文本编者

* 埃克哈特此处的引文,与《圣经》原文有出入。《圣经》原文为:"我在父里面,父在我里面。"——译注

** 埃克哈特此处的引文,与《圣经》原文有出入。《圣经》原文为:"凡是我的都是你的,你的也是我的,并且我因他们而得了荣耀。"——译注

们谈到"善良的人"时,其名称或者名词的含义,不多不少正好就是指单纯的善性;然而,我们说到善良的东西,是就其是自己赋予(生养)自己善性而言的。当我们谈到"善良的人"时,人们会理解,他之为善良是被给予的,是由那个非被生养出来的善性所注入和生养出来的。所以,福音书中说到:"因为父怎样在自己有生命,就赐给他儿子也照样在自己有生命"(《约翰福音》,5 章,26 节)。他说的是"在自己",而不是"由自己",因为父已经将它赐给了他。

我在这里关于善良的人与善性所说的一切,同样也适用于说真话的人与真理,正义的人与正义,有智慧的人与智性,上帝的儿子与上帝父神;这适用于一切由上帝所生养而在地上没有父亲的东西,而任何被创造的东西,任何非上帝的东西,都不可能孕育到这里面去,在它里面,除了纯真的上帝以外没有任何别的肖像。因为圣约翰在他的福音书里说到:"他就赐他们权柄,作神的儿女。这等人不是从血气生的,不是从情欲生的,也不是从人意生的,乃是从上帝生的"(《约翰福音》,1 章,12 和 13 节)。

这里他所说的"血气",是指在人那里一切不服从于人的意愿的东西。他所说的"情欲",是指在人里面一切虽然服从于他的意愿,但总会有一些逆反的东西;是指一切倾心于肉欲,既属于灵魂又属于肉体,但并不单单在灵魂里面的东西,从而使这样的灵魂力变得疲倦、软弱和衰老[①]。而圣约翰所说的"人意",则是指灵魂的

---

① 当灵魂力变得疲倦、软弱和衰老时,就涉及较低的力量(特别是感官力),较低的力量与身体的器官紧密相连。可参见本文集的《讲道录》,第三十九、五十二讲。——德文本编者

最高力量①，其本性和行为与肉体毫不混同，它们屹立在灵魂的纯真之中，脱离了时间和空间以及一切对时间和空间尚具有某种企求和兴趣的东西，它们不与任何东西苟同，在它们里面，人得以效法上帝而成为上帝一族。但是，因为它们毕竟不是上帝自身，是在灵魂里并和灵魂一起被创造的，所以，它们必须超脱自身，只在上帝里面脱胎换骨，在上帝里面和从上帝那里被生养出来，一心只以上帝为父；因为上帝的儿子以及上帝的独生子也是如此。显然，那个按照自己和跟自己一模一样地造就和生养出我的，我就是其儿子。一个这样的人，上帝的儿子，其善良一如善性之儿子，其正义一如正义之儿子，仅就其为正义之儿子而言，这正义就是非被生养的，而是有所生养的，它所生养的儿子与正义所具有的和所是的乃共有着同一个存在，这儿子拥有凡是正义和真理所具有的一切东西。

这全部的学说都在福音书中写就了，并在富有理性的灵魂的自然光线中得到了确认，而人也就由此为他的所有苦难找到了安慰。

圣奥古斯丁②说道：对上帝来说，没有什么东西是遥远和长久的。如果你希望在你亦是如此，那么，你就该信靠上帝，因为在那里，千年如今日之一日。同样，我说：在上帝里面，既没有忧愁，也没有痛苦，更没有灾难。如果你想要摆脱一切灾难和痛苦，那么，

---

① 灵魂的最高力量，指意志和理性。参见本文集的《讲道录》，第十九讲。——德文本编者

② Augustinus, En. In Ps. 36, Sermo I n. 3 (Patrologia Latina 36, 357). ——德文本编者

你应该保持纯真,并以此而唯独信靠上帝。显然,一切苦难均来源于你没有全心进到上帝里面,没有唯独信靠上帝。倘若你在正义之中彻底脱胎换骨,那么,说实在的,不大会有什么东西能使你陷入痛苦,就像正义不会使上帝陷入痛苦一样。所罗门说:"没有灾害使正义者*困扰"(《箴言》,12章,21节)。他这里不说"正义的人",也不说"正义的天使",不说这个或那个。他这里说的是"正义者"。以某种方式从属于正义者,尤其是使其正义成为其自有的东西的,是"儿子",这儿子在地上有一个父亲,是被造物,是被造出来和被创造的,因为他的父亲就是被造物,是被造出来的和被创造的。然而,纯真的正义者并没有什么被造出来的和被创造的父亲,是与上帝和正义完全合而为一的,只有正义本身才是他的父亲,因而,苦难和灾害不会降临于他(指正义者),就像不会降临到上帝一样。正义不可能给他带来苦难,因为正义不外就是欢乐和喜悦;更进一步,倘若正义竟然给正义者带来苦难,那么,它也就给自身带来这样的苦难。没有什么不平和不义之事,也没有什么被造之物,能够致使正义者陷入苦难,因为一切被创造的东西,都远远地处在他的下面,就像远远地处在上帝下面一样,对正义者施加不了任何影响,也并不在他之中生养,因为他的父亲唯独就是上帝。所以,人应当十分努力地超脱他自己以及一切被造物,只认上帝为他的父亲;这样,就没有任何东西可以置他于苦难之中或使他遭受灾害,不管是上帝还是被造物,不管是被造的还是非被造的东西,都

---

* 中文本《圣经》译作"义人不遭灾害"。显然,埃克哈特认为"正义者"是指纯真正义之化身,而不是一般意义上为人正直的义人。——译注

是如此；而他的整个的存在、生命、认知、知识和爱，都来自于上帝和在上帝里面，从而就是上帝自己。

除此之外，我们还应该知道一件事，它同样也对遭受各种灾难的人给予安慰。那就是，正直而善良的人理所当然地因了正义之行而无可言喻地无比欢欣鼓舞，甚至还胜过他或者即使是最高的天使由于其自然的存在或生命所具有的欢乐和喜悦。因此，圣者也甘愿为了正义而献出他们的生命。

我现在说：如果善良而正义的人遭受外部的伤害，而他却仍保持着沉着和平静，那么，像我前面说过的那样，的确没有什么灾害能困扰正义者。相反，如果他正被外部的伤害所困扰，那么，理所当然的，这是上帝允许让伤害加到这样的人，即那种愿望具有并且误以为已经具有了正义，然而却仍然会被一些微不足道的小事所困扰的人的头上。由此可见，既然是上帝的裁决，那么，他就非但不应该为此而感到困扰，而且应该喜欢如此，甚至胜过他自己的生命，而任何一个人都热爱自己的生命，认为生命比这整个的世界还更有价值；人若不活着，这整个世界对他又有什么意思呢？

我们可以而且应该知道的第三句话就是：上帝，唯有上帝，才是一切善性之唯一源泉，才是基本真理和安慰之唯一源泉，而一切非上帝的东西，其本身就具有了天然的艰辛、无慰和苦难，对于源自于上帝和成为上帝所是的那个善性，非但无从添加，而且，它（指艰辛）减少、掩盖并隐藏了上帝所给予的甘甜、欢乐和安慰。

现在我再说，一切苦难都来自我对我由于受到损害而损失的东西的热爱。如果我为损失一些外在的事物而感到难过，那么，这就正是一个信号，说明我热爱这些外在的事物，这样，其实也就是热爱苦难和无慰。由此可见，如果因为我热爱并追求苦难和无慰而陷入苦难，那有什么值得奇怪的呢？我的心和我的爱，将原本是上帝所固有的善性，献给了被造物。我倾心于那天然就会产生出无慰的被造物，却背离一切安慰由以产生的上帝。这样，我陷入苦难和感到悲痛，有什么奇怪呢？确实，对于在被造物那里寻求安慰的人，不管是上帝还是这整个世界，都无法让这样的人得到真正的安慰。但是，谁在被造物中唯独热爱上帝和唯独在上帝中热爱被造物，谁就会得到真正而普遍的安慰。这就是本书的第一部分所要说的。

二

接下来在第二部分中列出了大约 30 个理由，其中每一个都会给予处在苦难中的有理智的人以恰当的安慰。

第一个就在于，有不幸和损失也必有愉快，有所失也必有所得。故而，圣保罗说，上帝的信实和宽容不会听任某种试探或苦恼达到无法承受的地步。他无论何时都创造和提供某种安慰，使我们得以承受得住（参见《哥林多前书》，10 章，13 节）；因为连圣人和异教的大师们也说，上帝和自然不允许有纯粹的邪恶或苦难。

现在我设定这样一种情况，即假定一个人有 100 马克，失掉了 40，还剩下 60。如果这人成天想那失去的 40 马克，他就感到无慰和焦虑。既然这人对所受的损失和痛苦耿耿于怀，无法排解，盯住不放，纠缠不休，这样的人又怎能得到安慰和免于痛苦呢？如果他转而面对他还保有的那 60 马克，背对那失去的 40 马克，全神贯注于这60马克,乐此不疲,那么,他当然就感到了安慰。凡是保有的好东西,都能够提供安慰,而凡是既不好又并没有的东西,凡是不归我所有和从我那里失掉的东西,则必然产生出无慰,产生出痛苦和烦恼。所以,所罗门说:"遇亨通的日子,你当喜乐;遭患难的日子,你当思想"(《传道书》,11章,27节)*。这也就是说:如果你处在苦难和不幸之中,那么,你就应该想到你还保有的好处和欢乐。上面说到的那个人,如果他想到,成千上万的人倘若能具有你还保有的那60马克,他们会觉得自己当上了富有的老爷太太,会欣喜若狂,这样就能得到安慰了。可是,除此之外还有可以使人得到安慰的东西。如果他患病而肉体经受很大的痛苦,然而他却居有豪宅,不愁吃喝,又得良医诊治,手下仆役成群,亲朋好友时来探视,他该如何看待这个呢?而那些穷苦的人,也患病,甚至病得更重,承受的痛苦更大,但连想喝冷水也没人会给,他们又该如何呢?他们无可奈何地在风雨交加之下挨门挨户地乞求干面包。所以,如果你想要得到安慰,就要忘掉那些日子过得比你好的人,想一想那些比你苦的人。

我还要说:所有的苦难都来自于爱恋和倾心。故而,如果我为了一些过去的事物而感到痛苦,就说明我和我的心还有对这些过去的事物的爱恋和癖好,我并没有全心全意地敬爱上帝,还没有爱上帝希望我与他一起去爱的东西。这样,如果上帝允许让我合乎情理地遭受损失和痛苦,又有什么可奇怪的呢?

圣奥古斯丁说:"主啊,我本不愿失去你,但我曾贪心地想与你

---

* 这里引文出处有误。见《传道书》7章14节。——译注

一起去占有被造物;我因此而失去了你,因为作为真理的你,当人们要与你一起去占有被造物之虚假和欺诈时,你是深恶痛绝的。"①在另一个地方,他又说道:"觉得单有上帝还不够的人,实在是太贪心了。"还有一个地方,他又说:"凡是不满足于上帝本身的人,又怎能满足于在被造物里上帝的恩赐呢?"②一切上帝感到陌生的东西,一切不完全是上帝本身的东西,给善良的人带来的不应是安慰,而应是痛苦。他无论何时都应该说:主啊,上帝,我的安慰!如果你把我从你那里赶到另外什么地方,我求你赐给我一个另外的"你",使得我能够从你而到你,因为我除你以外什么也不要。③ 当我们的主对摩西允诺以良好的祝福,差遣他进入意味着天国的圣地时,摩西就说:"主啊,除非你也同往,不然就不要差遣我去"(参见《出埃及记》,33 章,15 节)。

所有的倾向、欲望和爱恋,都起源于类同,因为所有的事物都倾向于和热爱其同类的事物。纯真的人热爱纯真,正义的人热爱并倾向于正义;人口说出的就是他心里想的,就像我们的主所说的:"心里所充满的,口里就说出来"(《路加福音》,6 章,45 节),以及所罗门所说的:"人的劳碌都为口腹"(《传道书》,6 章,7 节)。所以,这就实实在在地说明,如果人还在外面寻找依恋和安慰,那么,居住在他心中的并不是上帝,而是被造物。

所以,一个善良的人,如果发现上帝并不在他里面,上帝父神

---

① 见奥古斯丁的《忏悔录》,X c. 41 n. 66。——德文本编者
② 见奥古斯丁,En. in Ps. 30,《讲道录》,第 3 讲,n. 4,第 53 讲,n. 6,第 105 讲,n. 4。——德文本编者
③ 参见奥古斯丁的《忏悔录》,13 c. 8。——德文本编者

不在他里面作用于他的行为,而是可憎的被造物生活在他里面,决定他的倾向和作用于他的行为,那么,他就应当在上帝面前和在自己面前感到极度羞愧。故而,大卫王在《诗篇》中如此倾诉说:"我昼夜以眼泪当作安慰,人不住的对我说,你的上帝在哪里呢?"(《诗篇》,第41篇,第4节)* 因为对外在的事物的倾心,在本得不到安慰的事物中寻找安慰,热衷于此并对此津津乐道,就明确地说明在我里面已看不到上帝,上帝在我里面已不再警醒,已不再起作用。而且,他(指善良的人)也应该由于其他善良的人察觉到这个而在他们面前感到羞愧。一个善良的人绝不可因受到一些损失或苦难而发怨言;宁可说,他应该怨恨自己竟然发怨言,怨恨自己竟然察觉到自己有怨恨和痛苦。

大师**们说,直接处在天之下的是无边无际的熊熊烈火,尽管如此,天却丝毫不受其害。① 有一本著作中说到,灵魂之最低处,甚至还比天之最高处要来得高贵。② 既然如此,如果一个人竟然为一些如此渺小的事物而感到困惑和陷入痛苦,他又如何敢说他是一个属天的人,说他的心已在天上呢!

现在我说些别的事。一个善良的人不可能、也不愿意要上帝在任何特殊场合所要的东西,因为上帝除了善美的东西之外不可能还会要什么;尤其是正由于是上帝所要的,那就必定是善美的,

---

* 引文出处有误,应为《诗篇》,第42篇,第3节。《圣经》原文为:"我昼夜以眼泪当饮食,人不住的对我说,你的上帝在哪里呢?"——译注

** 埃克哈特经常用"大师"泛指各种哲学家,尤其是异教的哲学家。——译注

① 关于天是火的地方,可参看亚里士多德的《物理学》,c. I 208 a 27;b 8。——德文本编者

② 参见奥古斯丁,De quant. An. C. 5 n. 9。——德文本编者

而且是至善的。所以，我们的主教导使徒们并通过他们又教导我们，而且也是我们每天祈求的，那就是，愿上帝的旨意成就。然而，当上帝的旨意来临和成就时，我们却在发怨言。

一位异教的大师塞涅卡①问道：什么是苦难不幸之中的最好的安慰呢？回答是：人对万事应坦然处之，似乎一切本来就是他所愿望的和所祈求的；因为，如果你知道万事无不出于上帝的旨意，无不具有上帝的旨意和就在上帝的旨意里面，你也就感到如愿以偿了。一位异教的大师说道：至高无上的父，高天之主，凡是你愿意要的，我都一一谨收；求你赐给我你的旨意，以此而为我所愿！

一个善良的人应当如此来信靠上帝，如此笃诚信仰他和认定他是如此的善良，即上帝凭着他的仁慈和爱心不会无故地让人遭受痛苦或磨难，除非他以此而让人免受更大的苦难，或者希望由此而在地上给予他更强有力的安慰或某种更好的东西，使上帝的荣耀得以更广泛和更强烈地表现出来。然而，就因为所发生的事乃是上帝的旨意，故而善良人的意志应当完全与上帝的旨意合而为一，使得人与上帝有着同一个意愿，哪怕它会有损于他甚或令他遭到诅咒。所以，圣保罗的愿望是，为了上帝，为了上帝的旨意，为了上帝的荣耀，他甘愿与上帝分离（参见《罗马书》，9 章，3 节）。因为一个真正完善的人，应当习惯于让自我趋于消亡，在上帝里面摆脱自己，在上帝的旨意里得以超脱，从而做到使他整个福乐都依存于其中，对自己和对其他所有东西都不予理会，只知道上帝，除了想

---

① 参见塞涅卡（L. Annaeus Seneca），Ep.（ad Lucilium）107，11. 此处显然系转引自奥古斯丁在《上帝之城》（De civ. Dei l. V c. 8）中的塞涅卡的引文。该引文与原文有些出入。——德文本编者

认识上帝的旨意和上帝,就像上帝认识我一样以外,再也没有什么别的意愿,一如圣保罗所说的那样(参见《哥林多前书》,13章,12节)。上帝认识一切他在认识的东西,关爱和愿望一切他在关爱和愿望的东西,这一切都是在他自己里面,按照他自己的旨意。我们的主说道:"唯独只认识上帝,这就是永生"(《约翰福音》,17章,3节)。

所以,大师们说,天国中的福乐者完全不是以被造物的任何模样去认识被造物,宁可说他们是以一个模样去认识被造物,那就是上帝,上帝于此对自己,对一切事物,予以认识、关爱和愿望。这是上帝自己教导我们如此来祈求的,所以我们说:"我们的父神","愿你的名神圣",这就是说:唯独认识你(参见《约翰福音》,17章,3节);"愿你的国降临",我以前曾以为富的东西,我现在什么也不要,只以你为富。所以,福音书中说道:"灵心方面贫乏的人,有福了"(《马太福音》,5章,3节)*,这就是说:意愿方面贫乏的人,有福了,我们祈求上帝,愿"他的旨意行在地上",就是行在我们里面,"如同行在天上",就是行在上帝自己里面。** 一个这样的人,对上帝一心一意,凡是上帝所要的,他就要,上帝以什么样的方式要的,他也以这样的方式去要。这样,因为上帝以特定的方式要我们也犯一些罪,所以我们也就不想不去犯,因为上帝的旨意"行在地上",就是行在罪孽之中,"如同行在天上",就是行在正道之中。为了上帝的缘故,人想以这种方式离开上帝,为了上帝的缘故而与上

---

* 参看本文集,《教诲录》,第3讲。——译注
** 可参见《马太福音》,6章,10节。——译注

帝分离，这不过是对我所犯的罪的忏悔；这样，我厌恶所犯的罪，但不受其苦，就像上帝厌恶一切邪恶，但不受其苦一样。我对罪孽有着厌恶，最大的厌恶——因为我不会为了任何被造的或者可造的事物而犯罪，哪怕在永恒之中会有成千上万个世界——，然而，我不受其苦；我是按上帝的旨意在接受和创造受苦。只有这样的苦才是一种完善的苦，因为它来源于上帝的纯真的爱，纯真的善和喜悦。所以，确实像我在这本小册子中已经说过的那样：善良的人，只要他确实善良，就具备了善性本身的全部特征，而上帝自身就是这善性。

看，这个人"在地上"过着怎样奇妙和欢乐的生活，"如同在天上"在上帝里面一般！在他那里，不幸一如幸福，苦一如爱，而且，你还会看到一种特殊的安慰：因为当我具有我刚才说到的恩典和善性时，我就无论何时何地、无论在什么事物里面都同样完全得到安慰和感到愉快；但是，如果我不具有，我就应该为了上帝的缘故和按照上帝的旨意而安心于此。如果上帝给予我我所想要的，我就享有它并感到高兴；反之，如果上帝不给予，我就按照同样是上帝的旨意接受这个不给予，因为上帝不愿意给予，我之没有得到正是我接受上帝的旨意。那么，我缺少什么呢？诚然，我们在接受上帝时，有所缺少比有所获得更重要；因为当人获得时，所得的恩赐本身就使人感到高兴和安慰。如果人没有获得，我们就不具有，也找不到，也不知道任何可以为之感到高兴的东西，唯有上帝以及上帝的旨意。

还有另外一种安慰。如果人失去了外在的产业或亲友，失去了眼睛、手或别的什么，他就应该坚信，如果他为了上帝的缘故忍受苦难,他至少是在上帝眼里有了好的行为,忍受了他本来不愿意忍受的事。(例如:)某个人失去了一只眼睛:倘若他宁可损失成千上万马克也不情愿失去这个眼睛,那么,他必定在上帝那里因了那个他本不愿忍受的损失或痛苦而得到了正好等值的补偿。故而,我们的主说道:"你只有一只眼进入永生,强如有两只眼而迷失。"(《马太福音》,18 章,9 节)*上帝又说道:"凡为我的名撇下房屋,或是弟兄、姐妹、父亲、母亲、儿女、田地的,必要得着百倍,并且承受永生"(《马太福音》,19 章,29 节)。诚然,凭着上帝的真理和我自己的福乐,我敢说,为了上帝和善性的缘故而撇下父母和兄弟姐妹或其他什么的,就百倍地得到,这里,有两种方式来得到。一种方式是,他的父母和兄弟更对他亲热,胜过原来百倍。另一种方式是,不单是成百个,而是所有人,都对他无比亲热,胜过现在由于天生的缘故他的父母或兄弟对他的亲热。如果人还明白不了这个,仅仅是因为他还没有纯粹只为了上帝和善性的缘故而完全撇下父母、弟兄姐妹和一切事物。一个人,在地上还让他的父母和弟兄姐妹占据着他的心,为之烦恼,所考虑和所注视的还是非上帝所是的东西,那么,他怎么是为了上帝的缘故而撇下他们了呢?一个人,还老是注视着各种事物和财富,他怎么是为了上帝的缘故而撇下它们了呢?圣奥古斯丁说道:把各种事物和财富都抛弃掉,这样,纯真的善性就留在你里面,达到海阔天空的境界:这就是上帝了。因为正像我前面已经说过的那样:万物以及财富,对善性毫无裨益,反而掩盖了我们里面的善性。这一点,凡是在真理里面来注视

---

* 《圣经》原文为:"强如有两只眼被丢在地狱的火里"。——译注

这些东西的人,都是明确的,因为在真理里面,这一切都是真而不假的,因此我们应该唯独在真理里面来看待它们。

然而,我们应当知道,具有美德而又愿意受苦的人,在程度上是有所差异的,就像我们在自然界也看到,一个人会比另一个人长得更高、更美,无论是在仪态、外貌、知识、艺术方面,都会有差异。所以我又要说,一个善良的人对父母和弟兄姐妹的天然的爱可以有多有少,但只要在对待上帝和善性方面毫不懈怠,总是一个善良的人。然而,还是有善良和更善良的程度差异,他得到的安慰以及由于对父母和兄弟姐妹和对自己的爱和倾心而受到的触动,对他们的意识,都会有较大的不同。

然而,正像我在上面说过的那样:一个人若是能够按照上帝的旨意来忍受这些,的确是考虑到了这是上帝的旨意,考虑到了人的本性所具有的那些缺点,尤其是出于上帝对第一个人*的罪孽所表现的正义而体会到那些缺点,而如果他没有这些缺点又按照上帝的旨意心甘情愿地予以舍弃,那么,他做得完全正确,在受到苦难时必定会得到安慰。这里面的意思,就像圣约翰所说的,是真正的"光照在黑暗里"(《约翰福音》,1章,5节),和像圣保罗所说的,"在人的软弱上显得完全"(《哥林多后书》,12章,9节)。倘若一个贼也能够真正地、完全地、自愿地和愉快地出于对属神的正义的爱而忍受死亡之痛苦,倘若他承认按照上帝的正义像他这样的行邪恶者理应被处死,那么,他也许就会得救,就会有福了。还有另外

---

* 指上帝所创造的第一个人亚当。他在伊甸园中违背上帝的旨意犯下的罪,成为人的原罪。事见《创世记》,2章,7节和3章。——译注

一种安慰：一个人会很愿意让自己有一年时间失去一只眼睛或者全瞎，如果这能使他的朋友免于死亡而他此后又能得到他的眼睛。照这么说，如果一个人愿意有一年时间失去眼睛来拯救一个活不了几年的人的生命，那么，他就理应心甘情愿地准备在他活着的10年或20年或30年里都失去眼睛，他就得以使自己得到永恒的福乐，并将永远地在属神的光辉之中看到上帝和在上帝里面看到自己以及一切被造物。

还有另外一种安慰：就一个善良的人而言，如果他确实善良，纯粹由善性所生，确实成为善性之典范，那么，所有被造的东西，这个或那个，都是令人厌恶的，都是苦涩和有害之物。所以，失去这些意味着摆脱和失去苦难、不幸和损害。确实，失去苦难就是一个真正的安慰。所以，人不可为了什么损失而抱怨。他应该抱怨的倒是他竟然不知道这安慰，这安慰竟然没能安慰他，就像病人不知美酒之甜一样。正像我上面说过的那样，他应该抱怨的是他没有完全摆脱掉被造物，没有完全在善性之中脱胎换骨。

处在苦难之中的人还应当想到，上帝说的话句句为真，他亲自所允诺的当然是千真万确的。倘若他说的话竟然不算数，那么，他的神性也就没有了，他也就不成其为上帝了，因为他的言语，他的纯真，就是他自己。正是他说的，我们的愁烦要转为快乐（参见《耶利米书》，31章，13节）。我千真万确地知道，我的所有的石头都会变成黄金，我有的石头越多和越大，我就越高兴；是的，我祈求得到石头，而且，只要我能够，多多益善。以如此的方式，人当然不管遭受什么样的苦难，都能得到强有力的安慰。

此外还有一种类似的安慰：没有一个容器可以存放两种饮料。

要存放酒,就得先把水倒掉;先要把容器出空。所以,如果想要接受上帝和属神的欢乐,你就该先把被造物倒掉。圣奥古斯丁说:"先倒掉,为的是使你被充满。先学会不去爱,为的是使你学会爱。先有所丢却,为的是有所倾注。"*简言之,凡是能有所接受的,应该和必须是出空的。大师们①说:倘若眼睛在观看时本身就具有某种颜色,它就既看不到它所具有的颜色,也看不到它所不具有的颜色;它之所以能辨别各种颜色,只是因为它能透过所有的颜色。墙壁自身有颜色,因而它既识别不出它自己的颜色,也识别不出某种另外的颜色,它对颜色毫无兴趣,对金黄色也好,天蓝色也好,都未必比对煤炭的兴趣更大一些。眼睛没有颜色,但它却最逼真地拥有颜色,因为它是满怀兴趣和欢乐去识别颜色的。灵魂的各种力量越完善和纯真,它们对其所掌握的事物就越完善而广泛地加以接受,并且得到和感到的喜悦就越大,越是与它们所接受到的事物乃至那对一切事物均为透明而又不与任何事物类同的灵魂之最高力量②合而为一,其所接受到的,无论在外延和内涵两方面都不少于上帝自身。大师们③指出,就其所获得的欢乐和喜悦而言,这种合而为一,这种流畅贯通,是无与伦比的。所以,我们的主说:"灵心方面贫乏的人有福了。"(《马太福音》,5章,3节)**一无所

---

* 见奥古斯丁,En. in Ps. 30,Sermo 3 n. 11。——译注

① 参见亚里士多德,De an. II t. 71(B c. 7 418 b 26)。——德文本编者

② 关于这最高力量,埃克哈特在别的地方又称之为灵魂中的某种东西,是无名的,却又并不是什么力量。可参见本文集的《讲道录》,第十二讲。——德文本编者

③ 参见托马斯·阿奎那,《神学大全》,I II q. 3 a. 2 ad 4,q. 3 a. 4,5。——德文本编者

** 参见本文集的《教诲录》之三的译注。——译注

有，才是贫乏。"灵心方面贫乏"意味着：正像眼睛贫乏是指没有颜色但能接受所有的颜色一样，灵心方面贫乏的人能够接受所有的灵心，而上帝乃是一切灵心之灵心。灵心之果实，是爱，是欢乐与和平。赤贫，一无所有，空无毫存，这就改变了自然界；空，使得水向山上倒流，还有许多别的奇迹，这里不说了。

所以：如果你想要在上帝里面得到完满的欢乐和安慰，那么，你看一下，你是否摆脱了所有的被造物，摆脱了一切来自于被造物的安慰；因为，显然，只要被造物在安慰你和能够安慰你，那你绝不会得到真正的安慰。如果你除了上帝以外再也没有什么东西能够安慰你，那么，上帝就来安慰你，同时，就有了喜悦。如果某种非上帝的东西在安慰你，那么，你到处都得不到安慰。反之，如果不是被造物在安慰你，你对被造物不感兴趣，那么，你到处都会得到安慰。

倘若人能够将一个杯子完全倒空，使其不让任何东西注入，包括空气在内，这样，这杯子无疑会否认和忘记掉它的本性，这种全空，会使它腾飞到天空中。同样，赤贫，摆脱一切被造物后的全空，也会使灵魂上升到上帝那里。与此同时，等同和热忱也得以飞升。我们在神性中将等同归属于圣子，而将热忱和爱心归属于圣灵。在所有事物中的等同，而尤其是在属神的本性中的等同，乃是"太一"*之诞生处，由"太一"而来的等同，在其里面的和因其而得到

---

* 埃克哈特这里运用了德语词法中的特殊结构来阐明他的思想。"太一"，德文为 das Eine，系泛指具有"一"之属性的事物，但区别于"一"（"一"在德文中为 Eins）。中文"太一"，原也称为"大一"，系泛指太初之元气，也指天神。《礼记·礼运》孔颖达疏："必本与太一者，谓天地未分，混沌之元气也。"又，《史记·封禅书》："天神贵者太一。"这里，借用它来表示这类似的含义。——译注

的等同,乃是繁荣昌盛和炽热如火的爱之开端与起源。"太一"是没有一切开端的开端。等同仅仅只是"太一"之开端,它存在着,它是开端,来自于"太一"并就在其里面。从本性出发,爱就具有这个,它发源于这合而为一的二者。作为"一"的"一",不产生爱,作为"二"的"二"也不产生爱;作为"一"的"二",这才必然产生出符合本性的、充满渴望的、火一般的爱。

所罗门说,所有的水,也就是说,所有的被造物,从何处流,仍归还何处(见《传道书》,1 章,7 节)。所以,正像我已经说过的那样,这必定是千真万确的:等同以及如火一般的爱,向上升飞,将灵魂引带到"太一"的最初的起源,而这"太一"就是"天上和地上的众人之父"(参见《以弗所书》,4 章,6 节)。所以我说,这等同是由"太一"所生养的,它将灵魂引到上帝那里,而上帝在他的隐蔽的合一之中就是这"太一",就是指"一"。这方面,我们有一个直观的说明:当实在的火点燃了木材时,其中每一点火星都接受了火的本性,等同于那通天的熊熊烈火。这火星很快就忘记和放弃掉地上父母和弟兄姐妹,向上飞向在天的父。火星在地上的父亲是火焰,它的母亲是木材,它的弟兄姐妹则是另外的火星;而这最初的火星并不去等待另外的火星。它迅速飞升到它真正的父亲那里,它成了天;因为认识真理的人都知道,火焰,就其为火焰而言,并不是火星之真正的父亲。火星以及一切火一类的东西,其真正的父亲乃是天。而且特别要注意的是,火星还不单是离开了它的父母和弟兄姐妹;它出于爱心的追求,为了要到它真正的父亲即天上去,它还离弃、忘记和否认了它自己,因为它必定会消失在空气的寒冷之中;就这样,它表明了它对它真正的、属天的父出于本性的爱。

正像前面谈到全空或全纯时所说的那样,灵魂越是纯真,越是解脱和贫乏,它所拥有的被造物越是少,它在一切非上帝的事物上越空虚,它就越纯真地把握住上帝,越多地在上帝里面把握上帝,更多地与上帝合而为一,做到与上帝面对面地相处,正像圣保罗所说的,犹如进入同一个意境之中。我现在关于等同和关于爱之火也这样说:因为某样东西越是与另一样东西相等同,越是向往于后者,它就越是迅速,它的进程就越是令人欢欣鼓舞;而且,它越是离弃自己,越是离弃一切不属于它所向往的那个东西的东西,它越是不等同于它自己以及一切不属于它所向往的那个东西的东西,那它就将会日益等同于它所向往的那个东西。并且,因为这等同乃是起源于"一",是藉助于"一"的力量才具有吸引力,因而,对于吸引者和被吸引者,在二者合而为一之前,均无安宁和满足可言。所以,我们的主通过先知以赛亚说了这样的意思:没有什么崇高的等同和爱之安宁能使我满足,直到我自己在我的太阳里面发出荣光,直到我自己在圣灵的爱里面被点燃(参见《以赛亚书》,62章,1节)。而我们的主求他的父神,让我们与他合一,并在他里面合一,而不仅仅是合在一起。对于这句话以及这个真理,我们在外面自然界里也有一个明显的例子和直观的见证。当火发挥它的作用把木材点燃而形成火焰时,火就使得木材分解开来,使得它变得跟原来不等同,去除掉它原有的粗壮和冷湿,使得木材越来越等同于火;然而,得不到热,或者说,得不到等同,则不管是火还是木材,都不能平静和满足,直到火在木材中得到生养,并将它自己的本性和自己独有的存在传送给了木材,使得一切都成了同一个火,二者等同,没有区别,不多也不少。所以,这样一来,就始终都会烟雾腾腾，互相格斗，火星爆裂，在火与木材之间争吵不休。但是，一旦全部的不等同处业已去除，那时火也熄了，木材也无声无息了。我还要实实在在地说，自然界在秘密的东西里面所隐藏着的力量，就其本身具有着差异性和二分性而言，它是憎恨这等同的，但它在这等同里面寻求着"太一"，后者乃是它在等同里面并且仅仅为它自己的缘故而喜爱的。这好有一比，就好像口是在酒里面寻求和喜爱其品味和甘甜。如果水也具有酒的品味，那么，口就不再爱酒胜过爱水了。

由于这个道理，故而我曾经说过，处在等同里面的灵魂却憎恨这等同，并不是自在地和为了自己的缘故而喜爱它的；灵魂之喜爱这等同，倒不如说是为了"太一"的缘故，后者隐藏在这等同里面，乃是真正的"父亲"，是没有任何开端的开端，是"天上和地上的众人之父"*。所以我说：只要火与木材之间还有等同并有所表现，就不会有真正的欢乐、宁静、休歇和满足。所以大师们说：火之得以完成，乃是藉助于冲突，藉助于激动和扰乱，是经历时间的；而火之诞生，那种欢乐却是无须时间和距离的。对欢乐和喜悦，没有人会认为太久和太远。我所说的一切都是我们的主所说过的："妇人生产的时候，就忧愁；既生了孩子，就不再纪念那苦楚。"(《约翰福音》，16 章，21 节)因此，上帝在福音书里又告诫我们，要我们祈求在天的父神，让我们的喜悦得以完善，而圣腓力说："主啊，求你将父显给我们，我们就知足了。"(《约翰福音》，14 章，8 节)因为"父神"所指的是诞生，而不是等同，所指的是"太一"，在这里面，无须

---

* 见《以弗所书》，4 章，6 节。——译注

再谈什么等同,一切企求存在的东西都悄然无声。

现在,人可以清楚地认识到,他为何会在遭受痛苦和损失时得不到安慰。这始终只是由于他远离上帝,没有摆脱掉被造物,不与上帝等同,对属神的爱冷淡所造成的。

但除此之外还有另外的东西:谁愿意注意和认识这个,谁就会在遭受外来的损失和苦难时理所当然地得到安慰。

某一个人,走上了某一条路,或者做了某一件事而没有去做另一件事,他因此而遭受损失:断了一条腿,一条手臂或者失去了一只眼睛,或者,病倒了。如果他老是想:倘若你走了另一条路或者做了另一件事,你就不会遭此不幸,这样,他就总得不到安慰,势必抱憾终日。所以,他应该这样想:倘若你走了另一条路,或者,倘若你做或不做另一件事,你也许会遭受更大的损失和忧虑;这样一来,他就理所当然地得到了安慰。

我还要假定有另外一种:你失去了一千马克;这时,你不应该为这失去的一千马克而抱怨。你应该感谢上帝曾给了你这1000马克,使你能失去它,从而使你锻炼了忍耐的美德而藉以赢得了永生,这却是许多人都得不到的。

能给人以安慰的,还不止于此:我假定有这样一种情况,即有一个人本来已多年享有盛誉,过着舒适的生活,而由于上帝的安排却失之于一旦;这时,这个人就应该静心思考,感谢上帝。如果他对他现在所蒙受的损失和不幸真有领悟,他首先就看到他此前得到了那么多的好处和庇护,他理应为他多年所享有的庇护感谢上帝,绝不认为这是理所当然的,这样,他就不至于恼火了。他应该想到,人就其本性而言天生所具有的不外是邪恶和缺陷。而一切善良的东西,一切善性,则都是上帝借予他的,但并不是赠予他的。因为凡是认识真理的人都知道,上帝,在天的父,将一切善性的东西都交付给圣子与圣灵;对被造物,他并不将善性赐给他们,而只是借给他们而已。太阳把热赠予天空,但只把光借给天空;故而,太阳一落山,天空就没了光,而热仍旧在,因为这热是赠给的。因此大师们说,上帝,在天的父,乃是圣子的父,而不是圣子的主,也不是圣灵的主。可是,圣父—圣子—圣灵,乃是一个主,这就是被造物的主。我们说,上帝是永恒的父;但自从他创造被造物那一时刻起,他才是主。

现在我说:正因为一切好的东西,或者说,一切令人安慰的东西,也或者说,一切有时间性的东西,都是借给他而已的,那么,一旦出借者想把这些东西要回去,他有什么可抱怨的呢?他应当感谢上帝,是上帝借给他这么长时间。他还应当感谢上帝,因为上帝并没有把借给他的东西统统拿回去;如果上帝从人那里将那原本就不属于他的东西的一部分取走,他竟大发雷霆,这时,上帝把所有借给他的东西全部拿回去,这也是很有道理的。所以,先知耶利米在他感到莫大的痛苦和悲哀时说得很对:"我们不至消灭,是出于上帝诸般的怜悯"(《耶利米哀歌》,3 章,22 节)。如果有人把他的上装、皮外套和大衣都借了给我,而在严寒季节把大衣要了回去,但把上装和皮外套留了给我,那我当然要感谢他,感到欣慰。我们特别应当认识到,在我因失去什么东西而发怒和抱怨时,我是何等地没有道理;因为,如果我希望那些我现在有的好东西都是赠给我的而不是借给我的,我就是想成为主,希望生来就完全是上帝的儿子,而不是依靠恩典成为上帝的儿子;因为圣子和圣灵所特有的本性,正在于在一切事物中的举止行为都等同于上帝。

我们还应当知道,毫无疑问,人的自然的美德已经是如此宝贵和强烈,以至于肯定无法在不管是多么重大的外在行为之中得以显示和成形。所以,存在有这样一种内在的行为,是时间和空间所无法包围得住的,在它里面,有着某种属神的东西,有着某种等同于上帝的东西,而上帝同样也是时间和空间所无法包围得住的,上帝是无处不在和无时不在的;而且,这种内在的行为确实跟上帝一样,因为任何被造物都不能够完全接收上帝,也不可能在自身里面形成上帝的善性。所以,必定存在有某种内在的、更高的和非被造的东西,不受程度和方式的限制,使在天的父得以完全铭刻和注入其内,得以将自己启示给世人:这就是圣子和圣灵。任何人都无法阻碍这内在的德行,就像无法阻碍上帝一样。这德行光彩夺目,使日月生辉。它赞美上帝,唱出了赞美上帝的新歌,就像大卫所说的:"你们要向上帝唱新歌"(《诗篇》,96篇,1节)*。外在的东西都受到时间和空间的包围,都是极其狭隘的,都会遭受到人们的阻碍和驱使,都会衰败,随着时间的磨难而消亡,对这样的东西的赞美乃是属地的,这样的行为得不到上帝的喜爱。而那内在的行为,却在于敬爱上帝,行善良之事,向往善性,即凡是人以其纯真和全部的意愿在做一切善良的行为时愿意做和想要做的,现在就已经做到,而且,就像大卫所写的那样,在此等同于上帝:"上帝随自己的意志而行"(《诗篇》,135篇,6节)**。

---

* 今本《圣经》为《诗篇》,95篇,1节。——译注
** 今本《圣经》为《诗篇》,134篇,6节。——译注

有关这个说法,我们以石头作为一个直观的例子。石头下落掉到地上,这是一个外在的行为。而这个行为是会受到阻碍的,而且也不是每时每刻不停地在掉。但另外还有一种行为,对石头来说更为内在;这就是趋于向下,这乃是它固有的;不管是上帝,还是被造物或别的什么,都不会加以变更。石头日以继夜地做着这个行为。如果它过了几千年仍然屹立在上面,那么,它就还是像最初第一天一样地趋于向下。

关于德行,我也认为是这样。它有一个内在的行为:一种对行一切善事的努力和倾向以及对行一切不等同于善行和上帝的恶事的背离和抵制。而且,行为越是邪恶,越是跟上帝格格不入,抵制得就越厉害;而行为越是有意义,越是类同于上帝,它就越是容易和满怀兴趣地去做这样的行为。如果它也还有什么埋怨和痛苦的话,那也只不过是觉得为上帝所受的苦和所做的事目前还太少,以至于它不能于其中使自己得到完全的显露和表明。它是在实践中变得坚强,在慷慨中变得富有。它并不是只想咬紧牙关忍受痛苦;它却是心甘情愿地为了上帝的缘故,为了行善事的缘故,始终如一地来受苦。它的全部福乐都存在于为了上帝而受苦之中,而不在于已经受过苦。所以,我们要牢记我们的主所说的话:"为正义受苦的人有福了。"(《马太福音》,5章,10节)他并不说"已经受过苦"。一个这样的人,憎恨所谓已经受过苦,因为已经受过苦并不是他所爱的正在受苦;为了上帝的缘故受苦,其所导致的逾越和损失,这才是他所爱的。所以我说,一个这样的人,也厌恶所谓将要受苦,因为这也不是受苦。当然,他对将要受苦比对已经受过苦要少一些厌恶,因为已经受过苦是过去了的事,离开受苦更远,更无类似之处。而如果某人将要受苦,那则并没有把他所爱的受苦完全给剥夺掉。

圣保罗说,他愿意为了上帝的荣耀得以发扬而与上帝分离(《罗马书》,9章,3节)。有人说,圣保罗说这话是在他还没有成为完善的人时。* 相反,我却认为,这话出自于一颗完善的心。也有人说,他只不过想短时间与上帝分离而已。但我说,一个完善的人,哪怕一个小时与上帝分离也是不愿意的,将其看成一千年一样。然而,如果是上帝的旨意和为了上帝的荣耀而与上帝分离,那么,对他来说,不要说一千年,就是永永远远,也好比一天,甚至于一个小时一样。

而且,内在的行为之所以成为属神,之所以代表着属神的内涵,就在于即使真有千万个世界存在,所有被造物加在一起也不会超过上帝哪怕像一根头发丝那样的宽度。所以,我以前说过,现在还要说,那种外在的行为,不管什么样的大小,不管什么样的长度和宽度,都对内在行为的善性毫无增益可言;后者是在自身里面具有善性。因此,如果内在的行为很伟大,则外在的行为就不会渺小,而如果内在的行为很渺小,一文不值,那外在的行为就不会伟大,不会善美。内在的行为始终由自己决定全部的大小、长度和宽度。这内在的行为之取得和创建其整个的存在,不外乎是来自于和依存于上帝的心;它取得了圣子,并作为儿子而在天父的腹体中

---

* 保罗原名扫罗,曾狂热地迫害基督的门徒。后见到上帝显灵,遂皈依上帝。事见《使徒行传》,9章。——译注

被生养。而外在的行为就不是这样:还不如说,这外在的行为是藉助于内在的行为而领受到它的属神的善性,是在形形色色、五花八门的衣饰的遮掩下的神性被降格以后才得以浇铸而成的。这一切以及类似的东西,以至那个等同本身,都是远离上帝的,对上帝陌生的。因为这一切对于只要是好的和已经被照亮的东西,就感到心满意足,但这样的东西仍然是被造物,对善性和光本身却置若罔闻,对"太一",即上帝藉以生养他的独生子并通过这独生子使得所有上帝的孩子都成为上帝的儿子的那个"太一",也一无所知。那里(指"太一")是圣灵的发源地,唯一的发源地。既然他是上帝的灵,而上帝本身就是灵,既然圣子被接受到我们里面去,因而(圣灵的)这个发源地也从所有成为上帝的儿子的人那里,按照他们在多大程度上纯粹由上帝所生养进而效法上帝并转化成为上帝,这样就摆脱了我们甚至在最高层天使中按照他们的本性也看得到的形形色色的差异;确实,如果我们想要认识清楚的话,就要摆脱善性,摆脱真理,摆脱一切不管是在思想中还是在命名时感受到存在某种差异的猜想或幻影的事物,从而只信赖那"太一",这"太一"超脱了任何形形色色的差异,甚至连"圣父—圣子—圣灵"也在这"太一"里面失去了一切的差异和各自的特性,就成为"一"了。而这个"太一"使我们成为有福之人,我们离开这"太一"越远,就越不成其为上帝的儿子,圣灵就越少发源于我们和从我们这里流出;相反,我们越靠近这"太一",就越是千真万确地成为上帝的儿子,上帝,圣灵,就从我们里面流出。我们的主,上帝的儿子,说的就是这个意思:"人若喝我所赐的水,就永远不渴。我所赐的水,要在他里头成为泉源,直涌到永生"(《约翰福音》,4章,14节)。圣约翰说,他这是指着圣灵说的(《约翰福音》,7章,39节)。

在神性之中的圣子,按其本性,所给予的不外就在于是圣子,是上帝所生养,是圣灵之泉源,是上帝的爱之泉源,是"太一"即天父全部充实的乐趣之泉源。所以,天父的声音自天而降对圣子说:"这是我的爱子,我所喜悦的"(《马太福音》,3章,17节),因为毫无疑问,如果不是上帝的儿子,没有一个能全心全意地爱上帝。这是因为爱、圣灵乃发源于圣子,子爱父,是因为父自己的缘故,子在自己里面爱父,在父里面爱自己。故而,我们的主说得好:"灵心方面贫乏的人有福了"(《马太福音》,5章,3节),这就是指那些在自己属人的灵心方面一无所有而无牵挂地来到上帝面前的人。圣保罗说:"上帝在他的灵里面把它告诉了我们。"(《歌罗西书》,1章,8节)

圣奥古斯丁说①,要最好地理解《圣经》,就要摆脱全部的灵心,在《圣经》本身里面,也就是在它得以写成和说成的灵里面寻求《圣经》的意义和真理,这就是:在上帝的灵里面。圣彼得说,所有的圣者都是被上帝的灵感动而说出上帝的话的(《彼得后书》,1章,21节)。圣保罗说:除了在人里头的灵,无人知道人的事。像这样,除了上帝的灵,也没有人知道上帝的事(《哥林多前书》,2章,11节)。所以,有一本著作的一条注释说得很好,即没有人能够理解或者教授圣保罗的著作,除非他具有圣保罗在当时说和写的时候所处的一样的灵。使我时常感到痛心的是,一些稀里糊涂

---

① 参见奥古斯丁,《基督教教义》(De doctr. christ.), tr. 3 c. 27 n. 38。——德文本编者

的人,根本就没有上帝的灵,却想按照他们粗浅的理解力去判断他们在《圣经》里听到或读到的原本是由圣灵和在圣灵里所说和所写的内容,丝毫未曾考虑到如《圣经》中所说的:"在人这是不能的,在上帝凡事都能。"(《马太福音》,19章,26节)普遍都是这样,在自然界也如此,对下面自然界为不可能的事,对上面自然界来说,却是习以为常和自然而然的。

关于这个,你们还可以回顾一下我以前说过的话:一个善良的人,即作为上帝的儿子在上帝里面被生养,他是因为上帝自己的缘故并就在上帝里面爱着上帝。我还说过别的相关的话。为了更好地加以理解,我们应当知道,就像我经常说起的那样,一个善良的人,即由善性在上帝里面所生养的,他进入到属神的本性的全部特征之中。[①] 按照所罗门的话来说,上帝的独特之处正在于他是为他自己而行一切事,即他除了他自己以外根本就不在意任何"为什么",宁可说他在意的只是一切为他自己;他为了自己才对万物有了爱,才去行事。所以,如果人爱上帝,爱一切事物,做各种行为,都不是为了取得报酬和荣誉或贪图舒适,而只是为了上帝和上帝的荣耀,那么,这就表明他是上帝的儿子了。

还不止于此。上帝为自己而爱,为自己而行事,这就是说,他为爱而爱,为行事而行事;因为毫无疑问,倘若已经生养并不等同于正在生养的话,上帝就绝不会在永恒之中生养出他的独生子。所以圣人说[②],圣子是永恒地在出生,以至于他还在不断地被生

---

① 可参见本文集所附录的《教皇约翰二十二世训谕》,第13款。——德文本编者
② 参见彼得(伦巴第的)(Petrus Lombardus),Sent. I d. 9 c. 4。——德文本编者

养。而且，倘若创造成功并不等同于正在创造的话，那么，上帝就绝不会将这世界创造出来。所以：上帝是以这样的方式创造了世界，即他还在一直不断地创造着它。凡是过去的和未来的东西，对上帝来说，都是陌生的和遥远的。因此，谁是作为上帝的儿子而由上帝所生的，谁就为上帝自己而爱上帝，这就是说，他是为爱上帝而爱上帝，为行上帝的事而行上帝的事。上帝绝不会对爱和行事感到厌倦，对他来说，凡是他所爱的，就都是一个爱。所以，确确实实，上帝就是爱。故而，我上面已经说到，善良的人始终愿意为上帝而在受苦，而不是受过苦；在受苦时他得到了他所爱的。他爱的就是为上帝而受苦，并正在为上帝而受苦。正因为如此，他成了上帝的儿子，效法上帝并且就在上帝里面使自己得到了改造。确实，上帝乃是为他自己而爱的，他是为爱而爱，为行事而行事；因此上帝是不间断地爱和行事。上帝之行事，是他的本性，是他的存在，是他的生命，是他的福乐。同样，对于上帝的儿子，对于一个善良的人，只要他确是上帝的儿子，那么，为上帝而受苦，为上帝而行事，就是他的存在，就是他的生命，就是他的行为，就是他的福乐，因为我们的主说了："为正义而受苦的人有福了。"(《马太福音》,5章,10节)

此外，我还要说第三点，即一个善良的人，如确实善良，那他之具有上帝的特性就不单在于他所爱和所行的一切都是为他所爱的和为之行事的上帝而爱和行的，而且，在爱着的他，也是为了他自己而爱和行事的；因为他所爱的，是非被生养的圣父，而在爱着的，却是被生养的圣子。现在，父在子里面，子也在父里面。父与子乃为一体。关于这个，即灵魂之至深至高所在如何创造并接受上帝的儿子和如何在天父的心与腹里得以成为上帝的儿子,我写了《论贵人》,"贵人"系出自于"有一个贵人往远方去,要得国回来"(《路加福音》,19 章,12 节)。

我们还应当知道,在自然界里,那个至高无上的本性对任何一个实体所产生的影响,要比该实体自有的本性和本质类型更赏心悦目。水由于其本性则往下流入低谷,这里面就是它的本质所在。然而,在上面天上月亮的影响下,它却否定和忘记了它自有的本性而向上涌流,这种涌流,比起向下的水流,甚至要容易得多。人应该看看他是不是做到这样:他的确感到,放弃和否定他自己的自然意愿并在上帝希望人承受的一切之中让自己得到完全的解脱,确实使他欢欣鼓舞和兴高采烈。我们的主说的就是这个意思:"若有人要跟从我,就当舍己,背起他的十字架来跟从我"(《马太福音》,16 章,24 节),这就是说,他应该把一切成为十字架和苦难的东西都舍弃掉。因为很显然,凡是否定自己和完全摆脱了自己的人,对他来说,没有什么东西会是十字架和苦难;对他来说,所有一切都是欢乐和喜悦,这样的人就会真心诚意地跟从上帝。因为,正像没有任何东西会使上帝感到苦恼和陷入痛苦一样,也不会有什么东西使这样的人感到焦虑或痛苦。所以,当我们的主说"若有人要跟从我,就当舍己,背起他的十字架来跟从我"时,并不像一般人所认为的那样只是一条戒律;宁可说它是一个预示和一个属神的指示,告诉我们以怎样的方式使人的全部受苦、全部作为、全部生命,都变得充满喜悦,从而它与其说是戒律,倒不如说是一种报酬。因为经过如此革新的人,就有了他想要有的一切,不会再要任何邪恶的东西,而这就是福乐。因而,我们的主再一次说:"为正义而受苦的

人有福了。"(《马太福音》,5章,10节)

而且,当我们的主说"舍己而背起十字架跟从我"时,他的意思是:你们应成为上帝的儿子,就如同我是上帝的儿子即被生养的儿子一样;你们应成为如同我一样的"太一",即我在存身于我父的心和腹里时所创造的。子说,父啊,若有人服事我,就当跟从我,我在那里,服事我的人也要在那里(参见《约翰福音》,12章,26节)。真的说来,人除非自己将成为上帝的儿子,否则就没有人跟从这作为子的子,而人除非自己就是上帝的儿子,否则就没有人跟子在一起,即在父的心和腹里合为一体。

父说:"我必劝导他,领他到旷野,对他说安慰的话。"(《何西阿书》,2章,14节)心对心,合为一体,这是上帝所爱的。凡是与此远离和陌生的,就是上帝所厌恶的。所有被造物,即使是最低级的被造物,都在寻求"太一",而最高的被造物才真正取得了"太一";这些最高的被造物超脱了他们的本性,就在"太一"里面寻求"太一"。所以,子要说:在神性中,子在父里面,我在哪里,服事我的,跟从我的,也在哪里。

另外还更有一种安慰。我们必须知道,对于整个自然界来说,如果它不是在为它所触及的东西争取谋求改善的话,它是不可能破坏或毁坏、甚至于也不可能去触动什么的。对它来说,单是创造出相等同的好东西还不够;它总是希望造出更好的东西。为什么呢?一个聪明的医生,如果他无法让病人患病的手指有所改善或使病情有所减轻的话,他不会去触动病人的手指,徒然使他受苦。如果他能使病人或患病的手指有所改善,他就会这样去做;而如果他做不到,他就设法把患病的手指割除,为的是使病人得到改善。

只放弃手指而让病人保全,比起既毁坏手指又毁坏病人来,当然要好得多。一个损失总比两个损失要好,尤其是当这一个比起另一个来要重要得多。而且,我们应当知道,手指、手和任何一个肢体,作为人身上的肢体,从本性出发,将人看得远远高于自己,从而在急难时宁可毫不犹豫地为人而捐献出自己。我坚信不疑地说,一个这样的肢体,为了它所从属的整体是绝不怜惜自己的。所以,理所当然的,如果不是为了上帝和在上帝里面,我们是绝不会怜惜我们自己的。而如果是这样,那么,上帝从我们这里和在我们这里想要的一切,我们都乐意奉献,尤其是由于我们坚信,如果上帝不是认识到并在争取大得多的好处的话,他就不会容忍让什么伤害加在我们身上。确实,如果有人对上帝不怀有信任,他就合该多受痛苦。

还有另外一种安慰。圣保罗说,上帝管教凡所收纳的儿子(参见《希伯来书》,12章,6节)。做儿子,就得受苦。因为处在神性和永恒之中的圣子是不会受苦的,因而,天父将他遣送到使他成为人并能够受苦的那个时间中去。你若想要做上帝的儿子但又不想受苦,就毫无道理了。《所罗门智训》中写道,上帝考验人是否为义人,就像人们检验真金,在火炉中加以焚烧(参见《所罗门智训》*,3章,5/6节)。王公贵族为能信得过某一个骑士,就只有将他派上战场。我见到过这样一位主人,他每次雇用雇工时都要在夜晚将

---

* 《所罗门智训》,又称为《智慧篇》,并不收录在《圣经》之中。公元4世纪时基督教圣经学家希罗尼摩斯(Hieronymus,342—420)将一些背景不清楚或有争议的经文区分出来,称之为《次经》(*Apocrypha*)。——译注

其差遣出去,然后他自己也骑马去和其格斗。有一次,他差一点被他要如此来检验的人杀死,而他却越益喜欢这个仆人。

我们在书中读到,圣安东尼①有一次在荒野中受到邪灵的种种迫害,而当他最终克服了痛苦时,我们的主满怀喜悦地向他显现。这位圣人当时就说:"啊,我主,在我极度遭受苦难时,你在哪里呢?"我们的主说:"我那时也像现在一样就在此地。不过,我那时的确非常想看看你到底如何虔诚。"一块金子或银子,哪怕很纯,但如果想要打制成可供帝王饮酒用的酒杯,就还需要非比寻常地加以炼制。因此,使徒们心里喜欢,因为他们配为上帝而受辱(《使徒行传》,5章,41节)。

如果人意识到,上帝自己以及所有天使和所有对上帝有所知并有所爱者,都会对人的忍耐心满怀喜悦,那么,当人为上帝的缘故而忍受痛苦和损失时,他实在应该就凭这个而感到安慰。一个人毕竟也会捐献他的财物和承受不幸,为的是使他的朋友因此而受益。

我们还应当想到:如果一个人有某一个朋友,这朋友为他而遭受痛苦和不幸,那么,理所当然,他一定会在他身边想方设法安慰他。所以,我们的主在《诗篇》中说到善良的人,说在苦难中他必与其同在(《诗篇》,33篇*,19节)。从这句话里,我们可以引出七个论述和七条可作为安慰的理由。

---

① 圣安东尼(Sankt Antonius,约251—356),基督教古代隐修院创始人。此处所述,参见:Vitae Patrum (ed. H. Rosweyd) I Vita beati Antonii abbatis c. 9。——德文本编者

* 今本《圣经》为《诗篇》,34篇,19节。——译注

第一,正像圣奥古斯丁①所说的,为上帝的缘故而在受苦之中的忍耐心,比违背人的意愿从他那里能够夺走的任何东西都要来得高贵;后者只不过是外在的财富而已。确实,还从来没有一个如此热爱今世的富人,他绝不肯吃大苦,也的确从未吃过大苦,但竟然能成为这整个世界的强有力的主人。

第二,上帝说他与处在苦难之中的人同在,我并不只是引用这句话,还要进一步加以引申,我说:既然在受苦时上帝与我同在,那我还想多要些什么呢? 如果的确如此,那我除了上帝之外就什么也不要了。圣奥古斯丁说:"在上帝那里还不感到满足的人,是贪婪的和不明智的",在另一个地方他又说:"如果人在上帝本身那里还不感到满足的话,那他又怎能满足于上帝的外在的或内在的恩赐呢?"所以,他在另一个地方又说道:"主啊,如果你把我们从你那里驱赶出来,请你把另一个'你'赐给我们,因为除了你以外,我们什么也不要。"* 故而,在《所罗门智训》中有这样的话:"上帝,永恒的智慧,来到我的身边,一切美好的东西都随之而来"(《所罗门智训》,7 章,11 节)。这只有一个意思,即不和上帝一起来的,就不是美好的,也不可能是美好的,而凡是与上帝一起来的,就都是美好的,而且,其所以为美好,只是因为是与上帝一起来的。关于上帝,我说不出什么。倘若我们把原本由上帝赋予这整个世界的所有被造物的存在都去除掉,那么,就只剩下赤裸裸的一无所是,毫无价

---

① 参见奥古斯丁的 Ep. 1. 38 c. 3 n. 12(CSEL XXXXIIII 138,I)。——德文本编者

* 奥古斯丁的这几处引文,在这本《论属神的安慰》中已引用过。见本书第 67 页和 68 页的德文本编者注。——译注

值,可憎可恶。一切美好的东西都随上帝而来,这句话含义深刻,无法详尽论述。

我们的主说道:"我与在苦难中的人同在。"(《诗篇》,90篇,15节)* 对此,圣伯尔纳说道:"主啊,既然在苦难中你与我们同在,那么,求你让我终日受苦,这样,你就终日与我同在,我就终日拥有你"①。

第三,我说:在苦难中上帝与我们同在,这就是说,他自己与我们一起受苦。确实,认识真理的人都知道,我说的是真的。上帝与人一起受苦,是的,他宁愿以他的方式受苦,远远超过为他而受苦的人。现在我说:如果上帝自己想受苦,那我理所当然地也应该受苦,因为我该做的就是:凡是上帝要的,我就要。我每天如上帝要我们祈求的那样祈求:"主啊,愿你的旨意成就!"然而,如果连上帝也要受苦,我再要为所受的苦发怨言,就完全不应该了。我完全有把握说,如果我们纯粹为上帝而受苦,那么,上帝会如此心甘情愿地与我们一起并为我们而受苦,以至于他受苦而不以为苦。对上帝来说,受苦是如此充满喜悦,以至于受苦对他不是什么苦。因此,倘若我们做得对的话,那么,对我们来说,受苦也不是什么苦;对我们来说,受苦也是喜悦和安慰。

第四,我说,有朋友的同情**,自然就减缓了自己的痛苦。由此可见,如有一个人与我一起感受痛苦也能给予我安慰,那么,上

---

  * 今本《圣经》为《诗篇》,91篇,15节。——译注
  ① 参见伯尔纳的《诗篇90篇讲道录》,17 n.4。——德文本编者
  ** 德文中的"同情"(mitleiden),就词的组成而言,即为"一起受苦"。——译注

帝的同情,就更将安慰我了。

第五,既然我应当而且愿意与一个我爱着并也爱着我的人一起受苦,那么,理所当然的,我也应当与那出于对我的爱而与我一起并为我的缘故而受苦的上帝自愿一起受苦了。

第六,我说,既然上帝先我而受苦,我是为上帝的缘故而受苦,那么,不管我受的苦有多么大和多么广,我都会很容易将其视为安慰和欢乐。原本就如此:如果一个人为了另一个人而做某一件事,那么,他做这事的缘故就更贴近他的心,而他所做的事反而离他的心较远,只是在关系到他所做的事的结果和目的时才牵动着他的心。造房的人,砍木凿石,最后建成了御寒避暑的房子,他一心只在这房子,如不是为这房子,他绝不会凿石,绝不会这样不辞劳苦。现在我们看到,如果病人喝美酒,他会感到酒发苦,也确实是这样;因为在酒进到里面去让灵魂加以品尝以前,由于舌头的苦涩,酒已经失去了它全部的甜美。如果人是为上帝而行一切事,也是如此,而且,还远远来得更高和更真,这样,上帝就成为中介者,成为灵魂的贴近者,任何东西,如果不是在可以触动人的心以前先经过上帝和上帝的甘甜使其原有的苦涩得以消失从而成为纯真的甜美,它就不可能触动人的灵魂和心。

还可以举出一个另外的例证。大师们说,在天的下面遍布着火焰,这样,不管是雨还是风还是暴风雨,都无法从下面靠近天而对它有所影响;在这一切到达天之前,早就被炽热的火焰烧尽了。我说,凡是人为上帝而受的苦和行的事,都在到达那为上帝而行事和受苦的人之前,先已在上帝的甘甜中变得甘美。因为正是在人说"为上帝"这句话时就有了这个意思,在流经上帝的甘甜的过程中已经去掉了所有的苦涩。而且,像烈焰一样包围着善良人的心的属神的爱,也已经将它烧尽了。

现在人们可以清楚地看到,一个善良的人在受苦时,在苦难中和在行事时,会有多么充足的理由和那么多的方式时时处处得到安慰。当他为上帝而受苦和行事时,是一种方式;当他处于属神的爱里面时,又是另一种方式。人也能够识别,知道他所行是否是为上帝和他是否处于上帝的爱里面;因为,显然,只要人感到自己苦难深重和毫无安慰,那么,他的所行就一定不是唯独为了上帝。看,他也一定不经常处于属神的爱里面。大卫王说道:"有烈火在他前头行,烧灭他四围的敌人"(参见《诗篇》,96篇,3节)*以及一切与他不同的东西,即:苦难、无慰、不安和苦涩。

在"我们受苦时上帝与我们同在并与我们一起受苦"这句话里,还包含有第七条可作为安慰的理由,那就是:由于上帝是纯真的毫无掺杂的"太一",由于凡是在他里面的就都是上帝自己,因而,上帝的这个独有的特性就可以强有力地给予我们以安慰。既然如此,所以我说:凡是善良的人为上帝受苦,他就是在上帝里面受苦,上帝在他受苦时与他一起在受苦。既然我在上帝里面受苦并且上帝也在一起受苦,那么,如果这种受苦不再有痛苦,我的痛苦是在上帝里面,并且,我的痛苦就是上帝,我怎能觉得这样的受苦是一种痛苦呢?确实,正如上帝就是真理,我找到了真理就找到了我的上帝,同样,当我为上帝和在上帝里面找到了纯真的受苦,我也就觉悟到我的受苦就是上帝。不明白这个的人,该责备的应

---

* 今本《圣经》为《诗篇》,97篇,3节。——译注

是他的闭目塞听,而不是我,不是属神的真理,也不是那值得敬爱的宽容。

你们应该以这样的方式为上帝而受苦,因为它是万分的有益,它就是福乐所在!我们的主说道:"为正义而受苦的人有福了"(《马太福音》,5章,10节)。那满怀宽容的上帝,怎会忍心让他的朋友,善良的人,无休止地受苦呢?倘若一个人有一个朋友,这朋友在一些日子里受苦,为的是由此可以得到很大的好处和荣誉,并能长时间保持,而如果这人却想要对此加以阻拦,或者希望另外有别人来加以阻拦,那么,大家都会说,这人不是那人的朋友,他并不爱他。因此,在上帝看来,他的朋友们,善良的人们,如果不能够做到无痛苦地受苦,他绝不会掉以轻心地让他们一直不受苦。正像我上面说到过的那样,外在的受苦,其所有的善性均来自于和发源于意愿之善性。所以,凡是善良的人为上帝的旨意而愿意和希望受的苦,他都是当着上帝的面和在上帝里面为上帝而受苦。大卫王在《诗篇》里说道:"我准备遭遇各种不幸,我的痛苦常在我心中,在我眼前。"(《诗篇》,37篇,18节)* 圣希罗尼摩斯说道,纯净的蜡柔软得可以随心所欲地塑造成型,即使没有人去塑造什么,它本身已包含可以被塑造成型的属性。我也曾写过,石头在还没有放到地上时,也是这样重;但它的全部重量完全取决于它有向下的趋向,本身就包含有往下掉的属性。我在上面还写过,善良的人无论在天上还是地上都做了一切他想要做的事,就在这里面与上帝

---

* 引文出处有误。大卫在《诗篇》多处表露过这样的意思。此处可能指《诗篇》,38篇,17节。——译注

等同。

现在我们可以明白,有些人看到善良的人遭受痛苦和不幸时感到惊讶,常常会胡思乱想,认为这来源于一些隐蔽的罪恶,会说这样的话:"我一直错以为那个人是好人。我曾经相信他没有缺点,那么,他又怎么会遭受如此大的苦难和不幸呵!"这些人实在太愚昧无知了。而我也赞同:确实,倘若他们觉得他们所承受的实在是痛苦和不幸,他们就谈不上是什么善良的人,谈不上是无罪的人。但是,如果他们是善良的人,对他们来说,受苦就不是什么痛苦和不幸,而是一种幸福和福乐。上帝,即真理,说道:"为了正义而受苦的人有福了。"(《马太福音》,5章,10节)所以,《所罗门智训》中写道:"义人的灵魂在上帝手中。愚蠢的人才以为义人也一般地死去和腐烂掉。然而,他们却始终处在平安之中"(《所罗门智训》,3章,1节)*,即处在喜悦和福乐之中。圣保罗描述许多圣者忍受了各种各样的痛苦,他说过,本是世界不配有的人(《希伯来书》,11章,36节起)。这句话,如果人们理解正确的话,有三层意思。第一,这世界根本就不值得存在许多善良的人。第二层意思更好,那就是,对这个世界来说,善性是无足轻重和毫无价值的;善性只有对上帝才有价值,所以,对于上帝,他们是有价值的,是配有上帝的。第三个意思就在于,我认为,这个世界,也就是指热爱这个世界的人们,不配为上帝而遭受痛苦和不幸。所以,《圣经》中写道,圣徒们心里欢喜,因为他们是为上帝的名而忍受痛苦(《使徒行传》,5章,41节)。

---

* 这里是从《所罗门智训》,3章,1—3节中摘出来的。——译注

所说的话已经够了。在本书第三部分,我想谈一下一个善良的人在他受苦时应该和能够给予自己的各种安慰,即如何在行为中安慰自己,而不单是在善良的和有智慧的人的言语之中得到安慰。

三

有关列王的记述中写到,有一个人咒骂大卫王,对他进行谩骂。大卫的一个朋友说,他想把这条死狗杀掉。王却说:"不!也许上帝见我遭难,就施恩于我"(《列王纪下》,16章,5节起)*。

有关教父们的著作中写到,有一个人对教父诉说他正在受苦。教父就说:"我的儿子,你想让我祈求上帝使你脱离苦难吗?"这人说:"不,我的父,我很清楚,这是对我好。我宁可请你求上帝恩赐我,让我甘愿受苦。"

有人问一个病人,为什么他不求上帝让他恢复健康。这人说,有三个理由使他不想这样做。第一,他坚信不疑,如果不是为他好,满怀爱心的上帝是绝不会让他生病的。第二,人若是善良,就想要上帝所要的一切,而并不是希望让上帝要人所要的;那是很不对的。所以,如果他要我生病——因为,如果他不要我生病,那我就不会生病——,那我就不应该希望无病而健康。因为毫无疑问,倘若上帝不是出于他的旨意而使我恢复健康,那么,他使我恢复健康对我就毫无价值,是无所谓的。有了爱,才会想要,没有爱,也就

---

* 引文出处有误。应为《撒母耳记下》,16章,5—12节。——译注

不会想要。我虽然肉体上健康,但上帝并不爱我,与其如此,还不如上帝爱我而我生病,后者远比前者美好和有益。凡是上帝所爱的,总还是某个事物;而凡是上帝所不爱的,就什么也不是,《所罗门智训》说的就是这个意思(《所罗门智训》,11章,25节)。凡是上帝所想要的,正由于是上帝所想要的,就都是美好的,这是真理。说实在的,就说人间的事,与其让一个富有的人,例如一个国王,立即赏赐我什么东西但丝毫不真心爱我,还不如他爱我但一时并不赏赐给我什么东西来得好;如果他现在虽爱着我但什么也不赐给我,那么,他现在之所以不赠送我东西,却是因为他以后想要送给我更多的东西。而且,即使我假定有人爱着我而什么也不给我,并且也不打算以后给我什么,那么,也许他正在考虑以后送给我更好的东西。我将耐心等待,尤其是因为他的赏赐是出自于恩典,本是我不该得到的。当然,不管是谁,如果我根本无视他对我的爱,他的意愿与我的意愿背道而驰,我瞄准的只是他的赏赐,那么,他什么也不给我,甚至恨我,置我于不幸,就是合情合理的。

我之所以不那么想祈求上帝让我康复的第三个理由,就在于我不愿意而且也不应该为这些小事去祈求那既富有,又满怀爱心和慷慨大度的上帝。假定我走了几百哩路来到神甫面前,说道:"神甫先生,我是从几百哩路外来的,花了很多钱,而我来的目的就是求你给我一粒豆子!",如果真是这样的话,这神甫或者任何一个人,听到后理所当然地会说我是一个彻底的白痴。现在,如果我说,全部的被造物之于上帝,还不如一粒豆子之于整个物质世界,那是千真万确的。这样,如果我确实是一个善良而有理智的人,那我完全有理由不屑于去祈求上帝让我康复。

关于这方面,我还要说的是,如果一个人因今世的一些短暂的事物而大喜大悲,那正好说明了他的软弱。人们一旦自己觉察到了,就应该在上帝和他的天使面前,在周围的人面前,从心底里为此感到羞愧。人们脸上长了什么斑点被人看到了,也觉得羞愧。我还要说什么呢?《旧约》和《新约》中的各篇,以及一些圣者甚至异教徒们的著作,都有大量篇幅写到虔诚的人如何为了上帝以及出于天然的美德献出了他们的生命和心甘情愿地否定自己。

异教的大师苏格拉底说道,美德使不可能的事成为可能,使其变得容易和方便。我也不想忘记,《马卡比传》*中写到的那个虔诚的女人有一天亲眼看到她的七个儿子所遭受的非人的骇人听闻的酷刑,她十分冷静地逐个提醒他们不要害怕,甘愿为上帝的正义而牺牲肉体和灵魂。写到这里,本来就可以成为本书的结束了,但我还要说两句话。

第一句话就是:我们看到,商人为了一些蝇头小利而远途跋涉,冒着生命和钱财被劫的危险,省吃俭用,却甘愿为这一点点还不一定可靠的好处而把所遭受的这一切都丢在脑后,这样,一个善良而属神的人因了受到的一些痛苦就信心动摇,实在是应该羞愧得无地自容了。一个骑士在战斗中为了短暂的荣誉敢于拼上自己的财产、生命和灵魂,那么,我们为上帝,为永恒的福乐受一些苦,又有什么了不起呵!

我要说的另一句话就是,许多粗俗的人会说,我在这本书里以

---

* 《马卡比传》为《次经》中的一篇,分上下两篇。这里所讲述的,载于《马卡比传下》,第 7 章。——译注

及在其他地方所写的话,未必是真的。我用圣奥古斯丁在他的《忏悔录》第一卷①中所说的话来作回答。他指出,一切属于未来的东西,只要世界还存在,哪怕是千千万万年以后的东西,上帝在现在就已经做成,而一切已经过去了好几千年的东西,上帝还会在今天来做。如果有人不理解这一点,我又能如何呢?在另一个地方他又说②,人过于明目张胆地自爱,他想把别的人都搞得眼花缭乱,为的是掩盖他自己的眼盲。我所说的和所写的,只要在我里面和在上帝里面为真,我就满足了。看一根沉在水里面的直竿,会觉得它是弯曲的,这是因为水比空气重;其实,竿子本身是直的,而且,如果只是在纯粹空气中来看,它就是直的,并不弯曲。

圣奥古斯丁说:"凡是不用各种概念、各种具体事物以及表象就从内心认识那些不产生外观特征的事物的人,一定知道这是真实的。但对此一无所知的人,就讥笑我;我对此只有感到同情而已。然而,这样的一些人,想要看到和感知到永恒的事物以及属神的行为,想要处身于永恒之光中,他们的心却还漂浮在昨天之中,还漂浮在明天之中。"③

异教的大师塞涅卡说道:"在谈论伟大而崇高的事物时,我们应该要具有伟大而崇高的心灵,具有高尚的灵魂。"④也许有人会说,这样的论述不应是为无教养的人所说和所写的。对此,我说,如果我们不去使无教养的人得到教养,那么,谁也不要受教养,从

---

① 参见奥古斯丁的《忏悔录》,I c. 6 n. 10。——德文本编者
② 参见奥古斯丁的《论真正的虔诚》,c. 33 n. 62。——德文本编者
③ 参见奥古斯丁的《忏悔录》,XI c. 8 n. 10。——德文本编者
④ 塞涅卡,第 71 篇,24 节。——德文本编者

而也就没有人能够教些什么或写些什么了。因为人们对无教养者施教,就是为了使他们由无教养变为有教养。倘若没有新的,那么,连老的也会没有。我们的主说:"无病的人用不着医生。"(《路加福音》,5章,31节)为此,有医生来医病人。可是,如果有人连这话都不理解,那么,怎么能够把这句本来就正确的话正确加以表达呢?圣约翰对所有的信者宣讲福音,也对所有的不信者宣讲福音,为的是让他们成为信者,然而,他的福音书的开端,就是一个人在此谈到上帝时所能够说出的最高的言语*;然而,他的以及我们的主的言语,却经常被歪曲理解。

富有爱心和怜悯心的上帝啊,你就是真理本身,求你恩赐我以及所有读这本书的人,让我们在我们自己里面找到和发觉到真理。阿门。

---

* 指《约翰福音》,1章,1节。中文本译作:"太初有道,道与上帝同在,道就是上帝。"这里的"道"(德文Wort,英文Word),就是"言语"。——译注

论贵人

我们的主在福音书中说道："有一个贵人往远方去，要得国回来。"(《路加福音》，19 章，12 节)在这句话里，我们的主教导我们，人在被造时按其本性是何等地高贵，他出自于恩典所能达到的是多么神圣，并且，也告诉我们人应当如何达到那里。在这句话里，涉及《圣经》中的很大一部分。

我们首先应该知道，而且也十分明显的是，人本身具有两重本性：肉体和心灵。所以，有一本书写道①：凡是认识自己的，也就认识一切被造物，因为所有的被造物，无非不是肉体就是灵心。故而，在谈到人的时候这本书说，在我们里面，既有一个外在的人，又有另一个内在的人。

一切黏附于灵魂，但被肉体所包围并与肉体混合在一起的东西，都属于外在的人，它们在任何一个器官里面，如眼睛、耳朵、舌头、手等，并且使用这些器官，完成某种形体上的协同行为。那本书把这一切称之为旧的人、属地的人、外在的人、怀有敌意的人、奴颜婢膝的人。

而隐藏在我们里面的另一个人，就是那内在的人；那本书称之为新的人、属天的人、有青春活力的人、富有友情的人和高贵的人。而这正是我们的主所说的"有一个贵人往远方去，要得国回来"里的意思。

---

① Isaac Israeli, *Liber de Diffinitionibus*, J. T. Muckle,载《中世纪学说史和文学史文档》，1937/38，第 306 页。——德文本编者

我们还应该知道,圣希罗尼摩斯和大师们都说过,任何一个人,从他成为一个人而存在一开始起,就具有一个善良的灵心,一个天使,也具有一个邪恶的灵心,一个魔鬼。那善良的天使始终劝导人行善良的事,属神的事,行美德,行属天的和永恒的事。那邪恶的心灵却一直唆使人做短暂的事,不道德的事,邪恶和属魔鬼的事。那个邪恶的灵心无时不与外在的人进行着对话,并通过这外在的人时刻在暗地里排挤内在的人,就像当年蛇跟女人夏娃说话,然后又通过她与男人亚当说话一样(见《创世记》,3章,1节起)。内在的人是亚当。这灵魂里的男人[①]是好树,就像我们的主所说的,凡好树都结好果子(参见《马太福音》,7章,17节)。他是一块农田,上帝在此播下了他的影像和范例,播下了好的种子,即一切智慧、艺术和美德的根源:属神的本性之种子(《彼得后书》,1章,4节)。属神的本性之种子,就是圣子,就是上帝的道(《路加福音》,8章,11节)。

那外在的人,那怀有敌意的人,邪恶的人,却播种稗子(参见《马太福音》,13章,24节起)。关于这,圣保罗说:我在我里面感到有某种东西在阻碍着我,在违背着上帝已经命令的和教导的,违背着上帝在我灵魂深处对我说的事(参见《罗马书》,7章,23节)。而在另一个地方,他又叹息说:"我真是苦啊,谁能救我脱离这取死的身体呢?"(《罗马书》,7章,24节)他又在另一个地方说道,人的灵

[①] 埃克哈特通常将"最高的理性"称为"灵魂里的男人"。参见本文集的《讲道录》的第18讲。——德文本编者

心与他的肉体总是在相争。肉体唆使做不道德和邪恶之事;而灵心*劝导以上帝的爱、喜悦、安宁和各种美德(参见《加拉太书》,5章,17节起)。凡是顺从灵心的,凡是听从灵心的劝导的,就将得到永生(参见《加拉太书》,6章,8节)。内在的人,就像我们的主所说的,是"一个贵人往远方去,要得国回来"。这是一棵好树,对此,我们的主说道,它始终结出好果子,从不结坏果子,因为它所想要的和所倾向的是善性,即那个自在自为而不受这个和那个的干扰的善性。而外在的人,却是坏树,一定结不出好果子(参见《马太福音》,7章,18节)。

异教的大师图流斯**和塞涅卡在谈到内在的人或心灵之高贵以及外在的人或肉体之低贱时也说道:没有上帝,就没有富有理性的灵魂;上帝的种子在我们里面。这种子只要碰上一个善良、聪明而勤劳的农夫,就会苗壮成长,而且,既然它本来就是上帝的种子,它就一直长到上帝那里,所结的果子就等同于上帝的本性。梨树的种子长成后就是一棵梨树,核桃树的种子长成后就是一棵核桃树,上帝的种子长成后就成为上帝(参见《约翰一书》,3章,9节)。可是,如果好的种子碰上了一个愚蠢而邪恶的农夫,那么,长的是稗子,将这好的种子挤压在下面,使它不得见阳光,无法生长。然

---

* 灵心(德文 Geist,英文 Spirit),可理解为人的灵心,也可指三位一体中的圣灵。《加拉太书》中的灵心,按英文本《圣经》和中文本《圣经》,都认为是指圣灵,而德文本《圣经》,从字面上无法区分二者。埃克哈特此处认为这是指人的灵心,指内在的人的灵心。——译注

** 不详。图流斯(Tullius),这是一个罗马人的姓。这里可能是指罗马著名作家西塞罗(M. Tullius Cicero, 106—43A.C.)。——译注

而,伟大的大师奥利金①说道:因为这种子是上帝自己所种和埋妥的,所以,它能够很好地被掩盖,不会凋零灭绝;它能茁壮成长,闪耀生辉,持续不断地向着上帝生长。

圣奥古斯丁说,新的内在的人的第一个阶段,就在于当人按照善良的圣人们的榜样而生活时,还是需要扶着椅子行走,还需要靠在墙上面,还要喝奶。②

在第二阶段,如果他现在关注的不仅仅是一些外在的榜样,而且也关注善良的人们,并且,如饥似渴地追求上帝的教导和属神的智慧,那么,他就背对着人间的一切而面向着上帝,从母亲的怀抱中爬出来,以笑容面向着在天上的父。

在第三个阶段,当人越来越脱离母亲的怀抱,摆脱了忧虑和恐惧时,尽管他可以旁若无人地做坏事,但他根本就不会去做;因为他正在爱之中以满腔的热情去与上帝结合在一起,直到上帝将他引入喜悦、甜美和福乐之中,使他厌恶一切与上帝格格不入的东西。

在第四个阶段,当他逐渐成长,越益植根于爱和上帝之中时,他已做好准备,心甘情愿地接受各种诱惑、试探、麻烦和苦难。

在第五阶段,他心满意足地生活着,绰绰有余地静享着至高的无以言表的智慧。

---

① 奥利金(Origenes,? 185—? 254),古代基督教希腊教父的主要代表之一。他将希腊哲学运用于基督教神学。这里所引的话,见于他的著作《创世记注疏》。——德文本编者

② 参见奥古斯丁的《论真正的虔诚》,c. 26 n. 49. 关于喝奶之说,参见《希伯来书》,5章,12节;《彼得前书》,2章,2节;《哥林多前书》,3章,2节。——德文本编者

在第六阶段,人已得到了超脱,在上帝的永恒之中得到了转化,已经完全把当今短暂易逝的生活忘掉,进而成了属神的肖像,成为上帝的孩子。这就再也没有更高的阶段了,至此阶段,有的是永恒的安宁和福乐,因为新的内在的人的最终目的就是:永生。

对于这样的内在的贵人,有上帝的种子和上帝的肖像播种于内,至于那属神的本性和属神的本质即上帝的儿子所产生的这粒种子和肖像如何得以显露,使得他即使有时隐蔽起来但人们还是认识他,伟大的大师奥利金举过一个例子:上帝的肖像,上帝的儿子,是灵魂中的根基,就像活的泉水一样。但是,如果有人将地上的种种欲望像泥土一般去覆盖在上面,那么,人们就什么也认不清楚了;尽管如此,他自己还是存活着,只要把这从外面加上去的土去掉,他又显露出来,人们又可以认识他了。他又说道,在《创世记》中就暗示了这个真理,在那里写到,亚伯拉罕在他的田地里挖了井,但那些恶人用土把井填埋掉;可是后来,把土挖掉了,井又显露出来,成了活水井(《创世记》,26 章,14 节起)。

还有一个更进一步的例子:太阳总是在发光;但是,当我们和太阳之间有云或雾时,我们就看不到太阳的光芒。同样,如果眼睛本身有病或者有视力障碍,他也见不到太阳的光芒。此外,我还曾经举过一个很直观的例子:当一个大师用木头或石头制作一幅肖像时,他并不是把肖像放到木头里面,而是把掩盖着肖像的那些木屑去除掉;他并不是给木头什么东西,而是从中去掉一些东西,把覆盖在上的东西挖掉,去掉锈层,使隐藏在下面的东西得以重放光彩。正像我们的主在福音书里所说的那样,这是藏在地里的宝贝(《马太福音》,13 章,44 节)。

圣奥古斯丁说①：如果人的灵魂完全向上进入到永恒，单单进入到上帝里面，那么，上帝的肖像就发光照耀；但是，如果灵魂一心致力于向外，哪怕是做尽好事，还是使这肖像完全被覆盖掉。这就是按照圣保罗的说法，女人应当蒙着头，而男人应当不蒙头（参见《哥林多前书》，11章，4节起）。所以，在灵魂中一切转而向下的东西，得到的都只是其向下所能得到的东西，是一个覆盖物，是一块包头布；而灵魂中一心向上的东西，就是上帝的纯真的肖像，是上帝的诞生，裸露在没有蒙头的灵魂之中。在贵人那里，诸如上帝的肖像、上帝的儿子、神性之种子等，即使有时被遮盖，但总不会完全消除。大卫王在《诗篇》中说道：虽然有各种的琐事和艰难困苦在侵害着人，但他还是留在上帝的肖像之中，成为他里面的肖像。光照在黑暗里，虽然人们对此并不明白（参见《约翰福音》，1章，5节）。

《雅歌》中有这样的话："我虽然黑，却是秀美；是太阳改变了我的肤色。"（《雅歌》，1章，5节）"太阳"指今世之光，就是说，甚至是在所有被造的东西中最高和最善美的东西，也遮盖着我们里面上帝的肖像，使其改变颜色。所罗门说："除去银子的污锈，就有上佳的器皿闪耀发光"（《箴言》，25章，4节），这就是灵魂里上帝的肖像，上帝的儿子。而这正是我们的主说的"有贵人从远方来"，因为人若真想要在父的怀抱和心中成为其儿子，他必须从各种别的肖像以及从自身脱离出来，与之远离并与之决裂。

任何一种中介都是上帝所不容的。上帝说："我是首先的，我

---

① 参见奥古斯丁，《论三位一体》，XII c.7 n.10。——德文本编者

是末后的。"(《启示录》,22章,13节)无论是在上帝的本性中还是在三位一体中,都不存在差别。属神的本性是"一",而三位一体中的每一位也是"一",是与本性相同的同一个"太一"①。一般存在(Sein)与实体存在(Wesenheit)之间的差别,是作为"一"来把握的,而它确实就是"一"。只有当这个"太一"脱离开自身时,它才接受、具有并产生差别。所以,人们在"太一"里找到上帝,而会找到上帝的人必定成为"一"。我们的主说"有人往远方去"。在差别中,我们既找不到"太一",也找不到存在、上帝、休息、福乐和满足。要成为"一",这样才能找到上帝!说实在的,如果你确实成为"一",那你即使在千差万别的事物中仍能保持为"一",这千差万别的事物,对于你,还是"一",对你一无妨碍。"太一"始终为"一",四块石头是这样,成千上万块石头也还是这样。千千万万不过是数而已,跟四是个数是一样的。

一位异教的大师②说道,"太一"是从至高无上的上帝里面诞生出来的。而上帝的特性正在于他与"太一"是合而为一的。凡是在上帝之下寻找这"太一"的人,就是自欺欺人。这同一位大师又说,第四,这"太一"的最诚挚的友谊无非是跟童贞女或少女的友谊,这正像圣保罗所说的:"我要把你们如同贞洁的童女,献于和许配给这唯一的丈夫"(《哥林多后书》,11章,2节)。人就应该如此,因为我们的主说了:"有人往远方去。"

---

① 关于埃克哈特的这个思想,参见附录于本文集的《教皇约翰二十二世训谕》,第24条。——德文本编者

② 参见马克罗比乌斯(Ambrosius Theodosius Macrobius),*Commentari in Somnium Scipionis* I c. 6 n. 7—10。——德文本编者

在拉丁文中,"人"这个名词就其本义来说,一个意思就是倾其所是和所有拜服在上帝的下面和向上敬仰上帝,而不是指他在自己后面、下面和边上所知道的属于他所有的东西。这才是完全和真正的谦卑;他是从地上取得这个名称的。这方面我不想再多说了。当我们说到"人"时,这个名词还有别的含义,即超越于自然,超越于时间,超越于一切以时间为转移和带有时间色彩的东西,而且,涉及空间和物质性,我也这么说。此外,"人"在一定程度上与任何东西都毫无共同之处,这就是说,"人"既不跟这个也不跟那个相类似,他对"无"一无所知,故而,我们在他里面找不到任何关于"无"的东西,他已完全没有了这个"无",我们在他那里看到的唯独就是纯粹的生命、存在、真理和善性。这样的人就是"贵人",既不多也不少。

关于我们的主所称的"贵人",还有另外的解释和说法。我们应该知道,凡是实实在在地认识上帝的人,同时也认识了被造物;因为认识乃是灵魂之光,所有的人天生就有认识事物的意向,因为连对坏事的认识也是一件好事。这样,大师们就说[①]:当人们在被造物自有的本质中去认识被造物时,这称为"夜晚的认识",人们看到的是显露被造物的形形色色差异的形象;而当人们在上帝里面去认识被造物时,这就是"清晨的认识",人们看到的是无任何差异的被造物,在"太一"里面,也即在上帝自己里面,人们得以摆脱掉所有形象和一切等同性。这也就是"贵人",我们的主说的"有贵人往远方去",其所以为贵人,就因为是"一",是在"太一"里面来认识

[①] 亚里士多德,《形而上学》,I c.1。——德文本编者

上帝和被造物。

关于什么是"贵人",我还想从另一层意思上来说明。我说:当人、灵魂、心灵在仰望上帝时,他也就认识到自己是在有所认识,这意味着他认识到,他是在认识和仰望着上帝。现在,有不少人觉得,而且似乎也确实可信,福乐之花朵和核心就存在于那种认识之中,即心灵由此得以认识到它是在认识上帝的那种认识;因为倘若我具有各样的欢乐,也就不知道什么欢乐了,那么,这对我有什么好处,又怎能使我感到欢乐呢?然而,我有充分把握地说,其实并不是如此。即使灵魂真的无此就不能得到福乐,福乐却并不存在于其中;因为福乐首先就在于灵魂得以直面上帝。在这里面,灵魂接收到它全部的存在和生命,由上帝这个根源创造出一切它所是的,对于无论是知识还是爱还是任何别的什么东西都一无所知。它完全和彻底地在上帝的存在中取得了平静。在那里,它除了存在和上帝以外就别无所知。可是,当它知道和认识到它正在仰望着、认识着和爱着上帝时,按照自然的规则,这就是一次离开初始位置而后又回复到初始位置的摆动①;因为,只有真正是白色的人,才能认识到自己是白色的。所以,认识到自己是白色的人,是在"白"的基础上来从事建造和粉刷的,他并不是直接由颜色中得到他的认识,而是从那个确实是白色的东西中取得对它的认识和知识,而且,他并不是绝对地由颜色本身来创造这个认识;倒不如说他创造了关于被涂上白色的或原来就是白色的东西的认识和知

---

① 这里,往外摆出,是指心灵向着认识对象的向外转向,而往里摆回,则是指在反思中对最初的行为萌生意识之行为。——德文本编者

识,认识到自己是白色的。比起"白"来,白色的东西就微小得多,远远更为外在。墙跟墙得以建于其上的地基,是完全不一样的。

　　大师们说①,使眼睛得以看到东西的是一种力量,而使眼睛认识到它看到东西的,又是另一种力量。前者,即它看到东西,完全是来自于颜色,而不是来自于有颜色的东西。所以,有颜色的东西,不管是石头还是木头,是人还是天使,都是一样的,重要的是:有颜色。

　　我说,贵人之取得和创造出他的全部的存在、生命和他的福乐,也只是来自于上帝和就在上帝里面,而不是来自于对上帝的认识、仰望或敬爱等等。所以,我们的主说得那么恳切的是:认识上帝是独一的真神,这就是永生(《约翰福音》,17 章,3 节),而不是说:认识到我们在认识上帝,这就是永生。人若连自己都还没有认识,又该如何认识到自己正在认识上帝呢?确实,人对自己以及其他事物都并不认识,如果要在福乐的根基中得到福乐,就宁可只认识上帝。但是如果灵魂认识到它正在认识上帝,那么,它同时也就赢得了对上帝和对自己的认识。

　　正像我已经说明的那样,现在还有另外一种力量,人由于有了它得以看见,通过它,人得以知道和认识到他看见了。确实,在这人世间,在我们里面,那个使我们得以知道和认识到我们看见了的力量,比使我们得以看见的力量要更高贵;因为自然是以最微不足道的东西开始其行为,而上帝则是以最完善的东西开始其行为。自然使小孩长成大人,从鸡蛋里孵出小鸡;而上帝则在小孩之前先

---

　　① 参见托马斯·阿奎那,《神学大全》,I q.78 a.4 ad2。——德文本编者

造出大人,在鸡蛋之前先造出鸡来。自然是先让木材加热,然后使它产生出火;而上帝是先给予被造物以其存在,然后才按照甚或不按照时间顺序分门别类地令其产生出来。即使是圣灵,上帝也是在赐给我们以圣灵之前先给予圣灵。

所以我说,虽然说在人还没有意识到和确切知道他是在仰望和认识上帝的情况下并不存在福乐,然而,愿上帝保佑,但愿我的福乐不要以此为基础!要以此为满足的人,就让他这样吧,但我不想如此。火的热跟火的存在,在自然界里是不同的,尽管按时间和空间二者是靠近的,但实际上彼此大相径庭。上帝的察看和我们的仰望,尽管都是观看,彼此却完全不同。

所以我们的主说"有一个贵人往远方去,要得国回来"。因为人应该在自己里面成为"一",应该在自己里面和在"太一"里面寻找这个,并在"太一"里面接受这个,这就是说:唯独仰望上帝;然后"回来",这就是说:知道和认识到我们认识和知道上帝。

所有这里说到的,先知以西结都预言到了:"有一个大鹰,翅膀大,翎毛长,羽毛丰满,彩色具备,来到那纯净的山,将那棵最高的树的树心叼掉,将它的树冠拧去,带到下面去"(《以西结书》,17章,3节起)。我们的主称之为贵人的,先知称之为大鹰。还有谁比那个一方面由被造物所拥有的东西中的至高和至善所生养,而另一方面又出自于属神的本性之最内在的根源及其旷野*的人更高贵呢?与"太一"一起的"太一",来自于"太一"的"太一",处在"太一"里的"太一",在"太一"里得到的"太一",直到永永远远。阿门。

---

* 这里的"旷野",参见《何西阿书》,2章,14节。——译注

讲　　道　　录[①]

[①] 这里收录的讲道录，共 59 讲。前面 23 讲，原收录于本文集德文本编者 Josef Quint 所编的《埃克哈特大师：德语和拉丁语著作集》中的《德语著作集》，第一卷，《埃克哈特大师讲道录》，斯图加特—柏林 1936 年出版。从第 24 讲一直到 59 讲，采用了 Franz Pfeiffer 所编的《14 世纪德国神秘学家》（第二卷）（莱比锡 1857 年版）和 Josef Quint 的《埃克哈特大师德语讲道录之遗稿》（波恩 1932 年版），即在前者的基础上根据后来发现的手稿加以修改补充而成。——德文本编者

第 一 讲

Intravit Jesus in templum dei et coepit cicere vendentes et ementes. Matthaei. (Matth. 21,12)

"耶稣进了上帝的殿,赶走殿里一切作买卖的人。"(《马太福音》,21章,12节)

我们在福音书里读到,我们的主进到殿里,把那里做买卖的人赶走,对着另外那些贩卖鸽子之类的人说道:"把这些东西拿去!"(《约翰福音》,2章,16节)为什么耶稣把做买卖的人赶走,并要贩卖鸽子的人把地方撤清呢?他的意思无非就是说,他要让这殿出空,似乎他要说的是:我才对这殿有权,我要单独在此,在此掌管。这又要说明什么呢?这殿是上帝要按他的旨意全部予以掌管的殿,就是指人的灵魂,而这乃是上帝完全按照他自己一模一样地创造出来的,正像我们读到我们的主所说的:"我们要照着我们的形象,按着我们的样式造人!"(《创世记》,1章,26节)他也确实这样做了。因此,他是按照跟他自己一模一样地创造出人的灵魂,无论在天上还是在地上,在所有由上帝奇妙地创造出来的美妙的被造物中,没有任何东西像人的灵魂那样跟他相像。正由于如此,上帝要把这个殿出清,除了他以外,不许再有别的什么东西。而之所以会如此，正是因为他钟爱这个确实跟他相像的殿，当他独自在这殿里时，他感到十分愉快。

好，但要注意！那做买卖的人，原来是些什么样的人，现在是些什么样的人呢？听我说！我现在毫无例外地只想就善良的人[①]而讲道。然而，这次我想指出的是，这些一直到现在还在做买卖的曾被我们的主驱赶出去的商人，过去和现在都是些什么样的人。而他还一直在把所有在这殿里做买卖的人赶走；他要一个不留地把他们赶走。看，所有这些人都是买卖人，他们固然不犯什么大的罪孽，也一心想做善良的人，做些好事来荣耀上帝，如禁食、守夜、祷告等各种善行，然而，做这一切都是为了让我们的主因此而赐给他们些什么或者让上帝做些使他们得到好处的事：这都是买卖人所为。这是显而易见的，因为他们是在做交易，想用这样的方式跟我们的主做生意。岂知做这样的交易他们是要吃亏的。因为他们所拥有的一切，他们所能够做的一切，虽然他们都为了上帝而献出他们所有的，为了上帝而竭尽所能，但上帝却完全没有责任要给他们些什么或为他们做些什么，除非他自愿做些什么。因为他们所是的，那是由于上帝才是的，他们所有的，也是由上帝而得到的，而不是由自己而得到的。这样，上帝不因为他们所做的事和所献出的东西而欠他们什么，他想做什么，也是自愿地出于他的恩典，而不是为了他们的行为和贡献；因为他们所献出的并不是他们自己的东西，他们所行的事也不是出自于自己，就像基督所说的："因为

[①] 埃克哈特在此特别强调，他在整个讲道中只是就善良的人而讲的，然而，并不是只就完善的人而讲的，也是就"买卖人"而讲的，这些人，为了他们的善行而想跟上帝讨价还价，他们做出善行总是有所求的。——德文本编者

离了我,你们就不能做什么。"(《约翰福音》,15章,5节)那些想跟我们的主做生意的人,正是十足的愚蠢;他们对真理所知极少,或者简直一无所知。所以我们的主把他们赶出殿去。光明与黑暗是无法共存的。上帝本身就是真理,就是光明。当上帝来到这个殿里时,他就驱走了无知,驱走了黑暗,以光明和真理来显示自己。然后,当真理得以被认识时,买卖人就离此而去,因为真理不向往什么买卖交易。上帝不寻求属于他的什么东西;在他的一切行为中,他都是完全超脱的,乃是出于纯真的爱。而凡与上帝合而为一的人,亦然如此;他也完全超脱,仅仅为了荣耀上帝,不寻求任何属于自己的东西,让上帝在他里面行事。

我要进一步说:只要人在他的所有行为里是从上帝能够给予的或愿意给予的一切中寻求着什么东西,他就等同于这些买卖人了。如果你想要完全摆脱商人习气,使上帝可以在这殿里容留你,那么,你就该使你的一切所作所为都仅仅为了赞美上帝,就像虚无一般地在无论什么地方都没有牵挂。你就该一无所求。如果你如此行事,那么,你的行为就是属灵的和属神的,这样一来,买卖人就统统从殿里赶走,只有上帝在里面;因为这个人心中就只有上帝。看,这殿就是这样摆脱了所有的买卖人。看,那除了上帝和上帝的荣耀以外在眼里既看不到自己也看不到任何别的东西的人,他在自己的所有行为里真正摆脱了商人习气,并且丝毫不去追求属于自己的东西,就像上帝在他行一切事时都完全超脱、不追求任何属于他自己的东西一样。

我还说过,我们的主对贩卖鸽子的人说:"把这些东西拿去!"他并不赶走这些人,甚至也并不十分斥责他们,而只是心平气和地说:"把这些东西拿去!"似乎他是要说:这虽然不坏,但却挡住了纯真的真理。这些人也还都是善良的人,他们的所作所为都纯粹是为了上帝,并不从中寻求什么自己的东西,然而,他们行事为人总是跳不出自我,受时间和数目的束缚,思前顾后。他们在行为中处处受阻,难以认识这样一条至善的真理:他们理应做到超脱,就像我们的主耶稣基督那样的超脱,始终每时每刻都从天父那里接受到新的东西,每时每刻都带着感恩的赞美在天父的尊严里得以重生而取得同样的尊贵。同样,人也应该如此,他要能够接受那至高的真理而不用思前顾后、不受任何行为和任何他意识得到的形象的阻碍而在这真理里面生活,这样得以超脱后就立即接受到上帝的新的恩赐并在我们的主耶稣基督里用感恩的赞美在这同样的光明中不受阻碍地使这恩赐得以重生。这样,鸽子去掉了,也就是说,所有那些善良而且人也并在其中寻求自己的东西的行为所形成的阻碍和自我束缚,也都去掉了。因此,我们的主心平气和地说:"把这拿去!"他似乎是在说:虽然是好的,但却带来了阻碍。

当这个殿摆脱了各种阻碍,即摆脱了自我束缚和无知时,它就大放光彩,逾越于一切之上和穿越一切由上帝所造的东西,除了那非被造的上帝以外,没有其他东西可以具有跟它一样的光辉。千真万确:除了那非被造的上帝之外,再也没有什么人真正跟这个殿相等同。凡是在天使之下的,根本就不跟这个殿相等同。即使是最高一级的天使,也只是部分等同于这高贵灵魂的殿堂,还做不到全部等同。他们之在一定程度上等同于灵魂,这是指认知与爱。然而,对他们设定了一个原则;他们不能逾越它。但灵魂却可以越过它。倘若一个灵魂——指一个尚生活在世俗里面的人的灵魂——站到了与最高级天使相同的高度上，那么，这个人就总是立即能够随心所欲地重新远远高出于天使，这是不计其数的，也就是说，无须什么方式，超越天使以及一切被造之理性的方式。只有上帝才是自由自在和非被造的，因而，就自由而言，只有他才跟灵魂一样，但并不是就非被造这一点而言，因为灵魂是被造的。如果灵魂进到纯净的光照之中，那么，它就远远超脱它在虚无之中得以被创造出来的"某物"而显露出它本来的虚无，以至于它由自己的力量已绝不能再回归到它那被造的"某物"。上帝以其非被造而置身于灵魂之虚无之下，并使它保持在他的"某物"里。灵魂曾敢于归于虚无又能凭自身从虚无回归到自己；在上帝将自己置身于它之下以前，它就是这般逃遁。这也必定是如此。因为正像我前面已经提到过的那样："耶稣进到殿里，赶走那里做买卖的人，并对另外的人说，把这拿去！"看，现在除了耶稣之外再也没有别的人了，他开始在殿里说话。看，你们应当明白，如果除了耶稣以外还有别的什么人在这殿里，也即在灵魂里，说话了，那么，耶稣就不说话了，好像他不在那里一样，而且，他也确实不再在灵魂里了，因为它有了陌生客人，它在跟这陌生的客人说话。可是，如果要耶稣在灵魂里说话，那它就应该是独自一个，宁静无声，静听耶稣说话。如此，耶稣就来临，开始说话。主耶稣说些什么呢？他说了他所是的。那什么是他所是的呢？他是父的"道"。正是在这道*之中，父说明了他自己，说明了整个属神的本性以及一切上帝所是的，就像他所认识到的那样；而他所认识到的，也就像他所是的。因为他在认

---

* 道（Wort），就是"言语"。参见《约翰福音》，1章，1节。——译注

识和能力中是完善的,因而,他在说话中也是完善的。在他说出这个道时,他是以另一人格的身份来说明他自己以及一切事物,并给予另一人格以他所具有的同样的本性,而且,在说出一切富有理性的灵语时使用的是对应于"肖像"*的相同的言语,这里,假定这肖像是存在于其内的。而如果它是向外放射的,即每一个肖像本身各有其独自的存在,那么,就绝不是相同的言语了。但是,这些向外放射的肖像还是得到了可能性,蒙主的恩典而与这同样的言语相等同。父已经原原本本地说出了这言语。

因为父已经把这都说了,那么,耶稣在灵魂里还说些什么呢?正像我已经说过的那样,父说了这个道,并就在这道里面说话;而耶稣却是在灵魂里说话。他说话的方式是把他自己以及父在他里面所说的一切,以灵心能够接受的方式加以启示。他将父在灵心中的统摄力,以同样的不可估量的权力加以启示。如果灵心在子里面并通过子接受这个权力,那么,它本身也在每向前行进一步时都变得坚强有力,这样,它在一切德行和一切完美方面都达到同样的强有力,从而,无论是爱还是苦难,或者上帝在此时所造成的任何事物,都不能够使人惊慌失措,倒不如说,他得以坚强地挺立着,犹如处于那种使任何事物都显得渺小和软弱无能的属神的力量之中。

除此之外,耶稣还在灵魂里以一种不可估量的智慧显示自己。他本身就是这种智慧,在这样的智慧里,父神自己以其全部的统摄

---

* 中世纪时经常沿袭柏拉图所倡导的传统,认为在上帝这个创造者里面对于所有被造物都对应地有一个摹本式的肖像,即柏拉图式的理念。由柏拉图的摹本理论中产生出一系列有关"逻各斯"的思辨。——译注

力认识自己,在此认识自己的,还有那个言语,也就是智慧本身;而凡是在这里面的,就好比都是合而为一的。如果这个智慧与灵魂合而为一,那么,它也就摆脱一切怀疑、谬误和黑暗,处于一种纯净而明亮的光之中,这光就是上帝自己,犹如先知所说:"主啊,在你的光里我们将认识光。"(《诗篇》,35 篇,10 节)* 因为在灵魂里是用上帝来认识上帝的①;这样,灵魂是用这个智慧去认识自己以及所有事物,又用它自己去认识这同一个智慧,并且又用这同一个智慧去认识上帝之富有生养能力的统摄力以及无差别而完全一统的实质存在。

而且,耶稣在显示自己时带着一种无可估量的甜美和丰满,这种甜美和丰满,自圣灵的力量中源源涌出,以充盈的丰满和甜美注入所有能接受它的心灵之中。当耶稣带着这样的丰满和甜美显示自己并与灵魂合一时,灵魂便也带着这样的丰满和甜美流入自己,并且,凭着恩典和权力,从自己里面流出,超越自己以及超越一切事物,又直接回归到它的最初的发源地。这样,外在的人就一直到死都顺从于其内在的人,从而得以始终平静地侍奉主。

愿上帝帮助我们,让耶稣进入到我们里面,扫除所有的阻碍,与我们合一,就像他与圣父和圣灵合一而成为一个上帝一样,愿我们与他合一,直到永永远远。阿门。

---

* 今本《圣经》为《诗篇》,36 篇,9 节。——译注

① 因为灵魂是与子,也即与智慧合而为一的,所以在它里面得以完成那处于三位一体之内的认识过程,它自己是用父来认识子,也即智慧,而又在子里面认识理念,认识自己以及所有的事物。——德文本编者

第 二 讲

Intravit Jesus in quoddam castellum et mulier quaedam, Martha nomine, excepit illum in domum suam. Lucae II. (Luc. 10,38)

"耶稣进了一个村庄,有一个女人名叫马大,接他到自己家里。"(《路加福音》,10章,38节)

我曾经用拉丁文引用过福音书里的一句话,其德文意思是:"我们的主耶稣基督进到一个村庄,有一个身为妇人的童贞女接待他。"

好吧,注意这句话:那个接待耶稣的人,她必定是一个童贞女。是童贞女,就说明她是一个摆脱了各种奇奇怪怪的形象的人,如此彻底地摆脱,就好像她根本还不成其为人一样。看,有人会问,一个已被生养出来并长大到懂事的人,如何能够做到摆脱掉一切的影像,一如根本还不成其为人[①]一样,然而,他又知道许多许多,而他所知道的都是影像;他如何得以摆脱呢?现在,请注意我要说给

---

① 埃克哈特这里指的是人作为理念在上帝里面的生存,即他所谓的人在他的理念中的事先生存。参见本《讲道录》的第三十二讲。——德文本编者

你们听的教导。倘若我有如此广博的理性,使全体人所接受的以及存在于上帝自己里面的所有影像都一无遗漏地包括在我的理性之中,又可以摆脱掉对它们的自我束缚,在行事为人中始终对它们中的任何一个都绝不视为己有,立即能摆脱它们而去成就上帝至爱的旨意,那么,我就是不受一切影像阻碍的童贞女,一如我还不成其为人一样。

我又要说,人之为童贞女,丝毫也不妨碍他的所作所为;但他的所作所为使他如童贞女般地得以超脱,不会对至高的真理形成任何阻碍,就像耶稣本身如童贞女般地超脱一样。大师们说,只有等同而又等同,才是合一的基础,所以,人必须成为童贞女,才得以去接受童贞的耶稣。

现在要特别注意! 如果人始终是童贞女,就结不出果实。人若要能结出果实,就必须成为妇人。"妇人"是人们能够给灵魂加上的一个最高贵的名字,远比"童贞女"来得高贵。人将上帝接受到自己里面来,这是件好事,因此使他成为童贞女。可是,上帝在他里面结出果实,可是一件更好的事;因为使恩赐能结出果实,只有果实是对恩赐的感谢,而且,当灵心让耶稣重新回到上帝的慈父心里时,这灵心就成为具有重生的感激之情的妇人。

许多好的恩赐都在童贞之中得以接受,却没有出于感恩的赞美而在妇人般的繁殖结果中重新生养到上帝里面。这些恩赐就逐渐毁坏和消亡,人不能由这些恩赐而变得更福乐和更善良。这样,他的童贞对他就没什么好处,因为他并没有越过他的童贞而进一步成为具有丰满的繁殖能力的妇人。这里面是有坏处的。因此,我曾经说过:"耶稣进到一个村庄,有一个身为妇人的童贞女接待他。"这一定要如此,就像我已经对你们说明了的那样。

已婚者所结的果,很少每年多于一个。但是我这次指的是另一种"已婚者":指所有从自我出发而受制于祈祷、禁食、守夜以及各种外在的静心修行的人。任何对某种限制你自由的行为的自我束缚①,即让自己立刻完全受上帝支配和一切行为听从那被认为他会给出的指示,一下子似乎完全换成另外的人,什么也没有,什么也不想,什么也做不了:指任何一种束缚于自我的或者说任何一种蓄意的行为,它使你在例如一年的时间里失去时时更新的自由;因为你的灵魂只要还没有完成你以自我约束已经开始的行为,就结不出什么果实来。这时,你对上帝和你自己都还缺乏信心,直到你完成了你以自我约束而开始的行为;否则,你就无法平静。因此,在你完成你的行为之前,你结不出什么果实来。我将其设定为一年,然而,所结的果实还是很小的,因为由这样的行为所结的果实还在自我约束之中,而不是在自由之中。我称这样的人为"已婚者",因为他们被束缚于自我约束之中。这样的人所结的果实很少,而且,正像我说过的那样,也很小。

身为妇人的童贞女则是自由的,不受制于自我约束,她始终同样地贴近上帝和贴近自己。她结出了很多果实,而且所结的果实很大,其数量跟上帝自己一样,不多也不少。这身为妇人的童贞女

---

① 埃克哈特将束缚于自我,束缚于目的和束缚于时间的行为及其所结的果跟因婚姻而得的约需一年时间才得以成熟的果实即孩子相提并论。二者都是束缚于自我,束缚于目的和尤其是束缚于时间的,从而,不是任何时间都可以结出果实,也不能结出任何数量的果实。在这两种情况下,果实的生产者都不是自由的,而是受时间约束的。——德文本编者

结出了这样的果实和做了这样的分娩,她天天都成千上万次地结出果实,从最显贵的土地里结出果实;说得更确切一些,就在父生养他的永恒的道的那片土地上,她结出了果实。因为正像圣保罗所说的那样,耶稣是上帝慈父心的荣耀和真像,以上帝慈父心的权能发出光辉(参见《希伯来书》,1章,3节),耶稣是光辉,是上帝慈父心的真像,而耶稣与她合而为一,她藉着耶稣发出光辉,成为唯一的"一",成为在上帝慈父心里发出的耀眼的光辉。

我也时常说,在灵魂里有一种力量,这种力量不涉及时间和肉体;它发源于圣灵,并且仍旧留在圣灵里,是完完全全属灵的。在这种力量里,上帝充满着喜悦和荣耀,发芽开花,一如他在他自己里面一样。在那里,竟是如此的欢欣鼓舞,达到了无法形容的地步。因为永恒的父在这个力量里不停顿地生养着他的永恒的子,使得这种力量将父的子跟作为同一个子的自己一起,在父的合一的力量中生养出来。假定有一个人曾拥有整个的王国或地上所有的财富,他却纯粹为上帝而将之抛弃,成为地上最穷苦的人之一,然后,上帝给了他从未给过的很多苦难,他忍受这一切直到他死去,而上帝只是为了让他看到他是如何在这个力量里面的——,他会大大的感到高兴,似乎觉得他所遭受的痛苦和贫穷还不够多。是的,即使上帝这以后并不把天国赐给他,他也已经为他所受的痛苦得到了够多的报酬;因为上帝在这个力量里,就好像在永恒的现在一样。如若心灵始终在这种力量里与上帝合一,人就不会衰老;因为上帝创造第一个人的那一刻,和最后一个人将消亡的那一刻,和我现在说话的那一刻,在上帝里面都是同一个一刻,不外就是一刻而已。看,这人现在跟上帝居住在同样的光辉之中;既没有受苦,也没有时间顺序,只有永存着的永恒。对于这个人来说,确实不会有什么使他惊奇的东西,一切事物都包容在他里面。所以,他不会从未来的事物或从某种"意外"中感受到什么新东西,因为他就居住在始终在更新着的某一刻里,没有任何时间间隔。这样的属神的尊严就存在于这个力量之中。

还有一种力量①,也是一种非肉体的力量;它来源于圣灵且仍在圣灵里面,它完全是属灵的。在它里面,上帝以他全部的华贵、甜美和欢乐持续不断地闪耀出他的光辉。确实,在这个力量里有着如此巨大的喜悦,有着如此巨大的不可估量的欢乐,是任何人都无法形容或显示的。我再说一次:倘若有某个人凭着理性哪怕短时间地能真正看到这里面存在着的欢乐和喜悦,那么,他所能承受的一切痛苦以及上帝要他承受的痛苦,对他来说,实在是太微不足道了,简直就不是什么痛苦:我甚至要说,那对他根本就是喜悦和享受。

如果你想知道你的受苦是你自己的还是上帝的,你就该认清楚:如果你是为你自己而受苦,不管是以什么方式,这样的受苦确实使你感到痛苦,感到难以承受。但是,如果你是为上帝,唯独为上帝而受苦,这样的受苦就不会使你感到痛苦,也不会使你难以承受,因为是上帝在挑重担。有一点是千真万确的:倘若有一个人,他愿意为上帝并且唯独为上帝而受苦,那么,即使他所受的苦是闻所未闻的,他也不会感到痛苦,不会觉得难以承受,因为是上帝在挑重担。如果有人把千斤重担压在我身上,但实际上由另一个人

---

① 下面所谈到的力量,是指意志。——德文本编者

在承担着,我就根本不会觉得沉重,也不会觉得痛苦。简而言之,凡是人为上帝并且唯独为上帝而受的苦,上帝就使其变得轻松和甜美。就像我在本次讲道一开始所说的:"耶稣进到一个村庄,有一个身为妇人的童贞女接待他。"为什么呢?必须这样,她既是童贞女,而又身为妇人。现在,我已经对你们说了耶稣被接待;但是,还没有说到这"村庄"是指什么,我接下来就说这个。

我曾经说过,那是灵心里唯一自由的一种力量。我也说过,那是灵心的一个庇护所;我还说过,那是灵心的光,是灵心的火花。可是,我现在说,它既不是这个,也不是那个;虽然它确实是某个东西,但高于这个和那个,胜过天高于地。所以,现在我以比以前更高贵的方式来称呼它,即使如此,它还是不屑于这样的高贵和方式,还是超越于其上。它超脱于所有的名称和各种形式,就像上帝自己那样的完全超脱。它是真正的太一,就像上帝是太一一样,因而无论如何想方设法也无法窥测到它的内里。我现在在说的那个力量①,就是上帝在其里面以他的整个神性和圣灵显现其繁荣昌盛,就是父在它里面如此真实地生养他的独生子,一如在自己里面生养一样,因为他实实在在地生活在这个力量里面,而灵心与上帝一起生养出这同一个独生子,又生养出作为这同一个子的自己,在这光辉中使自己成为这同一个子,成为真理。如果你们能够认识

---

① 必须指出,埃克哈特在此将子的诞生放置到理性的力量之中,而他对他所称的最高的理性用他原本为说明最内在的本质而保留的说法来加以定义;根据这种说法,子的诞生过程就在此完成。埃克哈特把灵魂中心说成是一种不可言喻的和摆脱了一切规定的东西,但在本小节一开始他还是称之为力量。在这篇讲道中,他想经由"神秘的合一"(unio mystica)来说明至高者和终极者。——德文本编者

我的内心,你们就能够理解我所说的;因为这是真的,而真理是不言自明的。

看,注意!我说到的和我所指的这个"村庄",是如此单一地存在于灵魂里面,超越于一切方式,以至于连我所说过的那种高贵的力量也不配对这个村庄哪怕就看上一眼,并且,即使是我曾经说过的另外一种力量,即上帝以他全部的华贵和全部的欢乐在其内闪耀出光辉的那种力量,也不敢向内窥视;这样,这个村庄是真正的全一,这个合一的"太一"超越于所有方式和所有力量,任何一种力量和方式都不能向内窥视,连上帝也不这样做。上帝全真地生活在完全的真理之中:上帝自己只要还是以其人格化的方式和特征存在着,他也从来不向内窥视。这是很容易看出的,因为这合一的"太一"是没有方式和特征的。所以,如果上帝要向内窥视,他就必须以放弃他所有的属神的名称和他的人格特征为代价;如果他要向内窥视的话,他就必须置这一切于外。反之,一旦他成了单一的"一",不再具有任何方式和特征,他就既不是父也不是子,也不是这个意义上的圣灵,成了既不是这也不是那的某样东西。

看,一旦他成为全一,他就来到这个"太一"里面,我称之为灵魂里的村庄,不然他就绝不会进入到里面;只有这样,他才进来和留在这里面。灵魂乃是部分地与上帝等同,仅此而已。我对你们说的,是真的;我以真理作证,用我的灵魂作抵押。

求上帝扶助我们,让我们成为这样的村庄,使得耶稣进来和被接待,以我所说的方式永远留在我们里面。阿门。

第 三 讲

Nunc scio vere, quia misit dominus angelum suum. (Act.12,11)

"我现在真知道上帝差遣他的使者。"(《使徒行传》,12章,11节)

当彼得被至高无上的上帝的威力从他监狱里的锁链中解救出来时,他说道:"现在我真知道上帝差遣他的使者将我从希律王的暴力和敌人的手中解救出来。"(《使徒行传》,12章,11节;又可参见《诗篇》,17篇)

现在我们把这句话倒过来说:因为上帝差遣他的使者,所以我才真知道。"彼得"这个名字①的含义,类似于知性。我在别的地方已经说过,知性和理性使灵魂与上帝合而为一。理性贯穿于纯真的存在之中,而知性跑在前面,它疾驱向前,在上帝的独生子被生养之处得以显露。我们的主对马太说,除了子,没有人知道父(《马太福音》,11章,27节)。大师们②说,知性存在于等同之中。

---

① 彼得(Petrus),希腊文为 Petros,意思为"磐石"。见《马太福音》,16章,18节。——德文本编者

② 亚里士多德说过,等同是通过等同而被认识的(simile simili cognoscitur)。参见亚里士多德的《论灵魂》(*De anima*),Ⅰ 2.404b 17 以及托马斯·阿奎那的《论灵魂》(*De anima*),Ⅰ, lect. 4 n.43。——德文本编者

使徒彼得之殉教被处死,他愿意头朝下倒钉在十字架上,为的是死时不应该与耶稣基督相等同。

好几个大师都说,灵魂是用所有事物一起才造成的,因为它有能力去认识所有事物。听起来似乎有些愚蠢,然而倒真是这样。大师们说,凡是我应该认识到的,就必定是我完全感知得到的,是等同于我的知性的。圣人们①说,在父里面是权力,在子里面是等同,而在圣灵里面是二者的合一。因为父是子所完全感知得到的,而子是完全等同于父的,所以,除了子,没有人知道父。

现在彼得说:"现在我真知道。"为什么这里是真知道呢?因为这是上帝的光,是那绝不欺骗任何人的光。而且,还因为人们是不经过任何掩饰而原原本本地知道。所以保罗说:"上帝住在人不能靠近的光里。"(《提摩太前书》,6章,16节)大师们说②,我们在这里学习的智慧,会在那里为我们留着。但保罗说,它会消亡(《哥林多前书》,13章,8节)。一位大师③说,纯粹的知性,即使在今世生活中,也蕴涵着巨大乐趣,以至于所有事物的乐趣比起那纯粹的知性所蕴涵的乐趣来,简直就一无所是。然而,不管它如何高贵,它毕竟还是某种"偶然";比起整个世界来,还是渺小的,我们能够在这里学到的所有智慧,比起那纯真的真理来,实在微不足道。故而保罗说,它会消亡。而且,即使它还留着,它也会显得愚蠢,比起我们在那里所认识的纯真理来,它就一无所是。人们之所以在那里真知道的第三个理由就在于:人们在这里看到在经历着变迁的事物,人们在那里才知道它们是不变的,才发现它们乃是形成一个整体;因为在这里遥远的,在那里却是靠近的,所有事物在那里都历

---

① 参见托马斯·阿奎那:《神学大全》,I q. 39 a. 8。——德文本编者
② 见托马斯·阿奎那:《神学大全》,I q. 89 a. 5,6。——德文本编者
③ 见亚里士多德:《伦理学》,c. 12. 1152b 24。——德文本编者

历在目。第一天发生的和最后一天发生的,在那里都历历在目。

"我现在真知道,上帝差遣他的使者。"如果上帝将他的天使差遣到灵魂那里,灵魂就成为有知性的。正因为"彼得"这名字蕴涵知性的意思,否则上帝就不会将钥匙交给他(见《马太福音》,16章,19节)。但知性具有钥匙,它将大门打开进到里面去见上帝,然后把它所拥有的东西告诉它的伙伴即意志,虽说它在此之前已经有了意志;因为我追求的,乃是我所意愿要的。知性走在前面。它是王公贵族,它追求的是在最高者和最纯者里面的统治,而后将这最高者和最纯者交付给灵魂,灵魂又将其交付给本性,本性又将其交付给各个感官。灵魂在它的最高者和最纯者里面是如此高贵,以至于大师们竟然想不出如何称呼它。他们称它为"灵魂",乃是就其给予肉体以本质而言的。大师们说,紧接着神性的第一次迸发之后,即子从父里迸发而出之后,天使就变成类似于上帝了。虽然灵魂在其最高的那个部分是类似于上帝的,但是,天使是上帝的更相近的肖像。凡是天使那里有的,都是类似于上帝的。所以,天使是被差遣来的,为的是由天使把灵魂带回到他据以类似于上帝的那同一个肖像那里;因为知性乃发源于等同。现在,因为灵魂具有认识各种事物的能力,所以,它一刻也停不下来,直到它又回归到那最初的肖像,在那里,一切事物都统归为一,在那里,它归于宁静,那就是:在上帝里面。在上帝里面,没有哪一个被造物会比另一个被造物更为高贵。

大师们说[①],存在与认识是完全合一的,因为不存在的,人们当然也就不认识;存在得多,认识得也多。正因为上帝具有极其充

[①] 见托马斯·阿奎那:《神学大全》,I q. 16 a. 3。——德文本编者

盈的存在,所以他胜过一切知性,就像我在前天的讲道中所说的:灵魂之还原为最初的纯真,还原到纯真的本质性之印痕,是在这样的地方,在那里,在上帝还没有接受真理或可认知性之前,它先感知到上帝,在那里,没有什么可称呼的;在那里,它最为纯真地在认知,在那里,它取得完全恰如其分的存在。所以保罗说:"上帝住在人不能靠近的光里。"(《提摩太前书》,6 章,16 节)他寄居于他自己的纯真的本质性之中,在这种本质性里面,没有什么不能摆脱的东西。凡是与"偶然"相关的东西,都一律去除。他是纯粹的"自在自主",在那里,既没有这个,也没有那个;因为存在于上帝里面的,就是上帝。一位异教的大师说:在上帝的下面飘浮着的那些力量,都在上帝里面有所依存,虽然它们是自在地存在着,但它们还依存于那既无开始又无结束的上帝;因为在上帝里面,不会有什么陌生的东西。为此,你们在天上可以找到一个见证:天不可能以陌生的方式接受任何陌生的印象①。

事情就是如此:凡是来到上帝那里的,就都被改变了;不管是多么微小,只要我们将它引入到上帝里面,它就超脱了它自身。这方面有一个例子:即使我具有智慧,但我并不是智慧本身。我可以获得智慧,我也可以失去智慧。但是,凡是在上帝里面的东西,就都是上帝;它就不会再脱离掉了。它被放置到属神的本性里面,因为属神的本性是如此强有力,使得任何东西一旦放到里面去,或者是完完全全地放入,或者是根本被排除在外。现在听着该使你们惊喜的话! 因为连如此微小的事物上帝都将其转化到自己里面,

---

① 这里涉及亚里士多德的学说,他认为天是永不败坏的。——德文本编者

你们还不信上帝会让那原来就是他用自己的肖像特意作成的灵魂也这样做吗?

愿上帝扶助我们,让我们能够到达那里。阿门。

第 四 讲

Omne datum optimum et omne donum perfectum de sursum est. Jacobi I, 17.

"各样美善的恩赐和各样全备的赏赐,都是从上头来的。"(《雅各书》,1章,17节)

圣雅各在使徒书中说:"各样美善的恩赐和各样全备的赏赐,都是从上头来的,从众光之父那里降下来的"(《雅各书》,1章,17节)。

注意!你们必须知道:将自己交托给上帝并且尽一切所能唯独追寻他的旨意的人们,上帝赐给他们的是最好的;既然你坚信上帝存活着,你也必坚信这恩赐一定是最好的,是再好不过的。如果看起来好像还有另外的什么更好的东西,它对你就并不是那么好;因为上帝之所以要这个方式而不要那个方式,一定是由于这个方式对于你是最好的方式。不管是贫病交困还是忍饥挨饿,或者别的什么,不管上帝是否将其施加于你,不管上帝是否将其赐给你,这一切对于你都是最好的;即使你既无虔诚之心又无内省之意,也不管你有些什么或没有什么,你应该一心做到:在所有事物里看到上帝的荣耀,他对你所做的任何事都是最好的。

现在你也许会说：我如何得知那是不是上帝的旨意呢？你们知道：倘若它不是上帝的旨意，它也就不存在了。你既没有病痛，也没有别的什么，那是上帝要你如此。因为你知道这是上帝的旨意，你就应该不觉得有什么痛苦而感到心满意足。是的，哪怕有极度的苦痛降临到你，你感到在受苦，这本身恰恰是错的；因为你由上帝那里取得的东西，必定是最好的。因为上帝的存在就注定他要的是最好的东西。所以，我也必定要这最好的东西，再也没有什么东西能更使我高兴的了。假如我千方百计要使某一个人高兴，而且我知道我穿上灰色的衣服比穿别的即使是很好看的颜色的衣服会更使他高兴，那么，毫无疑问，我也就喜欢这灰色的衣服，胜过别的哪怕是很好的颜色的衣服。假如我想使某个人高兴，而我又知道他喜欢我说些什么和做些什么，那我就只这样说和这样做。好吧，现在你们检查一下你们自己，看如何用你们的爱来做到这一点！如果你们爱你们的上帝，就再也没有什么东西能比取悦于上帝和让他的旨意最大限度地在我们身上得以成就更使你们高兴的了。不管痛苦和不幸看起来有多深重，如果你在这里面竟没有感到巨大的满足，那就很不对了。

我经常说的一段话，确实是如此：我们成天在主祷文里呼叫着："主啊，愿你的旨意成就！"（《马太福音》，6章，10节）* 而当他的旨意真的成就时，我们却要发怒，他的旨意不能使我们满足。然而，凡是他所做的，总应该使我们极度地高兴。那些将他所做的事作为最好的事加以接受的人，遇到任何事物时都处于完全的安宁

---

* 经文原文为："愿你的国降临，愿你的旨意行在地上，如同行在天上。"——译注

之中。可是你们有时会自以为是地说:"啊,倘若是另外一种情况,就更好了",或者说:"如果不是如此,也许就更好了。"只要你有这样的想法,你就一直得不到安宁。你应该把上帝所做的事作为最好的事接受下来。这就是这段话的第一个含义。

还有第二个含义你们尤其要注意!圣雅各说的是"各样恩赐"。只有最善美的和最崇高的东西,才说得上是真正意义上的恩赐。除了重大的恩赐以外,上帝不会那么愿意赐予。有一次我曾经在这个地方说过,上帝甚至宁可宽恕大罪而不愿宽恕小罪。罪孽越大,他倒越是愿意迅速地去加以宽恕。对于恩典、恩赐和德行,也是如此:越是大,他就越是愿意赐予;因为上帝的本性就在于他所赐予的总是大事物。所以,事物越是有价值,它们所得到的也越是多。最高贵的被造物要算是天使,他们是纯粹属灵的,本身没有任何形体性,他们所得到的也就最多,比所有有形体的事物所得到的总和还要多。大事物才称得上是"恩赐",才真正最内在地归属于上帝。

我曾经说过:凡是真正能够在言语*里表述的,就应该是由里向外出来,经由内在的形式来运动,而不是与此相反地由外向里进来。它确实生存在灵魂的最里面。在那里,你得以找到所有的事物,它们都在灵魂的内里生存着,有所寻求,得到了它们的至善和至高。你为何一点也没有注意到呢?就因为你在那里还没有安居下来。一样东西越是高贵,也就越是普遍。在具有感觉这点上,我跟动物是一样的,在具有生命这点上,我又跟树木是一样的。对我

---

* "言语",也可译作"道",参见《约翰福音》,1章,1节。——译注

来说,存在则是更内在的,这一点,我又跟所有被造物一样。天要比一切在它之下的东西都更为广泛,所以天就更为高贵。事物越是高贵,就越是普遍和广泛。爱是高贵的,就因为它是包罗万象的。

要遵循我们的主的下面这条训诫似乎不容易:要爱教友如同爱自己一般(《马可福音》,12 章,31 节;《马太福音》,22 章,39 节)*。一些粗浅的人会说,这是指我们应当如此爱我们的教友,即希望他们也得到我们为之爱自己的同样的好处。不,不是如此。我们应当爱他们,一如我们爱自己,这并不困难。如果你们愿意好好考虑一下,那么,这样的爱,与其说是一种戒律,倒不如说更是一种报酬。戒律似乎难以做到,但报酬却令人向往。因为人不管愿意与否都应该而且必须爱上帝,因为所有的被造物都爱上帝,所以,凡是爱上帝的人都必须爱他周围的人如同爱自己一样,为他人之乐而乐,一如为己之乐而乐,渴望他人之荣誉,一如渴望自己之荣誉,爱陌生人,一如爱自己的亲属。以这样的方式,人终日都具有了喜悦、荣誉和好处,就像到了天国一样,无忧无虑。你们要知道,如果你把你自己的荣誉看得比别人的荣誉更让你高兴,就不对了。

要知道,如果你一味地只寻求你自己的东西,那么,你就不会找到上帝,因为你并没有唯独寻求上帝。你是用上帝在寻求某样东西,你的做法就好像是把上帝当作一个烛台,想带着这烛台去寻

---

* 这二处经文,中文《圣经》均译为"要爱人如己"。德文本和英文本《圣经》译为"要爱你的近邻如同爱你自己一样"。——译注

找某样东西；一旦找到了，就把烛台丢弃了。你也在这样做：你用上帝去寻求的，不管是什么东西，不管如何有用，如何有回报，如何隐秘，其实乃是虚无而已；你寻求的是虚无，所以你找到的还是虚无。你之所以找到的是虚无，其原因只是你寻求的是虚无。不具有存在的东西，便是虚无。而一切被造物都不具有存在，因为他们的存在乃是依附于上帝的俱在。一旦上帝离开了所有的被造物，他们就一下子归于虚无。我曾经说过，至今也还是对的：谁将整个世界都归并到上帝那里，他就除了上帝以外什么也不再有了。没有了上帝，一个被造物所具有的，并不比一个蚊子没有上帝所拥有的更多，完全一模一样，不多也不少。

好吧，现在请听我说真话！假如一个人捐赠重金来修建教堂寺院，那确实是一件大事。然而，倘若这人根本不把他所捐赠的钱当作一回事，他也许可以捐得多得多，他可以做得更多。当上帝创造了所有的被造物时，这些被造物是如此渺小和狭隘，上帝简直无法在他们里面有所作为。然而，他造出了灵魂，使其等同于他，跟他有着相同的肖像，这样，他就能够将自己赐给这灵魂；因为除此之外他可以给予灵魂的对灵魂来说都一无所是。上帝必须将他自己原原本本地赐给我，不然的话，他就等于什么也没有给我和允诺我。谁想要如此完全地接受他，谁就应该完全放弃自己，完全摆脱掉自己；这样的人就从上帝那里接受到上帝所具有的一切，完全像他自己和"我们的妇人"①以及天国里的所有人一样地拥有着：这

---

① "我们的妇人"，在别的几次讲道中也称为"我们的敬爱的妇人"，是指童贞女，即耶稣基督的母亲，圣母。——德文本编者

一切完全等同地属于他们所有。这样的人做到一致地摆脱和放弃自己,也将接受到等同的东西,是不会少的。

现在再来看经文中的第三点:"来自于众光之父。"这里的"父",使人想到的是"子","父"所说明的是纯真的生养,与"一切事物之生命"是同样的意思。父是在永恒的认知之中生养他的子,父在灵魂里生养他的子,完全像在他自己的本性里生养他的子一样,他生养出他的子使其为灵魂所拥有,而他的存在就正在于他在灵魂里生养他的子,不管他感到高兴还是感到遗憾。有一次有人问我,上帝在天上做些什么呢。我回答说,他在生养他的子,他非常乐意于做这事,以至于他除了生养他的子以外不做什么其他的事,而父与子一起使圣灵得以开花结果。当父在我里面生养他的子时,我也就成为这同一个子,而不是另外的子;作为人,我们是各不相同的,但在那里,我们是同样的子,而不是另外的子。"既是儿子,便是后嗣。"*(《罗马书》,8章,17节)认识真理的人都知道,"父"的含义就是纯真的生养和在自己里面含有子。所以,我们是在这里面成为子,成为同样的子。

现在再注意"从上面降下来"。我不久之前对你们说过,谁想要接受那从上面降下来的,他就必须谦卑地待在下面。你们实在要知道,谁不真正待在下面,他就什么也得不到,连最细小的东西也得不到。如果眼睛老盯着你自己或者某事某人,那么,你就不是待在下面,就接受不到什么;而如果你完完全全地待在下面,你就接受到一切。上帝的本性就在于他在赐予,他的存在就在于只要

---

* 《圣经》原文为:"既是儿女,便是后嗣。"——译注

我们待在下面,他就赐予我们。如果我们不是这样,我们就什么也接受不到,那么,我们等于是在对他施加暴力,在杀死他。既然我们不可能对他这样做,那么,我们就是在对我们自己这样做。为了做到把一切都交托给他,你要注意,让你自己真正谦卑地俯伏在上帝下面,在你的内心里和在你的认识里抬高上帝。"上帝就差遣他的儿子到世上来。"(《加拉太书》,4 章,4 节)我有一次也是在这里说过:上帝是在大量的时间里差遣他的儿子:——将其差遣到灵魂那里,当灵魂已经超越了一切时间的时候。而当灵魂摆脱了时间和空间时,父就将子差遣到灵魂里面。这就说明了"各样美善的恩赐和各样全备的赏赐,都是从上头来的,从众光之父那里降下来的"这句话的意思。

愿众光之父扶助我们,让我们准备好接受最好的恩赐。阿门。

第 五 讲

In hoc apparuit caritas dei in nobis, quoniam filium suum unigenitum misit deus in mundum ut vivamus per eum. (I Joh. 4, 9)

"上帝差他独生子到世间来,使我们藉着他得生,上帝爱我们的心,在此就显明了。"(《约翰一书》,4章,9节)

圣约翰说:"上帝差他的独生子到世间来,使我们藉着他得生,上帝爱我们的心,在此就显明了"(《约翰一书》,4章,9节),这样,我们的人的本性就由于这至高者的降临和他对人的自在的本性的解除而得以大大地提升。

有一位大师说,如果我想到我们的本性已经超越了被造物,在天上坐在比天使还要高的位置上并受到他们的敬仰,那么,我从内心深处由衷地感到高兴,因为耶稣基督我的主将他所拥有的一切赐给了我。这大师又说,在所有由父按人的本性授予他的儿子耶稣基督的事物里,父更为关注的是我,更爱的也是我,更想把这些事物授予的也是我。为什么呢?他把它们给他,是为了我,是因为我需要它们。因此,凡是他给予他的,他的目的是在我,是要像给他一样地给我;我一无例外地全部都要,包括神性的合一与神圣等等。凡是他按人的本性给予他的,我都像他一样不感到陌生和遥远,因为上帝是不会只给出一小部分的;他要么是全给,要么就一点也不给。他所给的赏赐,既简单又完整完善,不受时间限制地在绵绵不息的永恒之中;你们要确信这一点,就像看到我现在活着一样地确信无疑:如果我们想要这样从他那里接受他的赏赐,我们必须是在永恒之中,超越于世间之上。在永恒里,一切事物都同时俱在。而那在我之上的,对我来说,却是如此地与我靠近,与我俱在,就像在我那里一样;在那里,我们将接受到我们应当从上帝那里得到的东西。上帝除了他自己以外再也不去认识别的东西,他的眼睛只注视着他自己。他所看到的,都是在自己里面看到的。因此,当我们在罪孽里面时,上帝并没有看到我们。所以,只有当我们在他里面时,他才认识我们,也就是说:只有当我们脱离了罪孽时,他才认识我们。而我们的主的一切行为,都赐给了我们,使得这些行为给我带来的回报并不比我自己所行的行为来得少。正因为他的全部的高贵都同样地归给了我们所有人,同样就在我们所有人的身旁,对我对他都一样,那么,凭什么我们会接受不到等同的东西呢?啊,你们务必要理解这一点!如果一个人想要得到这样的赏赐,以同样的方式接受这个财富以及与所有人都同等地靠近人的普遍本性,那么,正是由于在人的本性里根本就没有什么陌生的、有远近之分的东西,所以你务必要平等地立身于人类社会,不要亲近自己而疏远他人。你要爱人如己,平等待人;发生在别人身上的事,不管是好是坏,视同发生在自己身上。

现在来说第二个意思:"他差他到世间来。"我们要理解天使们所洞察到的那个大的世界。我们该如何呢?我们理应用我们全部的爱和全部的渴望去到那个大的世界,就像圣奥古斯丁所说的:人在爱里面成为他所爱的。我们是不是应该说:如果人爱上帝,他就成为上帝呢?这样的说法似乎与信仰相背离。在一个人所付出的爱里面,一心无二,在爱里面,比我在我自己里面更是上帝。先知说道:"你们是上帝,都是至高者的儿子。"(《诗篇》,81 篇,6 节)*在爱里面,人竟然可以照这样的方式成为上帝,这听起来有些令人吃惊;然而,在永恒的真理里确实就是这么说的。我们的主耶稣基督就证明了这一点。

"他差他到世间来。""Mundum"**有一个意思就是指"纯洁"。注意!上帝的真正的居所,不外就是一颗纯洁的心,一个纯洁的灵魂;在那里,父生养他的子,就像他在永恒之中生养他一样,不多也不少。那么,什么才是一颗纯洁的心呢?要成为纯洁,就要从所有被造物中分离出来,因为所有被造物都由于其虚无而沾满污点;因为虚无就是欠缺,是对灵魂的玷污。所有被造物都是纯粹的虚无;不管是天使还是被造物,都谈不上什么有所是。他们有的是……并沾满污点,因为他们是由虚无之中造成的;他们以前是、现在仍然是虚无。使得所有被造物成为令人厌恶和反感的,就是这虚无。倘若我把一块烧红的炭拿在手里,我会感到灼痛。这不外就来自于那"无",倘若我们摆脱了"无",我们就不会不纯洁了。

---

* 今本《圣经》为《诗篇》,82 篇,6 节。——译注

** 古拉丁文(今写为 mundus),本身有两个含义。一个含义是指"世界",另一个含义为"纯洁"。前者为名词,后者为形容词。一般在使用时是作为拼写相同的两个不同的词。——译注

而现在:"我们藉着他得生。"人们所向往的莫过于生命。我的生命是什么呢?是某种出自于自己而被从里面移动到外面来的东西。但那被从外面移动到里面的东西,却并不存活。由此可见,如果我们藉着他得生,我们就应该从里面出来在他里面与他一起行为,而不是从外面进到里面去行为;我们应该从我们生活着的地方被移动到外面来,也即由他把我们移动到外面来。这样,我们就能够而且应该出自于我们的自我而从里面出来行为。故而,如果我们应该在他里面或者藉着他得以生活,那么,他就必须成为我们的自我,而我们必须出自于我们的自我而行为。正因为上帝是出自于他的自我而藉着他自己来作出一切行为的,所以,我们也必须出自于他在我们里面所是的自我而作出行为。他完完全全地是我们的自我,而一切事物都是在他里面的我们的自我。所有天使和所有圣人以及我们的圣母所具有的,我都在他里面拥有了,并不比我自己具有的更陌生和更遥远。在他里面,一切事物我都同样地拥有;而只要我们达到这样的自我,使所有事物都成为我们的自我,那么,我们就在所有事物里面不加区分地以同样的方式接纳他,因为他在所有事物里面都是同样的。

有一些人在某一种方式中对上帝有着良好的感觉,但在另外一种方式中却不是这样,他们只想在某一种专心致志的方式中完全地占有上帝,而在别的方式中就做不到这样。我认为这也未尝不可,但却是本末倒置了。想要做到以正确的方式接纳上帝的人,就必须在所有事物中一视同仁地接纳他,穷愁潦倒时如此,舒适安乐时也如此,哭泣时如此,欢笑时也如此;无论何时何地,他都应当与你一样。如果你相信,正因为你毫无虔诚认真之心而使你得不到上帝，从而使你追悔莫及，这恰恰就是你的虔诚认真之心。所以，你们不可局限于某一种方式，因为上帝在任何方式中都既是这个又是那个。这样，局限于某一种方式来接纳上帝的人们是不对的。他们所接纳的是方式，而不是上帝。所以你们要记住，你们应该眼中只看到上帝，唯独只寻求上帝。这样，不管来的是怎样的方式，你们都应该感到满足。因为你们注视的应当只有上帝，别无他物。这样，不管你们愿意与否，你们如此得到的就都是对的，要知道，不这样的话就错了。他们脑中想到的是那么多的方式，反而将上帝放到次要地位。尽管会泪流满面或呻吟叹息等等，但这一切都不是上帝。如果有这样的事，你们就应该接受并感到满足，如果没有这样的事，你们也要感到满足，接受上帝在该时刻想要给予你们的东西，你们要始终保持谦卑和自贬，始终都觉得你们不配得到上帝在他愿意的时候会赐给你们的某种善美。就这样来解释圣约翰所说的"上帝爱我们的心，在此就显明了"；假如我们是如此，那么，这个善美就在我们里面得以显明。至于这个善美会对我们隐而不现，那责任不在别处，一定在我们身上。正是我们，才是我们所遇到的一切障碍的原因所在。首先要提防好你自己。虽然我们不想接纳这善美，但他却为我们选择了它；而如果我们不去接纳它，它就必定会使我们深感后悔，它会远离我们而去。假如我们没有做到使这个善美得以被接受，那么，这不在于他，而在于我们。

第　六　讲

In hoc apparuit caritas dei in nobis. (I Joh. 4, 9)

"上帝爱我们的心,在此就显明了。"(《约翰一书》,4 章,9 节)

"上帝差遣他的独生子到世间来,使我们藉着他得生,上帝爱我们的心,在此就显明了"(《约翰一书》,4 章,9 节);因为所有不是藉着子而得以生存的人,说实在的,都难免误入歧途。

假如在某个地方有一个富有的国王,他有一个美丽的女儿,倘若他竟将女儿嫁给了一个穷人家的儿子,那么,这家人的所有亲属就都因此而得以高升和显贵。现在有一位大师说[①]:上帝成了人,这样,整个人类都因此而得以高升和显贵。我们可以高兴的是,基督,我们的兄弟,他藉着自己的力量已经超越了众天使而坐在父的右手边。这位大师说得不错;但是,说实在的,我对此却不太看重。倘若我有一个富有的兄弟而我自己却是个穷人,那有什么好呢?假如我有一个聪明的兄弟而我自己却是个笨蛋,那会好到哪里去呢?

---

① 见托马斯·阿奎那:《神学大全》,III q. 57 a. 5。——德文本编者

我要说的与此不同，要更深一层：上帝不仅成了人，而且他已经采纳了人的本性。

有不少大师说①，所有的人就其本性而言都是同样高贵的。而我却要说，所有圣人，还有圣母玛利亚和化身为人的基督，他们所拥有的一切善美的东西，都是在这个本性中我所自有的。那么，你们会问我：既然我在这个本性里面具有了化身为人的基督所能够提供的一切，那么，我们又如何去崇仰基督，尊崇他为我们的主和我们的上帝呢？之所以如此，乃是因为他是由上帝差遣到我们这里来的一个使者，他将我们的福乐送到我们这里来。而由他送到我们这里来的福乐，乃是我们的。当上帝生养他的儿子时，归根到底，就有这个（人的）本性与之俱来。这个本性就是"一"，是单一的。在这里，虽说也能由此有所引申和添加，但这就不是这个"一"了。

我要进一步说得更深一些。如果有人想要使这个本性保持完全的纯洁，他就必须摆脱一切属个人的东西，只有这样，他才能够对那个处于大海彼岸他肉眼无法看到的人，跟对自己身边成为他知心朋友的人，做到完全一视同仁，都寄予良好的祝愿。只要你厚此薄彼，对那个你从来没有看见过的人稍有怠慢，你就确实是错了，你哪怕一瞬间也窥视不到这个单一的根源。你虽然可以在一个抽象的影像里见到真理，就像通过一个例子认识真理一样；然而，那不是最佳的。

---

① 见托马斯·阿奎那：《神学大全》，II Sent. d. 32 q. 2 a. 3. 在托马斯看来，各个人彼此之间的特定的等同，是可以跟起源于物质的多样性的人的灵魂实质上的不等同相容。——德文本编者

圣所弥撒仪式中的圣者纪念典礼:耶稣基督在教导他的门徒(《约翰福音》,15章,9节)。

另外，你必须有着纯洁的心，因为只有鄙弃一切被造物的心才是纯洁的。第二，你必须从"无"里面解脱出来。有人问，地狱里是什么东西在焚烧着？大师们一般都说，是私欲。而我凭着真理要说，是"无"在地狱中焚烧。看一个例子！有人拿起一块燃烧着的炭，放到我手上。如果我要说是炭在烧我的手，那我就错怪这炭了。如果我改为说是"无"在这样做，那就说对了，因为炭本身具有某种我手所不具有的东西。看，正是这个"无"在烧着我。然而，如果我的手具有了炭所是的以及所能够做到的一切，那么，它就完全具有了火的本性。这样，即使有人把所有烧着的火都放到我手上，也不会使我感到灼痛。同样我要说，因为上帝以及所有敬仰上帝的人在他们应得的福乐中具有与上帝相分离的人所不具有的某种东西，所以，这个"无"使处在地狱里的灵魂熬受痛苦，胜过私欲或什么火烧。我确实要说，你受制于"无"有多少，你离开完善就有多远。故而，如果你们想要成为完善，就必须从"无"中解脱出来。

所以，我向你们引用的"上帝差遣他的独生子到世上来"这句话，你们不应当就外在的世界来加以理解，例如他和我们一起又吃又喝。你们应当就内在的世界来理解它。父如何确确实实地在他的单一的本性中合乎本性地生养他的子，他就同样确确实实地在心灵的最内里处生养他的子，后者就是内在的世界。在这里，上帝的根基就是我的根基，而我的根基也就是上帝的根基。在这里，我是由我自有的东西而生活着，就像上帝由他自有的东西而生活着一样。谁只要看一眼这个根基，在他看来，即使千金之贵也会变得一文不值。从这个根基出发，你做任何事时都不用去管为什么。我实实在在对你们说，当你是为天国，为上帝，为你自己的永恒的福乐去行事,也即是由外向里去行事时,那么,就你而言,确实也是会有差错的。人们虽然会容忍你,但这总不是最好。因为说实在的,如果一个人错以为在自我内省、凝神独思、倾心陶醉和蒙受上帝特殊的恩典时,可以比坐在炉火旁或者在马厩里得到更大的收获,你所做的事无异于你接纳了上帝,却用外套蒙住他的头,把他推到凳子下面。因为在某种特定的方式中寻求上帝的人,接受的乃是方式,却错过了隐藏在方式里面的上帝。而不以方式寻求上帝的人,就抓住了上帝,真正的上帝;一个这样的人是跟子生活在一起的,他就是生命本身。几千年来,都曾有人问生命:"你为了什么而生活着?"倘若它能回答的话,它无非会说:"我生活着,就因为我在生活着。"这是由于生命是出自于自有的根基而生活着,是发源于它自有的东西;所以,没有什么缘故,它生活着就在于它为自己而生活着。如果有人去问一个出于自己的根据而作出行为的很实在的人,问他:"你为了什么而作你的行为呢?"那么,假如他把实情回答你的话,他就一定会说:"我作我的行为,就因为我在作我的行为。"

被造物结束之处就是上帝开始之处。现在,上帝对你别无所求,只要你从你原有的适合于被造物的存在方式中走出来,让上帝成为你里面的上帝。在你里面留存的哪怕非常细小的被造物影像,都大到像上帝一样大。为什么呢?因为它完全阻碍你到上帝那里去。只要哪里有这个影像在,上帝就必定避开,他的全部的神性也就都避开了。只要这个影像离开了,上帝就进来。上帝很希望你按照你的被造物式的存在方式从你自身走出来,犹如他的全部福乐都跟这个俱存一般。那么,亲爱的人,当你让上帝进到你里面去时,你又有什么为难的呢?如果你为了上帝完全从你自己里面走出来,那么,上帝也为了你而完全从他自己里面走出来。二者都这样走出来,结果就是一个单一的"一"了。在这个"一"里面,父在最内在的源泉里生养他的子。在那里,由圣灵而开花结果,在那里,在上帝里面产生出一个归属于灵魂的旨意。只要这个旨意没有受到一切被造物的干扰,它就是自由的。基督说道:"除了从天降下的,没有人升过天。"(《约翰福音》,3章,13节)所有事物都是由无中被创造出来的;所以,它们的真正的起源乃是无,当这个高贵的旨意向着被造物接近时,它就与被造物一起融合到它们的无之中。

现在有人要问,这个高贵的旨意会不会就此消逝,再也不回来呢?大师们[①]都说,它既然消逝了,就永远不再回来。而我却说,既然这个旨意是从自身以及一切被造物那里一瞬间返回到它的最初的来源处,那么,这个旨意确实又回复到它原有的自由自在的状态;在这个瞬间,一切流失的时间又得到了弥补。

常有人对我说:"为我祈祷吧!"我就在想:"你们为什么要出来呢?你们为什么不留在你们自己那里抓住你们自有的财富呢?你们毕竟在你们自己里面就实实在在地拥有一切真理。"

求上帝扶助我们,让我们能够如此实实在在地留在其中,让我们直接地无区别地在实在的福乐里面拥有一切真理!阿门。

---

① 见托马斯·阿奎那:《神学大全》,III q.89 a.6。——德文本编者

第 七 讲

Iusti vivent in aeternum. (Sap. 5,16)

"正义的人得以永生。"(《所罗门智训》,5章,16节)

"正义的人得以永生,他们的酬劳是在上帝那里。"(《所罗门智训》,5章,16节)* 现在,请注意这句话的意思;初听起来好像这句话很普通,然而,这句话非常值得重视,具有很好的含义。

"正义的人得以永生"。那么,什么样的人是正义的人呢? 有一本书里写道:"那个把属他所有的给予每一个人的人,就是正义的人":这样的正义的人,把归上帝所有的给予上帝,把归圣人和天使所有的给予圣人和天使,把归同伙所有的给予同伙。

上帝就是荣耀。那么,是谁在荣耀上帝呢? 是那些完全走出自身而对任何事物,不管是大是小,都根本毫无所求的人;是那些对自己上下左右里里外外都视若不见的人;是那些对财富、荣誉、安逸、喜悦、得益、热忱、成圣、报酬、天国,都不刻意追求,使自己摆脱掉一切跟自己有关的东西的人,——上帝就是从这些人那里得

---

* 在今本《圣经次经》中,应为:《所罗门智训》,5章,15节。——译注

到荣耀①,他们才是真正在荣耀上帝,给予上帝归他所有的。

我们应当把喜悦给予天使和圣者。哦,这岂不是奇谈怪论!一个在今世生活中的人,竟能把喜悦给予那些在永生之中的天使和圣者吗?是的,真是这样!任何一个圣者都会由于某一件好行为而感到无可言喻的喜悦。他们会由于某个良好的意愿或追求而感到莫大的喜悦,会高兴得无以言表。为什么会如此呢?因为他们超越一切地敬爱着上帝,其爱之深,使得他们把他的荣耀看得高于他们自己的福乐。不但天使和圣者是这样,连上帝自己也对此感到莫大的喜悦,将其视为他自己的福乐所在,他的存在就与此相关,他由此而得以心满意足。既然如此,那就注意吧!即使我们只是为了要让在永生之中的天使和圣者以及上帝自己感到喜悦而侍奉上帝,我们也会乐意竭尽全力去做。

我们还应该对处在炼狱之中的人们给予帮助和支持,也给还活着的人们树立良好的榜样。

一个这样的人,就某一种方式而言确实可以算作是正义的,但是,从另一种意义上来讲,从上帝那里把一切事物都不加区别地接受下来,不管是大是小,不管是祸是福,全都一视同仁、不多也不少地接受下来的人们,才是正义的。只要你略有厚此薄彼之意,那你就错了。你应该摆脱掉你自己的私愿。

近来我有这样的想法:即使上帝所愿非我所愿,我还是要愿他所愿。许多人都希望在所有事物中具有他们自己的私愿;这是不好的,里面隐藏着一个污点。另外有些人则要好一些,他们愿上帝

---

① 参见本文集附录的《教皇约翰二十二世训谕》,第 8 款。——德文本编者

所愿，他们绝不愿违背他的旨意；然而，假如他们病了，他们还是希望有上帝的旨意让他们恢复健康。由此可见，这些人还是更希望上帝愿他们所愿，胜过他们愿上帝所愿。我们必须对之容忍，但并不是说这样是对的。正义者根本就没有什么自己特有的愿望；凡是上帝所愿，哪怕是有什么磨难，他们都不觉得什么。

正义者如此看重正义，倘若上帝竟然不为正义的话，他们也许就不会尊崇他；他们坚定不移地唯以正义为重，已经完全超脱了自己，不管是地狱之苦还是天国之乐，或者别的什么，他们都无动于衷。是的，假如地狱里的那些人或魔鬼所遭受的各种痛苦，或者在地上已经遭受过的或将要遭受到的各种痛苦，跟正义连在一起，他们对之就绝不介意；他们坚定不移地忠诚于上帝和正义。对正义者来说，最痛苦和最艰难的事莫过于他还做不到对一切事物都一视同仁，从而对正义有所违背。为什么呢？如果一件事使人高兴而另一件事使人难过，那么，这样的人就还不是正义者；我们宁可说，如果他们在某个时间感到快乐，他们就在所有时间都感到快乐；假如他们在某一个时间快乐得多一些，而在另一个时间快乐得少一些，那他们就不对了。热爱正义的人就坚持他所爱的就是他的所是；除此以外没有任何东西能够使他分心，能够吸引他。圣奥古斯丁说："灵魂在有所爱的时候，比它赋予生命的时候更真实。"[①]这句话听起来好像很明白，很容易理解，但实际上很少有人能够理解它的真正含义；这句话却是千真万确的。理解了关于正

---

① 这里引用奥古斯丁的话，实际上来源于（明谷的）伯尔纳（Bernard de Clairvaux）的著作 *Liber de praecepto et dispensatione*, cap. 20 n. 60。——德文本编者

义和正义者的论述的人,也就理解了我所说的。

　　"正义的人得以永生。"在所有事物里,再也没有什么比生命更可爱和更值得人追求。而且,生活得再苦再累,也不会使人不想活下去。有一本书里写到:越是临近死亡,就越是痛苦。故而,活得再苦,还是想活下去。你为何要吃?你为何要睡?无非为了要活下去。你为何要追求善良和荣誉呢?你知道得很清楚。但是,你为何要活着呢?是为了生命,但你并不知道,你为何要活着。生命是值得去追求的,人们就为了生命本身而追求生命。即使是处在地狱里面,处在永恒的痛苦里面,不管是魔鬼还是灵魂,也都不愿意丧失他们的生命,因为他们的生命也是宝贵的,它直接从上帝那里流入到灵魂里面。正因为它直接从上帝那里流出来,所以他们要活着。那么,生命究竟是什么呢?上帝的存在就是我的生命。如果我的生命就是上帝的存在,那么,上帝的存在也就是我的存在,不多也不少。

　　他们"在上帝那里"得以永生,在上帝那里,既不在其下,也不在其上。他们的一切所作所为都在上帝那里,而上帝也在他们那里。圣约翰说道:"道与上帝同在。"(《约翰福音》,1章,1节)这道完全等同于上帝,就与上帝在一起,既不在其下,也不在其上,而是同等。上帝创造人时,他用男人的肋骨造成女人*,使她跟他等同。上帝创造她,既不用男人的头,也不用男人的脚,就是为了使她既不高于男人,也不低于男人,而是同等于男人。同样,正义的灵魂也是如此与上帝同在,完全等同,既不低于,也不高于。

---

　　* 事见《创世记》,2章,22节。——译注

那么,是哪些人如此地等同呢?只有那些不等同于任何东西的人才与上帝等同。属神的存在者不等同于任何东西;在他里面,既没有影像,也没有式样。以这样的方式等同于上帝的灵魂,从父那里一无短缺地得到同等的东西。凡是父能够做到的,他都以同样的方式给予一个这样的灵魂,确实,如果这灵魂跟它自己相像并不超过跟另一个灵魂相像,它也不应该更贴近自己而胜过贴近另一个灵魂。灵魂自有的荣誉、好处以及一切属它所有的东西,它都不应该比对一个陌生的灵魂的东西更追求和更关注。只要是某人所有的,它都不应感到陌生和遥远,不管是好是坏。对今世的所有的爱都是建筑在自爱的基础之上。倘若你连自爱都放弃了,你也就会把整个世界都放弃掉。

　　父是按照自己而在永恒之中生养他的子。"道与上帝同在,道就是上帝":在同一个自然界里面,也还是这同一个道。我还要这样说:他在我的灵魂里生养了他。不单是我的灵魂与上帝同在,他也同样与我的灵魂同在,而且,他就在我的灵魂里面;上帝在灵魂里以同样的方式生养他的子,就像他在永恒之中生养他一样,没有什么不一样。不管他喜欢不喜欢,他都必须这样做。父不间断地生养他的子,而且我还要说:他把我作为他的子生养出来,作为同样的子。我还要说:他不单是把我作为他的子生养出来;而且,他把我作为他自己生养出来,也把他自己作为我生养出来,把我作为他的子和他的本性生养出来。寻根究源,我是在圣灵里面起源的;在那里,只有一个生命,一个存在,一个行为。凡是上帝所行的,都归于"一";所以,他不加任何区别地把我作为他的子生养出来。我肉体上的父亲并不真正是我的父,只是具有一小块他的本性而已,我是从他那里分离出来的；他会死掉，而我活着。所以，天上的父才真正是我的父，我是他的子，我所有的一切都来自于他，我就是这同一个子，而不是另一个子。因为父只做一个行为，所以，他将我做成他的独生子，没有任何区别。

"我们完全变成上帝的形状。"(《哥林多后书》，3 章，18 节)请听一个譬喻！就好像在圣餐礼中那饼变成我们的主的身体一样：不管有多少饼，但身体是一个。好有一比，倘若所有的饼都变成我的手指，也不过就是一个手指而已。而假如我的手指又变成饼，就还是有那么多的饼。被变成的东西跟原来的东西是合而为一的。同样，我被变成了他，他将我做成他的子，是作为合而为一的，而不是作为等同的；确实，在活的上帝那里，没有任何区别存在。

父不间断地生养他的子。如果子已被生养出来，他就不再从父那里索取什么，因为他已具有了一切；但是，当他被生养时，他就从父那里有所索取。在这样的情况下，我们也不应该把上帝当成陌生人那样企求从他那里得到些什么。我们的主曾对他的门徒说："我不再称你们为仆人，我称你们为朋友。"(《约翰福音》，15 章，14 节起)某一个人若想从另一个人那里得到些什么，那就是"仆人"，而付出些什么的就是"主人"。我近来在思考，我是不是想要从上帝那里索取什么或者追求什么。我很愿意多考虑这个问题，因为，如果我会要从上帝那里索取什么，我就是像一个仆人那样俯身在上帝下面，而上帝就像一个主人那样赐予我们。可是，到了永生之中，就不是这样了。

正像我前面已经说过的那样，确确实实，如果人从他之外去索取些什么，总有些不妥。我们不应该把上帝看成是在我们之外的，而应该把他看成就是我自有的,是在我们之内的;而且,我们不应该为某个缘故,不管是为上帝还是为自己的荣誉或者为别的在我们自身之外的什么东西而去奔波操劳,而只应该为在我们之内的自己的存在和自己的生命而行事。一些头脑幼稚的人错误地认为,他们是从他们所在的地方仰望着站在另外地方的上帝。上帝却不这么以为。上帝与我是合而为一的。通过认知,我将上帝接受到我里面来,而通过爱,我进到上帝里面去。有些人说,福乐不存在于认知之中,而只存在于旨意之中。他们这样讲是不对的;因为,假如它只存在于旨意之中,那么,就谈不上什么"太一"了。可是,有所为和有所成,乃是合一的。如果木匠不做工,房子也就成不了。斧子不动,也就一事无成。上帝与我就是在有所为之中合一的;他行事,我有所成。火把加到火里面去的东西也变成火,使其变成它的本性。不是木材把火变成木材,而是火把木材变成火。所以,我们被变成了上帝,使我们得以认知他的真体(《约翰一书》,3章,2节)。圣保罗说,到那时我们就全知道,我知道他,就像他知道我一样,不多也不少,完全一样(《哥林多前书》,13章,12节)。"正义的人得以永生,他们的酬劳是在上帝那里"——完全一样。

愿上帝扶助我们,让我们为正义本身而热爱正义,并且不为任何原因而热爱上帝。阿门。

第 八 讲

Populi eius qui in te est, misereberis. (Os. 14.4)
"求你怜悯这在你里面的人民。"(《何西阿书》,14章,4节)

先知说:"主啊,求你怜悯这在你里面的人民。"(《何西阿书》,14章,4节)我们的主回答说:"我必医治他们背道的病,甘心爱他们。"

经文中说到:"有一个法利赛人,请耶稣和他吃饭"以及:"主对那女人说,平平安安地回去吧。"(《路加福音》,7章,36节和50节)如果有人由平安而到平安,那很好,是值得称赞的;然而,却是有缺陷的。我们应该奔向平安,而不应该在平安中开始。上帝愿意这样说:人们应该被放置到平安里去,应该被推入到平安里去,应该在平安里得到归宿。我们的主说道:"只有在我里面,你们才有平安。"(《约翰福音》,16章,33节)如何进入到上帝里面,也就同样进入到平安里面。凡是在上帝里面的,就得到平安;反之,凡是在上帝之外的,就得不到平安。圣约翰说道:"因为凡从上帝生的,就胜过世界。"(《约翰一书》,5章,4节)凡从上帝生的,就去寻求平安,奔向平安。所以主说:"平平安安回去吧!"持之以恒地奔向平安的人,就是一个属天的人。天经久不息地在运转着,它是在运转中

保罗之皈依；使徒保罗之被斩首及其遗体安放。

寻求平安。

注意!"有一个法利赛人,请耶稣和他吃饭。"我所吃的饭,要和我的身体合而为一,就像我的身体要和我的灵魂合而为一一样。我的身体和我的灵魂,在同一个存在中合而为一,而不是在例如同一个行为中合而为一;也就是说,我的灵魂不是在例如看东西这样的行为中与眼睛合而为一。所以,我所吃的饭,是要在存在之中与我的本性合而为一,而绝不是在行为中这样。这就告诉我们,我们应该在存在之中,而不是在行为之中,做到与上帝合一。所以法利赛人要求我们的主和他一起吃饭。

"法利赛人"包含的意思是:孤独的人,不知道什么终点。灵魂的所有的附属物,都必须得到完全的解脱。其力量越是高贵,它们就越是强有力地得到解脱。有一些力量是如此地高出于肉体之上,是如此地超脱,以至于它们在行为时达到了完全的无牵无挂和超然绝俗!有一个大师说过一句很美的话:只要曾经跟属肉体的东西有过牵连,就再也到达不了那里面。其次,"法利赛人"包含的意思是:人们应该超然脱世,离群索居。由此推断,一个无教养的人唯独通过爱和追求才能够获得知识和教养。第三,"法利赛人"包含的意思是:如果一个人依靠这些完全得到解脱的力量置身于上帝里面,就不应该具有什么终点,不应该有什么牵挂,应该置身于平安之中,根本就不知道会有什么不平安。所以,先知说:"主啊,求你怜悯这在你里面的人民。"

有一个大师[1]说道:上帝在所有被造物之中所做的最崇高的

---

[1] 见托马斯·阿奎那:《神学大全》,I q. 21 a. 4。——德文本编者

事就是怜悯。最隐秘的事,包括他在天使里面所做的,都上升到怜悯里面,即上升到怜悯的行为里面,这怜悯的行为原来是怎样,在上帝里面也就怎样。无论上帝做什么,最初的动机总是怜悯,并不在于上帝宽恕人所犯的罪,也不在于一个人对另一个人的怜悯之心;倒是那个大师所说的,上帝所行的最高的行为就是怜悯。有一位大师说,虽然像真理、华贵、善性这些赞美之词都归属于上帝,但上帝最重要的乃是他所行的怜悯,这怜悯成为上帝的最高行为,指上帝将灵魂置放到它所能够领受的最崇高和最纯洁的位置:放置到无边无际和深不可测的海洋;在那里,上帝行其怜悯之行。所以先知说:"主啊,求你怜悯这在你里面的人民。"

什么样的人民是在上帝里面呢?圣约翰说:"上帝就是爱,住在爱里面的,就住在上帝里面,而上帝也住在他里面。"(《约翰一书》,4 章,16 节)虽然圣约翰说爱会将二者合而为一,但是,爱从来没有将灵魂放置到上帝里面;充其量不过是将二者黏合在一起。爱并没有将二者合而为一,做不到如此;凡是已经合一的,就将二者牢牢地捆绑在一起。爱是在行为中,而不是在存在中使其合一的。一些最好的大师说,理性真正完全透彻地了解上帝,了解他原本纯粹的存在。认知贯穿了真理和善性,将自己投身于纯粹的存在,透彻地了解上帝撇开所有的名字时的真实的存在。而我却说,认知和爱都做不到合一。就上帝为善良而言,爱才把握到了上帝,如果从上帝那里去掉"善性"这个名字,爱就再也无所作为了。爱是蒙着一层皮、隔着一件衣服去接受上帝的。而理性不是这样;理性所接受的上帝,是在理性里面被认识到的那个上帝;但是,理性绝不可能在上帝的深不可测的海洋里把握上帝。我说,超越这二者即认知和爱的是怜悯；上帝施行怜悯，是做了他所能做的事中最崇高和最纯洁的事。

　　一位大师说得好：存在在灵魂里的某种东西是极其隐秘的，远远超出理性与意志之力量得以萌发而出的地方。[①] 圣奥古斯丁说，就像子在第一次萌发中由父里面萌发而出的地方是无可言喻的一样，在这第一次萌发之上还存在有某种隐秘的东西，从里面萌发出理性和意志。[②] 一位关于灵魂说得最好的大师说道，人的全部知识都进不到灵魂的根源所在。要把握灵魂究竟是什么，属于超自然的知识。[③] 如果说我们对于那些力量如何出自于灵魂而得以实施一无所知的话，那么，我们所知道的确实是少而又少。至于灵魂在其根源之中究竟如何，没有人知道。而如果有人能有所知道的话，那一定是超自然的，一定是来自于恩典：一定是来自于上帝的怜悯。阿门。

　　[①] 埃克哈特称之为隐秘的超越理性与意志之力量之上的东西，是指灵魂之根基，指灵魂之火花。参阅本文集的《讲道录》，第二讲。——德文本编者

　　[②] 参见奥古斯丁，*De Gen. ad litt*. VI c. 29 n. 40。——德文本编者

　　[③] 埃克哈特是在说：如果说我们对灵魂得以使其力量对外实施作用的区域范围还略有所知的话，那么，有关在灵魂的根源中灵魂的本质，我们就一无所知了，只有凭着主的恩典，也许会由属神的怜悯赋予我们这种超自然的知识。——德文本编者

第 九 讲

In occisione gladii mortui sunt. (2 Hebr. 11,37)

"他们被刀杀。"(《希伯来书》,11章,37节)

我们读到有关殉教者的事,说"他们被刀杀"(《希伯来书》,11章,37节)。我们的主对他的门徒说:"你们为我的名而受苦,有福了。"(《马太福音》,5章,11节;10章,22节)

这里说到"他们死了"。"他们死了"首先包含的意思是人们在今世所遭受的一切痛苦到了尽头。圣奥古斯丁说:所有的苦难和任何一件烦恼的事情都有了尽头,但上帝为此而付给的报酬却是永恒的。其次包含的意思是,我们应当想到,今世全部的生命都是会死去的,我们根本不需要惧怕我们所遭受的各种苦难和烦恼,要知道这些都有尽头。第三包含的意思是我们处世为人时就好像我们死掉了一样,这样就不会有喜怒哀乐的冲动了。一位大师①说道,没有什么东西能够使天激动,这就包含了这样的意思,即对任何事物都无动于衷,不会因之而激动的人,就成为属天的人。一位大师说,既然所有被造物都那么微不足道,他(它)们何以这么容

---

① 指亚里士多德。——德文本编者

易就使人远离上帝；何况，灵魂的最小处比天和所有被造物都要有价值得多呢？他回答说：其缘故就在于他对上帝太少尊重了。

如果人像他应该的那样尊重上帝，他就几乎不可能会跌倒。让人在今世处世为人时就像以为自己死了一样，这实在是一个好的教导。圣格列高利*说道，除非对今世彻底死了心，不然的话就无人得以真正地拥有上帝。

最要紧的乃是下面第四个教导。"他们像死掉了一样"。可是，死却给了他们一种存在。一位大师①说：如果自然界不给出更好的东西，它就什么也破坏不了。当空气变成火时，这就是某种更好的东西；而当空气变成水时，这就是一种破坏，是一种迷误。如果说自然界尚且这样做了，上帝就更这样做了：要不是给出某种更好的东西，他绝不会去破坏什么。殉教者死了，失去了一种生命，但他们却得到了一种存在。一位大师说，最高贵的东西就是存在、生命和认知。而认知高于生命和存在，因为在认知时也就有了生命和存在。另一方面，生命又比存在或认知更高贵，例如，一棵树具有生命，而一块石头就只有存在。但如果我们把存在按纯洁和纯真来把握，那么，存在又高于认知或生命；因为有了存在，才有认知和生命。

他们失去了一种生命而得到了一种存在。一位大师说，没有什么东西比存在更等同于上帝；一样东西只要有了存在，则就与上帝等同。一位大师说，存在是如此纯真和高贵，凡是上帝所是的，也就是存在所是的。上帝所认识的，无非就是存在，他所知道的，

---

* 系指(纳西盎的)格列高利(Gregorius Nazianzenus，329—389)。——译注

① 见 Albertus Magnus，*De gen. et corr.* I tr. 1c. 25。——德文本编者

也无非就是存在,存在乃是他的光环。上帝所爱的,无非就是他的存在,他所想的,也无非就是他的存在。我说,所有被造物就是一个存在。一位大师说道,某一些被造物如此靠近上帝,如此深刻地拥有着属神的灵光,使他们得以把存在授予别的被造物。这样说是不对的,因为存在是如此高贵和纯真,如此亲近于上帝,除了上帝自己,谁也不能将存在授予他人。上帝之最独有的本质就是存在。一位大师说,一个被造物能够给予另一个被造物以生命。正是因为这样,一切以某种方式存在着的东西,仅仅植根于存在之中。存在是一个第一位的名字。凡是有欠缺的就是脱离了存在。我们的整个生命就应该是一个存在。只要我们的生命是一个存在,它就在上帝里面。只要我们的生命包容在存在里面,它就与上帝亲近。一个生命不管多么渺小,如果认定它乃是一个存在,它就比任何一个生命所获得的东西都要来得高贵。我确信,如果一个灵魂认识到存在所具有的哪怕是一点点东西,它就一刻也不会从那里离开。人们在上帝里面认识到的最微小的东西,哪怕不过是认识到一朵花在上帝里面所具有的存在,就会比整个世界都要来得高贵。在上帝里面最微小的东西,只要是个存在,就比认识一位天使还要来得好。

当天使去认识被造物时,那是在夜晚。圣奥古斯丁[①]说:当天使离开了上帝去认识被造物时,那是晚霞;而当天使在上帝里面去认识被造物时,那是朝霞。如果天使认识那纯粹在自己里面作为存在的上帝,那就是中天之日了。我说,人应当理解和认识到,存

---

① 参见奥古斯丁,*De gen. ad litt*. 1. IV c. 23 n 40;c. 24 n 41;也可参见托马斯·阿奎那:《神学大全》,I q. 58 a. 6 ad 2。——德文本编者

在是如此高贵。任何被造物不管多么渺小,都不会不去追求存在。从树上掉下的毛虫,总是会爬到墙上,想获得它们的存在。存在就是这么高贵。我们赞美上帝,赞美他将我们放在一个比生命更好的存在里面:这样一种存在使我们的生命得以在它里面生存,在其中得以成为一种存在。人理应心甘情愿地去死,为的是由此得到一个更好的存在。

  我有时说,木头好于黄金;这听起来很奇怪。一块石头只要具有一种存在,就是高贵的,假如有人竟然将存在从上帝和他的神性里抽取掉,那甚至比不上石头高贵。使得死掉的东西又活过来,那必定是一种强有力的生命,是的,在这种生命里,即使死亡也成为一种生命。对上帝来说,没有什么东西会死去;所有事物都在他里面生存着。"他们死了",《圣经》中谈到殉教者时如此说,而他们乃是被放置到永生之中,被放置到那样一种生命中,在那里,生命就是存在。我们应该彻底地死去,这样,就没有什么喜怒哀乐会使我们激动。人们应该认识到的,就必须在其起因中加以认识。如不是在其起因中认识的,就无法真正认识。凡不是在明显的起因中认识到的,就绝不是真正的认识。所以,生命绝不能得以完成,当它彻底死去,使我们得以生活在那样的一个生命之中,在那里,生命是一个存在,这时,它就理应回归到它的明显的起因,在那里,生命是一个为灵魂所接受的存在。而那妨碍我们持久地留在那里的,就像一位大师所指出的:是我们涉及了时间。凡涉及时间的就都会死去。一位大师说道,天的运行是永恒的;虽然时间确实来源于天,但这是在从天里面脱离出来时发生的。反之,天在其运行时是永恒的,它对时间毫不过问,这就表明,灵魂应该被放置到一个纯净的存在之中。第二个妨碍我们的乃是由于某个东西自身包含着对立。什么对立呢？爱与苦，白与黑，就处在对立之中，而这种对立在存在之中无法存身。

一位大师①说道：灵魂之被赋予肉体，是为了得到净化。灵魂离开肉体时，既没有理性，也没有意志：它成了"一"，它不能获得使它得以返归到上帝那里的那种力量；它虽然从其根基上来说具有理性和意志，但在其行为上却并不具有。灵魂在形体中被净化，为的是使它得以把散开的和流失的东西又收集起来。如果由感官取出来的东西又回归到灵魂里面，那么，灵魂就有了一种力量，在这种力量里面，那些东西就统统成了"一"。另一方面，灵魂是在行德行之中，即在向一种合而为一的生命攀登时，得到了净化。灵魂之纯真，就在于它离开了那种被分割开来的生命，经过净化，达到了一种合而为一的生命。一切在较低的事物里被分割开来的东西，当灵魂攀登到一种其中没有任何对立的生命之中时，就又合了起来。当灵魂进入到理性之光里面时，它根本不知道还有什么对立。凡是不进入到这光里面的，就跌落到死亡之中死去。第三，灵魂之纯真还在于它不倾向于任何事物。凡对某事某物倾心的，就会死去，无法持久下去。

我们祈求上帝，我们亲爱的主，求他扶助我们离开那种被分割开来的生命而进入到那合而为一的生命里。求上帝扶助我们。阿门。

---

① 见托马斯·阿奎那：《神学大全》，I q. 77 a. 8.；I, II q. 67 a. 1 ad 3。——德文本编者

第 十 讲

Quasi stella matutina in medio nebulae et quasi luna plena in diebus suis lucet et quasi sol refulgens, sic iste refulsit in templo dei. (Eccli,50,6/7)

"他如同晨星照过云层,如同一轮满月,如同照耀上帝的殿的太阳。"(《便西拉智训》*,50 章,6/7 节)

"他如同晨星照过云层,如同一轮满月,如同照耀上帝的殿的太阳。"(《便西拉智训》,50 章,6/7 节)

现在,我来说说这"上帝的殿"。什么是"上帝"和什么是"上帝的殿"呢?

二十四位大师①聚集到一起,想要讨论究竟什么是上帝。他们在一定的时间聚集到一起,每人都发表他的见解;我现在从中抽取其中两三个论述。其中有一位这样说:"上帝者,乃在于使一切

---

* 《便西拉智训》,又称为《德训篇》,是《次经》中的一篇,由一位名为约书亚(又称为耶稣·西拉赫)的人写成。——译注

① 埃克哈特是指《二十四位哲学家文集》(Liber XXIV philosophorum),该书于公元 1210 至 1230 年间在托莱多(Toledo)出现,里面包含了这二十四位哲学家中每一位关于上帝的基本论述。埃克哈特曾多次引用到这本文集。——德文本编者

可变的和暂时的事物与他相比变得一无所是,乃在于使一切具有存在的东西在他面前变得渺小。"第二位说道:"上帝者,必定超越于存在之上,本身无所需求,却为一切事物所需要。"第三位说道:"上帝是理性,这理性是在知性中唯独靠自己而存活着。"

我撇开第一种和第三种说法,来谈论第二种说法,即说上帝必定超越于存在之上。具有存在、时间或地点的东西,不涉及上帝;他是超越其上的。就所有被造物都具有存在而言,上帝是在它们里面,然而毕竟还是超越于其上。正是由于他存在于所有被造物里面,他就超越于其上;在许多事物里面作为"一"而存在着的,就必然超越于这些事物。好多位大师认为,灵魂只存在于心里面。其实不然,许多大师都错了。灵魂乃整体不可分割地存在于脚中,存在于眼中,存在于每一个器官中。如果我取出的是一段时间,那就既不是今天,也不是昨天。但如果我取出的是"现在",那就总括了所有的时间。上帝创造世界所在的那个"现在",十分接近我现在在说话的时间,而世界末日也十分接近这个"现在",就好像是昨天一样。

一位大师说道:上帝者,就在于他是在永恒之中完整地作出行为,不需要任何帮助和任何工具,独行其是,什么也不需要,但所有事物却都需要他,所有事物都趋之若鹜,以其为最终目的。这个最终目的没有任何确定的方式,早已超脱了方式,向着广度伸展。圣伯尔纳[①]说,爱上帝,这是没有方式的方式。一位医生想要使病人

---

① 见(明谷的)伯尔纳:《论对上帝的爱》(De deligendo Deo),cap. 1 n. 1,cap. 6 n. 16。——德文本编者

恢复健康,他并不具有确定的达到健康的方式,即他想要使病人达到何种程度的健康,但他却具有这样一种方式,用这种方式他想要使病人恢复健康;他想要使病人达到何种程度的健康,这是没有什么确定的方式可言的:他只是尽他所能使病人健康。我们应当如何爱上帝,这没有什么确定的方式:我们尽我们所能去爱上帝,这是没有什么方式可言的。

每一个事物都在其存在里面行为;没有一个事物能够超出其存在而行为。火除了在木头里行为以外,在其他地方就无法行为。而上帝则超越于存在之上在广阔天地中任意施展;他是在非存在中行为的。在有存在之前,上帝就在行为;当还没有存在时,他就创造出存在。有一些粗鲁的大师说,上帝乃是一个纯粹的存在;他如此高出于存在之上,就像最高的天使高出于蚊子一样。如果我把上帝称作为一个存在,那我也错了,就像我竟然想把太阳说成是灰白色或黑色一样。上帝既不是这个,也不是那个。一位大师说道,凡是认为已经认识了上帝但除此之外还想认识些别的东西的人,其实并没有认识上帝。虽然我说过上帝并不是存在而是超越于存在之上,但我并不是认为他没有存在,相反,倒不如说我是把存在提升到他里面去。假如我在黄金里面发现有铜,那么,这铜在黄金里是以一种比自身更高贵的方式存在着。圣奥古斯丁[①]说:上帝是用不到智慧的智者,是用不到善性的善者,是用不到强权的强者。

---

① 见奥古斯丁:《论三位一体》(De trinitate),1. Ⅴ c. 1 n. 2。——德文本编者

有几位小大师①在学校里授课时说,所有存在者可以分成十种存在方式,他们认为上帝不具有这些存在方式。这些存在方式没有一种涉及上帝,但上帝也不缺少存在方式。第一种方式是占有存在最多的一种方式,所有事物都在这种方式中接受到它们的存在,就是本体;而含有存在最少的最后一个存在方式,称为关系,这种存在方式,在上帝里面,跟占有存在最多的那种最大的存在方式是相等同的:在上帝里面,它们二者有着等同的原型。在上帝里面,所有事物的原型都是等同的;但又是不相等同的事物的原型。在上帝里面,最高的天使和灵魂和蚊子都有着等同的原型。上帝既不是存在,又不是善性。善性黏附于存在,并不比存在延伸得更远;因为,倘若没有存在,也就没有善性,而存在比善性更纯真。不能说上帝是善良的,也不能说他更善良,也不能说他是最善良。②凡是说上帝是善者的人,说得毫无道理,就像说太阳是黑色的一样。

可是,上帝自己也说:"除上帝一位之外,再没有善良的。"***那么,什么是善良呢?凡是将自己交付出来的,就是善良的。一个将自己交付出来利于他人的人,我们称之为善良的人。故而,一位异教的大师说道:在这个意义上,隐居者既谈不上善良也谈不上邪恶,因为他并没有将自己交付出来,也不有利于他人。上帝是最肯

---

① 这里指的是神学院的几位教师,他们讲授亚里士多德的范畴论,作为哲学基本知识。——德文本编者

② 参见本文集附录的《教皇约翰二十二世训谕》,最后一款(第28条)。——德文本编者

*** 见《马可福音》,10章,18节。——译注

将自己交付出来的。没有一件事物是源出于自身而将自己交付出来的,因为所有被造物都不是源出于自己的。他(它)们所交付的都是他(它)们从其他处取得的。他(它)们所给出的,也不是他(它)们自己。太阳给出了它的阳光,但它却仍旧停留在原处;火给出了它的热,但仍旧还是火;而上帝却交付出属他自己的东西,因为他所是的乃是源出于他自己,在他给出的所有恩赐中,他首先总是将自己给出。他所给出的自己就是作为上帝的自己,就像他在他对一切想要接受的人所给予的恩赐中那样。圣雅各写道:"各样美善的恩赐,都是从上头来的,从众光之父那里降下来的。"(《雅各书》,1章,17节)

当我们在存在之中去接受上帝时,我们是在他的前院里接受他,因为存在是他所居住的前院。那么,在他的圣殿里,在他闪发神圣光辉的圣殿里,他又如何呢?理性就是上帝的圣殿。没有什么地方比在他的圣殿里,即在理性里,更使上帝居住得自在,这就像另一位大师所说的:上帝是理性,这理性只生活在对自身的认知之中,只贯注于自身,从不受其他东西的影响;因为在那里,他独自处于他的安宁之中。上帝是在对自我的认知之中认知处在自我之中的自我。①

现在我们所接受到的是处在灵魂之中的它(指认知),而灵魂只不过具有一小滴理性,一粒火星,一根"树枝"而已。它(指灵魂)所具有的力量,是在肉体中作出行为的。有一种力量,使人得以消

---

① 关于上帝乃是纯粹的认知,关于存在乃是先通过认知然后才归于他,这方面的论点,可参见本《讲道录》的第四十二讲和第五十五讲。——德文本编者

化，且晚间比白天更起作用，使人得以生长。灵魂在眼睛里还具有一种力量，使眼睛得以敏锐细察，否则的话，眼睛看到的事物原本都是粗而不精的，而这些事物必须先在空气和光之中经过筛选和精化，而这就是因为眼睛有灵魂与其同在。灵魂中还有一种力量，使其得以思考。这个力量在自己里面对不在眼前的事物予以表象，这样，我就能认知这些事物，一如它们呈现在我眼前一般，更甚于此，我甚至在冬天里也能在思考中很好地表象一朵玫瑰花；运用这种力量，灵魂就在"非存在"之中行为，并跟随那也在"非存在"之中行为的上帝。

一位异教的大师说道：灵魂，那个敬爱着上帝的灵魂，在善性之外壳下把握着上帝——迄今所引用的这些话，都只是异教大师们所说的话，只是从自然的视角来认识的；我还没有引用一些神圣的大师所说的话，那可是从高得多的视角来认识的——，他确实是说：灵魂，那个敬爱着上帝的灵魂，在善性之外壳下把握着上帝。但是，理性却脱开了善性之外壳去把握上帝，纯真地把握上帝，这样把握到的上帝已经超脱了善性，超脱了存在，超脱了一切名称。

我在我所在的学校里说过，理性比意志更高贵，但这二者都还属于从这样的视角去把握上帝。一位大师①在另一所学校里说，意志比理性更高贵，因为意志是按事物原本所是的去把握事物，而理性却是按它们在它里面所是的去把握它们。这是对的。一个眼睛自身所是的要比画在墙上的更高贵。但我还是说，理性比意志

---

① 这可能是指方济各会（或译作法兰西斯派）教团领袖贡沙尔夫（Gonsalvus de Vallebona，约1255—1313）。——德文本编者

更高贵。意志是在善性之外衣下去把握上帝。而理性却是纯真地去把握上帝,超脱了善性和存在。善性是一件外衣,在此外衣下上帝被隐藏着,而意志就是在善性这件外衣下去把握上帝。假如上帝那里没有善性,我的意志就不会愿意要他了。那些在国王加冕时愿意给他穿衣服并确实给他穿上王袍的人,并不是实在给他穿戴的人。我并不是靠上帝的善性才得以有福。我也从来不期望上帝用他的善性而使我有福,因为他根本不可能这样做。我之所以成为有福,仅仅是由于上帝是理性的并且我认识到这个。一位大师说,是上帝的理性才使天使的存在完全得以依靠。人们问,肖像的存在究竟在哪里:是在镜子里面还是在它由以源来的地方?当然是在它由以源来的地方。肖像在我里面,由我而出,回归于我。如果镜子正对着我,我的肖像就在它里面;而镜子拿掉了,肖像也就没有了。天使的存在靠的是有属神的理性在,他在这里面认识他自己。

"如尘雾中之晨星。"在我眼前浮现出"quasi"这个词,意思是"类同的",学校里孩子们称之为"形容词"。这正是我在我所有的讲道中所要针对的。① 人们关于上帝所能说出的最确切的话,就是"道"和"真理"。上帝称自己为"道"。圣约翰说:"太初有道"(《约翰福音》,1 章,1 节),他的意思就是认为,我们应当成为这个

---

① 埃克哈特的意思是,他在他所有的讲道中都是针对这个形容词,他所有的讲道所要贯彻的基本动机,就是要阐明灵魂与圣子具有同样的发源地,圣父在对其子,也即"道",说话时,同时也就宣布了灵魂为其形容词,而人的灵魂的高贵是完全以此为由的。——德文本编者

道的一个形容词*。就好比金星,被称为"自由星","星期五"** 就源出于此;它就有好多个名称。当它跑在太阳前面,比太阳早升起时,它被称为"晨星";而当它跑在太阳后面,太阳比它早落山时,它就被称为"晚星";它有时跑在太阳上面,有时又跑在太阳下面。比起其他星星来,它总是更与太阳保持等距离;它离开太阳不会更远,也不会更近。若以此为鉴,人要做到这样,他就应该始终如一地靠近上帝,不管遇到的是祸是福,不管遇到什么样的被造物,都不能因此而远离上帝。

又说:"如月满之日。"月亮统摄着一切潮湿的自然界。月亮最靠近太阳的时候就是在它为满月而直接从太阳那里接收到光的时候。但是,由于它比其他星星更靠近大地,所以它有了下面两个短处:它显得苍白而有斑痕,它丧失了它的光。而当它离开大地最远的时候,它就变得特别的强有力,它就把大海冲到最远最远;而它越靠近大地,它就越无力去冲击大海。灵魂越是超越地上的事物,它就越是坚强有力。除了被造物之外什么也不想认识的人,就不需要去思考讲道,因为任何一个被造物都充满着上帝,都是一本书。① 想要达到像前面所讲到的那样——这整个的讲道都围绕于此——的人,就必须像一颗晨星那样:始终怀有上帝,始终与上帝同在,始终靠近上帝并超越一切地上的事物,必须成为"道"的一个

---

* 《圣经·约翰福音》所说的"道",意思就是"言语"。在德文中,"言语"和"词"是同一个字(Wort),而"形容词"(Beiwort)在德文中原意为"在一旁的词"。埃克哈特运用语源学上的这个关联来阐明他神人合一的基本思想。——译注

** 德文中"星期五"(Freitag)的字面上的意思是"自由日"。——译注

① 见托马斯·阿奎那:《神学大全》,I q. 45 a. 7。——德文本编者

"形容词"。

有一种是已经被创造出来的"道":天使,人和所有被造物。还有另一种"道",是被思考到和被提出来的,是我藉此可以有所表象的。然而,此外还有一种"道",是没有被思考到和没有被提出来的,是不会显现的;宁可说,这样的"道",永恒地停留在其言者里面。① 是父说出了这个"道",始终处于被接受和留存在内的状态。理性总是向内行为的。越精细和越有才智,就越坚强有力地向内发生行为;理性越坚强和精细,它所认识的东西就越与它合而为一。但是,对于有形体的事物就不是这样;它们越强,就越向外发生行为。而上帝的福乐却是依存于理性的向内行为,这样,"道"才得以留存在内。在那里,灵魂应该是一个"形容词",应该与上帝作同样的行为,为的是通过在自身内部飘浮着的认知来创造自己的福乐:就像上帝一样的有福。

祈求父和"道"以及圣灵,扶助我们,使我们可以始终成为在这个"道"一旁的"形容词"。阿门。

---

① 埃克哈特认为有三种不同的"道":1.已经被创造出来的,在上帝之外在被造物中客体化了的"道"。2.被思考到和被表象到的属人的"道"。3.始终留存在父里面非被造的,未曾脱离三位一体,作为神性三位一体的第二位的"道"。与第三种"道"即三位一体中的子不同,属人的"道"乃是被思考到并且被表象到的,这就是说,是这样一种"道",它作为客体存在于知性之中,而我藉以做到使我在我自己里面形成一个关于被思考到的对象的影像。——德文本编者

第 十 一 讲

In diebus suis placuit deo et inventus est iustus. (Eccli. 44,16/17)

"在他的日子里,他取悦于上帝,他被认为是个义人。"(《便西拉智训》,44 章,16/17 节)

这段话我已经用拉丁文说过,说的是一位神圣的信徒,用德文来说,就是:"在他的日子里他内心里被认为是个义人,他在他的日子里取悦于上帝。"(《便西拉智训》,44 章,16/17 节)他在内心里找到了正义。我的肉体存在于我的灵魂里面,胜于说我的灵魂存在于我的肉体里面。我的肉体和我的灵魂存在于上帝里面,胜于说它们存在于它们自己里面;正义乃是一切事物存在于真理之中的原因。正像圣奥古斯丁所说的:上帝贴近灵魂,胜过灵魂贴近自己。上帝与灵魂之间的贴近,确实达到了无差别的境界。① 上帝用以认识自己的那种认知,同样也就是对任何一个游离出来的灵的认知,二者是同一个认知。灵魂直接从上帝那里接受到它的存

---

① 见奥古斯丁,《讲道录》(Sermo),XLV n. 452;《诗篇释义》(Enarrationes in psalmos),LXXIV n.9。——德文本编者

基督降临节第一个星期日之弥撒仪式;传福音的约翰与基督(《约翰福音》,1章,1—14节)及马利亚(《路加福音》,1章,46—55节)。

在;所以,上帝之贴近于灵魂,胜过灵魂之贴近于自己;所以,上帝以其全部的神性存在于灵魂的根基之中。

有一位大师问道,由于灵魂直接从上帝那里得到它的存在,而灵魂的各种力量却是直接来源于灵魂的存在,那么,属神的光是不是也像它在灵魂的存在里一样纯真地流进灵魂的各种力量里面呢?属神的光是如此的高贵,它不可能与这些力量有什么共通之处;因为一切有所触及和被触及到的东西,都与上帝无关。而正因为这些力量是被触及的和有所触及的,因而它们都丧失了它们的童贞性。属神的光不可能照到它们里面;可是,通过练习和净化,它们又能够逐步具备接受能力。另一位大师说,这些力量能够得到一种与内在的光等同的光。这种光虽然等同于内在的光,但并不就是内在的光。它们由这个光里获得了一个印象,它们就具备了接受内在的光的能力。还有一位大师说,灵魂的所有在肉体里面作出行为的力量,都随同肉体一起死亡,只有知性和意志是例外:这二者还留在灵魂那里。虽然这些在肉体里行为的力量都死去了,但它们二者的根还继续存活着。

圣腓力说:"求主将父显给我们看,我们就知足了。"(《约翰福音》,14章,8节)然而,若不藉着子,没有人能到父那里去(《约翰福音》,14章,6节)。看见了子,也就是看见了父(《约翰福音》,14章,9节),而圣灵乃是对他们二者的爱。灵魂是如此单纯地守于自身,以至于它总是只能够感知到一个影像。当它感知到石头的影像时,它就感知不到天使的影像,而当它感知到天使的影像时,它就感知不到别的什么;对它所感知到的影像,它必定亲身施加以爱。倘若它感知到的是一千个天使,也许就等于两个天使,然而,它感知到的不会比单独一个天使更多一些。① 由此可见,人应该将原本的自己归并为"一"。圣保罗说:"但现今你们既从罪里得了释放,你们就作了上帝的奴仆。"(《罗马书》,6章,22节)圣子已经将我们从我们的罪里面释放出来。可是,我们的主比圣保罗说得更确切:"以后我不再称你们为仆人,因仆人不知道主人所作的事。我乃称你们为朋友,因我从我父所听见的,已经都告诉你们了"(《约翰福音》,15章,15节),我父所知道的,我都知道,而我所知道的,你们也都知道;因为我和我父都有着同一个灵。一个人若知道上帝所知道的一切,就是一个知道上帝的人。这个人对上帝的把握,依据的是他自己的存在,是他自己的归一,是他自己的体验,是他自己的真理;这样的人,一切都确切无误。但是,那种对内在的事物毫不习惯的人,就不知道上帝是什么。好有一比,一个人,虽然他酒窖里存放着酒,但他从来不喝,也不想喝,那么,他就不知道这酒是不是好。那些生活在无知之中的人,也是如此:他们根本不知道上帝是什么,但还是信仰着,自以为是地生活着。这样的知识就不是来源于上帝。一个人必须从属神的真理中获得纯真而清澈的知识。他就是这样的一个人,他在他的一切行为中都有着明确的目标,这目标的起始是上帝,这目标的实施也是上帝,它具有纯粹属神的本性,也在这属神的本性中得到归宿,在上帝自己里面得

---

① 为了说明灵魂在某时某刻总是只能够具有一个表象,埃克哈特之所以选择天使作为例子,正是由于任何一个单个的天使都代表着一个族,所以天使是不可累加和不可计数的。这样,在表象中将天使加以总括,对灵魂来说,是特别困难的;它总是只能在独一位天使的影像下面来对不可计数的天使数量给以实在的表象。——德文本编者

到归宿。

现在有一位大师说①,没有人会愚蠢到不想变得聪明。那为什么我们不聪明呢?有好多原因。最主要的就在于人必须经历所有的事物以及它们的原因,而这就逐渐使人感到烦恼。由此,人就总是停留在他的局限性之中。如果我是一个富有的人,我并不因此而是一个聪明的人;但是,如果我是由智慧之本质和本性造就的,我就是智慧本身,那么,我就是一个聪明的人。

有一次我在一所修道院里说过:说到灵魂之真正的肖像,那里面除了上帝本身所是的以外,既没有多的也没有少的。灵魂有两个眼睛,一个是内在的,一个是外在的。灵魂的内在的眼睛洞察到存在,它直接从上帝那里接受它的存在;这是它自己固有的行为。而灵魂的外在的眼睛注视的是所有被造物,它以形象化的方式、以力的作用方式来感知它们。可是,一个转向自身之内的人,就以他自己的趣味和自己的理由去认识上帝,这样的人业已摆脱了一切被造的事物,由一把真正的真理之锁将自己锁在自身之内。正像我曾经说过的那样,我们的主在他复活的日子里来到他的门徒那里,门都关着*;对于这个摆脱了全部的异物和被造物的人,也是如此:上帝并不是这才进到一个这样的人里面,宁可说,他实质上就在里面了。

"在他的日子里,他取悦于上帝。"这里,不只是一个日子,说到"在他的日子里",那是指灵魂的日子和上帝的日子。六天或七天

---

① 见托马斯·阿奎那:《神学大全》,I q. 78 a. 4 ad 2。——德文本编者
* 参见《约翰福音》,20 章,19 节和 26 节。——译注

以前的日子,以及六千年以前的日子,跟今天这个日子却靠得那么近,就像昨天一般。为什么呢?就因为时间在那里是处于一个无时不在的"现在"之中。由于天的运行,自从天的第一次循环,就有了日子。这就有了灵魂的日子的"现在",而这是在灵魂的自然光照下,即所有事物都存在于其中的那种光照之下。在那里,就是一个完整的日子,白天和黑夜是合而为一的。反之,上帝的日子就不是这样,在那里,处于永恒之日中的灵魂,屹立在实质的"现在"之中,在那里,父在无时不在的"现在"里生养他的独生子,并且,灵魂也在上帝里面得到重生。这种生养不断发生,它也就不断地生养出独生子来。所以,童贞女生养出的子,比通常妇女生养出的子要多得多,因为前者是超越了时间在永恒之中生养的(参见《以赛亚书》,54章,1节)*。不管灵魂在永恒之中生养出多么多的子,却又并不比一个子更多,因为这是超越了时间在永恒之日中发生的。

　　对于在美德之中生活着的人,一切都很好,因为我在八天前就说了,各样美德都是在上帝的心里面。在美德中生活着和行为着的人,一切都好。在任何事物中都不去追求属于自己的东西的人,不管是在上帝那里还是在被造物那里都如此,这样的人就是居住在上帝里面,上帝也居住在他里面。对于这样的人来说,丢弃和蔑视一切事物乃是一件充满乐趣的事情,他乐意于将所有事物都置放到其至高点而使其得以结束。圣约翰说:"上帝就是爱",爱就是上帝,"住在爱里面的,就是住在上帝里面,上帝也住在他里面"

---

　　* 经文原文为:"因为没有丈夫的,比有丈夫的儿女更多。这是耶和华说的。"——译注

(《约翰一书》,4章,16节)。凡是住在上帝里面的,就有了好居所,就是上帝的继承者,而上帝住在谁那里,那人就有了显贵的同住者。有一位大师说,灵魂从上帝那里获得了一种恩赐,使灵魂得以转向内在的事物。还有一位大师说,灵魂乃是直接由圣灵来感动的,因为上帝就在爱他自己的那种爱里面来爱我,而灵魂也是就在爱它自己的那种爱里面来爱上帝;倘若没有上帝爱灵魂的那种爱,也就不会有圣灵。灵魂之爱上帝处于圣灵的炽热和旺盛之中。

一位福音书作者写道:"这是我的爱子,我于他之中感到喜悦。"(《马可福音》,1章,11节)第二位福音书作者写道:"这是我的爱子,在他之中万事使我喜悦。"(《路加福音》,3章,22节)第三位福音书作者则写道:"这是我的爱子,在他之中我使我自己感到喜悦。"(《马太福音》,3章,17节)* 凡是使上帝喜悦的,就在他的独生子那里取悦于他;凡是上帝所爱的,他也在他的独生子那里爱之。现在,人应当如此生活着,使得他与这独生子合而为一,使得他自己也成为这独生子。在独生子与灵魂之间没有什么区别。在仆人与主人之间绝不会有同等的爱。只要我还是仆人,我就与独生子疏远,不与他等同。如果我想用我观看颜色的那一双眼睛去观看上帝,我就错了,因为这种观看乃是暂时的,而凡是暂时的东西,都是与上帝疏远的。如果在这个无时不在的"现在"里面容许有时间在内,哪怕是稍稍一点,那么,总还是时间。只要人还有时间和空间,还有数量和多少之分,他就错了,上帝就对他疏远了。

---

* 在今本《圣经》中,这三处经文都相同,为"这是我的爱子,我所喜悦的"。——译注

因此,我们的主说:若有人要跟随我,就当舍己(《路加福音》,9章,23节);除非舍己,不然,就没有人能够听我的话和我讲的道。所有被造物本身就一无所是。所以我说过:你们要抛弃这虚无,去把握住一个怀有正当意愿的完善的存在。凡是已经舍弃其全部意愿的人,就会理解我所讲的道理,就会听从我的话。有一位大师说,所有被造物都是直接从上帝那里接受到他(它)们的存在;所以,对于被造物来说,他(它)们就自己的正当的本性而言爱上帝胜过爱自己。倘若心灵能够认识到它的彻底的孤独,它就更不会再倾心于什么事物,势必会静守着它的彻底的孤独。所以说:"在他的日子里,他取悦于上帝。"

灵魂的日子与上帝的日子是不同的。当灵魂处在它的自然的日子里时,它超越了时间和空间去认识一切事物;任何事物对它来说,都无远近之分。所以,我曾经说过,所有事物在这个日子里是同等地高贵。我也说过,上帝就在现在在创造世界,所有事物在这个日子里是同等地高贵。倘若我们想说上帝是在昨天或者明天创造世界,我们就是做了蠢事。上帝是在一个无时不在的"现在"中创造世界和所有事物,对于上帝来说,过去了一千年的时间就跟目前这个时间一样地近在眼前。那个屹立在无时不在的"现在"之中的灵魂,父是将他的独生子生养到它里面,而在这种生养里,灵魂又再次在上帝里面被生养。这就是这样一种生养:灵魂如何频繁地在上帝里面被生养,父也就如此频繁地在灵魂里面生养他的独生子。

我谈到过灵魂里的力量;在它刚萌发时,它将上帝认定为善性,这时,它并没有把握到上帝,接下来,它将上帝认定为真理,它也还没有把握到上帝；然后，它寻根究底，在上帝的唯一性和他的孤独性之中，才把握到上帝；它是在他的荒漠中和他的根基中把握到了他。所以，它绝不满足，它进一步去探索上帝在他的神性里和在他所拥有的固有的本性里究竟是什么。有人说，再也没有什么合一会比三位一体更伟大了。然后，又有人说，再也没有什么合一比上帝与灵魂的合一更伟大。当灵魂遇到了来自于神性的亲吻时，它就处于十分的完美和福乐之中；这时，它也就被包含进那个唯一性里。上帝初次触动灵魂，使其成为非被造和不可造，在这样的触动以后，灵魂就变得和上帝一样高贵。上帝按照自己来触动灵魂。我在拉丁文的讲道中曾经就三位一体这样说过：差异性来自于唯一性，我这里是指三位一体中的差异性。唯一性就是差异性，差异性就是唯一性。差异性越大，唯一性也就越大，因为这乃是没有差异的差异性。即使有一千位，也不过千千归一而已。当上帝观看被造物时，他同时也给予它们以它们的存在；而当被造物观看上帝时，它们同时也就接受到它们的存在。灵魂有着合乎理性的有能力去认识的存在；所以：上帝在哪里，灵魂也就在那里，而灵魂在哪里，上帝也就在那里。

现在，经文中是说"他在内心里被认为是"。这里说到的"内心里"，是居于灵魂的根基里，居于灵魂的最内里，居于理性之中，不会从中走出，不注视外界的事物。在那里，灵魂的所有力量都同样高贵；在那里，"他在内心里被认为是义人"。这样的义人，不管是忧是喜，不管是苦是甜，都无动于衷，唯独以正义为重。义人是和上帝合一的。等同是受人爱的。爱，始终爱着等同；所以，上帝爱义人，认为他是跟自己等同的。

祈求圣父、圣子和圣灵扶助我们,让我们在内心里居于理性的日子里,居于智慧的日子里,居于正义的日子里和居于福乐的日子里。阿门。

第 十 二 讲

Impletum est tempus Elizabeth. （Luc. 1,57）
"以利沙伯的时间满了。"(《路加福音》,1章,57节)

"以利沙伯的时间满了,就生下一个儿子。他的名字叫约翰。人们说,这个孩子将来会做出什么样的奇事呢？因为上帝的手与他同在。"(《路加福音》,1章,57/63/66节)经文中写到:我们得称为上帝的儿女和他在我们中间生养他的儿子,这乃是最大的恩赐(《约翰一书》,3章,1节)。想成为上帝的孩子的灵魂,不应该在自己里面生养出什么,那于其中生养出上帝的儿子的灵魂,不应该有别的什么在其中得以生养。上帝的至高的努力就在于:生养。他从不满足,他总是在我们里面生养他的儿子。而如果上帝的儿子不在灵魂里面被生养,灵魂也绝不满足。这就产生了恩典。恩典就在那里得以注入。恩典并不发生行为;有恩典,这就成就了。恩典起源于上帝的存在,流入到灵魂的存在里面,但并不流入到各种力量里面。

当时间满了,"恩典"就生养出来。那么,何时才是"时间满了"呢？就是再也没有时间了。当在时间之中的人们已经将他们的心放到永恒里面,使得所有事物一下子如同死去一般的时候,就是

马利亚升天节前之守夜；耶稣和马利亚为因跟随基督和马利亚而得到荣耀的灵魂加冕。

"时间满了"。我曾经说过：在时间之内喜乐的人不是始终都喜乐。圣保罗说："你们要在上帝里面始终都喜乐！"(《腓立比书》，4章，4节)那始终都喜乐的人，就是超越于时间之外喜乐的人。有一本著作里写到：有三件事在妨碍着人，使他无法认识上帝。第一件是时间，第二件是形体，第三件是繁多。只要这三件事还在我里面，上帝就不在我里面，他也就不以他独有的方式在我里面行事。圣奥古斯丁说①：由于灵魂的贪婪，它想要把握和拥有许多东西，所以它就去追求时间、形体和繁多，却因而丧失了它本来拥有的东西。因为当你里面的东西越来越多时，上帝就无法在你里面居住和行为。要使上帝得以进入，这些事物就要清出，或者说，你应当以一个更高和更好的方式去拥有它们，就是使这繁多变成你里面的"一"。这样，你里面的繁多越多，也就有了更多的一统，因为一样东西化成了另一样东西。

我曾经说过：一统将全部繁多统一了起来，但繁多并不包括这一统。如果我们超越于所有事物而使存在于我们里面的一切事物都得以升越，就没有什么东西能压制我们。在我之下的东西，压制不了我。如果我一心追随上帝，除了上帝之外，没有什么东西在我之上，那么，我不会再有什么烦心的事。圣奥古斯丁说：主啊，在我一心向着你的时候，痛苦和烦恼就都去掉了。当我们逾越时间和属时间的事物时，我们就得以解脱，始终欢乐，也就是时间满了；这样，上帝的儿子就在你里面降生。我曾经说过：及至时间满了，上帝就差遣他的儿子(《加拉太书》，4章，4节)。如果除了子以外还

---

① 见奥古斯丁：《忏悔录》，X c. 41, 66。——德文本编者

有别的东西生养在你里面,那么,你就没有圣灵,恩典就不在你里面起作用。圣灵的起源就是子。如果没有子,也就没有圣灵。圣灵唯独从子那里发源和大有作为,唯此而已。在父生养他的子的地方,就赐给子他在他的存在和本性之中所具有的一切。圣灵就起源于这个赐给。也正是由于上帝自己的意向,才将他自己完完全全地赐给了我们。就好像如果火想要将木材引向自己然后又将自己投身到木材里,那首先火把木材认作跟自己不等同的东西。为此就需要时间。先是木材要被加热,冒烟并噼啪作响,这是因为二者是不等同的;而木材越热,它就越安静,它越跟火等同,它也就越平静,直到它完完全全变成了火。火要将木材吸收到自己里,就必须将一切不等同排除掉。

凭着上帝所是的真理:如果你除上帝之外还关注别的,或者你除了上帝之外还在追求别的,那么,你所做的事业既不是你的,也确实不是上帝的。你在你行为时的目的所在,就是你的事业。在我里面行事的是我的父,我顺从于他。在自然界里,不可能有两个父;自然界里只能有一个父。当其他的事物都清出了,时间满了,就有了这个生养。凡是满了的,就是有了完满的结果,什么也不欠缺;它有阔和长,高和深。如果它只有高而没有阔和长和深,那么,就还没有满。圣保罗说:"能以和众圣徒一同明白基督的爱,是何等长阔高深。"(《以弗所书》,3章,18节)

这三点意味着三种认识。第一种认识是感性的:眼睛看到的是它之外的事物。第二种认识是理性的,要高得多。而第三种认识则是指灵魂的一种高贵的力量,它是如此崇高和高贵,使得它把握到上帝的纯真而原本的存在。这种力量是无与伦比的;它是从虚无之中造就一切。它既不知晓昨天,也不知晓前天,它既不知晓明天,也不知晓后天,因为在永恒之中,既没有昨天,也没有明天,有的只是无时不在的"现在";一千年以前有过的和一千年以后将要有的,都一一俱在,就在彼岸。这种力量是在上帝的门厅里认识上帝的。经文中写道:"万有都是内于他,依靠他,通过他。"(《罗马书》,11章,36节)* "内于他",指内于父,"依靠他",指依靠子,而"通过他",指通过圣灵。圣奥古斯丁说过一句话,听起来跟这完全不同,但其实是一样的:不将一切真理都包括在内的,就根本不是真理。而上面所说的那种力量,则是在真理之中把握所有事物。这种力量不为任何事物所掩盖。有经文中说到:男人不该蒙着头,而要让女人蒙着头(《哥林多前书》,11章,7节+6节)。"女人",乃是最低下的力量,就该蒙着头。而"男人",乃是不该蒙着头的力量。

"这孩子将来会做出什么样的奇事呢?"我最近对现在也许还在坐的一些人说过这样一句话:掩盖的事,没有不露出来的(《马太福音》,10章,26节;《路加福音》,12章,2节;《马可福音》,4章,22节)。凡是虚无的东西,就应当抛弃掉,应当掩盖起来,就不要再想起它们。我们根本就不应该知道什么虚无的东西,我们与这虚无毫无共通之处。所有被造物都纯粹是虚无。而那既不在这里也不在那里的,将所有被造物都忘却掉的,才是满有全部的存在。我当时说了:在我们里面,我们不完全向上帝显露的,不完全献给上帝的,都不应该被掩盖。不管我们如何,不管是贫是富,不管是喜是

---

* 今本《圣经》为"万物都是本于他,依靠他,归于他。"——译注

忧，也不管我们想要如何，我们都应该一概予以摆脱。如果我们把一切都向着上帝显露，他也就把一切他所具有的向我们显露，而他确实毫不掩盖地将他能够提供给我们的一切都完完全全显露给我们，包括智慧、真理、隐秘、神性等等。这是千真万确的，就如同上帝活着一样地千真万确。如果我们不向他显露，那么，毫不奇怪，他也不向我们显露；因为这是完全对等的：我们对他如何，他也对我们如何。

有这样一些人，他们自以为高高在上，好像与上帝合而为一了，然而，他们却什么也放不下，为一些小事而患得患失。这样的人跟他们自以为是的大相径庭。他们有很多追求，也有很多欲望。我曾经说过：寻求虚无的人得到的是虚无，又能埋怨谁呢？他所得到的正是他所寻求的。凡是寻求或一心争取某样东西的人，寻求和争取的乃是虚无而已，凡是为某样东西而祈求的人，所得到的乃是虚无。而凡是除了上帝之外一无寻求和一无争取的人，上帝就向他显露并给予他在他属神的心灵中隐含的一切，希望他也能享有上帝所享有的，不多也不少，只要他确是一心一意只企求上帝。病人面对佳肴美酒却引不起食欲，这有什么奇怪的呢？他感觉不到这佳肴美酒有什么滋味。舌头上有一层用以辨味的表层，由于生病它就会变得苦涩。病人还无法辨别滋味，病人觉得苦，这是苦在舌苔上。只要这一层不去掉，就辨不出应有的滋味来。只要我们这层"舌苔"没有去掉，我们就无法品味上帝本来的美味，我们的生活就总是充满焦虑和苦涩。

我曾经说过：羔羊无论往哪里去，这些童身者也跟随他去(《启示录》，14章，4节)。这里是指真正的童身者，另一些自称是童身者的,其实不是童身者。真正的童身者,无论羔羊往哪里去,无论是喜是哀,始终跟随着他。有一些人在甜美幸福时跟随羔羊;而一有艰难困苦,他们就掉转头不跟随他了。确实,这样的人不管表面上如何,其实不是童身者。有人说:主啊,我但愿能够达到荣誉、富有和幸福。好吧! 如果羔羊真是过了如此的生活,他真是如此在前面这样走了,那么,我会让你们也如此跟随他;然而,真正的童身者却始终跟随着羔羊,不管是崎岖小路还是康庄大道。

当时间满了,"恩典"就得以生养。求主扶助我们,愿一切事物都在我们身上得以完成,从而使属神的恩典在我们里面生养。阿门。

第 十 三 讲

Qui audit me. （Eccli. 24,30）

"凡是听从我的人。"（《便西拉智训》,24 章,30 节）

  我用拉丁文说过的话,是出自于我们的父的永恒的智慧:"凡是听从我的人,不会感到羞耻"——如果他为某样事情感到羞耻,那么,他感到羞耻的是他竟然还在感到羞耻——"凡是在我里面作出行为的人,就不会犯罪。凡是显示和发扬我的人,就得到了永生。"（《便西拉智训》,24 章,30/31 节）* 我说过的这三句话,每一句都可以作为一讲的题目。

  首先我要讲的是那永恒的智慧所说的:"凡是听从我的人,不会感到羞耻。"谁想要听从我们的父的永恒的智慧,就必须一心向内,必须成为那个"一",然后,他才能够听从父的永恒的智慧。

  有三件事妨碍我们听从那永恒的道。第一件是形体,第二件是繁多,第三件是时间。人倘若能够越过这三件事,就会居住在永恒之中,居住在灵之中,居住在一统和荒漠之中,在那里,他就能听

---

  * 在今本《圣经次经》的《便西拉智训》中,找不到这三句话的原文。但《便西拉智训》通篇均包含有这个意思。——译注

从那永恒的道。我们的主说:"人若不把自己撇下,就不会听从我的道和我的教导。"(《路加福音》,14章,26节)*因为谁要听从上帝的道,就必须完全撇下。在永恒的道里面,正在听着的跟正被听到的,原本是等同的。永恒的父所教导的一切,无非就是他的存在,他的本性和他全部的神性;他在他的独生子里面把这一切显示给我们,并教导我们,要我们自己也成为这同样的子。人如果这样走了出来,使得他自己也成为独生子,那么,这独生子所拥有的,他也拥有了。上帝所行的和所教导的,也在他的独生子里面行为和教导。上帝行这一切,为的是使我们成为这独生子。上帝看到我们成了这独生子,就立即来到我们这里,如此迫切,就好像他的属神的存在愿意打开来,暴露无遗,为的是想把他的神性之整个深渊以及他的存在和他的本性之全部内容都显示给我们看;上帝迫切要让我们拥有全部他所拥有的。这里,上帝满怀着喜悦和欢乐。这样的人处于对上帝的认知和对上帝的爱之中,不外就是上帝自己所是的。

你若爱你自己,那么,你也就爱所有人如同爱你自己一样。只要你对某一个人还不是像爱你自己一样地爱他,你就没有真正做到爱你自己,——如果你并没有爱所有人如同爱你自己一样,不是对所有人都一视同仁,那么,这个你还没有爱的人就是上帝,正好就代表了所有人。只有爱人如己,才是对的。现在,有许多人说:我有一些相处得很好的朋友,胜过别人。这就不对了;这是不完善

---

* 与经文原文有出入。原文为:"人到我这里来,若不爱我胜过爱自己的父母、妻子、儿女、弟兄、姐妹和自己的性命,就不能作我的门徒。"——译注

的。然而，我们还是应该对此予以容忍，就像好多人并不是顺着风漂洋过海，但还是过去了。人间也是如此，爱某一个人胜过爱别人，这是很自然的。假如我爱他一如爱我自己一样，不管他遇到的是喜是忧，是死是活，我都泰然处之，就像我自己遇到的一样，这才是真正的友谊。

所以圣保罗说："为我朋友，为上帝，就是永远与上帝分离，我也愿意。"(《罗马书》，9章，3节)* 与上帝有一刻分离，就是与上帝永远分离；而与上帝分离，就是遭受地狱般的痛苦。那么，圣保罗说他愿意与上帝分离，究竟是什么意思呢？现在大师们质疑说，圣保罗究竟是刚刚踏上走向完善的道路还是他已经处于真正的完善之中。我说，他已经处于真正的完善之中；不然的话，他就不会说这话了。我想把圣保罗所说的愿意与上帝分离这话解释一下。

人能够离开的没有比他为上帝的缘故而离开上帝更大和更高的。而现在圣保罗却为上帝的缘故而离开上帝；他也就离开了他从上帝那里能够取得的一切，离开了上帝能够给予他的一切，离开了他从上帝那里能够接受到的一切。当他离开这一切时，他就为上帝的缘故而离开了上帝，而上帝仍然留在他那里，是以上帝原本的存在方式留在他那里，也就是说，不是以他被接受和被赢得的方式留在他那里，而是以上帝原本所是的存在之本质这样的方式留在他那里。他从来不给予上帝什么，但他却从上帝那里有所接受；他所接受到的就是"一"，就是纯真的合而为一。这里，人才成为真

---

* 经文原文为："为我弟兄，我骨肉之亲，就是自己被咒诅，与基督分离，我也愿意。"——译注

正的人，在这个人里面，没有苦难，就像不会有什么苦难会临到属神的存在一样；就像我经常讲到的那样，在灵魂中有着与上帝十分亲近的东西，本来就是一样东西，而不是合到一起的。这是一样东西，跟其他任何东西都不一样，跟一切被造的东西都没有共通之处。一切被造的东西都是虚无。而这一样东西却与被造格格不入。人若能完全按此成形，就会完全成为非被造的和不可造的；假如所有肉体的和脆弱的东西都能总括到这个一统里面，那么，这本身也不外就是这个一统。假如我处身于这个存在里面，我就不大会关注我自己，就会视自己如粪蛆一般。

上帝同等地赐给所有事物，因此，当它们从上帝那里发源出来时，它们是同等的；确实，不管是天使还是人还是一切被造物，在其初次萌发时都是同等地发源于上帝。故而，事物就其最初而言都是等同的。如果说在时间之内它们尚且是等同的，那么，在上帝里面，在永恒之中，它们就更是等同的。在上帝里面的一只苍蝇，就其处在上帝里面而言，比最高的天使还更高贵。这样，所有事物在上帝里面都是等同的，它们就是上帝自己。这里，上帝很乐意于在这种等同之中遍及他的本性和他在自己里面的存在。他是如此地乐意于此，就像一个人骑着骏马驰骋在辽阔的绿色草原上；骏马的本性就在于它倾注全力奔驰在草原上；它乐意于此，这符合它的本性。同样，上帝也很乐意于能够找到等同。他乐意于将他的本性和他的存在完全倾注到这等同之中，因为他自己就是这等同。

说到天使，有人问道，那些居住在我们这里并照料着我们的天使，是不是要比存在于永恒之中的天使少一些喜悦，或者说，是不是由于他们在照料着我们而会受到贬低。我说：不，绝不会！他们的喜悦和他们的等同,绝不会因此而有所减少;因为天使的行为就是上帝的旨意,上帝的旨意就是天使的行为;所以,天使无论是其喜悦还是其等同还是其行为,都不会受到阻碍。假如上帝要天使爬到一棵树上去拣一条毛虫,天使会立即去拣,那就成为他的福乐和上帝的旨意。

置身于上帝的旨意的人,他所愿望的无非就是上帝所是的和上帝的旨意所是的。假如他病了,他并不愿望康复。对他来说,所有痛苦都是一种喜悦,所有多样性都是单一和一统,只要他确实是置身于上帝的旨意之中。是的,哪怕是受到地狱般的痛苦,他也以为是喜悦和福乐。他已经摆脱了他自己,得到了超脱,而他也必须超脱于他所会接受到的一切。我的眼睛要能够看到颜色,它就必须超脱于一切颜色。如果我看到蓝颜色或者白颜色,那么,我的眼睛之看到颜色,正就是那个在看着的,也正就是那个用眼睛被看到的。我用以看到上帝的那个眼睛,也就是上帝用以看到我的那个眼睛;我的眼睛和上帝的眼睛是同一个眼睛,是同一个看见,是同一个认知,是同一个爱。

一个如此置身于对上帝的爱之中的人,就应该无论是对自己还是对所有被造物都无动于衷,他毫不关注自己,视同千里之外遥远之物。一个这样的人就得以保持在等同之中,保持在一统之中,保持完全的等同;不会有什么不等同降临到他。这样的人必须是已经撇下了自己以及整个世界。假如一个人,这整个世界曾经属于他,而他却为上帝的缘故完全舍弃了它,就像当时他得到它一样地完全,那么,我们的主就会又将这整个世界归还给他,并且,又将永生也给他。假如有另外一个人,他只曾经有过一个良好的愿望,他想:主啊,但愿这世界是我的,但愿我还有个世界,再有一个世界,一共有三个,然后他请求:主啊,我愿意将这些连同我自己都完全撇下,就像我从你那里得到时那样的完全,这样的人,上帝也同样会给予他他亲手所撇下的一切。可是,如果另外还有一个人,他不管是在肉体上还是精神上什么也不肯放弃,那他反而会失掉最多。凡是在一时撇下一切的人,一切都会归还给他。反之,一个人虽然有二十年之久都撇下了,但有一时又去取回来,那么,他就等于从来没有撇下过。人若是已经撇下,撇下后就再也不去看一眼他所撇下的,能持之以恒,矢志不移,只有这样的人才是撇下了的。

　　求我们的上帝和永恒的真理扶助我们,让我们像永恒的父一样地持之以恒,矢志不移。阿门。

第 十 四 讲

Vidi supra montem Sion agnum stantem etc. （Apoc. 14,1）

"我又观看,见羔羊站在锡安山。"(《启示录》,14 章,1 节)

圣约翰看见一只羔羊站在锡安山上,同他又有十四万四千人,都有他的名,和他父的名,写在额上。他说,这些人都是童身,唱着新歌,除了他们之外没有人能唱的新歌。羔羊无论往哪里去,他们都跟随他(《启示录》,14 章,1/4 节)。

有异教的大师[①]说,上帝如此来安排被造物,使得总有一些被造物高于另外一些被造物,最高的被造物触及最低的被造物,而最低的被造物也触及最高的被造物。这说得过于隐晦,另一位就说得比较明白,他说,这根金链就是那纯真的本性,它被提升到了上帝那里,它对他以外的东西毫无兴趣,它把握到了上帝。任何一个被造物都触及另一个被造物,最高的被造物将脚踩到最低的被造物的头顶上。所有被造物都不是按照它们的被造去触及上帝的,

---

① 参见 Macrobius, *Commment. in Somnium Scipionis* I c. 14 n. 15. ——德文本编者

凡是被造的都必须被打开来,这样才能使善美的东西得以解脱出来。要把外壳剥开,才能得到里面的核仁。这一切目的都在于成长而得以超脱,因为越出了这个纯真的本性之外,天使所知道的就不会比这根木头更多;是的,没有了这个本性,天使所有的也不会比没有上帝时一个蚊子所有的更多。

他(指圣约翰)说到"在山上"。那么,如何才能够到达这样的纯真呢?他们是童身,上到山上去,嫁给羔羊,抛弃了所有被造物,羔羊无论到哪里去,他们都跟随他。有一些人只有在顺利的时候才跟随羔羊;一旦不能称心如意,他们就回头不再跟随了。这样就不是"羔羊无论到哪里去,他们都跟随他"。如果你是一个童贞女,嫁给了羔羊,并且抛弃了所有被造物,那么,无论羔羊到哪里去,你都跟随他;这样,不管你的朋友或者你自己由于受到某种试探而备受痛苦,你都不会心慌意乱。

他说:他们是"在山上"。凡是在上面的东西,就不会由于在其下面的东西而受苦,只会由于在其上面比其高的东西而受苦。一位并不信仰的大师说:只要人跟上帝在一起,他就不可能受苦。那在山上并且抛弃了一切被造物的人,因为嫁给了上帝,所以就不受苦;如果他受苦,就会触动上帝的心。

他们是"在锡安山上"。"锡安"的意思是"观望";"耶路撒冷"的意思是"和平"。我最近在圣马利园①说过:有两件事对上帝起着强制的作用;如果你在你那里有了它们,他就必须在你里面被生养。我想向你们讲一个故事的大概:我们的主有一次来到一大群

---

① 指位于科隆的一个女修道院。——德文本编者

圣灵降临节；圣灵将其灵光照射马利亚及众使徒。

人里面。来了一个妇人,说道:"假如我能够摸到他衣服的边,我就能痊愈了"。我们的主就说:"我被摸到了。""绝不可能!"圣彼得说,"主啊,你怎能说你被摸到了呢?一大群人在围着你,在挤着你啊。"*

一位大师说,我们是靠着死而生活着的。如果我要吃鸡肉或牛肉,鸡或牛必须先要死掉。我们应该自己承受苦难,应该不管是忧是喜都跟随羔羊。使徒们将忧和喜都承受下来;所以,他们感到他们所承受的一切都是甘甜的;在他们看来,死和活都是可爱的。

一位异教的大师将被造物与上帝等同了起来。《圣经》中写到,我们应该与上帝等同(《约翰一书》,3 章,2 节)。"等同"是邪恶的和有欺骗性的。如果我使自己与某人等同,并且找到一个与我等同的人,那么,这人就会显得好像他就是我,而事实上他并不是我,是在欺骗。有不少东西跟黄金相等同;这些东西是在欺骗,实际上并不是黄金。《圣经》上说,我们应当等同于上帝。有一位异教的大师以其纯自然的洞察力来看待这个问题,他说道:上帝很难忍受等同的东西,就像他很难忍受说他不是上帝一样。等同就意味着某种在上帝那里所没有的东西;而宁可说,在神性里和在永恒里具有的是一统的存在,但在等同里面没有这个"一"。假如我是"一",我就不是等同的。在一统里面没有陌生的东西;在永恒里面有的只是一统的存在,而没有等同的存在。①

---

  * 事见《马太福音》,9 章,20 节起;《马可福音》,5 章,27 节起;《路加福音》,8 章,43 节起。——译注

  ① 经过长久的流传,有一些文句可能已经不是原来的表达方式,但已无法找到精确的原文。——德文本编者

他说:"他们在额上写上他们的名字和他们的父的名字。"①什么是我们的名字,什么又是我们的父的名字呢？我们的名字就在于:我们应当被生养;而我们的父的名字就在于:正像我在圣马利园修道院说过的那样,当神性从其将一切纯真包容在内的最初的纯真中闪发出光芒时,就有所生养。如果我看到一样食品并感到中意,就由此产生出一种欲望;或者,如果我看到一个与我等同的人,也由此产生出一种向往。同样,我们在天的父在我里面生养出他的肖像,而且,由于等同而产生出一种爱,这就是圣灵。为父亲的按照自然生出孩子;而在洗礼中将孩子举起来的,并不是孩子的父亲。波爱修斯②说:上帝是一所静止不动的庄园,而所有事物却都由于他才得以运动。由于上帝恒定不动,才使所有事物得以运转。的确存在有某种十分造福于人的东西,它驱动着所有事物,致使它们又复归到它们由以发源的地方,而它本身却始终保持着原地不动。而且,一样东西越是高贵,就越是经久不息地运转着。那个太初的根源,驱动着所有事物。智慧和善性和真理,总是对此有所添加;而"一"除了存在之根源以外什么也不添加。

他又说:"他们的嘴里从不说出谎言来"。只要我还占有被造物,只要被造物还占有着我,就一定会有谎言,而在他们的嘴里却找不到谎言。善良的人的一个特征就是他赞美善良的人们。如果一个善良的人在赞美我,那就真是得到了赞美;反之,如果一个邪

---

① 埃克哈特改动了经文,为的是接下来能够很好地阐述在人里面"子的生养"。——德文本编者

② 见波爱修斯(Ancius Manius Severinus Boethius,约480—524):《哲学的安慰》(De consolatione philosophiae),II m. IX。——德文本编者

恶的人在赞美我,那我其实是在挨骂。如果一个邪恶的人在责骂我,那我其实是在受到赞美。"心里充满的,口里就说出来。"(《马太福音》,12章,34节)一个善良的人的特征,就在于他总是想谈到上帝,因为人们总是想谈到他们的本行。干手艺的人,愿意谈到手艺;讲道的人,愿意谈到讲道。一个善良的人,除了上帝以外,就再也不想谈些别的什么了。

在灵魂里面有一种我经常谈到的力量,——假如灵魂完全是这样的话,那么,它就是非被造的和不可造的。现在却还没有如此。灵魂还余留着一部分,致使它还是针对时间和依附于时间,因而它还是触及了被造,成为被造的——,那就是理性[①]:这个力量不是什么遥远的东西,也不是什么外在的东西。即使是在大洋彼岸相隔千里之遥的东西,对它来说,就像我站着的这个地方一样地熟知。这个力量,就是那不管羔羊走到哪里都跟随着羔羊的童身者。这个力量所接受到的上帝,乃是真正深入到其本质的上帝;它是一统里面的"一",而不是在等同里面得以等同。

求上帝扶助我们,使这能够降临到我们。阿门。

[①] 参见本文集附录的《教皇约翰二十二世训谕》,第27款(或称为附加第1款)。——德文本编者

第 十 五 讲

圣约翰观看到羔羊站在锡安山,同他又有四十四人(而不是144000),他们不是属于地上的,他们没有女人的名字。他们都是童身,他们紧挨着羔羊,羔羊走到哪里,他们就一起跟到那里,并且跟羔羊一起唱着一首奇怪的歌,并在他们的前额上写有他们的名字和他们的父的名字(《启示录》,14 章,1/4 节)*。

约翰说,他看到有一头羔羊站在山上。我说:约翰自己就是他看到羔羊站在其上的那座山,凡是想要看到属神的羔羊的人,都必须自己就成为那座山,并且登上其最纯真的顶峰。另外,当他说他看到羔羊站在山上时:任何东西站到另一个东西上,其下端就触及后者的上端。上帝触及所有事物,但他却不被触及。上帝凌驾于所有事物之上"站立在自己里面",而这种在自己里面的站立,维持着所有被造物。所有被造物都有其上端和下端;而上帝没有。上帝凌驾于所有事物之上,不会被任何东西所触及。所有被造物都在自身之外不断地互相寻求自身所没有的东西;而上帝不这么做。上帝在他自己之外不再寻求什么。一切被造物所具有的,上帝在自己里面都应有尽有。他乃是一切被造物的基础和护环。确实,

---

* 该段引文与今本《启示录》有较大出入。——译注

一个被造物会超过另一个被造物,或者,至少一个被造物会是由另一个被造物生养出来的。后者不会把自己的全部存在都给予前者;它总是有所保留。而上帝却是单纯的"站立于自己里面"和"坐在自己里面"。任何一个被造物,按照其本性的高贵程度,越是坐在自己里面,就越是向外显露。一块普通的石头,例如一块岩石,说到底不过是一块石头而已。而一块宝石就具有巨大的魅力,它只管在自己里面站着和坐着,昂首远望。大师说,除了肉体和灵魂以外,没有别的被造物会如此大模大样地坐在自己里面,也没有别的被造物会像灵魂的至高部分那样大模大样地昂首远望。

约翰说道:"我见到羔羊站着。"我们可以从中得到四个[*]良好的教导。第一:羔羊赐给了吃的和穿的,并且很乐意赐给,而我们理应感激,我们从上帝那里得到了那么多,他对我们如此地友善;这就应该驱使我们尽我们一切所能只去赞美他和荣耀他。第二:羔羊站着。如果一个朋友跟他的朋友"站在一起",那真是太好了。上帝同我们站在一起,而且他一直同我们站在一起。

他又说到,同他站在一起的有好多人;他们中的每一个人的前额上都写着他的名字和他的父的名字。至少上帝的名字写到我们里面。如果我们想要成为"约翰",就理应在我们里面带有上帝的形象,使他的光在我们里面照亮。

---

[*] 原文如此。但实际上只举出了两个。——译注

圣母领报节;受加冕的妇女马利亚(《约翰福音》,12章,1节),救主与教会之母,与传福音者约翰在一起。

第 十 六 讲

Quasi vas auri solidum ornatum omni lapide pretioso. (Eccli,50,10)

"如同金铸的镶满各种宝石的杯盏。"(《便西拉智训》,50 章,10 节)

这句我已经用拉丁文说过的话,可以应用于圣奥古斯丁,应用于任何一位善良而神圣的灵魂:就如同金铸的镶满各种宝石的经久耐用而又价值连城的杯盏(《便西拉智训》,50 章,10 节)[*]。正是圣人的高贵致使难以用一个比喻来形容他们;故而,人们将他们比作大树,又比作太阳和月亮。这样,圣奥古斯丁在这里被比作金铸的镶满各种宝石的经久耐用而又价值连城的杯盏。人们也完全有理由以此去形容任何一个善良而神圣的灵魂,如果这灵魂已经撇下所有事物,并且只在后者成为永恒的那个地方才接受它们。凡是在事物仍为偶然时将其撇下的人,就会在事物成为纯真而永恒的存在时拥有它们。

任何一件杯盏,原本都具有两重特征:它接受并且保持。心灵

---

[*] 在今本《次经》中为《便西拉智训》,50 章,9 节。——译注

上的杯盏和形体上的杯盏是不相同的。酒存放在木桶里，但木桶不是在酒里面，而且，酒存放在木桶里并不等同于酒存放在木桶的木板里；因为，假如说酒存放在木桶里就等于酒存放在木桶的木板里，这样一来，人们就喝不了酒了。而心灵上的杯盏就完全不是这样！凡是被接受到杯盏里面的东西，都在这杯盏里，这杯盏也在这些东西里面，它们本身就是这杯盏。凡是心灵上的杯盏所接受的，都来源于其本性所在。上帝的本性就在于他将自己赐给任何一个善良的灵魂，而灵魂的本性则在于它接受上帝；这一点乃是就灵魂所能够表现的最高贵的东西而言的。在这里面，灵魂具有了属神的影像，从而等同于上帝。没有等同就不会有这影像，但是，没有这影像，却还是可以有这等同。两个鸡蛋同样的白，但一个不是另一个的影像；因为要成为另一个的影像，就必须来自于其本性，必须为其所生养以及与其等同。

任何一个影像都具有两个性质：一是，它直接从它成为其影像的那个原本中接受到它的存在，这是不容改变的，因为它有一个出自本性的源端，是从这本性中萌发出来的，就像树枝长在树上一样。无论谁站在镜子面前，一定会在镜子里照出他来，不管他愿意还是不愿意。但是，本性并没有在镜子的影像里成形；宁可说，是口鼻眼以及整个脸部在镜子里面得到了映射。可是，唯独上帝为自己保留着这个，不管他在哪里成形，都将他的本性以及一切他所是的和他所能做到的，不由自主地放在其内。说是不由自主，乃是因为影像给旨意定下了一个目的，旨意跟随着这影像，而这影像最初从本性中萌发出来后就将本性和存在不得不显露出来的一切东西都包含到自己里面，这样，本性就完全注入影像里面，但又全部保存了自己。因为大师们并不是将影像移放到圣灵里面,倒不如说他们是将这影像移放到三位一体的中间一位,因为圣子最初原是从本性中萌发出来的;故而,在本来意义上,他被称为父的一个影像,而圣灵就不是这样:圣灵只不过是从父和子那里开出来的花朵,圣灵跟他们二者具有同一个本性。然而,上帝的旨意并不在影像与本性之间起中介作用;是的,认知、知识和智慧在这里都不能起中介作用,因为属神的影像是直接从本性之硕果累累中萌发出来的。可是,如果说有智慧在这里起中介作用,那么,这起中介作用的就是影像本身。所以,在神性里面,子被称为是父的智慧。

你们应当知道,在本性之最深处给灵魂打上印记的单纯的属神影像,是直接被接受到的;存在于属神的本性中的最内在和最高贵的东西,本来就完全进入到灵魂的影像之中,这时,旨意和智慧都起不到中介作用,就像我刚说过的那样:如果说有智慧在这里起中介作用,那么,这起中介作用的就是影像本身。在这里,上帝直接存在于影像之中,而影像也直接存在于上帝之中。然而,上帝之存在于影像之中,要比影像之存在于上帝之中高贵得多。这里,影像并没有将上帝作为一个创造者来加以把握,而是将上帝作为一个理性的存在来加以把握,属神的本性之最高贵的东西,完全原原本本地进入到影像之中。这是上帝的一个符合本性的影像,上帝将这个影像按照本性印入到所有灵魂里面。我现在已无法再给这影像添加些什么了;假如我还添加些什么的话,那就会是上帝自己;而这不应该如此,不然的话,上帝就不成其为上帝了。

至于影像的第二个性质,你们应该在影像的等同之中加以认识。这里你们特别要注意两点。第一,影像的存在并不是来源于自己,第二,它也不是为自己而存在的。这就好比,虽然影像是在眼睛里面被接受到的,但它却不是来源于眼睛,并不存在于眼睛里面,它唯一依赖于和依附于它成为其影像的那个本体。所以,它既不是由于自己而得以存在,也不是为自己而存在,而是原本就来源于它成为其影像并且完全从属于它的那个本体,它就是从这个本体取得它的存在并成为与其同一的存在。

现在请听我说!关于在真正的知性里面影像究竟是什么,你们应该从四个或者可能更多个方面来加以认识。影像的存在不是来源于自己,它也不是为自己而存在着;倒不如说,它乃是来源于它成为其影像并以它全部的存在从属于其的那个本体。跟它成为其影像的那个本体陌生的东西,它不会从属于它们,也不会来源于它们。影像唯独直接从它成为其影像的那个本体里取得它的存在,并跟其有着同一个存在,成为这同一个存在。我在这里不是说那些应当在学校里作报告的事物;倒是人们可以在教堂讲坛上予以宣教。①

我经常问,你们应当如何生活。在这里你们应当用心去认识这个问题。正像在此关于影像所说到的那样,看,你们也应该如此来生活。你应该由他(=上帝)而存在,为他而存在,而不应该由你自己而存在,为你自己而存在,也不应该依附于任何人。昨天我来

---

① 埃克哈特意思是说:我在这里并不是指严格(理论)意义上这种关于影像的议论,而是人们可以在教堂讲坛上就此作报告,目的在于给人以实际的教导。与此相对应的,他在下面将关于影像的理论论述应用到义人的实际行为上。——德文本编者

到这个教堂时,看到在一座坟墓上铺满了紫苏草以及别的一些草;我就想:这里躺着的是某人的一个好朋友,他因此特别关注这块土地。有真正好朋友的人,就会爱其所爱和恶其所恶。可以用狗来作譬喻,尽管狗是一个非理性的动物。狗还如此地忠实于它的主人,尚且做到恨主人所恨和爱主人所爱,凡是主人的朋友,它就喜欢,丝毫不论其是富是贫。是的,假如有一个贫穷的盲人对他的主人深怀好感,他爱他的主人就会胜过爱一位不利于他主人的君王。我实实在在告诉你们,倘若狗哪怕存有一半不忠于主人之心,那么,它一定会用另一半来谴责自己。

但是,有一些人抱怨说,他们从来没有从上帝那里得到过灵心感应或特殊的安慰。这样的人真是很不应该;虽然大家都想对他们宽容一些,但是,这样并不好。我实实在在告诉你们:只要在你们里面成形的并不是那永恒的道,或者脱离开那永恒的道向外张望,那么,不管有多么好,其实根本没有什么对的。所以,只有将一切被造的事物都抛弃掉而径直面向那永恒的道,从而在正义里面得以被映射和复制的人,才是义人。一个这样的人,子在什么地方接受,他就也在那里接受,他自己也就成为子。经文中写道:"除了子,没有人认识父"(《马太福音》,11 章,27 节),所以:如果你们想要认识父,那你们不但要与子等同,而且还要自己就成为子。

但是,有一些人想要用肉眼看到上帝,就像用肉眼看到一头奶牛一样地看到,想要像爱一头奶牛一样地爱上帝。你爱这奶牛是为了它的牛奶和奶酪,是为了你自己的利益。所有那些人也是如此,他们爱上帝是为了得到外在的财富或者内在的安慰;这样,他们并不是真爱上帝,他们爱的是他们自己的私利。是的,我凭着真理告诉你们：你努力争取的一切如果不是上帝本身，那势必会阻碍你走向至高的真理。

并且，我在上面说过，正像圣奥古斯丁被比作下面闭口而上面开口的金铸杯盏一样，你们也是如此：如果你想要跟圣奥古斯丁站在一起，列位于圣人之中，你的心就必须对着一切被造物紧闭，你必须按上帝原本所是的来接纳上帝。因此，男人就被比作高级的力量，因为他们始终是不蒙头的，而女人被比作低级的力量，因为她们始终是蒙着头的。高级的力量超越时间和空间，直接起源于灵魂的存在；所以这些高级的力量被比作男人，因为他们是不蒙头的。所以他们的行为是永恒的。有一位大师说，灵魂的所有的低级力量，既然已经触及时间和空间，便失去了它们的童贞的纯洁，而且，不管用什么手段，再也不可能被拣取回来，以至于它们再也不能达到那高级力量；然而，却有一个相似的影像铭刻在它们那里。

你应当持之以恒，这就是说：不管是忧是喜，是祸是福，你都应当不变初衷，你应当珍视你拥有的一切宝贵的东西，内心存着美德，时时有德行施加于人。你应当行德行而又超越于德行之上，应当唯独在这德行与属神的本性合而为一的那个发源地获取德行。你超过天使而更多地跟属神的本性合一的那些东西，天使就必须通过你来接受到这些东西。愿上帝扶助我们，让我们成为这个"一"。阿门。

第 十 七 讲

Qui odit animam suam in hoc mundo etc. (Joh. 12,25)
"在这世上恨恶自己灵魂*的,就将保守它到永生。"(《约翰福音》,12 章,25 节)

我用拉丁文引用过的我们的主说的一句话:"在这世上恨恶自己灵魂的,就将保守它到永生。"(《约翰福音》,12 章,25 节)

请注意我们的主说到我们应该恨恶自己的灵魂这句话的含义。凡是在今世这个会死的生命中爱自己的灵魂的人,将在永生中失去它;而凡是在今世这个会死的生命中恨恶它的人,将保守它到永生。

至于为何他要说到"灵魂",则有两个理由。有一位大师说:"灵魂"这个词并不是指根基,并不涉及灵魂之本性。因而,有一位大师[1]说:凡是写可运动的事物的人,既没有涉及灵魂的本性,也没有涉及灵魂的根基。而凡是要按照灵魂固有的单纯性和纯真性

---

* 在今本《圣经》中,均不译为"灵魂"(拉丁文 anima),而译为"生命"。但联系后面的论述,按埃克哈特的原意,此处应译作"灵魂"。——译注

[1] 见阿维森纳(Avicenna,原名伊本·西拿,Ibn Sina):《论灵魂》,I c. 1. 又可参见亚里士多德:《论灵魂》,I t. 17 (A c. 1 403 b 10)。——德文本编者

去称呼灵魂的人,他们怎么也找不到合乎它的名字。他们称它为灵魂:就好比人们称呼某人为木匠时,并不是按他是一个人,也不是按他名字叫亨利,也不是真正按照他的存在来称呼他,而是按照他所做的事来称呼他。故而,我们的主说这话的意思是:凡是在那成为灵魂的单纯本性的纯真性中爱灵魂的人,就恨恶穿上这个(属地的)外衣的它,就会成为它的敌人;他恨恶它,为它竟然如此远离它原本所是的那个纯真的光而深感困惑。

我们的大师说:灵魂由于它所附有的力量、热量和光泽而被称为火。另外一些大师说,它是属天的本性的火花。第三类大师说,它是光。第四类大师说,它是灵。第五类大师说,它是数。确实再也找不到比数更纯真的东西了。所以,他们的确都想称灵魂为某种纯真的东西。天使是可以数数的,可以说一位天使,两位天使;光也是可以数数的。因此,总是用某种最纯真的东西去称呼灵魂,然而,即便如此也还没有接触到灵魂的根基。上帝是没有名字的,是不可言表的,而灵魂,就其根基而言,也跟上帝一样地不可言表。

他为何说他恨恶它,其原因还不止于此。被用来称呼灵魂的名词,是指尚陷于肉体之监狱[①]之中的灵魂,所以他要说,灵魂连同它本身全部还能够使它成为思维之对象的那个存在,都还处于其监狱之中。只要它仍然看到这些较低的事物并且经过感官从中有所吸取,那么,它立刻就变得窄小;因为任何名词都无法称呼那个在它之上的本性。

---

① 灵魂之监狱,不仅指肉体(和时间),而且也指处于较低的灵魂力量的存在领域内的灵魂本身,这些力量位于理智的下面,而且,灵魂就是通过这些力量被束缚在身体上,从而使自己的理性存在之宽度变得窄小。——德文本编者

灵魂之所以要恨恶自己有三个理由。第一个理由：只要它还是我的，我就应该恨恶它；因为既然它是我的，它就不是上帝的。第二个理由：因为我的灵魂还没有完全放到上帝里面，还没有在上帝里面得到培育和改造。奥古斯丁说：谁希望使上帝成为他自己的，他就必须先使自己成为上帝的，非如此不可。第三个理由：灵魂不应当停留在作为灵魂的灵魂，它不应当只是用灵魂去感受上帝。它应当在上帝自己里面去感受上帝，因为上帝完全超出于它之上。所以基督要说："爱惜自己灵魂*的，就失丧灵魂。"（《约翰福音》，12章，25节）

灵魂应当恨恶的，是那出自于今世中的它的东西或者对今世百般留恋着的东西，是那个有某种东西被它所触及并对外探求着的地方。一位大师说，灵魂，取其最崇高和最纯真处而言，是超越于世界之上的。把灵魂牵引进今世的，除了爱以外，再没有别的东西。时而它会有一种出自于本性的对肉体的关爱。时而它会有一种故意的对被造物的关爱。一位大师说：就像眼睛跟歌声无关，耳朵跟颜色无关一样，灵魂就其本性而言，跟所有今世中存在着的东西都没有关联。所以，研究本性的大师们说，肉体之存在于灵魂中，远远超过灵魂之存在于肉体中。正像酒桶包含酒远远超过酒包含酒桶一样，灵魂之包含肉体也远远超过肉体之包含灵魂。今世中的灵魂所爱的，本性中的它是不具有的。一位大师说：当上帝将所有事物的原型都投入到灵魂里面时，灵魂就自然而然地成为一个理性的世界，而这正是灵魂的本性及其出自于本性的完善性。

---

* 今本《圣经》，都不译作"灵魂"，而译作"生命"。——译注

如果有人说他已经达到了他自己的本性,他就必须在完全的纯真之中将所有事物都包含到自己里面,就像它们在上帝里面一样;不是像它们在它们固有的本性中那样,而是像它们在上帝里面那样。没有什么精灵或天使会触及灵魂的根基,也不会触及灵魂的本性。在灵魂的根基和灵魂的本性中,灵魂到达那个太初的起始处,即上帝及其善性在所有被造物里萌发的地方。在那里,灵魂将所有事物都放到上帝里面,并不是处在它们那合乎本性的纯真中,而是处在全纯的单一中,就像它们在上帝里面那样。这整个世界,上帝却好像是用煤炭造成它的。那由黄金做成的金象,要比由煤炭做成的东西坚固得多。同样,所有事物在灵魂里面要比在今世之中纯真和高贵得多。上帝用以造万物的原料,相对于黄金来说,比煤炭还要没有价值。有人要造一个瓦罐,他就拿起一点土;这乃是他用来做工的原料。然后他将土制作成形,这形状就要比那原料更宝贵。我就此认为,一切事物在理性世界也即灵魂里面,要比在今世之中高贵不知多少倍;就像用黄金雕镂而成的金像一样,在灵魂里面,所有事物的影像也都是单一纯真的。一位大师说[1]:灵魂本身就具有可能性,使得所有事物的影像都被刻铸到它里面。另一位大师说:除非灵魂在那不可掌握的理性世界中将一切事物都吸纳到自己里面,不然的话,它就无法达到它的纯真的本性;单是思想是不够的。格列高利说:我们谈到属神的事物时所说的话,既然必须用言语来表达,就只能结巴着说出来。[2]

---

[1] 见亚里士多德:《论灵魂》,III t.18(c.5 430 a14)。——德文本编者
[2] 参见格列高利:《约伯记中的教导》,1,XX c.32。——德文本编者

关于灵魂,再说一句话,然后就不说了:"耶路撒冷的众女子啊,我虽然黑,却是秀美。太阳把我晒黑了,我同母的弟兄向我发怒。"(《雅歌》,1 章,4/5 节)*这里所说的同母的弟兄,是指世俗之子;灵魂对他们说:由太阳这世俗之情欲照着我的,使我变得棕黑了。棕黑不是什么完美的颜色;它虽然也有一些发亮,但总体来说却是暗的。不管灵魂及其力量想什么或者做什么,不管其所想的或者所做的在它里面会如何发亮,它总还是明暗混合的。所以说:"我同母的弟兄向我发怒。"这些同母的弟兄都是灵魂的低下的力量;他们向它发怒并攻击它。在天上的父才是我们真正的父,而基督教世界则是我们的母亲。不管她如何秀美动人,不管她打扮得如何艳丽,也不管她所行之事如何有益于人,她总还是一点也不完善的。所以他说:"你这女子中极美丽的,只管走出去,只管离去!"(《雅歌》,1 章,7 节)**这世界就好比是一个女子,因为它是软弱的。那他为何说"女子中极美丽的"呢?天使是更美丽的,但他们远远超出于灵魂之上。所以他说"极美丽的"——是在其来自于本性的(理性之)光里面——,"只管走出去,只管离去";是从这世界走出去,是离开所有那些使你的灵魂还有所留恋的东西。只要还有什么东西为灵魂所触及,灵魂就应该恨恶这些东西。

祈求我们亲爱的主,让我们恨恶那凭着其所穿的外衣成为我们的灵魂的那个灵魂,使我们保守它到永生。求主扶助我们。阿门。

---

* 节录自今本《圣经》中《雅歌》1 章,5/6 节。——译注
** 今本《圣经》为《雅歌》,1 章,8 节。——译注

第 十 八 讲

Adolescens, tibi dico: surge. (Luc. 7,11)
"少年人,我吩咐你起来。"(《路加福音》,7章,11节*)

  我们的主往一座城去,这城名叫拿因,他的门徒和极多的人与他同行。将近城门,有一个死人被抬出来,这人是他母亲独生的儿子,他母亲又是寡妇。我们的主进前按着死人躺着的尸架,说道:"少年人,我吩咐你起来!"那少年人就坐起来,并且靠着那(内在于他里面的与永恒的道也即基督的)等同性说话,他是凭着永恒的道而得以复活(《路加福音》,7章,11/15节)。

  现在我说:"他往一座城去。"这城就是灵魂,它秩序井然,城防坚固,屏除恶习,驱除了各种闲杂,和睦融洽,在主耶稣里面得救,由属神的光护围着。所以有先知说:"上帝是护围锡安的城墙。"(《以赛亚书》,26章,1节)**那永恒的智慧说道:"在那圣洁和蒙救的城里,我又立刻得到了安宁。"(《便西拉智训》,24章,15节)再也没有什么东西能像那等同的东西那么安宁和一致;所以,所有等同

---

* 今本《圣经》为7章,14节。——译注

** 经文原文为:"上帝要将救恩定为城墙"。——译注

的东西都是内在的和接近的。如果在灵魂里面只有上帝存在,任何被造物都无法安身,那么,这样的灵魂就是圣洁的。所以他说:"在那圣洁和蒙救的城里,我又立刻得到了安宁。"所有圣洁都起源于圣灵。自然界总是那么按部就班;它总是从最低的东西开始行为,然后一直向上直到最高的东西。大师们说,空气如果不是先变薄和变热,就绝不会成为火。圣灵接受了灵魂,在光和恩典里使它得以净化,将它一直向上引向至高者那里。所以他说:"在那蒙救的城里,我又立刻得到了安宁。"灵魂如何安居在上帝里面,上帝也就如何安居在它里面。如果它只是部分地安居在他里面,那么,他也就只是部分地安居在它里面;如果它完全安居在他里面,那他也就完全地安居在它里面。因此,那永恒的智慧说:"我立刻又得到了安宁。"

大师们说,彩虹中黄色和绿色如此贴近,再明锐的眼睛也难以看清它们之间的界线;同样,本性也是这样,它在最初得以萌发时就跟天使一模一样,以至于摩西考虑到那些软弱的人会无法接受,生怕这样会导致他们不去礼拜天使,因而他甚至不敢写上:天使们是多么等同于那最初的萌发。一位德高望重的大师①说,那位司管"才智"的最高天使是如此贴近于最初的萌发,他自身如此多地拥有属神的等同和属神的权柄,以至于他创造出这整个世界以及所有低于他的天使。这就再好不过地说明上帝是如此崇高,如此纯真,如此独一无二,是他,让他的最高的被造物以他的权柄行事,就像大臣以国王的权柄管理他的国家一样。因而他说:"在那圣洁

---

① 见托马斯·阿奎那:《神学大全》,I q.67 a.4;I q.110 a.1。——德文本编者

和蒙救的城里,我又立刻得到了安宁。"

关于上帝从中化出的那个城门,我最近说过,这就是善性。但是,存在是那自我保持着的并不化出的东西;宁可说,它会化入。这却又是那个一统了,它作为"一"而自我保持着,并脱离开所有事物而不向外表露。但是在善性里面上帝向外化出,并向着所有被造物表露自己。存在是父,一统是与父在一起的子,而善性是圣灵。现在,灵魂就是那"圣洁的城",由圣灵使其得以成为最纯真和最崇高,然后将其提升到它的源泉即子那里,而子又将其进一步送到他的源泉那里,那就是父,就是根基,就是太初,而子也就是在那里得到他的存在,也就是在那里,那永恒的智慧"在圣洁和蒙救的城里",在最内心处"立刻又得到了安宁"。

他说:"我们的主往一座城去,这城名叫拿因。""拿因"的含意就好像是"鸽子之子",意思是指单一。在灵魂得以完全在上帝里面归一以前,它绝不应该图求在貌似强大的力量中得到安宁。"拿因"也意味着是"潮水",说明人不应当听任自己去犯下罪孽和过错。"少年人"是属神的光,这光理应如潮水一般涌进灵魂中。而那"极多的人"指我最近谈到的德行。灵魂必须如饥似渴地向上攀升,在大量的德行中大大胜过天使的威望。人们就此来到"城门"下,也就是来到爱和一统之中,"城门"就在那里唤起了死人,那个少年人,寡妇的儿子。我们的主走了过去,抚摸着躺着死人的地方。我不说他如何走过去和如何去抚摸,我只谈他所说的:"少年人,我吩咐你起来!"

他是一个寡妇的儿子。她丈夫已经死去,所以儿子也死去。灵魂的唯一的儿子,这就是意志,就是灵魂的所有力量;它们全都归一到理性的最内在处。理性就是灵魂里面的丈夫。因为丈夫死了,所以儿子也死去。我们的主对着这个死去的儿子说道:"少年人,我吩咐你起来!"那永恒的道,那活着的道,所有事物都活在它里面,它包含着所有事物,它对着死人里面的生命说话,"他坐了起来,并开始说话"。当这道对着灵魂说话而灵魂对着那活着的道回答时,这儿子就在灵魂里又活过来了。

大师们问,野草、言语、石头,三者之中哪个的力量更强呢?这是一个需要考虑如何去选择的问题。野草的力量是很大的。我曾经听说过,一条蛇和一只黄鼠狼在交斗。黄鼠狼逃走开,抓到了一根野草,用它缚在别的什么东西上面,然后将这野草抛到蛇那里,蛇吞下后就涨死了。是什么东西给了黄鼠狼这样的聪明呢?是那使它知道野草的力量的东西。这里面倒确实是有很大的智慧。言语也有巨大的力量;用言语可以行出奇迹来。所有言语都从最初的言语*中获得力量。石头也由于那使得众多星星以及天的力量得以实施的等同性而获得巨大的力量。因为可以在与自己相等同的东西中成就很多的事,所以灵魂应当可以在它的属于本性的光里面将自己提升到最高和最纯,并由此又得以进入到天使之光中,再藉助于天使之光而到达属神的光里面,从而站立在这三个光交叉会合的高峰之上。在那里,那永恒的道将赋予它生命,在那里,灵魂在道里面就成为富有活力和富有应答力的。

求上帝扶助我们,让我们同样也在那永恒的道里面得以应答。阿门。

---

* 《约翰福音》,1章,1节:"太初有道",这道,就是言语。——译注

第 十 九 讲

Sta in porta domus domini et loquere verbum. (Jer. 7,2)
"你当站在上帝的殿的门口,在那里宣传这话。"(《耶利米书》,7章,2节)

我们的主说道:"你当站在上帝的殿的门口,在那里宣传这话*!"(《耶利米书》,7章,2节)天父说了话,并永恒地说这话,在这话里,他耗费了他全部权力,在这话里,他说出了他整个的属神的本性以及所有被造物。这话隐藏在灵魂里面,而且,假如不是细心倾听,人们对之就既一无所知也一无所闻。只有万籁俱寂,一无声息,才能够听得到。这我就不再多讲了。

现在,"你当站在门口!"那站着的人,四肢都是按规矩放好的。他想要说,灵魂的最上面的那个部分应当笔直站着。一切按规矩放好的,都必须在那在它上面的东西的下面按规矩放好。所有被造物都是在灵魂的来自于其本性的光里面接受到它们的存在,如果这种光没有笼罩住它们,又如果天使的光没有笼罩住灵魂的光,没有使灵魂作好准备使得属神的光能够在它里面行事,那么,所有

---

* 话,又可译作"道"。——译注

圣者纪念典礼：使徒彼得和保罗，各州有他们的标记物：钥匙与宝剑。

被造物就不能取悦于上帝;因为上帝不是在有形体的事物中行事,他只在永恒之中行事。所以,灵魂必须聚集起来,升华成为灵。在那里,上帝行事,在那里,一切行为都取悦于上帝。除非是在那里所行的,否则无论什么行为都不能取悦于上帝。

现在:"站在上帝的殿的门口!"这"上帝的殿",乃是他的存在的一统!那成为"一"的,就完全只为自己而最好地保持住自己。所以,在上帝那里有这一统,它与上帝紧密连在一起,什么也不再添加。在那里,上帝才真正安坐在他原本的存在之中,完全在自己里面,丝毫也没有离开他自己。但是,就在他化入的地方,他又化出。他的化出,就是他的善性,就像我前不久在谈到"认知和爱"这个题目的时候所说过的那样。① 认知对此有所揭示,因为认知是胜过爱的。可是,两个总比一个要来得好,因为这样一来,认知就将爱带到自己里面。爱迷恋于和牢固地依附于善性,在爱里面,我仍然还停留在"门口",假如没有认知的话,爱就会成为盲目的。石头也有爱,它的爱就在于寻找地基。如果我仍然停留在善性,停留在这最初的化出,并且仅仅因了上帝的善良而接受上帝,那么,我所接受到的是"门口",而不是上帝。从这个意义上讲,认知要比这来得好,因为它引导着爱。爱唤醒企望和期求。反之,认知不添加任何思想,它只是有所揭示,经过分析而得以前进,它触及的上帝是纯真的上帝,完全在上帝的存在之中掌握上帝。

"主啊,在长久的日子里,你的殿为圣,是合宜的。"(《诗篇》,92

---

① 这里所指究竟何处,不详。但有关认知和爱的关系,埃克哈特在很多地方都谈到过。——德文本编者

篇,5节)*我这里不是指普通的日子:当我说"没有长度的长久"时,那才是真正的长久;一个"没有宽度的宽广",那才是真正的宽广。如果我说"一切时间",那么,我意思就是说:超越于时间之上,而且,正像我上面说过的那样,也是完全超越于"这里"之上,成为既没有"这里",也没有"现在"。

一个妇人问我们的主,应当到哪里去祈祷。我们的主说:"时候将到,如今就是了,那真正拜父的,要在心灵和真理中拜他。因为上帝是个灵,所以拜他的,必须在心灵和真理中拜他。"(《约翰福音》,4章,23/24节)我们不是真理本身所是的;即使我们是诚实的,但总还是残留有一部分不真实的东西。在上帝里面就不是这样。倒不如说,灵魂应当在使纯真而完备的真理得以萌发的那个最初的萌发中站立在"上帝的殿的门口",在那里,道得以显明和光扬。一切存在于灵魂里面的东西,都应该颂赞,但没有人会听到这声音。正像我前不久在谈到那些坐在上帝边上唱着智慧和激情的赞美歌的天使时说过的那样,上帝是在安宁和平静之中向灵魂启示的,将自己完完全全地向着灵魂启示。在那里,父生养他的子,对这个道有着极大的兴趣,他对这个道有着极大的爱,以至于他无休止地时时刻刻说着这个道,也即超越于时间之上。故而我们要说:"你的殿为圣",我们赞美,除了对你的赞美以外,没有什么别的东西在里面。

我们的大师们说:是什么在赞美上帝?是那个等同。灵魂里面一切跟上帝等同的东西,都赞美上帝;而任何不等同于上帝的东

---

* 今本《圣经》为:93篇,5节。——译注

西,都不赞美上帝;就好像一幅画像在赞美着它的主人,是这主人把他隐藏在心底里的整个的艺术都铭刻到它上面,使它跟他自己完全等同。画像的这种等同,是默默无声地赞美着它的主人。能够用言语来赞美的,或者用口来拜求的,都是渺小的。因为我们的主有一次说过:"你们所拜的,你们不知道。那真正拜父的,要在心灵和真理中拜他。"(《约翰福音》,4 章,22/23 节)什么是祈祷?狄奥尼修斯①说:在理性中向上攀登到上帝那里,这就是祈祷。一位异教徒说:有灵存在的地方,有一统和永恒存在的地方,上帝就在那里行事。哪里有肉体在对抗着灵,有涣散在对抗着一统,有时间在对抗着永恒,上帝就不在那里行事;他与此是格格不入的。宁可说,人们在这里地上所享有的所有乐趣和欢乐,都必须统统去掉。谁想要赞美上帝,他就应该成圣,应该专心致志,应该成为灵而不倾心于外界;他倒是应该完全"等同地"超越于一切事物之上,升越到永恒之中。我不单是指所有被造物,而且也指一切他如果想做就能够做的事;灵魂必须超脱这一切。只要还有什么东西在灵魂之上,只要还有什么不是上帝的东西却领先于上帝,那么,灵魂就不会"在长久的日子里"到达其根基之中。

圣奥古斯丁②说:如果那使得被造物接受到其存在的灵魂之光盖过那些被造物,他就称之为黎明。如果天使之光盖过了灵魂之光并将其包容到自己里面,他就称之为上午。大卫说道:"义人

---

① 有误。不是狄奥尼修斯,而是(大马士革的)约翰(Johannes Damascenus),见其所著的《论忠守正统》(De fide orthodoxa),III c. 24 (PG 94,1089)。——德文本编者

② 见奥古斯丁,De Gen. ad litt. IV c. 23 n. 40。——德文本编者

的路[好像黎明的光],越照越明,直到日午。"(《箴言》,4章,18节)这路是优美舒适的。而且:如果上帝的光盖过了天使之光,并且,灵魂之光以及天使之光都被包容到上帝的光里面,那就称之为中午。这时是一日之中最高、最长和最完美,太阳升到最高,将它的光泽倾注给星星,星星又将其光泽倾注给月亮,致使一切都有序地排列在太阳下面。上帝的光也是如此地将天使之光和灵魂之光包容到自己里面,使得一切都得到了有序的排列,然后一起赞美上帝。这时,再也没有什么不赞美上帝的东西了,一切都与上帝等同地并列着,而且,越是等同,就越是充满着上帝,一起赞美上帝。我们的主说:"我就同你们一起使你们在这地方仍然居住。"(《耶利米书》,7章,3/7节)* 我们祈求上帝我们亲爱的主,愿他同我们一起在这里居住,使得我们可以永久地与他一起居住;为此求主扶助我们。阿门。

---

* 在今本《圣经》中,无"同你们一起"字样。——译注

第 二 十 讲

Homo quidam fecit cenam magnam. （Luc. 14,16）
"有一个人摆设大筵席。"（《路加福音》,14章,16节）

　　圣路加在他的福音书里写道："有一个人摆设大筵席①。"（《路加福音》,14章,16节）那么,是谁摆设的呢？是一个人。他称之为大筵席是什么意思呢？一位大师说：这是一种巨大的爱,因为上帝不让任何他信不过的人入席。其次,他要让人们理解,享受这个筵席的人必须是何等地纯真。现在,一定是整个一天已经过去,到了晚上,才有这筵席。假如没有太阳,也就没有白天。太阳升起就有了黎明的曙光；以后,太阳的光线越来越强,直到中午。同样,上帝的光在灵魂中萌发,日益增强地照亮着灵魂的各种力量,直到中午。如果灵魂没有接受到上帝的光,那么,从精神上说,在灵魂里面就绝不会有白天。第三,他要让人们理解,谁想要合格地享用这筵席,他就必须在晚上到来。只有当今世之光湮灭时,夜晚才得以到来。大卫说："他在晚上升天,他的名字就是：主。"（《诗篇》,67

---

　　① 原文为"晚宴"。——德文本编者

篇,5节)*所以雅各到了晚上,就躺卧睡了(《创世记》,28章,11节)。这就意味着灵魂的安息。第四,就像圣格列高利①所说的,他要让人们理解,在这筵席以后就再也没有别的什么可吃的。从上帝那里领受到这一顿美餐的人,确实感到它是如此美味可口,以至于对任何其他饮食都不会再有兴趣。圣奥古斯丁②说:上帝的固有特点,就在于谁把握到了他,就绝不能再安心于别的东西。圣奥古斯丁说:主啊,如果你让你自己离开我们,那求你赐给我们另一个你,不然我们就无法得到安宁;除你之外,我们别无所求。一位圣者在谈到某个敬爱上帝的灵魂时说,这灵魂驱使上帝满足其一切愿望,完全抓住了他的心,以至于他将自己所是的一切都毫无保留地赐给了它。他使自己脱开的是一种方式,将自己赐给的又是另一种方式;他作为"上帝与人"使自己脱开,而又作为"上帝与人"将自己赐给,但在赐给时是作为处在一个秘密的杯盏之中的另一个"自己"。人们是不会愿意让一个重大的圣物暴露在外听任触摸和观看的。因而,他像面包一样把自己裹起来,就好比那些属肉体的食物经过我的灵魂的转化后使得所有不跟我的本性相一致的那些棱棱角角的东西都消失掉了一样。因为在本性之中有着一种力量,它摈弃那些最粗鲁的东西;而由最高贵的东西将它向上提升,这样,哪怕是一个针尖一般的东西也不会残留下来没有被包括进去。我在十四天之前所吃的东西,就像我在母腹中接受到的东

---

* 经文出处有误。——译注

① 见大格列高利(Gregorius M.),*Hom. in evang.* II hom. 36 n. 2。——德文本编者

② 见奥古斯丁:《忏悔录》,I c. 1。——德文本编者

西一样,跟我的灵魂合而为一。那个以纯真的方式吃下这份餐食的人,也是如此:他确确实实跟它合而为一,就像血肉跟我的灵魂合而为一一样。

这里说到的是"有一个人",这人没有名字,因为这人就是上帝。有一位大师在谈到这第一原因时说,它是超越于道之上的。这就是语言里面的缺点所在。而这又是由于充溢在上帝的存在里的那种纯真。人们只能以三种方式来谈论事物:第一种是藉助于超越事物之上的东西,第二种是藉助于事物的等同,第三种则是藉助于事物的效果。我想给一个例子。虽然是太阳的力量使得树根里最高贵的液汁得以向上进到树枝里,从而开花结果,然而,太阳的力量还是超越于其上。同样,我说,上帝的光在灵魂里起作用。然而,使灵魂得以表明上帝的那个东西,却并不内含有他的存在的原本的真理;没有人能够真正说出上帝究竟是什么。有时人们会说:一个事物跟另一个事物相等同。现在,因为所有被造物都没有包含上帝那里的什么东西,所以它们也不能表露上帝那里的什么东西。一位画家画出了一幅完美的画,人们由这画而认识了他的艺术。然而,人们不可能完全认识到他的艺术。所有被造物加在一起,也无法说明上帝,因为它们不具有接受能力去认识他所是的。这"上帝与人"已经摆设了筵席,是那个不可言喻的人,没有什么言词可以适用于他。圣奥古斯丁[①]说:人们谈到上帝时所说的,都不是真的;而人们谈到他时所不说的,倒是真的。人们常说到上帝所是的,其实并不是他所是的;人们在说到他时所没有说

---

① 可能是引自奥古斯丁的《论三位一体》,VIII c. 2 n. 3。——德文本编者

的,倒要比说他所是的更接近于他真正所是的。那么,是谁摆设了这个筵席呢?"有一个人",这人就是上帝。大卫王说道:"哦,主啊,你的筵席是何等地丰盛,那美味佳肴是赐给爱你的人们,而不是赐给怕你的人们。"(《诗篇》,30篇,20节)* 圣奥古斯丁在思索这筵席时,感到的是畏惧而不是美味。他听到有一个声音自上面降落到他耳边:"我是伟人的筵席,快快成长壮大起来把我吃掉吧。你不可错以为是我变成了你:倒不如说是你将要变成为我。"① 当上帝在灵魂里行事时,灵魂里面那些不等同的东西,都在炽热的烈火中得到了净化和喷发。凭着纯真的真理!灵魂之进入到上帝里面,胜过某样食物进到我们里面,更有甚者:它将灵魂变成为上帝。在灵魂里面有着一种力量,它剔除那些粗鲁的东西,与上帝合而为一:这就是灵魂的火花。我的灵魂之与上帝合而为一,胜过食物与我的肉体合而为一。

是谁摆设了这个筵席呢?是"有一个人"。你知道他叫什么名字吗?这是一个没有名字的人。这人差遣他的仆人。圣格列高利说:这仆人就是指传道的人。从另外一层意思上说,天使就是这仆人。还有第三层意思,据我看来,这仆人是指灵魂之火花,它由上帝所造而成为光,这光自上而下照入,它乃是属神的本性的一个影像,而这影像持之以恒地对抗着一切非属神的东西,而且,它也并不像有些大师所认为的那样是灵魂的一种力量,它坚定不移地一心向善;甚至在地狱之中,它仍然一心向善。大师们说:这光具有

---

* 经文出处有误。——译注
① 见奥古斯丁:《忏悔录》,VII c. 10 n. 16。——德文本编者

这样的本性，即它有着坚定不移的追求，称之为 Synteresis，这意思是指有所取而又有所舍。它具有双重的活动。一个是坚定地抗拒一切不纯真的东西。另一个就是一心向善——这是直接印入到灵魂里面去的——，即使在那些处于地狱之中的人那里，也是如此。因此，它是一顿丰盛的晚宴。

现在他对仆人说："去对所请的人说，请来吧，样样都齐备了。"(《路加福音》，14 章，17 节)灵魂接受到他所是的一切。灵魂所追求的，现在都齐备了。不论上帝给出的是什么，总是已经被理解为正在实现；他的正在实现，就是全新地出现在眼前这个"现在"，并完全处于那永恒的"现在"之中。一位伟大的大师[①]说道：我所看到的某样东西，在我的眼睛里面得以净化和灵化，而到达我眼睛的光，假如没有那个超越于其上的力量的话，就绝进不了灵魂。圣奥古斯丁说，这火花比人所能够学习到的一切都更加深入在真理之中。有一种光在烧亮着。人们就说，一种光是由另一种光点亮的。如果确实是如此的话，那个烧亮着的光必定是在上面的。好比有人拿了一支蜡烛，虽然它已经熄灭，但还有余烬，还在冒着烟，假如将它放到另一支蜡烛的上方，就会点燃这另一支蜡烛。人们就说，是火点燃了火。我却不同意这样的说法。火是自己点燃自己。会点燃别的东西的，一定是在于其上的，例如天：天并不在烧亮，它是冷的；然而，它却点燃了火，而这是由于天使的调拨。同样，灵魂也是通过实践才使自己得以齐备。它由此而自上而下地被点燃。这是通过天使的光得以成就的。

[①] 指亚里士多德。——德文本编者

现在他对仆人说:"去对所请的人说,请来吧,样样都齐备了。"(《路加福音》,14章,17节)头一个说:"我买了一块地,我不能来。"(《路加福音》,14章,18节)这是一些这样那样在操心的人:他们绝不会享受这筵席的。又有一个说:"我买了五对牛。"(《路加福音》,14章,18节)我认为,这五对牛正好是指五个感官;因为每一个感官都是成双的,即使舌头原本也是成双的。所以,正像我前天所说的那样,当上帝对那妇人说:"你去叫你丈夫也到这里来",她说:"我没有丈夫"。他就说:"你说没有丈夫,是不错的。你已经有五个丈夫,你现在有的,并不是你的丈夫。"(《约翰福音》,4章,16—18节)这意思是说:那些凭着五个感官活着的人,确实不可能享受这个筵席。又有一个说:"我才娶了妻,所以不能去。"(《路加福音》,14章,20节)如果灵魂归顺上帝,它就十足是个男人。如果灵魂自甘堕落,它就被称为是妇人;然而,如果人们在自己里面认识到了上帝,并且执着地追寻上帝,这样,灵魂就是男人了。在《旧约》中是禁止男穿女衣或女穿男衣的。这样,如果灵魂不加掩饰地径直投向上帝,它就是男人。可是,如果它这样那样地向外张望,它就是女人。主说:"我告诉你们,他们没有一个得尝我的筵席",并对仆人说:"快出去到城里大街小巷,到篱笆和宽阔的大道那里去。"(《路加福音》,14章,21+23/24)越是小巷,反倒越是宽阔。"到篱笆那里去":有一些力量是在特定的地方"围上篱笆的"。我用来看东西的力量,我不能用来听声音,而我用来听声音的力量,我却不能用来看东西。还可以列举出类似的许多其他情况。然而,灵魂是贯穿在每一个肢体里的,并不与某一个力量捆绑在一起。

那么,"仆人"又是什么呢?是天使和传道者。而我又认为,仆人是这火花。他对仆人说:"你到篱笆那里去,领那四种人来:瞎眼的和瘸腿的,体弱的和生病的。我告诉你们,先前所请的人,没有一个得尝我的筵席。"求主扶助我们,让我们抛弃上面提到的那三件事,使我们得以成为"男人"。阿门。

第二十一讲

Homo quidam fecit cenam magnam etc. (Luc. 14,16)
"有一个人摆设了筵席。"(《路加福音》,14章,16节)

"有一个人摆设了筵席,一个盛大的晚餐。"(《路加福音》,14章,16节)早晨请人吃饭,请的是各种各样的人;而请吃晚餐,那就只请贵客,只请亲近的客人和信得过的朋友。

今天基督徒们还是在庆祝那一天我们的主为他的门徒们即他信得过的朋友们所设的晚餐,他将他的神圣的身体当作晚餐赐给了他们。这是最初一次。

晚餐还有深一层的意思:在晚上到来之前,一定经过了早晨和白天。上帝的光在灵魂里面升起,创造出了早晨,然后灵魂在这个光里面得以展宽和升高,那是在白天里;这以后,就是晚上了。

现在,我们想更进一步来谈论晚上。光消失了,就是晚上了;当整个世界从灵魂那里脱离开来,那就是晚上了,灵魂就得以安宁。圣格列高利关于这晚餐说道:早上吃过后还是要再吃的,而晚上吃过后就不再吃了。如果灵魂吃饱了晚餐,灵魂之火花把握住了上帝的光,那么,它就不再想吃什么了,不再在外面寻求什么了,完完全全地坚守在上帝的光之中。圣奥古斯丁说:主啊,如果你离开我们,请你将一个另外的你赐给我们;除你之外,我们不能得到满足,我们除你之外什么也不想要。我们的主,作为"上帝与人"而离开了他的门徒们,尔后又作为"上帝与人"而将自己赐给了他的门徒们,但却是以另外的方式和形式。* 在有重大的圣物存放着的地方,人们是不会让它暴露在外听任触摸和观看的;总是设法将其放在水晶罩内或别的什么东西内。同样,当我们的主将作为另外一个"自己"的自己赐给时,他也是如此。上帝将所有他自己所是的,都作为晚餐赏赐给他的朋友们。圣奥古斯丁对这样的餐食感到恐惧,因为在灵里面有一个声音对他说:"我是伟人们的餐食,你快快成长壮大起来把我吃掉吧!不是你把我变成你,而是你要变成我。"我在十四天前吃的和喝的,我的灵魂的一种力量从其中抽取出最纯真和最精细的东西,将这些东西引入到我的身体里面与我里面的所有东西融合在一起,甚至于哪怕像针尖一般大小的东西也不会不融合进去;正是完全与我融合到一起,就像在我出生时我从我母腹里得到的东西一样。与此相同,圣灵的力量也是如此地取得那最纯真、最精细和最崇高的东西,取得灵魂之火花,并在如火一般的爱里面将其向上提升到最高处,就像我关于树所说的:太阳的力量从树根里吸取最纯真和最精细的东西,将其向上引入到树枝,使其开花结果。完全与此相同,灵魂里的火花也以各种各样的方式在这光之中、在圣灵之中得到提升,并且以这样的方式

---

* 据《新约》的四福音书记述,耶稣死后,在七日的头一日,耶稣复活,向他的门徒显现,但"像貌如同闪电,衣服洁白如雪"(《马太福音》,28 章,3 节),已经"变了形象"(《马可福音》,16 章,12 节)。这里所说的"上帝与人",系指耶稣既为圣子,但又降世为人。——译注

向上一直被引入到那太初的始源,得以与上帝完全合一并竭尽全力争取进入到"太一"里面,这样,它就要比食品跟我肉体的合一更为彻底地与上帝合一,确实,它越是纯真和高贵,这种合一也就越是彻底。所以他才说是"盛大的晚餐"。大卫说:"主啊,你的筵席是何等地丰盛,而对着所有惧怕你的人,你将其遮盖起来。"(《诗篇》,30篇,20节)* 凡是怀着恐惧心去领受这晚餐的,就不能真正享受到它;必须用爱去领受它。所以,那敬爱上帝的灵魂得以打动上帝的心,使他不得不将自己完完全全地给予这样的灵魂。

圣路加说:"有一个人摆设了筵席。"这人没有名字,这人无与伦比,这人是上帝。上帝没有名字。一位异教的大师说道,由于上帝的存在之崇高和纯真,无人能说出一句适合于上帝的话来。当我们谈论到树时,我们借助于比树更高的事物,例如那在树里面起作用的太阳,来论述它。因此,真正说来,根本就无法谈论上帝,因为没有什么东西在上帝之上,上帝不具有任何原因。其次,我们是在借助于等同来谈论事物。所以,不可能在真正的意义上来谈论上帝,因为没有任何东西是与他等同的。第三,我们借助于事物的作用来谈论事物:如果想谈论大师的艺术,那就谈到他所创作的画;这画显示了大师的艺术。但所有被造物都太渺小,无法去显示上帝;相对于上帝而言,它们总加起来也还是微不足道。因此,任何一个被造物对于创造万物的上帝都是说不出什么话的。故而狄奥尼修斯说:所有想要论说上帝的人,都想得不对,因为他们根本就说不出什么。而那些不想要论说上帝的人,却反而做对了,因为

---

* 经文出处有误。参见本《讲道录》的第二十讲。——译注

根本就没有什么话能够表明上帝；但他在自己里面说明他自己。所以大卫要说："我们是在你的光里面观看到这个光的。"(《诗篇》，35 篇，10 节)* 路加说到"有一个人"。他是"一个"，是一个"人"，他不等同于任何人，他凌驾于一切之上。

主打发仆人去请(《路加福音》，14 章，17 节)。圣格列高利说，这些仆人就是传道人教团。我要说到的是另外一个仆人，就是天使。此外，就像我多次说过的那样，我们还想要谈到一个仆人，就是处在灵魂外围的理性，在那里，它触及天使的本性，它是上帝的一个影像。在这个光里，灵魂是与天使共通的，甚至于也与已经陷于地狱之中但仍然保持其本性之高贵的那些天使共通。在那里，这个火花屹然挺立，不再经受任何苦难，升越到上帝的存在里面。灵魂也等同于那些善良的天使；这些善良的天使经久不息地在上帝里面行事，从上帝那里接受他们所有的行为，而且又将他们这一切行为返回到上帝里面，他们是在上帝里面从上帝那里接受到上帝。等同于这些善良的天使的，是理性之火花，它乃是直接由上帝所造，是上帝所造的一个凌驾在上的光和上帝本性的一个影像。灵魂原本就带有这个光。大师们说，在灵魂里面有一种叫作 Synteresis 的力量，就不是这样。这个被叫作 Synteresis 的东西，始终依附着上帝，杜绝一切邪恶的东西。即使在地狱里，它也一心向善；它在灵魂里面跟一切非纯真的和非属神的东西相抗争，不断地邀请去参加那个筵席。

所以他说："主人打发仆人去对所请的人说，请来吧，样样都齐

----

* 经文出处有误。——译注

备了。"(《路加福音》,14 章,17 节)没有人需要问,他在我们的主的身体里接受到的是什么。那准备就绪来接受我们的主的身体的火花,始终屹立在上帝的存在之中。上帝将日新月异的自己赐给灵魂。他不说:"已经成为这样"或者"将要成为这样",而说:"在恒久地更新着。"

所以他说:"样样都齐备了。"

有一位大师[①]说,超越于眼睛之上有着一种力量,这力量比整个世界还要宽广,比天还要宽广。这力量取得所有由眼睛摄入的东西,将其统统向上引入到灵魂里面。另一位大师不同意这样的说法,他说:不,兄弟,不是这样。所有由感官带入到那个力量里面去的东西,都到达不了灵魂;倒不如说,这些东西是在净化和装备灵魂,使得灵魂可以纯净地接受天使的光和上帝的光。因此他才说:"样样都齐备了。"

但是,被邀请的人却不来。头一个说:"我买了一块地,我不能来。"(《路加福音》,14 章,18 节)这块地是指一切属地的东西。只要灵魂还抱着某种属地的东西,它就不来赴这个筵席。又有一个说:"我买了五对牛,我不能来,我要去看看。"(《路加福音》,14 章,19 节)五对牛就是五个感官。每一个感官都是成双的,是五对。只要灵魂还怀恋着这五个感官,它就不会赴这个筵席。又有一个说:"我才娶了妻,所以不能来。"(《路加福音》,14 章,20 节)我多次说过:在灵魂里面的男人,就是理性。如果具有理性的灵魂向上直通到上帝那里,那么,这灵魂就是"男人",是一个而不是两个;但如

---

① 指亚里士多德。——德文本编者

果灵魂掉头向下，那么，它就是女人。正就是一念之差，稍稍低头向下观望一下，它就穿上了女人的衣服；这样的人也不去赴这筵席。

然后我们的主说了一句极其重要的话："我实在告诉你们，先前所请的人，没有一个得尝我的筵席。"主又说："快出去到城里大街小巷去。"灵魂越是收聚，它就越是窄小，而它越是窄小，反而越是宽广。"你出去到路上和篱笆那里"。灵魂的一部分力量是对眼睛和对另外一些感官"围上了篱笆"的。别的一些力量则是开放着的，它们不受身体的约束和阻碍。它们邀请所有的人，邀请贫穷的、瞎眼的、瘸腿的和生病的。是这些人，而不是别的人，才去赴筵席（《路加福音》，14章，21＋23/24节）。所以圣路加说："有一个人摆设了大筵席。"(《路加福音》，14章，16节)这人就是上帝，他没有名字。求主扶助我们，让我们去赴这个筵席。阿门。

第 二 十 二 讲

Unus deus et pater omnium etc. （Eph. 4,6）
"一位上帝,就是众人之父。"（《以弗所书》,4 章,6 节）

我已经用拉丁文引用过的圣保罗所说的一句话:"一位上帝,就是众人之父,他超乎众人之上,贯乎众人之中,住在众人之中受到赞美。*"（《以弗所书》,4 章,6 节）我还从福音书里取出另外一句话,是我们的主说的:"朋友,请上坐。"（《路加福音》,14 章,10 节）

第一句是保罗所说的"一位上帝,就是众人之父",这里,他不说那个自身包含有发生变迁的因素在内的词。当他说"一位上帝"时,他的意思是上帝原本就是这个"一",是与万物分离开来的。上帝不附属于任何人与物,任何人与物也不附属于他;上帝就是"一"。波爱修斯①说:上帝是"一",他不会发生变迁。上帝所创造出来的一切,他都使它们服从于某种变迁。所有事物一旦被造,都在它们的背上带有可变迁的标记。

---

* 今本《圣经》中无"受到赞美"字样。——译注
① 见波爱修斯（Boethius）:《哲学的安慰》,III m. IX。——德文本编者

这就告诉我们,我们应当在我们自己里面成为这个"一",与万物分离开来,恒久不变地与上帝合一。在上帝之外,一切尽为虚无。所以,在上帝里面绝不可能发生任何变异或变迁。凡是在自身之外寻求另一个场所的,就是在改变着自己。而上帝将一切事物应有尽有地包括在自己里面,所以他不在自己之外寻求什么,而是已经应有尽有了。没有一个被造物能够理解上帝是如何应有尽有的。

我们还可以从中知道,他说的"就是众人之父,受到赞美",这里,这个词包含某种发生变迁的因素在内。他说"父"时,就把我们也一起连进去了。既然他是我们的父,我们就是他的孩子,我们就与他荣辱与共。当孩子发觉他父亲多么爱他时,他就知道为什么他应该如此纯洁而无罪地生活着。我们应该保持生活在纯洁之中,因为上帝说道:"清心的人有福了,因为他们必得见上帝。"(《马太福音》,5 章,8 节)那么,什么才是心清了呢?就是从一切属肉体的事物中解脱出来,专心致志,出于这样的纯真而投入到上帝里面,与上帝合一。大卫说:凡是离开那里并在灵魂之光里面得以完成的行为,是纯洁和无罪的;可是,那些仍旧留在灵里面不出来的行为,就更是无罪的。"一位上帝,就是众人之父"。

另一句话:"朋友,请上坐。"我把两句话合起来。当他说:"朋友,请上坐"时,这是灵魂与上帝之间的对话①,灵魂得到的回答

---

① 埃克哈特这里把前面引用的两处经文合在一起,作为灵魂与上帝之间的对话。他让灵魂说"朋友,请上坐",而让上帝回答它说"一位上帝,就是众人之父"。要说明的意思是:若要说到灵魂与上帝的合而为一,那么,这不可能通过友情,也即不可能在旨意领域内完成,因为友情或者旨意虽然在行为中做到合一,但并没有在存在中做到合

是:"一位上帝,就是众人之父。"有一位大师说:友情是包含在旨意之中的。只要友情还包含在旨意之中,它就没有合一。我在别的地方*已经说过:爱并不合一;它虽然在行为中合一,但在存在中并不合一。所以它只说:"一位上帝","请上坐"。除了纯真的神性之外,任何东西都不能到达灵魂的根基里面。即使是最高的天使,尽管他那么接近上帝,尽管他从上帝那里得到了那么多,尽管他总是在上帝里面行事,尽管他在存在中而不是在行为中与上帝合一,尽管他恒久地留在上帝里面;尽管这天使是那么高贵,确实成为一个奇迹,然而,他还是不能进入到灵魂里面。有一位大师说道:所有形形色色的被造物,都不配让上帝自己在它们里面行事。而原本的灵魂,当它超越于形体之上时,乃是如此纯真和精致,以致它除了纯真的神性以外再也不接受其他什么东西。在那里,从上帝身上去掉一切添加的东西。所以,对它的回答是:"一位上帝。"

圣保罗说:"一位上帝。"这"一"是某种比善性和真理更纯真的东西。善性和真理,虽然在思想中有所添加,但其实什么也没有添加;只是设法想去添加而已。反之,那个"一",当上帝还是他独自一位时,在他还没有流出到圣子和圣灵里面时,就什么也不添加。所以他说"朋友,请上坐"。有一位大师说道:"一"乃是否定之否定。如果我说上帝是善良的,就是对上帝有所添加。反之,"一"乃

一。虽然作为朋友上帝很愿意做到合一,然而,他作为朋友却没有达到与灵魂在本质中合而为一。他只有作为一位上帝才能做到。所以,灵魂得到的回答是:(不是朋友,而是)一位上帝,就是众人之父。接下来,他就用上帝来取代朋友,说成"一位上帝","请上坐"。——德文本编者

* 见本《讲道录》的第八讲,第 6 小节。——译注

是否定之否定，否认之否认。那么，"一"究竟意味着什么呢？"一"就意味着什么也不添加。灵魂所接受到的是已经在自己里面净化了的神性，什么也没有被添加，什么也没有想要添加。"一"就是否定之否定。一切被造物自身都具有一种否定；一个被造物否定去做另一个被造物。一位天使否定他是另一位天使。但上帝具有的却是否定之否定；他就是"一"，并否定其他一切，因为在上帝之外的都是虚无。一切被造物都存在于上帝之中，都是他自己的神性，也就是我上面说过的那种应有尽有。他乃是全部神性之父。我之所以说是一个神性，是因为在那里没有什么东西从中流出，没有什么东西被触及或被想到。在我从上帝那里去除掉什么东西时，例如去除掉善性，实际上我根本就不可能从上帝那里去除掉任何东西，也就是说，在我从上帝那里去除掉什么东西时，我所把握的其实是他所不是的；是理应去除掉的。上帝是"一"，他是否定之否定。

有一位大师说，天使的本性，如若不是唯独只认识上帝，就行使不了什么力量，实施不了什么行为。除上帝之外还有什么，它一无所知。所以他要说："一位上帝，就是众人之父"；"朋友，请上坐"。灵魂的某一些力量，从外面有所受纳，就像眼睛一样：不管眼睛能够多么细微地感受和分辨事物，但它总还是从外面接受某种针对着此地和此时的东西。但是，认知以及理性却是将一切都加以剖析，它们所受纳的，都毫不理会此地和此时；理性就是以这种方式触及天使之本性。然而，理性毕竟还是从各个感官那里有所接受；感官从外界带入的东西，理性就从中有所受纳。而意志就不是这样；在这一点上，意志比理性更高贵。意志只在纯粹的认知

与马利亚升天节联在一起的马利亚临终纪念典礼;基督的形象将马利亚的灵魂捧在手上。

里面有所提取,在那里,既没有此地,也没有此时。上帝想要说的是:虽然意志很崇高,很纯真,但它应该还要抬高。上帝给的答复是:"朋友,请上坐,那时就有光彩了。"(《路加福音》,14章,10节)

意志要的是福乐。有人曾经问过我,恩典与福乐二者之间的区别是什么。恩典,我们在今世生活中所经历的,和福乐,我们以后将要在永恒的生活中享有的,它们二者之间的关系就像开花和结果之间的关系一样。假如灵魂充满着恩典,所有存在于它里面的东西,已经不再有恩典所做不了和完成不了的,即使如此,也不是所有事情(因为它存在于灵魂里面)都可以由恩典去完成一切本来应该由灵魂起作用的事情。我在别的地方已经说过:恩典并不在于做出什么事业,它只是将所有装饰物完全注入灵魂里面;这就是在灵魂王国之中的应有尽有。我说:恩典并不是将灵魂与上帝合一,它乃是一种完全的运送;它的任务就在于将灵魂带回到上帝那里。在那里,它才从开花而得以结果。意志,只要它想要得到福乐,想要与上帝同在,只要它已经以这样的方式得到了向上的提升,那么,上帝就会钻入一个有着如此纯真的意志里面,而且,只要理性认定上帝就是真理,能够如此纯真地接受上帝,那么,上帝也就会钻入理性里面。然而,他一旦进到意志里面,就必须上坐。所以他说:"一位上帝","朋友,请上坐"。

"一位上帝":这里,上帝就是"一",上帝的神性在此得以成全。我说:假如上帝不是"一",那么,他也许就不能生养他的独生子。正由于上帝是这个"一",所以他创造出他在被造物里面和在神性里面所做的一切。我还说:只有上帝才具有一统。上帝独具的特征就是一统;由此上帝才成为上帝,否则就不成其为上帝。所有成为数目的东西都依赖于"太一",而"太一"却不依赖于任何东西。上帝的财富、智慧和真理,都完全成为上帝里面的"一";它还不单是"一",它又是一统。在"太一"之中,上帝具有他所具有的一切,这"太一"也就是他里面的"一"。大师们说道,天在运转,为的是它要将一切事物都带入到"太一"里面;所以天才如此快地在运转。上帝,作为"一",应有尽有,而上帝的本性也就在于此,灵魂的福乐也在于上帝是"一";它是灵魂的光彩所在。他说:"朋友,请上坐,那时就有光彩了。"灵魂的光彩就在于上帝是"一"。上帝的行事,似乎他之所以成为"一",就是为了使灵魂满意,似乎他是在打扮自己,为的是使灵魂只迷恋于他。人之所以会一会儿要这个,一会儿要那个,一会儿求知若渴,一会儿又醉心于艺术,归根到底,就是因为灵魂还没有拥有这"太一",在一切还没有归一到上帝里面以前,灵魂是无法得到安宁的。上帝就是"一";这就是灵魂的福乐,就是它的光彩和安宁。一位大师[①]说道:上帝在做一切事情时都眼看着所有事物。灵魂就是这所有事物。在所有事物中,在灵魂之下最高贵、最纯真、最崇高的东西,就由上帝一无遗漏地注入灵魂里面。上帝就是一切,就是"一"。

愿"一位上帝,就是众人的父"扶助我们,使我们与上帝合而为一。阿门。

---

① 见亚里士多德:《论灵魂》,C. c. 8 431 b 21。——德文本编者

第二十三讲

Ave, gratia plena. (Luc. 1,28)
"蒙大恩的女子,我问你安。"(《路加福音》,1章,28节)

我曾经用拉丁文说过的一段话,写在福音书里:"蒙大恩的女子*,我问你安,上帝与你同在!"(《路加福音》,1章,28节)圣灵将由至高无上的宝座从天而降,将从永恒的父的光那里降临到你(《路加福音》,1章,35节+《雅各书》,1章,17节+《所罗门智训》,18章,15节)。

从这里可以得出三点。第一:天使的本性并不是很高的。第二:天使知道自己不配对上帝的母亲直呼其名。第三:天使这话不单是对她一人说的,他是对着一大群人说的:对着每一个向往上帝的善良的灵魂。

我说:倘若马利亚不是先在灵里面怀上上帝,他就不会在肉体上由她生养出来。一个女人对我们的主说:"怀你胎的有福了。"我们的主说:"不但是怀我胎的人有福了;听上帝的道而遵守的人也有福了。"(《路加福音》,11章,27/28节)上帝认为,他在灵里面由

---

* 系指耶稣的母亲马利亚。——译注

任何一个童贞女或者说任何一个善良的灵魂所生养,要比在肉体上由马利亚所生养更有意义。

由此可见,我们理应成为父在永恒之中已经生养的唯一的儿子。在父生养出所有被造物时他也生养了我,我虽然也和所有被造物一起从中流出,但却仍然还是留在了父的里面。就好比我现在在说的话一样:第一,这话起源于我里面,第二,我在思考着它,第三,我把它说了出来,而你们都接受到它;然而,从真正意义上来讲,它却还是留在我里面。我也同样地留在父里面。在父里面,有着一切被造物的原型。我面前的这个讲坛的木头,就在上帝里面具有一个灵里面的原型。这不但是合乎理性的,而且,它本身就是纯粹的理性。

上帝对人的最伟大的拯救之举,就是他自己也成为人。这里我想讲述一个很切合的故事。有一个富有的男人和一个富有的妻子,这妻子遭遇不幸,失去了一只眼睛;她对此深感苦恼。这时男人跑来对她说:"夫人,你为何苦恼呢?你不应为你失去一只眼睛而苦恼。"她说道:"先生,苦恼我的并不是因为我失去了我的一只眼睛,倒是因为我觉得你会不那么爱我了。"这时他说了:"夫人,我是爱你的。"不久,他把自己的一只眼睛也刺瞎了,然后跑到他妻子那里对她说:"夫人,为了使你相信我是爱你的,我让自己也跟你一样,我现在也只有一只眼睛了。"[①]人也是如此:他很难相信上帝如此爱着他,直到最后上帝也"把自己的一只眼睛刺瞎",采纳了人的

---

① 这个故事,源于 Herrands von Wildonie(约 1230—1278/1282)用中古高地德语写成的一个短篇故事,该书的书名为《忠实的妻子》或《眼睛》。——德文本编者

祭司和利末人在向施洗约翰发问,而他说他就是那在旷野喊叫着的人(《约翰福音》,1章,23节)。

本性,这才信了。这就是"道成了肉身"(《约翰福音》,1章,14节)的含义所在。圣母马利亚说:"怎么有这事呢?"天使说:"圣灵将由至高无上的宝座从天而降,将从永恒的父的光那里降临到你。"(《路加福音》,1章,34/35节+《所罗门智训》,18章,15节+《雅各书》,1章,17节)

"太初有道。"(《约翰福音》,1章,1节)"因有一婴孩为我们而生,有一子赐给我们"(《以赛亚书》,9章,6节)①,说他是婴孩,是因为按他属人的本性他是幼小的,而说他是子,是按他的永恒的神性。大师们说:所有被造物都力求有所生养,它们都希望与父等同。有一位大师说:任何一个行为都是为了它的最终目的而作出的,为的是使它能够在它的最终目的之中获得休息和安宁。还有一位大师说道:所有被造物都是按照它们最初的纯真和至高无上的完善而在作出行为。作为火的火,并不燃成火焰;它太纯真和精细,以至于它没有燃烧起来;倒不如说:是火的本性在燃烧着,是火的本性,凭着它的至高无上的完善而将其本性以及它的光亮注入干巴巴的木头里面。上帝也是这样做的。他凭着他的至高无上的完善创造出了灵魂,并且将他所有的光亮最纯真地注入到它里面去,而他自己却并不因此而有所玷污。

我最近在另一个地方说过:当上帝创造所有被造物时,上帝在此之前并未先生养出某种非被造物,由它包含着所有被造物的原

---

① 在罗马教会和多明我会(Dominikaner)的祈祷书里,在做第三次圣诞弥撒时都诵读这二处经文。——德文本编者

型。这就是我先前在圣马卡贝斯教堂①所说的,如果你们还能记得起来的话。这火花与上帝是如此亲近,以至于它就成为那个合一的"太一",它没有任何区别,却包含有所有被造物的原型,即那个没有任何影像并超越于任何影像之上的原型。

昨天,学校里②一些大神学家在讨论一个问题。我说,"我感到奇怪的是,经文的内容是如此丰富,却没有一个人能够理解其中最浅近的话。"你们问我,因为我是天父在永恒之中生养出来的独生子,那么,我究竟是不是就此永恒地成为在上帝里面的子呢。我回答说:是,也不是;说是,是就父已经在永恒之中生养了我而言的,说不是,是就非被生养而言的。

"太初有道"。我们从中得以知道,我们是父在永恒之中生养出来的独生子,是出自于永恒的隐秘所在的隐而不见的幽暗,并居留在那总括了所有纯真在内的太初的纯真之原发的起始点之内。在这里,我曾经在永恒之中在永恒的父的隐秘的知识里面安睡,无声无息地居留在内。他在永恒之中将我由这个纯真里面作为他的独生子生养出来,使我成为他那永恒的父性的一个酷似的影像,为的是让我也可以成为父,也有所生养,就像我自己被生养一样。这好比一个人站在高山上喊着:"你在那里么?"就有回声喊道:"你在那里么?"如果他又喊着:"出来吧!"那么,就又有回声:"出来吧!"③是的,在这个光里面,只要有谁看一下一块木头,这块木头

---

① 指位于科隆的圣马卡贝斯本笃会教堂(Sankt Makkabaeerkloster)。——德文本编者

② 系指位于科隆的多明我会的一所神学学校。——德文本编者

③ 关于回声,可参见亚里士多德:《论灵魂》,II c. 8 419 b 25。——德文本编者

就有可能会变成天使,变得富有理性,而且,不但是富有理性,还会在总括一切纯真的那个太初的纯真中成为纯粹理性。上帝就是这样来行事的:他生养他的独生子,使其成为灵魂的至高部分。一方面,他将他的独生子生养到我里面来,另一方面,我又将他返回生养到父里面去。这不外就是上帝生养出天使,而他自己却反过来又由童贞女所生养。

有好多年了,我一直在考虑,是不是会有人问我,为什么每一根草茎都是如此各不相同;而的确曾经有人问过我,为什么它们如此各不相同。我回答说:更奇怪的倒是为什么所有草茎竟是如此相同。有一位大师①说道:各根草茎之所以如此各不相同,乃是由于上帝对所有被造物都倾注着他的充盈的善意,以此更加显示出他的崇高。但我那时却说:倒是所有草茎竟然如此相同,这更使人惊奇。我说:正像所有天使在太初的纯真之中都是一个天使一样,所有草茎在太初的纯真之中也都是"一",乃至所有事物也都是"一"。

在我到这里来的时候,我偶尔想起,人甚至可以在一时之间强求上帝做什么事情。假如我在这里站在上面,对某个人说:"上来吧!"那对他是有些为难的。但如果我说:"在这里坐下吧!"那就不难了。上帝也是如此。如果人非常谦卑,上帝出于他固有的善心就忍不住会降临到那个谦卑的人那里,尽自己最大的能力去扶助那最低微的人,将自己完完全全地赐给他。上帝所赐给的,就是他的存在,而他的存在也就是他的善性,而他的善性也就是他的爱。

---

① 见托马斯·阿奎那:《神学大全》,I q. 47 a. 1 c。——德文本编者

一切欢乐和苦难都来自于爱。在我到这里来的路上,我忽然有一个念头,我并不想要到这里来,因为我会出于爱而泪流满面。你们出于爱而流泪的时候,我们希望这样的时候静止不动。欢乐和苦难都来自于爱。人不应该惧怕上帝,因为凡是惧怕他的,就远离他。这种惧怕是一种有害的惧怕。可是,如果人们害怕会失去上帝,那么,这样的惧怕就是正当的惧怕。人不应惧怕上帝,而应该爱上帝,因为上帝是以他全部至高无上的完善来爱人的。大师们说,所有事物都力争有所生养,希望能与上帝等同。他们说:大地在逃避天;如果它向下逃避,它往下到达了天,如果它向上逃避,它又达到了天的下部。大地不可能一直这样往下逃避,天总是能够进到它里面,对它施加力量,使它感到畏惧,不管它是否愿意。人也是如此,他自以为在逃避上帝,但他却无法逃避;他始终是暴露无遗的。他自以为逃避开了上帝,而结果却是奔进了他的怀抱之中。上帝在你里面生养他的独生子,不管你愿意还是不愿意,不管你是睡着的还是醒着的,上帝总是一如既往。我最近说过,人之所以会对此不知不觉,究竟应该归咎于什么呢,我说,这应归咎于他的舌头沾上了污物,即让被造物给沾上了;就好像是一个对什么东西都食之无味的人一样。我们食之无味,这应该归咎于什么呢?应该归咎于我们没有加盐。这盐就是属神的爱。假如我们有了属神的爱,那么,上帝以及上帝所做的一切事物,都变得十分甘美可口,我们就能够从上帝那里接受到所有事物,也行他所行的事。处在这样的等同之中,我们就都成了独生子。

当上帝创造灵魂的时候,他是按照他的至高无上的完善去创造它的,为的是使它得以成为独生子的新妇。因为他(=子)清楚地知道这个,所以他愿意离开他永恒的父的秘密宝库,也即离开他在永恒之中已经无声无息地长眠的那个宝库。"太初有道":在太初的纯真一开始的地方,子就揭开了他永恒荣耀的时代,而他之所以要从至高无上者那里走出来,就是因为他想要抬高他那由他的父从永恒开始起就婚配给他的那个女友,使得他可以又把她带回到她原来从其而来的那个至高无上者那里。在另外一个地方又写着:"看哪,你的王来到你这里。"(《撒迦利亚书》,9章,9节)所以他走了出来,像一只小牡鹿一般地跳跃而来,出于爱而忍受着种种苦难;他之所以出来,无非是为了带着他的新妇一起回到他的新房。这个新房就是他那有着他父亲的隐秘的静寂的暗室。就在他从至高无上者中走出来的那个地方,他又要带着他的最纯洁的新妇走进去,要向她启示他的隐秘的神性之奥秘,就是他与自己以及一切被造物一起安息的地方。

"太初有道",是指一切存在之起始,就像我曾经在学校里说过的那样。我还说过:它也是一切存在之结束,因为起始是为最终目的而存在的。是的,上帝自己并不在他成为起始的地方安息,而是在他成为最终目的。成为一切存在之休息处的地方才得以安息。并不是这个存在好像会由此而破灭,而是与它的至高的完善相对应地将圆满达到它的最终目的。那么,这个最终目的又是什么呢?它就是永恒的神性之隐秘的黑暗,不论现在、过去还是将来,都无从知晓。上帝就这样不被知晓地留在自己里面,那永恒的父的光永恒地照在这黑暗里,但黑暗却不接受这光(《约翰福音》,1章,5节)。

求我所说到的真理扶助我们,让我们到达这个真理。阿门。

第二十四讲

Haec dicit dominus: honora patrem tuum etc. （Ex. 20, 12）

"当孝敬父母。"（《出埃及记》，20章，12节）

我用拉丁文说过的这句话，是我们的主所说的："当孝敬父母。"（《出埃及记》，20章，12节）上帝还说了另外一条戒律："不可贪恋人的房屋，并他一切所有的。"（《出埃及记》，20章，17节）第三点是，百姓对摩西说的："求你和我们说话，因为我们不能听到上帝说话。"（《出埃及记》，20章，19节）第四点是，上帝说道："摩西，你要为我筑土坛，在上面献上一切由你烧过的燔祭品。"（《出埃及记》，20章，24节）第五点是：摩西走上冒着烟的山上，他见到了上帝，在那幽暗之中他见到了真正的光（《出埃及记》，20章，21节）。

圣格列高利[①]说：羔羊沉到底的地方，有公牛或母牛在游泳，而在牛游泳的地方，有大象在它前面奔跑，水却只到达它头部下面。这里面包含着很重要的意思，我们可以从中引出一些有益的结论。圣奥古斯丁说，《圣经》好比是一片很深的海洋，那小羔羊好

---

① 有些研究者认为是圣奥古斯丁所说。——德文本编者

像是一个谦卑而单纯的人,他能够对《圣经》进行思索。然而,那头在游泳的牛却是指那些粗野的人:他们中的每一个人都恣意妄行。那头奔跑着的大象却代表着富有理性的人们,他们在深入研究和探索《圣经》的奥秘。我为《圣经》内容之丰富而感到惊奇,大师们说,《圣经》的深奥之处是人们无法阐明的,他们说:假如其中真有什么粗浅的内容,人们早就解释清楚了;可是,找不到这样的例子。对第一个人达到了脚踝骨,对第二个人达到了膝盖,对第三个人达到了腰部,对第四个人则已超过了头部,而他就完全沉下去了。

那么,这究竟说明些什么呢?圣奥古斯丁说:《圣经》一开始只是使孩子们喜欢,吸引住他们;但到了最后,当人们想要深入研究时,《圣经》就在嘲笑那些自以为聪明的人;没有人会单纯到竟然认为他在里面找不到适合于他的内容;而且,也没有人会聪明到如果他想要有所研究但竟然会从中找不到更深和更多的内容。我们在这里能够听到的以及人们能够讲给我们听的,在《圣经》里都有更深一层的隐秘含义。因为我们在这里理解的一切并不等同于它原本所是的,并不等同于它在上帝里面所是的,就好像是全然不同的。

现在我们回过来看那句话:"当孝敬父母。"在通常意义上,父母,意思就是人们应当加以孝敬的;更进一步,人们应该敬重一切具有教职权柄的人,应该对这些人给予更高度的敬重,应当胜过去敬重那些使他们得到世上一切暂时的财富的人。在这里面,人们能够"跋涉过河",人们能够"抓住根基";然而,我们从他们那里得到的实在是太少了。曾经有一位妇人说道:"如果说人们应当敬重那些使他们得到外在的财富的人的话,那么,人们更应当大大地敬重那些使他们得到一切的人。"人们在前者那里得到形形色色外在的东西,这些东西在后者那里却成为内在的东西,成为"一"。现在你们听得出,这个譬喻适合于我们的父。昨天晚上我想到,所有譬喻都无非是为了说明我们的父。因此,你还应该在第二重意义上"孝敬你的父",就是你在天的父,你是从他那里得到你的存在的。可是,谁来孝敬父呢?只有子才孝敬父。而且,反过来,也只有父才敬重子。父的所有喜悦和爱抚都只对着子。除了子以外,父什么也不知道。他是如此喜欢子,以至于除了生养他的子以外他什么也不需要,因为这子确实就是父的完美的譬喻和父的完善的影像。

我们的大师们说道:凡是被认识到的和被生养出来的,都是影像;他们还说:如果说父生养他的独生子,那么,他生养出的他自己的影像就必须是那个留存在他自己的根基里的东西。永恒地存在于他里面的那个影像,就是他留存在他自己里面的形式。人们天生就觉得必须用这个或者那个譬喻使上帝形象化,我对此很不以为然。他既不是这,也不是那,父对此是不满的,他宁可返回到起始点,返回到最内里,返回到得以作为父而存在的那个根基和内核,在那里,他自永恒以来就在自己里面处于父性之中,在那里,他享受着自己,即作为父的父在合一的"太一"里面享受着自己。在这里,所有草叶、木头、石头以及一切其他事物,都成为"太一"。这才是最上佳的,我为此感到陶醉。所以:凡是能够揭开本性的东西,都将其归结到这里面,都使其投入到父性里面,为的是使这本性得以成为"一",成为子,摆脱一切其他的东西而仅仅存在于父性里面,而且,如果它不能成为"太一",也要使它成为这"太一"的一个譬喻。那来自于上帝的本性,不在自己之外寻求什么;确实,那原本的本性跟外在的假象毫不相干,因为来自于上帝的本性,唯独只寻求与上帝的等同。

昨天晚上我又想起,一切譬喻都只不过是一个外围而已。我不能看见任何事物,是如此,而我只能看见一个事物,也一样如此。上帝是以隐秘的方式在自己里面包含有一切事物,然而,并不是又有这个又有那个那样的形形色色,而是作为在一统之中的"一"来拥有这一切。眼睛本身不具有颜色,而是眼睛接受颜色,耳朵就不接受颜色。耳朵接受声音,舌头则接受滋味。它总是与一切它当时拥有的东西合一。这样,在这里,灵魂的影像跟上帝的影像也具有同一个存在:只要我们是子。哪怕我既无耳朵又无眼睛,我还是具有存在。即使有人夺取了我的眼睛,他还是不能夺走我的存在,也不能夺走我的生命,因为生命是坐在心里面的。假如有人要打我的眼睛,我就会伸出手来挡住。但如果有人要攻击我的心脏,我就会用整个身体竭尽全力去保护生命。如果有人要砍我的头,我会用我的整个手臂去挡住,以此来保住我的生命和我的存在。

我不止一次地说过:应当把外壳敲掉,让里面的东西脱出来;因为,如果你要得到果实,你就必须敲掉外壳。同样道理:如果你想要没有任何掩盖地找到本性,你就必须去掉一切譬喻,而越是深入到里面,就越是接近存在。当灵魂寻找到那个使万物都归于其中的终极之处时,他就陶醉在这个"太一"里面。是谁"敬重"上帝呢?是那些在所有事物里面都看到了上帝的荣耀的人。

在许多年以前,那时还没有我这个人;然后,我的父母吃了肉,吃了面包,又吃了田园里长出的蔬菜,就有了我。在这方面,并不是我的父母做成的,而是上帝直接造就了我的身体,并且仿照至高者的样子创造出我的灵魂。这样,我就拥有了我的生命。麦种努力要成为燕麦;它在本性之中却具有能够成为小麦的能力,所以,在它达到这个本性之前是绝不罢休的。而小麦又在其本性之中具有成为各样事物的能力;所以,它把自己作为赌注押上,甘愿死去,以求成为各样的事物。铜矿砂也在其本性之中具有能够成为白银的能力,而白银又在其本性之中具有能够成为黄金的能力;在不达到这个本性之前,它是绝不罢休的。确实,木头在其本性之中具有能够成为石头的能力;我更要说的是:它还能够成为各样的事物;它将自己交付给火,让自己燃烧,为的是使它自己变成火的本性,使自己跟"太一"合而为一,永恒地具有同一个存在。确实,木头、石头、骨头以及各种小草,在太初之中统统都是同一的。既然现在连这个地上的本性都做到了这些事情,那么,那个原本就完全纯洁,对一切事情都不刻意追求,已经摆脱了一切其他事情而唯独只企望着太初的纯真的本性,还有什么事会做不成呢!

昨天晚上我又想起,有许多事情是在天上的。有那么一些没有信仰的人,他们不相信这个圣坛上的饼会发生变化,会成为我们的主的宝贵的身体,他们不相信上帝能够成就这事情。哦,这些邪恶的人,他们不相信上帝能够做成这事情!可是,既然上帝已经给予本性变成各样事物的能力,那么,对于上帝来说,使圣坛上的饼变成他的身体,实在是太容易了!既然连软弱的本性都能够做到由一片树叶变成一个人,那么,上帝就更能够由饼变成身体了。

由此可见,是谁在"敬重上帝"呢?是那些在一切事物之中都看到了上帝的荣耀的人。这样的说法更加明确,虽然不如前一种说法那么好。

第四层意思是:"众百姓远远地站立,对摩西说,求你和我们说话,我们不能听到上帝的说话。"(《出埃及记》,20章,18节)他们远远地站立,所以他们听不到上帝说话。

"摩西进入云中上山,在那里他见到了上帝的光。"*(《出埃及记》,24章,18节)在黑暗之中,我们才真正看到了光;所以,当我们身受苦难和不幸的时候,这光就离开我们最近最近。这时,不管上帝所行的事十分良好还是十分凶恶,也不管是在什么样的艰辛困苦之中,他一定会把他自己赐给我们。有一位圣洁的妇人,她有好几个儿子,而有人要杀掉他们。她笑着说道:"你们不应该悲伤,应当感到高兴,你们要想到你们在天上的父,因为你们没有什么东西是从我那里得到的"(《马卡比传下》,7章,22节起)**,确实,就好像她是想要说:"你们是直接从上帝那里得到了你们的存在。"这跟我们现在说到的很相像。我们的主说道:"你的幽暗——这就是你的苦难——将变成明亮的光。"(《以赛亚书》,58章,10节)然而,我却不可以有意识地去争取或者追求这个。一位大师①在另外一个地方说过:永恒的神性的那个不可见的光所在的隐秘的黑暗,是无从知晓的,以后也不会被知晓。永恒的父的这个光,自从永恒以来

---

* 今本《圣经》为:"摩西进入云中上山,在山上四十昼夜。"——译注

** 《马卡比传下》是《次经》中的一篇,记述公元前180—前161年的犹太历史事件。在第7章中记述一位犹太母亲和她的七个儿子的故事,叙述国王安提阿哥如何残酷杀害她的七个儿子并她自己,而她在目睹她儿子遭受酷刑时仍能坚定对上帝的信仰。该处引文不是原文。——译注

① 这位大师应该就是埃克哈特自己。参见本《讲道录》,第二十三讲的结束部分。可见,这里应改为:"我在另外一个地方说过。"——德文本编者

就照在这个黑暗里面,但黑暗却不接受这个光(《约翰福音》,1章,5节)。

愿上帝扶助我们,让我们得以到达这个永恒的光。阿门。

第二十五讲

Justus in perpetuum vivet et apud dominum est merces eius（Sap. 5,16）

"义人永生不灭，主会奖赏他们。"（《所罗门智训》,5章,16节*）。

人们可以读到智慧者所说的一句话："义人永生不灭。"（《所罗门智训》,5章,16节）

我曾经阐明①，什么样的人才算是一个义人；但我现在从另外一个角度来说：一个义人就应该已经在正义之中脱胎换骨了。义人生活在上帝里面，而上帝也生活在义人里面，因为上帝被生养在义人里面，而义人也被生养在上帝里面；所以，上帝通过义人的每一件德行而得到生养，也由于义人的每一件德行而感到高兴。而且，上帝不单是由于义人的每一件德行，也由于义人的每一个行为而感到高兴，不管它是多么微小，只要它确实是义人所做，是在正义之中所做的，上帝都会感到高兴，甚至还十分欣喜呢；因为不是

---

* 在今本《次经》中，为5章,15节。——译注

① 参见本《讲道录》,第七讲。——德文本编者

喜悦所激发的东西,都不会留存在他的根基里面。粗浅的人应该信仰,而有悟性的人就应该知道。

义人做事,无所追求;因为做事时有所求的人,或者为某种缘故去做事的人,都是仆人和雇工。所以,如果你想要在正义之中真正脱胎换骨,你在做事时就不应当怀有什么企图,不管一时也好,永远也好,不管为了报酬也好,或者为了福乐也好,不管为了这个或那个,你都不应该设下什么意图;因为这样所做的事,实在都是死掉的。确实,我说:即使你将上帝作为你的目的,你为此所做的所有事,也还是死掉的,你是在把好事做坏。而且,你不单是把好事做坏,你还在犯罪;因为你的所作所为,就好像一个管理花园的园丁却把一棵棵树木砍下来要从中得到报酬。你就是这样把好事做坏了。所以,如果你想要真正活着*,并且也想要让你所做的事情真正活着,你就应该对一切事物都不屑一顾,置之不理。被造物所特有的总是由某一样东西造出另一样东西来;而上帝所特有的却是由虚无之中造出各样东西来。因此,如果上帝要在你里面或者与你一起造出什么东西,你首先应该变成什么也不是。为此,你就要回到你自己的根基,在那里行事;你在那里所做的事情,就是真正活着的。所以他(即智慧者)说:"义人永生不灭。"正因为他是个义人,所以他所做的事得以永生。

他又说:"主会奖赏他们。"这个要稍稍谈一下。显然,这里提到的是,义人得到的奖赏是在上帝所在的地方;因为义人的福乐与上帝的福乐乃是同一个福乐,上帝在哪里有福乐,义人也就在那里

---

* 从上下文的意思来看,这里所说的"真正活着",就是指"得到永生"。——译注

得到福乐。圣约翰说道:"道与上帝同在。"(《约翰福音》,1章,1节)可见,义人是与上帝等同的,因为上帝就是正义。所以,谁存在于正义之中,谁也就存在于上帝之中,也就是上帝。

现在我再进一步来谈谈"义"这个词。他不说"某个正义的人",也不说"某个正义的天使",而是说"义人"*。父将他的子作为义人生养出来,又将义人作为他的子生养出来;因为义人的所有美德以及他所做的任何德行,都不外就在于由父生养出子来。因此,父永不停息;他日以继夜地要让他的子在我里面被生养出来。《圣经》中写道:"我因锡安必不静默,为耶路撒冷必不息声,直到义人如光辉发出。"(《以赛亚书》,62章,1节)锡安指生命之高峰,耶路撒冷指和平之高峰。确实,为了生命之高峰以及和平之高峰,上帝都不停息;他日以继夜地辛勤耕耘,就是要使义人如光辉发出。在义人里面行事的,应当唯独只有上帝。因为,如果有某种外来的东西驱使你去做什么事情,那么,所有这一类事情确实都是死亡的;而且,即使是上帝从外部来驱使你去做什么事情,那么,这样的事情也都是死亡的。你要使你所做的事情得以真正活着,上帝必定是在灵魂的最内里来驱使你去做,这样才使得你所做的事情得以真正活着:那里才是你的生命所在,只有在那里,你才真正活着。

而我说:如果你觉得某一种美德比另一种美德更伟大,如果你推崇一种美德胜于另一种美德,那么,所爱的美德就不是在正义之

---

* 这里,埃克哈特以词义上的细小差别来阐述他的一些想法。他用德文词"Der Gerechte"(精确的翻译应为"正义者",可以不单表示人)的广义的含义,用以区别于其日常的用法。这里,为了方便读者,仍译为"义人",在大部分场合,是不致引起误解的。——译注

中的美德，上帝就没有在你里面行事。因为，只要人推崇和热爱一种美德胜于另一种美德，只要他所爱的美德并不是在正义之中的美德，他就不是一个义人；因为义人是在正义之中热爱并做出各样德行，就好像这些德行是正义本身一样。经文中说到："在被造的世界之前，我就存在着。"(《便西拉智训》，24章，14节)*这里的"在其之前"意味着：如果人被抬高到超越于事件之上而进入到永恒之中，那么，在那里，人就与上帝一起做着同一件事情。好些人问，上帝在几千年之前已经做了的事情以及在几千年之后将要做的事情，人怎么能够做呢？他们对此无法理解。在永恒之中是没有前后之分的。所以，几千年之前发生了的事情和几千年后将要发生的事情以及现在正在发生的事情，在永恒之中都是同一的。所以，上帝在几千年以前所做的和创造的和他几千年后将要做的以及他现在正在做的事情，都不外是同一件事情。因此，一旦人被抬高到超越于事件之上进入到永恒之中，他就与上帝一起做上帝在几千年之前以及几千年之后所做的事情。同样，对于智慧者来说，这是涉及知识的事，而对粗浅的人来说，这则是涉及信仰的事。

圣保罗说："我们是自从永恒以来就在子里面被挑选的。"(《以弗所书》，1章，4节)所以，在我们没有成为我们自从永恒以来已经在他里面所是的以前，我们绝不应该停息下来(《罗马书》，8章，29节起)**，因为父竭尽全力要我们在子里面被生养并且成为与子一模一样。父生养出他的子，父从这样的生养之中创造出巨大的安

---

* 在今本《次经》中，为24章，9节。——译注

** 经文的引文出处有误。——译注

宁和乐趣，以至于他在这里面耗尽了他的全部本性。因为凡是在上帝里面的，都驱使他去生养；确实，出于他的根基，出于他的本质以及出于他的存在，他都被驱使去有所生养。

[注意！当我们的灵魂的所有力量已不再像先前那样受到束缚，而是得到了解脱，当我们如愿以偿地得到了真正的宁静，上帝才在我们里面被生养，父才在我们里面生养出他的子。这时，我们必须像上帝一样摆脱各种各样的影像和外形，必须使自己做到弃世脱俗，就像上帝一样地独居在自己里面。当父在我们里面生养他的子的时候，我们就因为子而认识了父，又因为他们二者而认识了圣灵以及那神圣的三位一体，并在这三位一体之中认识万物，认识到它们在上帝里面乃是纯粹的虚无。已经不再有数量和种类。属神的存在既不用受难，也不用行事；反之，本性在行事，但它不用受难。]①

有时也会有一种光在灵魂里面显现，人会错以为这光就是子，但它只是光而已。因为，如果是子在灵魂里面显现，那么，一定也有圣灵的爱显现出来。所以我说，父的本质所在就在于生养子，而子的本质所在又在于我在他里面和跟在他后面被生养；圣灵的本质所在则在于我在他里面被燃烧，在他里面被完全熔化，全部变成了爱。一个处于这样的爱里面并且全部变成了爱的人，甚至会错以为上帝除了他以外再也不爱别的人；而且，他简直不知道除了他以外还有谁曾经爱过或者曾经被爱过。

有一些导师认为，心灵是用爱来创建它的福乐的；而另一些导

---

① 在有些手稿中没有括号中的这一段。——德文本编者

师则认为它是用对上帝的仰望来创建它的福乐的。[①] 但我要说：它之创建福乐，既不是用爱，也不是用认知，也不是用仰望。那么，人们会问：在永生之中的心灵，不是在仰望着上帝吗？既是而又不是！就它是已经被生养了的而言，它不具有对上帝的仰望。但是，就它还在被生养而言，它却具有对上帝的仰望。所以，心灵的福乐在于它已经被生养，而不在于它正在被生养，因为上帝活在哪里，心灵也就活在那里，这就是说，它是活在存在的单一和纯真之中。所以你要背离一切事物，将自己单纯地放在存在之中；因为在存在之外的东西都是偶然，而所有偶然都要问个为什么。

愿上帝扶助我们，让我们得以"永生不灭"。阿门。

[①] 按方济各会（Franziskaner）神学家们的教导，爱是高于知识的，而按照多明我会（Dominikaner）在当时常见的说法，是将知识和仰望放在首要地位的。——德文本编者

第二十六讲

Nolite timere eos, qui corpus occidunt, animam autem occidere non possunt. (Matth. 10,28)

"那杀身体不能杀灵魂的,不要怕他们。"(《马太福音》,10章,28节)

"那要杀你们身体的,你们不要怕他们",因为灵不会去杀灵(《马太福音》,10章,28节)。灵给予灵以生命。想杀你们的,是要杀你们的血和肉。但血和肉是会一一死去的。这血,如果想做好事,那它就是人里面最宝贵的;但如果想做坏事,又是人里面最邪恶的。如果血战胜了肉,那么,人就变得谦卑恭顺,守身如玉,能集各样美德于一己。反之,如果肉战胜了血,那么,人就变得盛气凌人,纵情声色,乃至沾染各样恶习。[①] 在这方面,圣约翰是配受到

[①] 为了理解埃克哈特的论述,可以参见柏拉图在《蒂迈欧篇》(*Timaios*)中有关疾病的产生所说的话:"合乎自然地产生出肉体以及由血所引起的渴望……如果一切以这样的方式进行,那么,结果就是健康,反过来,后果就是疾病。如果反过来肉体自行消散,并让它那业已分解了的一大堆东西进到血管里,由于呼吸而使得血在血管里积聚起来,这血呈现出各种各样的颜色,具有各不相同的苦味、辣味和咸味,带有各种各样的胆汁,血清和黏液。"——德文本编者

耶稣基督为教士教团的成员祝福,但也要他们述职(此乃"最后的审判"的一个分图)。

颂扬的。上帝已经如此高度地赞扬了他*，我无法再给予他更高的称赞了。

请注意！我现在要说的是我以前从来没有说到过的。在上帝创造天地万物时，他还没有做成什么事情；他还没有什么要做成的，在他里面还没有什么做成的事情。上帝然后就说："我们要照着我们的形象来做成人。"(《创世记》，1章，7节**)创造是一件容易的事情；人们可以随心所欲地去创造些什么。可是，我做成的事，是我自己做成的，是用了我自己并且在我自己里面做成的，是将我的影像全部铭刻进去的。"我们要照着我们的形象来做成人"；"不是你，父，也不是你，子，也不是你，圣灵，而是：我们，是三位一体的三位一起，我们要照着我们的形象来做成人！"上帝在造人的时候，他在灵魂里面所做的事，是跟他自己相等同的事，是他持之以恒一直在做着的事。这事是如此伟大，使得它不外就是灵魂，而灵魂又不外就是上帝所做的事。上帝的本性，他的存在以及他的神性，就在于他必定要在灵魂里面做事。赞美上帝，赞美上帝！如果上帝是在灵魂里面做事，那么，他爱着他所做的事。哪里有灵魂，有上帝在它里面做事，在那里，这样做出的事就是伟大的，这样的事不外就是爱；而爱又不外就是上帝。上帝爱他自己以及他的本性，他的存在和他的神性。但是，在上帝爱他自己的那个爱里面，他也爱所有被造物——不是作为被造物的被造物，而是作为上帝的被造物。在上帝爱他自己的那个爱里面，他也爱万物。

---

* 这里圣约翰是指施洗约翰(Johannis baptistae)，见《马太福音》，第3章。关于耶稣对他的赞扬，见《马太福音》，11章，11—19节。——译注

** 经文出处有误。应为《创世记》，1章，26节。——译注

现在我要说出我还从来没有说到过的话。上帝也在品尝他自己。上帝在对他自己的品尝中，也品尝到了所有被造物。在上帝品尝他自己的同时，他也品尝所有被造物——不是作为被造物的被造物，而是作为上帝的被造物。上帝在对自己的品尝之中，也品尝到了万物。

现在请注意！所有被造物都力争达到其最高的完善。我请求你们：凭着那永恒的真理，也凭着我的灵魂，请听我说！我要说出我还从来没有说过的话：上帝和神性，二者是有着天差地别的。我还要说：内在的人和外在的人，也有着天差地别。但上帝更是相差十万八千里：上帝是在不断地形成和消失。

现在我再回到我的话题：上帝在万物之中品尝他自己。太阳用它的光辉普照所有被造物，凡是被太阳照到的东西，都把太阳吸收到自己里面，而太阳却并不因此而有丝毫损失它自己的光辉。

所有被造物都是为了它们自己的存在而抛弃掉它们的生命。所有被造物都投入到我的理性里面，为的是使得它们可以在精神上安居于我里面。而我又把所有被造物无一例外地送往上帝那里。看，你们都做了哪些事！

现在我又回过来说说我的"内在的人和外在的人"。我在田野里看到了百合花，看到了它的洁白的光彩和它的绿叶。但我看不到它的芬香。为什么呢？因为这芬香是在我里面的。还有：我所说的话，是在我里面的，是我从我自己里面把它们说出来的。所有被造物，如果作为被造物，只能由我的外在的人来品尝，例如美酒佳肴。而使我的内在的人品尝的，却不是作为被造物的被造物，而是作为上帝的恩赐的被造物。而我的最内在的人在品尝它们时，不是将它们作为上帝的恩赐,而是当作永恒。

我放一盆水,在水里放一面镜子,然后将其放到太阳底下;这样,太阳从它的圆盘表面、也从它的根基里照射出光芒,因此经久不灭。镜子对太阳光的反射,乃是太阳里面的太阳,然而镜子毕竟还是镜子。至于上帝,也是如此。上帝连同他的本性,连同他的存在和神性一起居于灵魂之中,然而,他毕竟不是灵魂。灵魂的反射,乃是上帝里面的上帝,但灵魂总还是灵魂。

当所有被造物都在呼唤上帝时,上帝就确实在那里成为"上帝"。而当我还立足于神性之根基之中,立足于神性之源流之中时,就没有人来问我要到哪里去和要做什么事:根本就没有人会来问我。① 可是,当我从中得以流出来时,则所有被造物都在呼叫:"上帝!"如果有人问我:"埃克哈特兄弟,你什么时候从这屋子里出来?"那么,我是在这屋里面。由此可见,所有被造物也是这样来谈论"上帝"。为什么他们不去谈论神性呢?处在神性里面的一切东西,都是"一",人们无从谈论。上帝在做事,而神性不做事,神性也没有什么要去做的;它从来没有想到要去做什么事。上帝与神性之差异,就在于做事和不做事。如果我返回到"上帝"里面去并且并不停留在那里,那么,我的突破要比我的流出还要来得高贵。只有我才引领所有被造物离开它们的精神上的存在而进入到我的理性里面,使得它们得以在我里面合一。当我进到神性之根基和源流里面时,没有人问我从哪里来以及我曾经在哪里。这时,没有人

---

① 这里的意思都是指在人诞生到地上来之前他的作为神性之中的理念的存在。——德文本编者

会惦念我,"上帝"消失了。

我是把它给予能够理解这一讲的人。假如这里一个人也没有,我也会对着这个奉献箱来讲。有一些贫困的人,他们又回到了家里,他们说道:"我愿意坐在一个地方,一边啃着面包,一边侍奉上帝!"但我凭着永恒的真理说,这样的人只能是误入歧途,绝不能获得别的在贫困和陌生人之中仍然跟随上帝的人所能获得的东西。阿门。

第 二 十 七 讲

Euge serve bone et fidelis etc.（Matth. 25,21）

"好,你这又良善又忠心的仆人,可以进来享受你主人的快乐!"(《马太福音》,25 章,21 节)

我们在福音书里读到,我们的主说:"好,你这又良善又忠心的仆人,可以进来享受你主人的快乐! 因为你在小事上有忠心,所以我要让你管理我全部的财产。"(《马太福音》,25 章,21 节＋24 章,47 节)

好,请用心注意我们的主所说过的话,他说道:"你这又良善又忠心的仆人,可以进来享受你主人的快乐! 因为你在小事上有忠心,所以我要让你管理我全部的财产。"我们的主又在另外一篇福音书里对一个向他致意并称他为"良善"的年轻人说道:"你为什么称我是良善的? 除了上帝一位之外,再也没有良善的!"(《马可福音》,10 章,18 节)这当然是千真万确的。凡是被造物所是的,只要它还立足于自身之上,那么,就都不是良善的。除了上帝一位之外,没有什么是良善的。难道上帝会跟他自己的道相矛盾吗? 完全不会。现在请注意听我说的话!

只要人为上帝而否定自己,从而与上帝合而为一,他就更成为

基督之升天，画面表现出众人因之而欢欣。

上帝而不再是被造物了。如果人为上帝而完全摆脱了自己,从而除了属于上帝以外再也不从属于任何人,如果他除了为上帝以外再也不为别的任何人而活着,那么,由于恩典,他就得以真正跟上帝由其本性所是的一样,而上帝由自我出发也看不出他自己与这样的人之间有什么区别。可是,我这里说的是"由于恩典"。因为这里一方面是上帝,另一方面是一个这样的人,如果说上帝由其本性就是良善的,那么,这样的人就由于恩典才是良善的;因为上帝的生命以及他的存在,完完全全地在这样的人里面。所以,他称这样的人为"良善的人",我们的主所说的"良善的仆人",就是这个意思;因为这个仆人在上帝面前之成为良善,除了在上帝里面,就再也不会在其他任何神性之中。我不止一次地说过,上帝的生命和存在也处在一块石头或一根木头或者别的什么被造物里面,而这些东西并没有得到福乐。然而,在那个仆人那里就不一样了,他得到了福乐,他是良善的,因为上帝在这个仆人里面满怀着喜悦,上帝欢乐地和理智地在他里面并与他一起生活着,就像在他自己里面一样;因此,那个仆人是有福的和良善的。所以,我们的主说:"你这又良善又忠心的仆人,可以进来享受你主人的快乐!因为你在小事上有忠心,所以我要让你管理我全部的财产。"

我已经说了这仆人的良善,说了为什么他是良善的。现在我还要对你们讲讲他的忠心,因为我们的主说:"又良善又忠心的仆人!因为你在小事上有忠心,所以我要让你管理我全部的财产。"

好,请注意,究竟什么是这个人显出忠心的"小事"。上帝在天上和地上所创造的一切,不是他所是的,在他面前就都是小事。而这位仆人已经在所有这些事情上显出忠心。为什么这样,我来给你们解释。上帝将这个仆人放置到时间与永恒之间。他不隶属于任何人,他自由自在地存在于理性之中,存在于意志之中,并且不受任何事物的牵制。他用他的理性穿越上帝所创造的万物;他又用他的意志抛弃掉这万物,而且也抛弃掉自己以及上帝所创造而又并不就是上帝的一切。他用他的理性去接受它们,为此而赞美上帝,然后他将它们交付给上帝,使它们进入到上帝的深不可测的本性之中,与此同时,将作为被造物的自己也一并交付到这里面。在那里,他撇下了自己以及万物,这样,他就不再用他的被造的意志去触及自己以及某一样被造的事物了。确实如此!谁以这样的方式显出忠心,上帝就对他产生出无法形容的喜悦,倘若有人竟然要想从他那里夺走这样的喜悦,那就无异于要从他那里夺走他的生命、他的存在以及他的神性。

可是我还有要说的!不要害怕,因为这个喜悦是贴近你们的,就在你们里面:你们里面没有人会如此浅薄,如此迟钝和隔膜,竟然无法凭着欢乐和知识在自己里面真正寻找到这样的喜悦,恐怕你们用不到今天走出这教堂的门口,也用不到听完我的讲道,你们就已经能够找到它了。说实在的,你们中的每一个人都能够确切无误地在自己里面找到它,感受到它和获得它,就像上帝就是上帝,我就是人一样地确切!是这样的确切,因为这是真的,是真理在说话。而我还要用福音书里的一个譬喻①来向你们解释。

我们的主因走路困乏,坐在一口井旁。有一个撒玛利亚的妇人从田野里走来,她拿着一只水罐子和一根绳子来打水。我们的

---

① 事见《约翰福音》,4 章,1—26 节。——德文本编者

主对她说:"请你给我水喝!"她回答他说:"你既是一个犹太人,怎么向我一个撒玛利亚妇人要水喝呢?我们的信仰和你们的信仰是不同的啊!"我们的主回答说:"你若知道上帝的恩赐和对你说给我水喝的是谁,你必早求他,他也必早给了你活水。凡喝这水的,还要再喝,人若喝我所赐的水就永远不渴。我所赐的水,要在他里头成为泉源,直涌到永生。"这妇人听着我们的主的话,因为她并不愿意这么远来打水,她就说:"先生,请把这水赐给我,叫我不渴!"我们的主说:"你去叫你丈夫也到这里来!"但她说:"我没有丈夫。"我们的主说道:"你说你没有丈夫,是不错的。你已经有五个丈夫,你现在有的,不是你的丈夫。"那妇人就放下了绳子和水罐,对我们的主说:"先生,你是谁呢?有这样写着:当人们称为基督的弥赛亚来的时候,必将一切的事都告诉我们。"我们的主就说:"这和你说话的就是他",而这话就充满了她整个的心。她说道:"先生,我们的祖先在山上的大树下面礼拜,你们犹太人的祖先却是在圣殿里礼拜;先生,他们哪个对呢,应当在哪里才好呢?请你教我!"我们的主说:"妇人,时候将到,如今就是了,真正的礼拜者将不单在山上或者在圣殿里礼拜,而是也在心灵里和在真理里面拜父;因为上帝是个灵,谁想要拜他,也必须用心灵和诚实去拜他,而父也正是在寻找这样的礼拜者。"(《约翰福音》,4章,6—24节)这妇人就此为上帝所充满,上帝使她感到了无比的充实,以至于她也开始去讲道,大声呼唤。她要将她看到的每一个人都引领到上帝那里,让他们也像她自己一样地为上帝所充满。你们看,她的确是好像又有了她的"丈夫"了。

如果灵魂没有把它的"丈夫"也带了来,也就是说,没有把它的自由意志也带了来，那么，上帝就不会完完全全地将自己显现给它。所以我们的主说："妇人，你说的不错；你已经有了五个丈夫，他们都死了，而你现在有的，不是你的丈夫。"这五个丈夫又是什么呢？这是指五个感官，她因了它们而犯下了罪孽，所以说它们都死了。"而你现在有的，不是你的丈夫"：这是指她的自由意志；这自由意志并不属于她所有，因为它被束缚在死罪之中，她根本无从操纵它，所以说它不属于她所有；因为人无从操纵的东西，就不属于他所有，而属于其操纵者所有。

但我说：如果人在恩典里得以操纵他的自由意志，并且能够把它跟上帝的旨意完完全全地合而为一，那么，他就只需要像那个妇人一样说道："主啊，请你教我，我应当在哪里去礼拜，以及我应当做什么事才在你看来是真正的好事呢？"耶稣作了回答，这也就是说，他确实而完整地将自己所是的全部显现了出来，使人得以充盈丰满，可以从上帝的盈满之中向外溢出，就像那个井边的妇人在短时间内做到的那样，尽管她此前对此完全一无所知。所以我要再一次说，就像我先前说过的那样：在这里，再也没有人会如此肤浅，如此无知和无能，因此，只要他凭着上帝的恩典而能够使得他的意志跟上帝的旨意完全合一，他就只需要讲："主啊，请你将你的旨意教给我，赐给我力量去完成它！"而上帝也一定会亲自去作成它，上帝也会像他当时给予那个妇人一样地给予他同样的充盈丰满。看，就连你们中粗浅低微的人，也会在他今天走出这个教堂之前或者在我今天讲完之前就从上帝那里接受到一切，是千真万确的，就像上帝存活着和我是人那样的千真万确！所以我说："不要害怕！这个喜悦是贴近你们的，只要你们理智地去寻找它。"

现在我再重复我们的主所说的话："你这又良善又忠心的仆人，可以进来享受你主人的快乐！因为你在小事上有忠心，所以我要让你管理我全部的财产。"好，现在请你们注意他说出的那句宝贵的话："管理我全部的财产。"什么是主人的财产呢？它首先是指那散布在一切事物或者说一切被造物之中的善性，使它们由于这主人的善性而得以成为善良，不管是在天上还是在地上都如此：这就是主人的财产。因为，除了来自于他以外，再也没有谁得以成为善良或者具有善性。所以，它确实是他的财产。然而，再进一步说，凡是人谈论上帝时所能够说出的，或者运用理性所能够把握到的，或者以某种方式能够加以阐明或揭示的，也都是主人的财产，——而主人也愿意让这个仆人去管理所有这一切，因为他在小事上良善而有忠心。然而，主人本人却超越于所有财产之上，他与这财产既有相同之处，却又有异于它，既不是这个，也不是那个，既不在这里，也不在那里。所以他说："你这又良善又忠心的仆人，可以进来享受你主人的快乐！因为你在小事上有忠心，所以我要让你管理我全部的财产。"

这样，我对你们说了什么是主人的财产，为此，他说道："你可以进来享受你主人的快乐。我要让你管理我全部的财产"，他似乎是要说：你要脱离一切被造的善，脱离一切分散而零碎的善；你从这一切中脱离出来，我要将你放到非被造的善和完整的善里面，而这就是我自己所是的。因此他才说："你可以进来享受你主人的快乐！"他似乎是要说：你要从一切分散的快乐中脱离出来，因为这样的快乐不是发源于自己；你要进入到那完整的快乐中，因为这种快乐发源于自己而且就在自己里面，这无非就是"主人的快乐"。

关于什么是"主人的快乐",还有一句话要说。这真是一个奇怪的问题!有谁能够解释或者说明白那个没有人会理解和认识的事情呢?虽然如此,我还是要稍稍来谈一下。"主人的欢乐",这就正是那主人自己,不是别的什么;而"主人",乃是一个活着的、具有本质的、存在着的理性,它理解自己并且存活于自己之中,始终如一。对于这"主人",我在这里不去添加任何方式,倒不如说我已经从他那里去除掉了所有方式,就因为他本身就是没有方式的方式,为自己存在着而感到高兴。看,这就是"主人的快乐",它就是主人自己,也就是他,叫他的仆人进到这里面,就像他所说的:"你又良善又忠心的仆人,可以进来享受你主人的快乐。因为你在小事上有忠心,所以我要让你管理我全部的财产。"

愿上帝扶助我们,让我们也能成为良善和忠心,使得我们的主也让我们进到里面,永远留在那里,让我们和他在一起,他也和我们在一起。阿门。

第二十八讲

Intravit Jesus in quoddam castellum, et mulier quaedam, Martha nomine excepit illum etc. (Luc. 10,38)

"耶稣进了一个村庄。有一个女人名叫马大,接他到自己家里。"(《路加福音》,10章,38节)

圣路加在福音书里写道:"我们的主进了一个村庄。有一个女人名叫马大,接他到自己家里;她有个妹子名叫马利亚,在我们的主的脚前坐着听他的道。马大伺候我们的主,很是忙碌。"(《路加福音》,10章,38/40节)

有三件事使马利亚坐到我们的主的脚前。第一件事是上帝的仁慈已经围住了她的灵魂。第二件事是一个重大而又说不清楚的要求:她有追求,却不知道追求什么,她有愿望,却不知道愿望什么!第三件事是她从永恒的道里面汲取到的由基督的口里流出来的甜蜜的安慰和极大的喜悦。

而也有三件事在驱使着马大忙着伺候基督。第一件事是她已年长,她具有最熟练的伺候能力。因此她相信,没有人会比她更适合于做这个事情。第二件事是经过深思熟虑知道如何使爱心得到最佳的表现。第三件事就是对所爱的来客的高度的敬重。

扫罗（即以后的使徒保罗）皈依纪念日。

大师们说，上帝愿意任何人在精神上和感性上得到最大的满足。至于上帝在精神上和在感性上满足我们，这二者可以从上帝的好朋友那里清楚地加以区分。感性上给予满足，是指上帝赐给我们安慰，赐给我们欢乐和知足；就内在的感官而言，上帝的好朋友不会由于这些东西而感到娇宠。反之，精神上的满足则是指灵里面的满足。我在说到精神上的满足时，是假定那灵魂的最高的树梢不会由于各种高兴的事情而弯曲下来，不会淹没在自我得意之中，而是对其显示出坚定的毅力。只有当被造物是忧是喜都不能使得灵魂的最高的树梢弯曲下来时，人才得以处于精神上的满足。我把在上帝之下能感知到的一切都称为被造物。

现在马大说："主啊，请吩咐她来帮助我。"马大并不是出于不满而这样说的；她是出于好心才这么说的。我们应当称之为一种宠爱，一种逗趣。为什么呢？请注意！她发现，马利亚整个的灵魂都陶醉了。马大对马利亚的认识，胜过马利亚对马大的认识，因为她已经生活得很久了，而生活确实是提供了最宝贵的知识。生活使人们可以胜过今生在上帝之下所能够达到的一切东西去更好地认识乐趣和光亮，而且，在一定程度上，要比这些东西所能够赋予的永恒之光更为纯真。那永恒之光总是只能使我们认识我们自己和上帝，却不能认识到没有上帝的我们自己。可是，在人们眼睛只看到自己的时候，他们就更敏锐地感知到等同与不等同二者之间的区别。圣保罗和异教的大师都证实了这一点。圣保罗在他那次狂喜中以灵性的方式见到了上帝与他自己一起在上帝里面；然而，他并没有直观地在上帝里面仔细认清各样美德。这是由于他并没有实际去实施各样美德。反之，异教的大师们却通过对各样美德的实施而达到了很高的认识,所以他们对任何一样美德都具有直观的认识,比起保罗或者某个圣者在其初次的狂喜时刻的认识要更仔细。

对于马大,也是如此。所以她会说:"主啊,请吩咐她来帮助我",她就好像是说:我的妹妹觉得她只要坐在你脚前得到了你的安慰,她就能如她所愿了。现在请你让她知道这是不是这样,叫她站起来,从你这里走开!另外,这也是一种体贴,只是没有直说而已。马利亚则满怀着期望,她极力追求着,却不知道追求什么,她渴望着,却不知道渴望什么!我们有这样的怀疑,即马利亚坐在那里,更多地是为了获得美好的感觉,而不在于获得心灵上的收获。所以马大说:"主啊,叫她起来吧。"因为她怕马利亚会始终留恋这种美好的感觉,就此停止不前。这时,基督回答她说:"马大,马大,你为许多事思虑烦恼。有一件事是不可少的!马利亚已经选择了最好的部分,是不能从她那里夺去的。"* 基督对马大说这话,不是在责备她,只是告诉她和安慰她,马利亚会如她所愿的。

为什么基督叫"马大,马大",接连叫了两次她的名字呢?伊西多尔②说:毫无疑问,在上帝化身成为人以前和在这以后,凡是他不称呼其名字的人,都已经消逝;他不称呼名字的那些人,都是有疑点的。我现在把基督的永恒的知识称为基督的"按名称呼":就是在创造万物之前自从永恒以来就始终记载在"圣父—圣子—圣

---

* 见《路加福音》,10 章,41—42 节。今本《圣经》中,不写作"最好",而是"良好"。——译注

② 伊西多尔(Isidorus de Sevilla,560—636)的引文出处不详。关于两次呼叫马大的名字一事,奥古斯丁在他的《讲道录》(*Sermo*),CIII n. 2 中有所论述。——德文本编者

灵"这本永存的书里面。在这本书里按名字称呼到的,以及如果基督确实用名字称呼过的人就不会消逝。摩西证实了这一点,上帝自己对摩西说:"我按你的名字认识你"(《出埃及记》,33 章,12 节),而基督对拿但业说:"当你躺在无花果树底下时,我认识你了。"(《约翰福音》,1 章,50 节)无花果树指一种绝不拒绝上帝的心情,它的名字自从永恒以来就已经写在上帝里面。这足以证明,凡是基督出于永恒的道(即从那永恒的书里,从自己那里)而在他降世为人时亲口称呼名字的,都不曾消逝,并且以后也不会消逝。

为什么他两次称呼马大的名字呢?他是要说明,无论是暂时的财富还是永恒的财富,凡是一个被造物能够拥有的,马大都拥有。他第一次叫马大,意思是说马大在今世暂时的行为方面是完美无缺的。他第二次叫马大,则说明凡是永恒的福乐所必要的东西她也一无所缺。所以他说:"你为许多的事思虑烦恼",意思是说:你处身于事物的一旁,但事物并不在你里面。可是,从事"事业"而遇到阻碍的那些人,才会忧虑重重。反之,按照永恒的光的榜样有条不紊地处理各种事务的人,是不会受到任何阻碍的。人们处理"事务"是从外部来做的,反之,人们殚智竭力发自内心来做的,才是"事业"。这样的人,处身于事物的一旁,而不是陷在事物里面。他们虽然站立在一旁,但他们所得到的一点也不少,他们就好像是站在上面,站在永恒之边界上面。我说是"站立在一旁",因为他们以所有被造物为"中介"。有两种"中介"。一种中介是:没有了它我就不能进到上帝里面,这是处于时间之中的事务和"事业",而这并不削弱永恒的福乐。另一种中介是:正好超脱于前面的那种中介。因为我们之所以让我们置身于时间之中,乃是为了将通过理智的"事业"变得在时间上靠近于和类似于上帝。圣保罗也这样认为,他说:"要克服时间,因为所过的日子是邪恶的。"*(《以弗所书》,5 章,16 节)"要克服时间",意思是,我们应该毫不懈怠地在理性之中向上攀升到上帝那里,就是说,并不是靠那些形形色色的表象,而是立足于合乎理性而又生气勃勃的真理之中。至于"所过的日子是邪恶的",你们应该如此来理解:"日子"是针对"夜晚"而言的,因为如没有夜晚,就没有什么日子,也就不会有人再谈起什么日子,因为这样一来,一切的一切都成了一种光。保罗正好就是这个意思;因为一种与黑暗并存的光亮的生活,实在太渺小,这黑暗会让崇高的心灵看不到或看不清永恒的福乐。基督也这样认为,他说:"应当趁着有光的时候行走。"(《约翰福音》,12 章,35 节)因为,凡是在光里面做事的人,就向上攀升到上帝那里,得以摆脱掉所有的起中介作用的东西:他的光就是他的"事业",而他的"事业"也就是他的光。

对亲爱的马大,也是如此。因此,他对她说:"有一件事是不可少的",是一件,而不是两件。我和你,一次性地被那永恒的光所围绕——这就是"太一"。而那个"一分为二的太一",却是一个燃烧着的灵,它超越于万物之上,但又在上帝之下,居于永恒之外围。之所以说它是一分为二,乃是因为它并不直接见到上帝。它的认知以及它的存在,或者说,它的认知以及认知之影像,都绝不会成为"一"。只有当上帝在心灵上完全脱离开了影像而被见到的时

---

* 中文本《圣经》译作"要爱惜光阴,因为现今的世代邪恶",据今本德文本《圣经》和英文本《圣经》均译作:"要赎回时间,因为所过的日子是邪恶的。"——译注

候,人们才见到上帝。到那个时候,一才成为二,二也成为一,分为二的光和心灵又在永恒的光的围绕之中合而为一。

现在请注意,什么是"永恒之外围"。灵魂有三条路可以通往上帝。第一条路是:做各种各样的"事业"用火热的爱在所有被造物里面寻找上帝。大卫王就是这么想的,他说:"我在万物之中寻找安宁"(《便西拉智训》,24 章,11 节*)。

第二条路是一条没有路的路,既自由而又受约束,在那里,人们既无意志,又无影像,从而远远超越于自己以及万物之上,然而,虽然如此,这样的人们却没有能够获得实质性的持续存在。基督说的就是这个意思,他说:"彼得,你是有福的!因为这不是血和肉在指示你,当你呼唤我'上帝'时,这乃是表明你已经升跃到了理性:是我在天上的父指示你的。"**(《马太福音》,16 章,17 节)圣彼得并没有见到上帝的真身;但他靠着天父的力量得以超脱一切被造的理解力而进入到"永恒之外围"。我说:在不知不觉之中,他被天上的父以他满腔的爱用暴风雨般的力量捕捉到一个高入云霄的灵里面,这个灵靠着天父的威力而超越于一切理解力之上。在那里,从上面下来有声音进到圣彼得里面,这声音是一种能让被造物听得懂的甜蜜的声音,但又摆脱了一切感性的情趣,来自于神人合一的单一的真理,来自于与天上圣父和圣子一列的那一位***。我

---

* 在今本《次经》中,为:24 章,7 节。——译注

** 今本《圣经》中,无"当你呼唤我'上帝'时,这乃是表明你已经升跃到了理性"这一段话。——译注

*** 显然,这就是指三位一体中的圣灵。——译注

可以大胆地说,假如圣彼得当时就能直接在上帝的本性之中看到上帝,像他以后做到的那样以及像圣保罗在第三层天*所经受到的那种提升一样,那么,即使是最高贵的天使所说的话,他都会觉得是粗浅的。然而,他往往说了一些我们亲爱的基督当时并不需要的甜蜜的言语;因为他看到了心和灵的根基,他超脱了真实的即时即刻而直接站立到上帝的前面。圣保罗是这样认为的,他说:"有一个人,他被提升,并听见隐秘的言语,是人不可说的"(《哥林多后书》,12章,2—4节)。你们由此可以认识到,圣彼得还只是刚刚站立在"永恒之外围",他还没有看到在一统之中的上帝,还没有在他特有的存在之中看到他。

第三条路,虽然叫作"路",然而确是一种"在家",这就是:是在上帝的特有的存在之中直接看到上帝。现在,亲爱的基督说:"我就是道路,真理和生命"(《约翰福音》,14章,6节):成为人身的基督,在父里面的基督,在灵里面的基督,这就是这三个:道路、真理和生命,而所有这一切都在亲爱的耶稣里面合而为一。在这条道路之外,所有被造物形成了包围圈和"中介"。然而,走这一条路就得以由上帝父神的"道"之光引入到他里面,又得以被他们二者的"灵"之爱所护围:这确实超越出了人们在道里面所能够理解到的一切。

听听奇事吧!奇哉:既是站在外面又是站在里面,既包容万物又完全被包容,既在观看又被观看,既主动而又被动——这就使那将亲爱的永恒合而为一的灵得以保持在安宁之中的那个目的地

---

* 见《哥林多后书》,12章,1—5节。——译注

所在。

现在我们再回到我们的论述,看看亲爱的马大以及所有上帝的朋友如何"在思虑一旁",但并不"陷于思虑"。如果这样,那么在时间之中所做的事就像以某种方式把自己与上帝连在一起一样地高贵;因为这样所做的事也会像那能够让我们分得的至高的东西一样地把我们带到上帝那里,唯一例外的是还做不到在上帝的纯真的本性中看到上帝。所以基督说:"你是站在事物之一旁,站在思虑之一旁",意思是,她(马大)是用一些较低下的力量在遭受思虑烦恼,因为她并没有为心灵之甘甜所迷醉。她是站在事物之一旁,而不是陷于事物之中;她是单独在一旁,与这些事物是分开来的。

在我们的行为中有三点尤其要做到。这就是:人们应该有条理地、富有见识地和审慎地做事。我之称为"有条理地",是指在各个要点上都与那至高的东西相适应。我之称为"富有见识地",是指人们在当时不知道还有什么较之更好的东西。而我之称为"审慎地",是指人们在做善良的事情时应当时刻注意能否感知到那充满活力的真理。有了这三点,就能够引领人们靠近上帝,能够使人们从中得益,就像当年抹大拉的马利亚*在荒漠中感受到各样欣喜一样。

现在基督说道:"你为许多事思虑烦恼,而不是只为一件事。"

---

* 根据传说,抹大拉的马利亚(Maria Magdalena)原来是个罪人,后来成为耶稣基督的门徒,她在这里跟伯大尼(Bethanien)的马利亚相提并论。事见《马太福音》,28 章,1 节;《马可福音》,16 章,1 节和《路加福音》,24 章,10 节。在基督死后,她多年遁入荒漠隐居。——译注

这意思是说：如果一个灵魂不做任何"事业"，纯真而单一地向上攀升，站立在"永恒之外围"，那么，当它受阻于某个作为"中介"的东西时，它就会"思虑烦恼"，使它再也不能在那里满怀喜悦地站立在上面。一个这样的人就由于这某个东西而思虑烦恼，陷入忧虑和困扰之中。但是，马大却怀有久经考验的美德，她具有的是不受任何事物阻碍的摆脱了各样忧虑的心情。所以，她希望让她的妹妹亦如此，因为她发现她妹妹实质上还没有达到如此的境界。出于一个崇高的理由，她希望马利亚也置身于一切属于永恒的福乐的东西之中。所以基督说："有一件事是不可少的！"

这一件事是什么呢？就是上帝。这是所有被造物都必不可少的；因为，假如上帝将自在地属于他的东西都抽走，那么，所有被造物就会变得一无所是。倘若上帝从基督的灵魂里把属于他的东西都抽走，即把使这灵魂的灵得以与永恒的上帝合而为一的东西都抽走，那么，就会使基督成为纯粹的被造物。所以，人们非常需要那一件事。

马大害怕她妹妹会心满意足地迷恋于甜蜜之中，她希望她妹妹能跟她自己一样。因此，基督说话了，意思是说：放心吧，马大，她也已经选择了最好的部分。她会回转过来的。一个被造物所能够分得的最高的东西，她都能够分得到：她将像你一样地有福！

现在，让我来对你们说说美德里所包含的教义！行美德的生活，有三点是与意志相关的。第一是：在上帝里面放弃意志，因为人们必须完成他们所认识到的，不管是在摆脱之中还是在接纳之中认识到的。一共有三种意志。第一种是"感性的"意志，第二种是"由理性照亮的"意志，第三种是"永恒的"意志。

那感性的意志渴望得到教导，企望能聆听到真正的导师。

那由理性照亮的意志，就在于追随耶稣基督以及圣者的所有事迹，就是说，做到严以律己，端正自己的所言和所行，事事向着至高者看齐。

如果这一切都做到了，上帝就会进一步深入到灵魂的根基里：这就是永恒的意志，它有着圣灵的充满着爱的诫命。这时，灵魂会说："主啊，请你把你的永恒的旨意所是的，也注入给我！"如果它以这样的方式做到符合我们前面所说到的要求，从而取悦于上帝，那么，亲爱的父就会将他的永恒的道注入灵魂里面。

现在，我们有些头脑单纯的人会说，我们应该使我们达到如此的完善，没有什么欢乐可以打动我们，对一切喜怒哀乐之事都无动于衷。这样说是不对的。我要说，还从来没有一个这么伟大的圣者，他会是绝对不可被打动的。反之，我说，在今世生活中倒是有这样的圣者，确实没有什么东西能够使他们离开上帝。难道你们错以为，只要有什么言语能够激起你们的喜怒哀乐，你们就是不完善的吗？不是这样！即使基督也不是如此；他通过他所说的话让大家知道这一点："我的灵魂甚是忧伤，几乎要死。"（《马太福音》，26章，38节）基督所说的话是如此悲伤，哪怕所有被造物的悲哀都集中到一个被造物上，也不会比基督的悲哀更痛苦了。而这却来源于他的本性之高贵，来源于属神的本性和属人的本性在他里面达到的神圣的合一。所以我说：还从来没有一个圣者会对是甘是苦都无动于衷，而且以后也不会有。诚然，有时在这里或那里，由于上帝的仁慈爱心和奇迹的作用，在一个人为自己的信仰或者别的什么而遭人责骂时，他会被恩典所充满，以至于可以完全置个人的悲喜于不顾。这样,一个圣者可以做到任何东西都不会使他离开上帝,虽然内心受着折磨,不能蒙受到恩典,但是他的意志仍然执着地信奉上帝,说道:"主啊,我属于你,你也属于我!"不管这样的人会遭遇到什么,都对永恒的福乐没有什么阻碍,因为这并没有向上侵犯到心灵的最高的枝梢,而正是在那里,他跟上帝的至爱的旨意合而为一。

基督说:"你为许多事思虑烦恼。"马大是个明理的人,她所做的"事业"不会对她有所阻碍。她的所作所为都引导她走向永恒的福乐。这永恒的福乐固然也是以某种方式需要经过中介的,然而,如果能够具有高贵的本性和不懈的努力,以及上面所提到的那种美德,还是大大有助于此的。马利亚在她成为(成熟的)马利亚之前,先就要成为(这样一位)马大;因为当她仍然坐在我们的主的脚前的时候,她还没有成为真正的马利亚。她有马利亚的名字,但在她的存在之中她还没有成为真正的马利亚;因为她还只是心满意足地坐着,只是进了学校刚刚在学习如何生活。而马大却已经是明理的人了。所以她说:"主啊,叫她站起来",她好像是在说:"主啊,我希望她不要这样心满意足地坐着;我希望她要学习如何生活,希望她真正学到手:请叫她站起来,让她得以成为完善。"当她还坐在基督的脚前时,她还没有被称为马利亚。我要称之为马利亚的,应当有着良好锻炼的躯体,又顺从于智慧的教导。而我称之为顺从的,乃是使意志符合于"一统"所要求做到的。

我们那些头脑简单的人错误地认为,他们可以使得他们的感官丝毫感觉不到那些感性的事物在即时即刻的存在。其实这是做不到的。我绝没有办法让折磨人的噪声在我的耳朵里变得像优美的提琴声一样地悦耳。然而,人们还是可以做到,用他们的洞察力去感受这样的折磨人的噪声,让一种由知识而形成的意志去支持这样的洞察力,并且命令那(感性的)意志不要为此而烦恼,这样,意志就会说:我乐意于此!你看,这样一来,奋斗带来了乐趣;因为凡是人必须刻苦奋斗才能够得来的,就都会使他从心底里感到高兴,才会结出成果来。

现在,有一些人甚至想要什么事都不做。我说:不可如此!自从门徒们接受到圣灵的那个时刻*起,他们就开始做出种种的德行。所以:当马利亚坐在我们的主的脚前时,她还在学习,她才进学校学习如何生活。到了后来,当基督已经升天而她也已经接受到圣灵时,她这才侍奉主,远涉重洋去宣讲主的道,并为使徒们服务。只有当圣者们成圣的时候,他们才开始做出种种德行;因为只有这时,他们才在为永恒的福乐积聚宝藏。这以前所做的一切,只是在偿还欠债和逃避惩罚。我们在基督身上又找到了这方面的一个见证:从上帝成为人和人又成为上帝的一开始起,他就一直为我们的福乐而做着各样的事情,直到最后他在十字架上死去。他以整个身心在施行德行。

愿上帝扶助我们,让我们真正效法他施行真正的德行。阿门。

---

* 事见《使徒行传》,2 章,1—4 节。——译注

第二十九讲

Convescens praecepit eis, ab Jerosalymis ne discederent etc. (Act. 1,4)

"嘱咐他们说,不要离开耶路撒冷。"(《使徒行传》,1章,4节)

这些话我已经用拉丁文说过了,是在今天做弥撒时念到的。圣路加写道,我们的主在要升天的时候,与他的门徒一起进餐,吩咐他们不要离开耶路撒冷,而要等候他们已经从他口中听到了的父的允诺;因为他们不久就要在圣灵里面受洗(《使徒行传》,1章,4—5节)。

他谈到了父所作的允诺或者说父所许的愿。这个愿也分给了我们,我们也应该在圣灵里面受洗,由圣灵里面领受到使我们可以超越时间进入到永恒之中的恩赐。在那些有时间性的事物中,我们既不能领受到圣灵,圣灵也不会被赐给我们。如果人使自己脱离开那些有时间性的事物,回归到自己里面,那么,他就会在那里发觉有一种属天的光从天而降。这光是在天之下,然而又来自于天。在这个光里面,人获得了满足,但这种满足还是肉体上的;他们说,这乃是物质。一块铁,从本性来说是要掉下来的,但是由于

（明谷的）伯尔纳（Bernhard de Clairvaux）纪念日；圣者，以及圣多明我的母亲。

磁石从天那里接受到了宝贵的作用而让这块铁与它的本性相违背地向上被吸起到磁石那里。磁石转向哪里，这块铁也转到那里。灵也是如此：它并不仅仅满足于那个光；它一往直前，穿越过全部苍天，直到它到达那个在运转着天的灵那里；世界上的一切都是靠着天的运转才得以昌荣繁盛。可是，灵一直不满足，它还继续向前，要进到灵由以发源的那个混沌和根源里面。……①

这个灵应该逾越所有数字，突破所有多样性，然后又被上帝所突破；可是，他如何突破我，我也同样突破他！上帝将这个灵引领到荒漠里，引领到他自己的一统里，在那里，它成为纯真的"太一"，只在自己里面流动。这个灵不具有任何为什么；如果说它还有某个为什么的话，那一统也应该具有它的为什么。这个灵站立在一统与自由之中。

有大师们说，意志是完全自由的，除了上帝以外，没有人能够强制它。而上帝也不去强制这意志，他给予它的自由，就在于它所想要的不外就是上帝自己所是的以及自由本身所是的。反过来，灵所能够愿望的不外就是上帝所愿望的；但这并不是它的不自由，乃是它原本就固有的自由。

现在有一些人说："如果我有了上帝以及上帝的爱，我就能够做一切我想做的了。"这些人没有很好地理解道。只要你还能够做某种违背上帝和违背他的诫命的事情，你就不会有上帝的爱，虽然你可以欺骗世界说你具有上帝的爱。那站在上帝的旨意和上帝的

---

① 这里原文有脱落。其间曾有一些研究者试图根据某些手稿给以填补，但显然不够令人信服。故而这里不予采用。——德文本编者

爱里面的人,乐意做一切讨上帝喜欢的事,避离一切违背上帝的事;对于上帝想要做成的事,他绝不会掉以轻心,同样,对于违背上帝的事,他也绝不会去做。立足于上帝的旨意之中的人,一定是疾恶如仇的,他绝不会去做任何邪恶之事,他对此就像一个绑住腿的人寸步难移一般。有先知说道:哪怕上帝自己命令我弃善从恶,我也不会去作恶!因为,除非自己就是美德,不然就不会去热爱美德。人若将自己连同万物都撇下了,如若在任何事物上都不去寻求属于自己的东西,他的一切所作所为都不问为什么,而仅仅出于爱,那么,这样的人就已经对整个世界都死了心,他生活在上帝里面,而上帝也生活在他里面。

现在,有一些人会说:"你们对我们说的话很动听,可是,我们一点也察觉不到。"这个连我也在惋惜呢!这个存在,既如此高贵而又如此普通,你不需花费分文去买。你只要有执着的努力和自由的意志,就可以拥有它。万物在处于其最低下的存在之中而短暂即逝时,人若将其撇下,那么,他就在上帝里面又接受到它们,而那时,它们就成为真理了。在这里死去的一切,在那里就是生命,所有在这里是物质的东西,在那里就成为在上帝里面的灵。就好像一个人将纯净的水注入一个完全纯净的器皿里面,等静止以后弯下身来看自己的脸,他就会在器皿底看到完全跟自己的脸一模一样的影像。这是由于器皿里的水是纯净而静止的。对于所有站立在原本的自由与一统之中的人来说,也是如此。如果他们在和平与安宁之中接受到上帝,那么,他们也应该在动荡不安之中接受上帝,这才是对的。而如果他们在动荡不安中不像在和平和安宁中那样接受上帝,那么,就不对了。圣奥古斯丁说:凡是对过日子感到厌倦的人,应当归顺上帝,在上帝里面,没有什么无聊可言,在上帝里面,万物都归于平静。热爱正义的人,是为正义所把握着的,他们真正成了强者。

我们的主说道:"我不称你们为仆人,我乃称你们为朋友,因仆人不知道主人想要做的事。"(《约翰福音》,15章,15节)我的朋友也可以知道某些我也许不知道的事,假如他不想让我知道的话。但我们的主说道:"因我从父所听见的,已经都告诉你们了。"(《约翰福音》,15章,15节)现在,一些确有学问且一心想成就大业的神甫,使我感到惊奇,他们竟然如此迅速地让自己感到心满意足,他们对我们的主所说的"因我从父所听见的,已经都告诉你们了"这句话断章取义,自以为是地认为:他已经把我们在通往永恒福乐的"道路"上所需要知道的都告诉了我们。我不认为可以这样来理解,因为这不是真实情况。为什么上帝要一度成为人呢?是因为我得以作为这同一个上帝而被生养。上帝之所以要一度死去,就是为了使得我对整个世界以及所有被造物都死心。我们应该如此来理解我们的主所说的"因我从父所听见的,已经都告诉你们了"这句话。那么,子从父那里听见的是什么呢?父所能做的,不外就是生养,而子所能做的,不外就是被生养。父所有的和所是的一切,属神的存在和属神的本性之奥秘,都在他的独生子里面将这一切生养出来。子把他从父那里听见的都告诉了我们,为的是使我们也成为同样的子。子从父那里得到了一切,存在与本性,为的是使我们也成为同样的独生子。除了独生子以外,谁也得不到圣灵。是父与子在驱使圣灵起作用;父与子才是起决定作用的。诚然你也会接受到圣灵的恩赐或者感受到与圣灵的类同;可是,这是不持久的,不会一直留存的。就好像一个人由于害羞而脸红,尔后又变得苍白:这是突然而来的,一会儿又过去了。可是,一个生来就红润美丽的人就不是这样。对那个已经成为独生子的人,也是如此,圣灵常留在他那里。所以在那本智慧之书中又写道:"我今日生养了你,就是在我的永恒之光的反射中,在神性之丰满以及所有圣者的清澈中。"(《诗篇》,第2篇,7节+第109篇,3节)他之生养他,就是在今日,就是在现在。那里就是在神性里面的分娩,在那里,他们"在圣灵里面受洗";这是父许给他们的允诺。"在这些日子以后,就不再论是多还是少了",那里有着"神性之丰满",不再有白天和黑夜之分;那里,千里之遥犹如近在咫尺;那里有着整个神性之丰满和欢乐;那里就是一统。只要灵魂觉察到有某种差异存在,它总还是未得其所;只要它还在东张西望着什么东西,它就还不是一统。抹大拉的马利亚在坟墓中寻找我们的主,她在寻找一个死人,却找到了两个活的天使;她还是感到失望。那两个天使就说:"妇人,你为什么悲伤?你在寻找谁呢?"(《约翰福音》,20章,11节起)他们好像是要说:"你在寻找一个死的,却找到了两个活的。"对此,她似乎会这样说:"我的苦衷和我的忧虑,恰恰就在于我找到了两个,然而我只在寻找一个!"

  只要灵魂还能够察觉到某些被造事物的某种差异,它就陷入苦恼。我说,就像我已经多次说过的那样:当灵魂仅仅只有它的合乎本性的也即被造的存在时,就没有什么真理可言。我说,有某种超越于灵魂的被造的本性之上的东西存在着。可是好些神甫没有理解到,理应有某种跟上帝非常亲密和非常合一的东西存在着。它跟虚无有些相同。一切被造的东西,尽都是虚无;而那个东西却跟一切被造之物格格不入。它是自在的"太一"，它除了它自己以外不受纳任何东西。

我们的主升天了，超越一切光、一切知性和一切悟性之上。那个因此得以超越一切光之上的人，就居住到一统之中。所以圣保罗说："上帝住在人不能靠近的光里"（《提摩太前书》，6 章，16 节），而这原本就是纯真的"太一"。因此，人应当清心寡欲，一无所求，不跟任何人相攀比，这样，他才真正与上帝相等同。因为上帝所固有的本性就在于他是独一无二的，无与为比的。

愿上帝扶助我们，让我们得以进到上帝自己所是的那个一统之中。阿门。

第 三 十 讲

Consideravit domum etc.（Prov. 31,27）
"她照亮屋前的路,并不吃闲饭。"(《箴言》,31章,27节)

"一个好的主妇,她照亮屋前的路,并不吃闲饭。"(《箴言》,31章,27节)

这里的屋,总的来说就是指灵魂,而屋前的路则是指灵魂的各种力量。古时候一位大师说道,灵魂是在"一"与"二"之间被造成的。"一"是始终如一的永恒。"二"是不断在变迁着而变化多端的时间。他这样讲是要说明,灵魂以其最高的力量所触及的是永恒,即上帝,而反之以其最低的力量所触及的则是时间,它也就由此而遭受变迁,倾心于各样属肉体的事物,从而被逐出高贵之列。倘若灵魂能够像天使一样完全地认识上帝,它恐怕就不会进入到肉体里面。倘若它能够撇开世界而认识上帝,世界恐怕也不会为它的缘故而被创造出来。世界归根结底是为它的缘故才被造成的,是为使灵魂的眼睛能够得到锻炼和加强,从而经受得住上帝的光辉。这就好像太阳光要先经过空气以及别的事物才到达大地,不然的话,人的眼睛会经受不起;同样,上帝的光辉也是过于强烈和眩目,是灵魂的眼睛所无法承受的,因此灵魂的眼睛必须先经过一些物质和譬喻使自己得到加强和提升,然后才被引入到上帝的光辉里面得以安居。

灵魂以其最高的力量去触及上帝;它由此得以使自己去模仿上帝。上帝是自我成形的,是由自己而不是由别的什么来得到他的形象的。他的形象就在于他是彻彻底底地达到了自我认识,他不外就是光。如果灵魂以正确的认识去触及他,那么,它就在这个形象里与他等同。如果有人将一个封印按压到绿色或红色的蜡里面,或者按压到一块布料里面,就在其上面有一个封印的像。如果整个印封都浸到了蜡,那么,这样形成的像跟那个封印就没有差别。同样,如果灵魂以其正确的认识去触及上帝,那么,灵魂跟上帝,在形象和等同性上,就完全一致。圣奥古斯丁说,灵魂是如此高贵,高出于所有被造物而被造,因此,如果不经过中介,不经过使者,那么,将在世界末日消逝的那些短暂的事物就不可能对灵魂说些什么或者做些什么。[1] 然而,眼睛耳朵以及五官:它们是灵魂走出来进到世界中去的"路",世界又经过这些路走到灵魂那里。有一位大师[2]说,灵魂的各种力量应该带着丰厚的收益又返回到灵魂那里。如果这些力量走出来,那它们总是又带回来一些东西。所以,人应当十分注意保护好他的眼睛,不要让眼睛带回来对灵魂有害的东西。我确信,善良的人会通过他所看到的东西而使自己变得更加善良。如果他看到什么邪恶的东西,他就感谢上帝,因为上帝已经使他对此有了防备,而且,他还祈求上帝让那些被邪恶侵

---

[1] 见奥古斯丁:《诗篇释义》(Enarrationes in Psalmos), CXXXXVI n. 13。——德文本编者

[2] 见阿维森纳:《论灵魂》(De anima) I cap. 5。——德文本编者

入的人弃邪归正。如果他看到了善良的东西,他就会尽力追求,要让这善良的东西在他身上得以成就。

这个"看到"有两重意思:抛弃掉有害的东西和补充尚欠缺的东西。我在别处已经说过,许多人尽管也常斋戒守夜,也郑重其事,但丝毫也没有使他们的缺点和变迁有所改善,从而也就毫无长进,他们是在自欺欺人,成了魔鬼的笑柄。有一个人有一只海胆①,他靠着它而致富。他住在海边。当海胆发现风向在转变时,它就将它的毛竖起来,使它的背顺着风向。这人就到海边对渔夫们说:"我告诉你们风向,你们给我些什么?"他就这样靠出卖风向而致富了。同样,人也会靠德行而真正致富,他可以检查出他的最大的弱点,他就可以加以改正,努力克服这些弱点。

圣伊丽莎白②刻苦地做到了这一点。她已经明智地察看了她屋前的路。这样,她不害怕冬天,因为她全家都穿着双倍的衣服(《箴言》,31章,21节)。因为,对于可能会损伤她的东西,她都已经严加防范;对于她所欠缺的东西,她都竭尽全力去设法补全。因此她不吃闲饭。她已经对我们的上帝用上了她的最高的力量。灵魂的最高的力量有三个。其一是知识;其二是 irascibilis,这是一种奋发向上的力量;其三则是意志。如果灵魂致力于对真理的知识,即致力于藉以认识上帝的那种单纯的力量,那么,灵魂就可以被称作为一种光。上帝也是一种光,而当上帝的光注入灵魂里面

---

① 关于海胆的例子,埃克哈特是从阿维森纳那里采用来的。可参见阿维森纳的《论灵魂》,VIII,cap.4。——德文本编者

② 圣伊丽莎白系指德国图林根的一位女圣者。她死于公元1231年11月17日。她死后以11月19日作为她的纪念日,有为此的礼拜仪式。——德文本编者

时，灵魂就与上帝合而为一，是光与光的合一。这样就称为是信仰之光，这是一种属神的美德。而灵魂带着感官和各样力量所到达不了的地方，就由信仰携同到达。

第二个力量是奋发向上的力量；它切实在做的就是奋发向上。眼睛要观看形状和颜色，耳朵要聆听优美的声音，同样，灵魂要持续不断地用这个力量去奋发向上；如果它侧目斜视，就会陷于傲慢，就是罪孽了。它不能容忍有什么东西在它之上。我相信，它甚至也不能容忍上帝在它之上；如果他不是在它里面而且它没有能够做到像上帝自己一样，那么，它就绝不可能得到安宁。在这个力量里，上帝是就被造物可能做到的范围内而在灵魂之中被把握的，因此，也称这个力量为希望，而这希望也是一种属神的美德。在这个力量里，灵魂充分信赖上帝，它认为，在上帝的整个存在里面上帝并没有什么它无法接受到的东西。所罗门说，偷来的水比别的水甜（《箴言》，9章，17节）。圣奥古斯丁说："我偷来的梨比我母亲买给我的梨曾经更使我感到甘甜，因为这偷来的梨是禁止的和难以得到的。"[①]同样，对灵魂来说，由它殚精竭虑才获得的恩典，要比大家都能得到的恩典更显得甘美。

第三个力量是内在的意志，它始终在上帝的旨意之中面对着上帝，并从上帝里面吸取爱到自己里面。这样，上帝被灵魂所吸引，而灵魂也被上帝所吸引，这就是一种属神的爱，同样也是一种属神的美德。属神的福乐依附于三件事：其一为知识，即他用以无限地认识自己的那个知识，其二为自由，即他得以不被他整个的创

---

① 见奥古斯丁:《忏悔录》,II c. 4 n. 9。——德文本编者

造所牵制和约束,其三则为完全的满足,即他得以使自己以及所有被造物得到的那种完全的满足。同样,灵魂的完善性也依附于此:依附于知识,依附于他对上帝的理解以及依附于在完全的爱之中的合而为一。我们是不是想知道,什么是罪孽呢?一切罪孽都来自于背离这福乐和美德。任何一个有福的灵魂也应当注视着这个"路"。这样,她就不害怕冬天,因为她全家都穿着双倍的衣服,就像在写到她(指伊丽莎白)时所说的那样。她穿着坚固的衣服,足够抵挡住各种侵袭,她的衣服是用真理装饰而成的(《箴言》,31章,25、26节)。从外面来看,在世界面前,这个妇人居于荣华富贵之中,但是,她内心里崇拜的却是那真正的贫困。在外在的安慰离她而去的那个时候,她就逃到他那里,就是逃到现在所有被造物都在逃往的他那里,并且,她鄙视这世界,也鄙视她自己。这样,她就得以超越自己,并且对于人们对她的鄙视不屑一顾,因此,她不会为此而烦恼,也就不会把自己的完美抛弃掉。她力求可以做到用纯净的心去洗涤和护理那些生病的和肮脏的人。

愿上帝扶助我们,让我们同样也能照亮我们屋前的路,使我们不吃闲饭。阿门。

第 三 十 一 讲

Ego elegi vos mundo.（Joh. 15,16）

"是我从世界里拣选了你们。"（《约翰福音》,15 章,16 节）

我已经用拉丁文说过的这些话,今天又在为纪念那位叫作巴拿巴的圣者的纪念日*里念到了。大家知道,他是一位使徒。我们的主说道:"我拣选了你们,我是从整个世界里拣选了你们,从整个世界和所有被造物里拣选了你们,并分配你们去多结果子,使你们的果子常存。"(《约翰福音》,15 章,16 节)因为结果子和使果子常存,正是无比的幸运。谁结的果子得以常存,谁也就得以常居于爱之中。最后我们的主说道:"你们要彼此相爱,像我永恒地爱你们一样;我爱你们,正如我的父永恒地爱我一样。你们若遵守我的命令,就常在我的爱里面。"(《约翰福音》,15 章,12 节＋9/10 节)

上帝的所有命令都出自于爱,都出自于他的本性的仁慈;因为,假如它们竟然不是出自于爱,它们就不可能是上帝的命令。然而,上帝的命令就是他本性的仁慈,而他的本性就是在他的命令之

---

* 指 6 月 11 日圣巴拿巴纪念日。巴拿巴的事迹,可参见《使徒行传》,11 章,21—26 节以及 13 章,1—3 节。——译注

马利亚面对报信天使,她成为上帝的受加冕的新娘(圣诞前夕之拟人化的福音预报)。

中的他的仁慈。这样,谁居于他的本性的仁慈之中,谁也就居于上帝的爱之中;可是,爱是没有为什么的。假如我有一个朋友,假如我爱他是因为他对我有利,因为他使我称心如意,那么,我所爱的就并不是我的朋友,而是我自己。我爱我的朋友,应当是由于他自己的品格,由于他自己的美德,由于他自己所是的一切:只有像我刚才所说的那样爱着他,我才是实在爱着我的朋友。同样,人若爱上帝,那么,不管是在上帝那里,还是在自己那里或者在任何事物那里,都不应当去追求属于自己的东西,他爱上帝,应当只是为了上帝本性的仁慈,为了上帝自己所是的一切。这才是真正的爱。

对美德的爱,是花,是饰物,是一切德行和完善和福乐的母亲,因为它就是上帝,而上帝乃是德行的果子;上帝使得一切德行结出果子,并成为德行的果子,而这个果子常存于人。对于一个为果子而工作着的人来说,如果果子在他那里常存,他会感到无比高兴。假如有一个人,他拥有一个果园或者一片果地,他把它交给他的仆人,让他的仆人去经管而果子也归他所有,他还给了他的仆人一切为此而必须的东西,那么,这仆人当然非常高兴,能够自己不付出重大代价而获得果子。同样,居于德行之中的人也非常高兴,因为他不会有什么烦恼和忧虑,他已经把自己以及所有的事物都撇下了。

我们的主说道:"凡为了我和我的名撇下的,我要百倍地补还,并且要给以永生。"(《马太福音》,19章,29节)但是,如果你是为了这百倍的补偿和这永生的缘故才去撇下的,那么,你其实什么也没有撇下;确实,如果你是为了成千倍的报酬才去撇下的,那么,你其实什么也没有撇下。你应该把你自己撇下,也就是完完全全地撇下,你才是真正的撤下了。有一次,还是不久以前,有一个人跑来对我说,他为了要使自己的灵魂得救,已经放弃了万贯家财。我当时就想:啊,你所放弃的东西乃是多么微不足道呵!在你还注视着你所撤下的东西的时候,你是多么盲目和愚蠢呵。然而,如果你连自己也撤下了,你就是真正的撤下了。

将自己撤下了的人,是如此地纯真,是世界所容不了的。在这里,我曾经说过,还是在不久之前说过的:凡是热爱正义的人,就得到正义的呵护,他就为正义所掌握,并且得以与正义合一。在我的书里我曾经写道:义人既不服务于上帝,也不服务于被造物,因为他是自由的;而且,他越是与正义靠近,就越是与自由靠近,就越是成为自由本身。而所有被造的东西都不是自由的。只要还有某种非上帝自己的东西在我之上压制着我,不管这种东西多么细小或者会如何如何,哪怕它本身就是理性和爱;只要它是被造的和非上帝自己的,那么,它就压制着我,因为它是不自由的。不义之人,不管他愿意不愿意,都服务于真理,服务于整个世界和所有被造物,是罪孽之仆人。[①]

就在不久之前,我曾经有过这样的想法:就我是个人而言,别的人也跟我一样;就我在看、在听、在吃和在喝而言,牲畜也这样在做。然而,就我存在而言,这就只归属于我,不归属于别人,也不归

[①] 这里的重点在于"服务"的含义。此前埃克哈特已经说过,既然义人是自由的,因而他既不是服务于上帝,也不是服务于被造物,从而,也不是服务于真理,他不是真理的仆人,而是真理本身。现在他在谈到不义之人时就正好相反:不管他愿意不愿意,他是去服务于真理,服务于整个世界和所有被造物,成为罪孽之仆人。——德文本编者

属于天使,而且,如果撇开我跟上帝合一这一点,也不归属于上帝。我存在,这是一种纯真,是一种一统。上帝所做的一切,都是在自我等同的"太一"里面来做的。上帝是等同地赐给所有事物,而这些事物在它们的行为中却是不相同的;但尽管如此,它们在它们的行为中都在追求与它们自有的存在相等同的东西。在我的父里面,本性做的是本性的事。但本性一心想要做的,乃是使我也成为父,就像他是父一样。他所做的全部的事,都是为了一个与他自己相等同的东西,为了他自己的影像,使他自己也成为他所做的事;而这一切都是针对"男人"①而言的。只有在本性受到转移或者受到阻碍,以致它在行为之中不再具有完全的力量时,才会有女性②产生。然而,在本性停止做事时,上帝就开始做事,开始创造;因为,假如根本就没有女人,也就不会有男人。当婴孩怀在母腹之中时,他在那里得以成形;这是本性在起作用。然后经过40个日夜,到了第40天,上帝就在一刹那间创造了灵魂,这样,灵魂就具有跟肉体相适合的形态,就此有了生命。现在,本性的工作,连同本性在外形方面所能够做到的一切事情,都告结束了。本性的工作全部结束,这工作立即在理性的灵魂之中全部被取代。这就是本性的工作和上帝的创造。但是,正像我经常说的那样,在所有被造的东西里面没有真理可言。

确实有某种超越灵魂的被造的存在之上的东西,是任何一无

---

① 埃克哈特这里用"男人"来表示人里面最高的精神能力,在别的地方,他又曾经称之为"火花"、"树梢"、"帽子"等等。——德文本编者

② 按照中世纪的观念,在人的生殖活动中,如果受到了某种情况的妨碍,即生殖活动不能达到其全部的作用,这时就产生出女性。——德文本编者

所是的被造的存在所无法触及的；这种东西，即使是那有着纯真而广阔的存在的天使，也触及不到。这某种东西，与上帝有着亲缘关系，它是在自己里面合一，它不与任何东西有共通之处。在这方面，有不少神甫却模糊不清。这某种东西乃是偏僻之地，荒芜之地，是无以命名，无从知晓的。倘若你能够使你自己哪怕只消失一瞬间，我说，甚至于比一瞬间还要短，你会一下子拥有一切原本所是的东西。只要你还这样或那样去注视着你自己或者某个事物，你就不大会知道上帝是什么，就像我的嘴巴不会知道颜色是什么，我的眼睛不会知道滋味是什么一样：同样，你就不会知道上帝是什么。

柏拉图这个大学者谈到了他对此的看法，他想要谈的是一些伟大的事物。他说到了一种世界上没有的纯真；这种纯真既不在世界之中，也不在世界之外，是某种既不在时间之中也不在永恒之中的东西，它既没有外在的东西也没有内在的东西。上帝永恒的父，从这种纯真里面使得他的神性既丰满又深邃。他在他的独生子里面将这一切生养出来，并且想方设法使我们也成为这同样的子。而他的生养同时又是他的向内居留，他的向内居留则同时又是他的向外生养。归根结底，这就是那个起源于自己里面的"太一"。Ego，即"我"，这个词，除了居于一统里面的上帝以外，不属于任何人。而 Vos，即"你们"，这个词的意思是指你们应在一统之中合一。这样合起来看，Ego 和 Vos，即"我"和"你们"，乃是表示一统。

愿上帝扶助我们，让我们成为这个一统，并且得以保持成为这个一统。阿门。

第 三 十 二 讲

Beati pauperes spiritu, quia ipsorum est regnum coelorum. (Matth. 5, 3)

"灵心方面贫乏的人有福了,因为天国是他们的。"(《马太福音》,5 章,3 节)

福乐开启了它的智慧之口,说道:"灵心方面贫乏的人有福了,因为天国是他们的。"(《马太福音》,5 章,3 节)当父的永恒的智慧说出这话时,必定使得所有天使、所有圣者以及一切曾经被生养出来的都默不出声;因为天使和一切被造物的全部智慧,在上帝那无穷的智慧面前,都成了彻底的虚无。这个智慧说明,贫乏的人有福了。

有两种贫乏。一种是外在的贫乏。人若出于对我们的主耶稣基督的爱而甘愿承受这样的贫乏,是很好的事,是值得赞美的,因为我们的主耶稣基督也在地上有过这样的贫乏。对于这种贫乏,我不想多说了。此外还有另一种贫乏,一种内在的贫乏,这可以从我们的主所说的"灵心方面贫乏的人有福了"那句话里面理解得到。

现在我要求你们也要如此,让你们理解那句话;因为我凭着永恒的真理对你们说:如果你们不跟我们现在要说的那个真理相等同,那么,你们就不可能理解。

曾经有几个人问我,究竟什么才算是真正的贫乏,究竟什么才算是一个贫乏的人。我们来回答这个问题。

阿尔贝特主教①说,一个人,如若对上帝所创造的所有事物丝毫也不感到满足,他就是一个贫乏的人。这说得很好。可是,我们要说得更好,在一个更高的水平上来理解贫乏:一个人,如果什么也不想要,什么也不知道,什么也不具有,他就是一个贫乏的人了。我要来谈这三点,我也请求你们,出于对上帝的爱,如果你们能够的话,也来理解这个真理。然而,如果你们理解不了,也不用担心,因为我要说到的是很特殊的真理,只有少数善良的人才会理解它。

首先,我们说,什么也不想要的人才是一个贫乏的人。不少人没有正确理解这个意思:这是那样的一些人,他们在做忏悔和参加出头露面的仪式时坚持的是他们利己的自我,但他们却还是把这看得很了不起。愿上帝怜悯,这样的人对于属神的真理确实是知道得很少很少!这些人按他们的外表的假象似乎可以称得上是圣人,然而,在内里,他们简直就是蠢驴,因为他们根本就不了解属神的真理的真正含义。这些人虽然也说,只有什么也不想要的人才是贫乏的人。可是,他们的意思却是:人在生活中绝不应该在某样东西里面成全他自己的意愿,人应该致力于成全上帝的至爱的旨意。这些人的想法是善良的,就这一点而言,他们也是无可厚非的;因此我们也称赞他们。出于怜悯,上帝也许会将天国作为礼品赠送给他们。但我凭着属神的真理要说,这些人不是贫乏的人,跟

---

① 这里是指大阿尔贝特(Albert der Grosse)。他曾在斯特拉斯堡和科隆的修道院中执教,公元1280年死于科隆。在科隆时他很可能是埃克哈特的导师,埃克哈特对自然科学的兴趣也许是来源于他。——德文本编者

贫乏的人没有丝毫相像之处。只有在那些无从知道还有什么更好的东西的人的眼里，他们才被看作是伟大的人。而我却要说，他们是一些对属神的真理一无所知的蠢驴。也许由于他们的良好动机而使他们也得以进到天国，但是，关于我现在要说的贫乏，他们却一无所知。

可是，当有人问我如何才算是一个不想要什么东西的贫乏的人时，我是这样来回答的：只要人还坚持认为他的意愿在于成全上帝的至爱的旨意，这样的人就不具有我们要说的那种贫乏；因为这样的人还有满足上帝的旨意的意愿，而这就不是真正的贫乏。因为，如果人要有真正的贫乏，他就应该摆脱他的被造的意愿，就像根本没有这样的意愿。因为我凭着永恒的真理对你们说：只要你们还有成全上帝的旨意的意愿，只要你们还有对永恒和上帝的这样那样的要求，你们就不是真正的贫乏。因为只有不想要什么和不追求什么的人，才是一个贫乏的人。

当我还居于我的第一原因之中时，我没有上帝，我是我自己的原因。我什么也不想要，也不追求，因为我是一个自由自在的存在，我通过享受真理而认识我自己。在那里，我想要的是我自己，而不是别的什么；我要什么，我就是什么，而我是什么，我就要什么，在这里，我不受上帝和一切事物的约束。可是，当我脱离了我的自由意志，接受到我的被造的存在时，我就有了上帝；因为在被造物存在以前，上帝还不是"上帝"：宁可说，那时他是他所是的。当有了被造物，并且它们接受到它们的被造的存在时，上帝就不是在自己里面成为上帝，而是在被造物里面成为上帝。

现在我们说，上帝，仅仅就其为"上帝"而言，并不是被造物的最高目的。因为在上帝里面,即使最微不足道的被造物也具有如此高的存在品级。倘若一只苍蝇具有理性,也能够循着理性的道路去寻求它由以起源的属神的存在之永恒的深渊,那么,我们就会说,上帝,连同他作为"上帝"所是的一切,是不能够创造出什么东西来满足和成全这只苍蝇的。所以,我们祈求上帝,让我们脱离这样的"上帝",让我们进到使最高的天使和苍蝇和灵魂都完全等同的那个地方,进到使我要的就是我是的并且我是的就是我要的那个地方,在那里,我们得以把握真理并永恒地享受真理。所以我们说:人若要在意愿方面成为贫乏,那么,在他想要什么和追求什么时就应该当作自己还不存在那样不想要和不追求。就是这样,不想要任何东西的人就成为贫乏的人。

其次,什么也不知道的人是一个贫乏的人。我们有一次说到过,人生活着,应该既不为他自己,也不为真理,也不为上帝。可是现在我们换一种说法,要更进一步说:人若要具有这种贫乏,就应该如此来生活,使他一点也不知道,使他生活着既不为自己,也不为真理,也不为上帝。倒不如说,他应该如此摆脱一切知识,使他对于上帝活在他里面这一点既没有认识也没有感觉。更甚于此,他应该摆脱一切活在他里面的认知。因为当人居于上帝的永恒的本质之中时,在他里面并没有另外的东西存活着;存活着的就是他自己所是的。故而我们说,人应当摆脱他自己的知识,就像在他还没有存在时他所做的那样,并且,他应当让上帝去做他想要做的,而人应当自由自在地站立在一旁。

凡是来自于上帝的都落实在纯真的行为上。可是,人所特有的行为乃是:爱和认知。现在,一个有争议的问题是,福乐究竟主要是在哪里。① 有几位大师说，在爱里面。又有另外的一些大师说，既在认知里面而又在爱里面，似乎说得更好了一些。但是我们说，它既不在认知里面，也不在爱里面；宁可说，在灵魂里面有某种东西②，而认知和爱就是从这种东西里面流出来的；这种东西甚至不像灵魂的各种力量那样去认知和爱。学会认识这某种东西的人，也就认识到福乐是在哪里了。这某种东西，既没有前，也没有后，它不等待什么将要来临的东西，因为它既不能赢得什么，也不会输掉什么。因此，它也无从知道上帝在它里面做些什么；宁可说，它就像上帝所做的那样在自我享受着。

由此可见，我说，人应当做到如此潇洒自如，做到根本就不去知道上帝在他里面做些什么，这样，人就能够拥有贫乏了。

大师们说，上帝是一个存在，是一个理性的存在，他认识所有的事物。但我说，上帝既不是存在，也不是什么理性的存在，他也不去认识这个或那个。因此，上帝超脱于所有事物，而正因为如此，他就是这所有的事物。现在，谁要在灵心方面贫乏，他就必须是在一切他自有的知识方面都是贫乏的，从而，他什么也不知道，无论是关于上帝，还是关于被造物，或者是关于他自己，都一无所知。因此，人有必要力求做到关于上帝的所作所为丝毫也不知道，也不去认识。以这样的方式，人就能够做到在他自己的知识方面

---

① 当时特别在托钵修会（包括多明我会和方济各会）的一些有学术造诣的代表人物中间争论不休的一个问题，就是意志与认知，或者爱与认知，究竟哪一个优先。——德文本编者

② 这灵魂里的某种东西，就是埃克哈特多次提到过的，称之为"灵魂的火花"，或者别的什么隐喻的说法。——德文本编者

成为贫乏。

第三，什么也不具有的人是一个贫乏的人。许多人都说过，不拥有地上物质的东西，就达到了完善。这意思是，如果一个人有意识地去这样做。然而，我不是指这个意思。

刚才我说过，一个贫乏的人并不想要去成全上帝的旨意，他生活着，却摆脱了他自己的意愿以及上帝的旨意，就像他还没有存在时一样。我们说，这样的贫乏乃是最高的贫乏。其次，我们已经说过，对上帝的行为一无所知的人，是一个贫乏的人。如果一个人如此脱离于知识和认知，就是最纯真的贫乏。我现在要说到的第三种贫乏，乃是最显露在外的贫乏，那就是，人由于一无所有而成为的贫乏。

现在在这里请密切注意！我已经多次说到过，一些伟大的导师也这样说过：人应当如此摆脱开所有的事物和工作，不管是在内的还是在外的，这样，使他能够成为上帝的一个自己的居所，上帝可以在其内做事。然而，现在我们要换一种说法。如果是这样，即人摆脱了所有事物，摆脱了所有被造物，摆脱了自己以及上帝，如果对于他来说是上帝在他里面找到了一个居所，那么，我们说：只要这个还是在人里面，那么，人就没有在最根本的贫乏之中成为贫乏者。因为上帝的所作所为，并不是为了使人在他自己里面具有一个居所而使上帝得以做事；而灵心方面的贫乏却在于，如果人摆脱开了上帝以及所有他的行为，使上帝若要在灵魂里面做事就让他自己成为他要于其内做事的居所，而他的确愿意这样做。因为，假如上帝发现人是如此贫乏，上帝就做他自己的事而人就在自己里面受纳上帝，上帝成为他做事的一个自有的居所；而人就成为在上帝所做的事里面的一个纯粹的上帝受纳者,这是基于这样一个事实,即上帝是独自在自己里面做事的。正是在这里面,在这样的贫乏里面,人达到了永恒的存在,就是他以前已经是的,也是他现在所是的以及他到永远一直将要是的。

圣保罗说过一句话:"一切我现在所是的,都是蒙上帝的恩典才成的。"(《哥林多前书》,15章,10节)可是,我所说到的似乎高高在上,在恩典之上,在存在之上,在认知和意志以及所有追求之上,那么,怎么又说圣保罗的话是真的呢?应当如此回答这个问题:圣保罗的话是真的。恩典之在他里面,那是必要的,因为上帝的恩典在他里面行事,使得一些偶然性的事情成为实实在在的事。当恩典结束,恩典所行的事已经完成,这时,保罗仍旧是原来的保罗。

所以我们说,人应该成为如此的贫乏,使他既不是上帝在其中得以行事的居所,也不具有这样的居所。如果人还维持着居所,他也就还维持着差异性。因此,我祈求上帝,求他使我与"上帝"隔绝开来;因为,如果我们把上帝理解为被造物之起源的话,那么,我们的本质的存在是高出于上帝之上的。因为正是在使得上帝高出于存在之上和高出于差异性之上的他的那个存在里面,正是在那个时候,我才实实在在是我自己,我实实在在愿望的才是我自己,我实实在在认识到的才是我自己,为的是创造出我这个人来。[①] 因

[①] 关于这里在永恒之中和在时间性之中的两种存在方式和生养方式,流传的原文有些残缺不全。然而,有一点是肯定的,即这里整个一段独特地说明了在人被造以前在人的理念之中人的存在,这种存在是与上帝同一的。正因为如此,埃克哈特能够直接说道:正是在我的"理念"之中,按照我的非被生养那样的方式,我就是我自己之原因。——德文本编者

此,我是我自己之原因,这乃是按照我那永恒存在着的"存在"而言的,而不是按照我那有时间性地存在着的"成为"而言的。因此,我是非被生养的,而按照我的非被生养之方式,我是不能死亡的。按照我的非被生养之方式,我自永恒以来就已经存在,我现在存在着,而且将永恒地存在下去。而我按照我的被生养所是的那个东西会死去,会消亡,因为它是会死的东西,因此,它必然随着时间而消亡。所有事物都在我的生养之中被生养出来,在那时,我是我自己以及所有事物的原因;倘若我没有这样的愿望,也许就既没有我,也没有所有事物;倘若没有我,也就会没有"上帝":上帝之为"上帝",我是其中的原因所在;倘若没有我,上帝也许就不成其为"上帝"。然而,并不是必须要知道这个的。

　　一位伟大的大师①说道,人的穿越要比人的流出更高贵,确实是如此。当我从上帝里面流出时,万物都说:上帝存在着。但这并不能使我得到福乐,因为这时我是把我自己作为被造物来认识的。然而,在穿越时,我脱离了我自己的意愿以及上帝的旨意,脱离了所有他所做的事以及上帝自己,这时,我超越于所有被造物之上,这时,我成为既不是"上帝"也不是被造物,而是我以前所是的和我现在以及永永远远一直所是的。这时,我接受到了一种飞跃,使我超出于所有天使之上。在这样的飞跃之中,我获得了巨大的财富,以至于上帝不能以他作为"上帝"所是的一切以及他属神的一切作

---

① 大师指谁,不详。也不会是指埃克哈特自己。这里,流出是指人生养到时间性之中,而穿越是指人循着归隐之路返回到上帝那里,也就是说,穿过三位一体的上帝返回到神性之始基,即神性之"寂静的荒漠"之中。——德文本编者

为来使我感到满足；因为在这样的飞跃中，我得以使我与上帝合而为一。那时，我就又成为我先前所是的，既没有增加也没有减少，因为那时，我成为推动所有事物运动而自身不动的原因。那时，上帝在人里面不再找得到居所，因为靠着这种贫乏，人获得了他自永恒以来就已经是的而此后将一直是的那个东西。那时，上帝就与灵合而为一，而这正是人们能够得到的真正的贫乏。

无法理解这些话的人，不用为此而担忧。因为只要人还没有等同于这个真理，他就不会理解这个真理。因为这乃是直接来自于上帝之心的一个不加掩盖的真理。

愿上帝扶助我们，让我们在生活着时得以永恒地体验到它。阿门。

第三十三讲

Dilectus deo et hominibus etc. （Eccli. 45,1）

"那受到上帝和众人爱戴的。"（《便西拉智训》，45 章，1 节）

在智慧书中，那位智者说道："那受到上帝和众人爱戴的，现在人们在称颂着他。上帝赐给他灵感，使他得以与他的圣者们并列。"（《便西拉智训》，45 章，1/2 节）

我们可以用这句话以其原本的意思去指今天我们在纪念的那位圣者，因为他的名字叫本尼狄克①，意思是"受祝福者"。那处经文接下来的话也适用于他：cuius memoria in benedictione est，意思是："对他的纪念，就在于祝福。"而且，关于他还写道，这是因为他被赐予了灵感，使得他在自己面前看到了整个世界完全被包括进一个球体里面。② 因而经书上写道："上帝赐给他灵感，使他得

---

① 本尼狄克（Benedictus），也有译作"本笃"，约 480—550 年，是天主教本笃会的创始人，其名字在拉丁文中的含义为"祝福"。为纪念他，每年 3 月 21 日定为圣本尼狄克节。——德文本编者

② 关于这样的异象，在大格列高利（Gregor der Grosse，指罗马教皇格列高利一世，约公元 540—604，也译作"额我略一世"）的《对话录》（*Dialogi*）第二卷中在报道圣本尼狄克生平时有介绍。——德文本编者

以与他的圣者们并列。"

现在你们听说到这样的"灵感"了。圣格列高利说，对于处于这样的灵感之中的灵魂来说，万物都变得又小又窄。上帝业已注入灵魂里面去的那个出自于本性的理性之光，是如此宝贵和强有力，使得一切由上帝在有形体的事物那里所创造的东西，在它看来都既渺小又狭窄。这个光也比上帝所创造出来的一切有形体的事物都要宝贵；因为在有形体的事物那里最渺小和最无价值的东西，只要受到理性之光的照耀，就比一切有形体的东西都更宝贵。这个光比太阳更纯真和明亮，因为它使得事物得以摆脱掉形体性和时间性。这个光超过任何宽度，其宽广是无以比拟的。它超过任何智慧和善良，就像上帝超过任何智慧和善良一样；因为上帝既不是智慧，也不是善良，宁可说，智慧和善良是来自于上帝。理性并不是产生于智慧，理性也不是出自于真理，它也不像意志由善性所生养那样由真理所生养。意志只愿意追随善性，由这善性所生养，可是却出自于理性；反之，理性则不是出自于真理。但这个由理性之中流出来的光就是领悟，而相对于理性在其本质之中原本所是的而言，这个光的确是一种流出，一种突破或者涌流。这种突破确实离得很远很远，就像天远远超出于地一样。我经常在说，而且更经常在想：上帝将理性注入到灵魂里面，那正是一个奇迹。

还有更进一步的光，就是恩典之光；相对于它来说，出自于本性的光就显得如此渺小，就像对于整个大地一个针尖所能取到的泥土，或者像对于远比整个大地大得多的天来说一个针尖所能够取得的东西。上帝带着恩典存在于灵魂之中，这样与之俱来的光,就要超过一切理性所能够筹措到的;确实,比起这个光来,一切由理性所能筹措到的光,就好像一滴水之相比于大海,甚至于还要小上几千倍呢。对于处在上帝的恩典之中的灵魂,也是如此:比起灵魂来,万物以及理性所能够实施和把握的一切,都是既渺小而又狭窄的。

曾经有人问我,善良的人们何以能够跟上帝相处得那么好,使得他们可以去侍奉上帝呢?我回答说:这是因为他们似乎已经品尝到了上帝,如果还会有别的东西能够去品尝上帝已经品尝过的那个灵魂的话,那真是太奇怪了。有一位圣者说,对于上帝品尝过的灵魂来说,凡是非上帝所是的,都是乏味和反感的。

现在,我们从上述经文中还提取到另外一重意思,也就是说,从那智者所说的"那受到上帝和众人爱戴的"那句话来看,他没有用"正在"这样的说法,他并没有说"他现在正在被上帝和众人爱戴着",他不这么说,就是因为考虑到时间性是那么飘忽不定,而存在是高出于其之上的。上帝说这话时所处的那个存在,乃是总括万物的,但又是远远高出于其上的,使得这个存在还从来没有被任何被造的东西触及过。所有错以为从中有所知的人,其实什么也没有知道!圣狄奥尼修斯[①]说道:所有我们认识得到的,所有我们能够加以区分的,都不是上帝,因为在上帝里面,既没有这个,也没有我们能够抽取出来的或者通过划分能够掌握的:在他里面,唯独就只有"太一",而这就是他自己。在大师们中间经常在谈论,这个不

---

① 参见身为雅典最高法院法官的狄奥尼修斯(Dionysius Areopagita),《论天国的等级制》(*De caelesti hierarchia*),第 2 章,第 5 节。——德文本编者

可触动的孤独的存在,它确实是一直在期待着灵魂,但不知道最后灵魂又是如何接受它的。他们百思不得其解的是,灵魂是如何接受它的。可是,我说,上帝的神性就在于必须将自己传送给所有能够接受到他的人;倘若他不这么传送,他就不成其为上帝。

灵魂理应爱上帝,而上帝理应将自己传送给灵魂,这样,灵魂应该彻底地排除掉时间性以及被造物的一切趣味,从而让上帝在它里面按照他自己的趣味来品尝。经文中说道:"在深夜时分,万物宁静,那时,主啊,你的道从王位上降临下来了。"(《所罗门智训》,18章,14、15节)这意思是说,在黑夜里,当不再有什么被造物去照亮或者去窥看灵魂时,当万籁俱寂,再也没有什么东西去对着灵魂说些什么时,道就对着理性说话了。这道是归理性所有的,就居于理性之中,也就叫作 verbum(道)。

当我要谈论上帝时,我时常感到害怕的是,那个一心想要达到合而为一的灵魂,却必须完全处于孤独。但这又没有人会认为是不可能的。对拥有上帝的恩典的灵魂来说,这并不是不可能的。没有人会比那拥有上帝的恩典的灵魂更容易做到撇下万物。我还要更进一步说,没有人会比那拥有上帝的恩典的灵魂更乐于做到撇下万物。任何被造物都无法加害于它。圣保罗说道:"我深信,无论是福是祸,无论是生是死,任何被造物都不能叫我与上帝隔绝。"(《罗马书》,8章,38节)*

---

* 与今本《圣经》有出人。今本《圣经》为:"因为我深信无论是死是生,是天使,是掌权的,是有能的,是现在的事,是将来的事,是高处的,是低处的,是别的被造之物,都不能叫我们与上帝的爱隔绝。"——译注

现在请注意！在任何其他地方,上帝都没有像在灵魂里那样真正地在做上帝。在所有被造物那里,都有上帝的某种东西,而只有在灵魂里面上帝才是属神的,因为灵魂乃是上帝的休息之所。因此有一位大师说道:"上帝所爱的,无非就是他自己;他在他自己里面倾注了他全部的爱。"一个人,如果本来可以抓到一百马克,他却只去抓一个芬尼,那这个人就是大傻瓜了。但是,上帝对自己的爱却在于在我们里面由圣灵得以开花结果。换一句话说,上帝在我们里面所爱的,不外就是他在我们里面加以实现的神性。一位圣者说道:"得到上帝加冕的,唯独只有他在我们里面所做的他自己的行为而已。"可是,谁也不用因为我说了上帝唯独只爱他自己而担惊受怕:这倒是对我们最有利的事,因为这样一来,他就注视着我们最大的福乐。他希望把我们吸引到他里面,因此,他让我们得到净化,将我们移置到他里面,使他能够在他自己里面来爱我们。并且在与他自己在一起的我们里面来爱他自己。而且,他很需要我们的爱,为此,他运用了他能够将我们引进到他里面的一切方法把我们吸引到他里面,不管是使我们高兴的方法还是使我们痛苦的方法,都用上了。愿上帝不要把某种他用以不把我们吸引到他自己里面去的东西施加给我们！我绝不会特特因为上帝爱着我而感谢上帝,因为不管他愿意不愿意,他是不能不这样做的:他的本性驱使他这样做。我要感谢上帝的是,他出于他的仁慈而能够不放弃对我的爱。我们自己之被移置到上帝里面,并不艰难,因为上帝应该在我们里面做到这个;然而,这总是一件属神的行为。人只是毫无反抗地跟随着。人是受动的,由上帝来行事。

愿上帝扶助我们,让我们跟随着上帝,使得他把我们移置到他里面,让我们得以跟他合一,从而他能够爱着与他自己在一起的我们。阿门。

第三十四讲

所有等同的事物都互相关爱，互相联合起来，而所有不等同的事物则互相避离，互相仇恨。

有一位大师说道，再也没有什么东西比天和地更不等同了。地出自其本性就知道，它离天很遥远，跟天是不等同的。因此地逃离开天，一直逃到最下面，而且，地待在那里一动也不动，这样它就不会再去跟天靠近了。可是，天却出自于其本性而得知地在逃离它而逃到了最下面。所以，天就对之施加恩泽，将自己一无保留地倾注到地里面，大师们甚至认为，宽广无垠的天连一个针尖大小的宽度都不予保留，就如此毫无保留地对地施加恩泽，将自己生养到地里面。所以，地才得以被称为所有有时间性的事物之中最富有成果的被造物。

同样，对于那无论在自己里面、在上帝里面还是在所有被造物里面都刻意自贬的人，我也是这么说：这样的人已经进到了最下面，上帝一定会一无保留地将自己倾注到这样的人里面，否则他就不成其为上帝了。凭着亘古永存的真理，我说，在任何一个已经彻彻底底撇下了自己的人那里，上帝必定会倾其所有地将自己倾注到他里面，无论是在他的生命里面，还是在他的存在里面，在他的本性里面，甚至在他的神性里面，他都是毫无保留的：对于那种为上帝而撇下了自己并且进到了最下面的人,上帝一定会施加恩泽,将这一切都倾注到他里面。

今天到这里来的路上,我在想,我如何才能对你们讲得透彻,使你们能够很好地听懂,为此我想到了一个例子。如果你们能够很好地理解这个例子,那你们也许就能够理解我一贯在宣讲的我的要旨的真正意义和深层内涵。这例子是跟我的眼睛和跟木头有关的:在我的眼睛张开的时候,它是眼睛;在它闭上的时候,它仍然还是同样的眼睛。而木头不会由于眼睛在看着它而有所增加或减少。现在请你们确切地理解我所说的话!如果我的眼睛高度地聚精会神,凝视着木头,虽然眼睛还是眼睛,木头还是木头,但二者在这样的直视中得以合二为一,以至于确实可以说:眼睛—木头,木头就是我的眼睛。假如木头也像我眼睛观看事物一样是非物质的和纯精神的,那么,事实上也许就可以说,在我正在观看的时候,木头就和我的眼睛处在同一个存在之中。对于有形体的事物尚且是如此,那么,对于灵心方面的事物就更是如此了!

你们务必要知道,我的眼睛跟那只我从来没有见到过的彼岸的绵羊的眼睛所具有的共同点,要远远超过它跟我的耳朵所具有的共同点,虽说耳朵跟眼睛还是共存着的。这是因为,那绵羊的眼睛跟我的眼睛在从事着同样的活动,所以我认为它们在行为方面的共同点要超过我的眼睛跟我的耳朵之间的共同点,因为后者在行为时是各自分离开来的。

我经常谈到那居于灵魂之中的光,它并不是被造的,而且也是不可造的。我在我的讲道中时常涉及的就是这种光。也就是这种光,直接地且没有遮盖地接受到了上帝,就像他原本所是的那样;

这就是说，这种接受是在实施被生养过程中的接受。因此，我确实可以说，这种光跟上帝之间的一致性，要超过它跟某种（灵魂）力量之间的一致性，后者毕竟只是存在之一致性而已。因为你们务必要知道，这种光，在我的灵魂的存在之中并不比最低下的或者最粗鲁的力量更高贵，例如，听觉或幻觉或别的一种会造成饥饿或消渴、发冷或发热的力量；个中理由就在于存在乃是一致的。因此，只要是在存在之中来看这些（灵魂）力量，它们就全都是一样的，是同样高贵的；而如果是在其行为之中来看它们，就会一个比另一个更高贵。

所以我说：如果人将自己以及一切被造物都尽行抛弃掉，你越是这样做，你就越会在灵魂里的那个既不触及时间又不触及空间的火花之中得以合一和得到祝福。这种火花是与所有被造物都对立的，它唯独只想要上帝，要那没有遮盖的原本的上帝。无论是父，还是子，还是圣灵，甚至三位一起，如果他们都各自显得互不相同，那么，这光是不会对之满足的。我实实在在地说，这光也不满足于属神的本性之怀胎的母腹所具有的那种一致性。是的，我还要说一些听起来很惊人的话：凭着亘古常存的真理，我说，这种光并不满足于那无所给予也无所受取的单一而静止的属神的存在；它倒是想要知道这个存在由何处而来，它想要探索到那个单一的根基，探索到那个寂静的荒漠，探索到那个无区别境界，那里，没有父、子与圣灵之区别。只有在那无人得以进入的最内里，这光才感到满足，在那里，它觉得比在自己里面还要深入进去。因为这个根基乃是一种单一的平静，是原本就不得而动的；可是，由这个不得而动之中使万物得以运动，使它们都接受到同样的"生命"，也就是那富有理性的原本生活着的"生命"。

　　愿上帝扶助我们,让我们也在这个意义上合乎理性地生活着。阿门。

第三十五讲

Videte, qualem caritatem dedit nobis pater, ut filii dei nominemur et simus. (1 Joh. 3,1)

"你看父赐给我们是何等的慈爱,使我们得称为上帝的儿女,我们也真是他的儿女。"(《约翰一书》,3章,1节)

人们应该知道,认识上帝和被上帝认识,看见上帝和被上帝看见,实际上是一回事。在我们认识和看见上帝时,我们认识到和看见到是他使得我们看见和认识的。同样,正像被照亮的天空不外就在于它在照亮着,因为它是由于它被照亮才得以有所照亮,同样,我们也是由于被认识和由于上帝使我们认识我们自己,才有所认识。因此,基督说:"你们要再见到我"*,就是说:我使得你们看见,你们由此而得以认识我,然后:"你们的心就喜乐了",就是说:由于看见我和认识我,"这喜乐,也没有人能夺去"(《约翰福音》,16章,22节)。

圣约翰说道:"你看父赐给我们是何等的慈爱,使我们得称为上帝的儿女。我们也真是他的儿女。"(《约翰一书》,3章,1节)他

---

* 今本《圣经》作"我要再见你们"。——译注

不单是说"得称为",而且又说了"真是"。同样,我说,正像没有知识的人就不能成为智慧者一样,没有上帝之子的子所特有的存在,他就不能成为子,而且,如果他不像上帝的儿子那样具有跟他一样的存在,那就像没有知识就不能有智慧存在一样。因此,如果你想要成为上帝之子,除非你也具有上帝之子所具有的跟上帝所具有的同样的存在,不然,你就成不了上帝之子。这一点现在还没有对我们显明。这里接下来又写道:"亲爱的,我们现在是上帝的儿子。"(《约翰一书》,3章,2节)而我们知道什么呢?是他又说道:"我们将要与他等同。"(《约翰一书》,3章,2节)这就是说,将要成为跟他所是的一样:一样的存在、感觉和理解,以及当"我们见到他上帝的真体"(《约翰一书》,3章,2节)时,成为跟他完全一样。因此我说,假如我不具有上帝之子的存在,上帝就不可能使我成为上帝之子,就像假如我不具有智慧存在上帝就不可能使我成为智慧者一样。可是,我们又如何才得以成为上帝的儿女呢?我们还不知道:"还没有对我们显明"(《约翰一书》,3章,2节);我们只知道如他所说的:"我们将要与他等同。"是有着这样一些事物,它们在我们的灵魂里面对我们就此加以隐蔽,对我们掩盖这种认识。

灵魂具有某种内在于自己的东西,具有实施认知能力的永不熄灭的火花,而灵魂之"影像"就是被放入这种作为心灵之最高部分的火花里面。然而,在我们的灵魂里面,又有一种指向外在事物的认知,即感性的和合乎理智的认知,它是一种在表象之中的认知,是在概念之中的认知,它对我们掩盖那前面的一种认知。

那么,我们又何以成为"上帝之子"呢?是靠我们与他具有同一个存在。为了使我们对我们是上帝之子有所认识,就必须要知道区分外在的认知和内在的认知。内在的认知是那种理性型地植根于我们灵魂的存在之中的认知。然而,它并不就是灵魂之存在,而是植根于其内,是某种来自于灵魂之生命的东西。当我们说这种认知是某种来自于灵魂之生命的东西时,这是指理性式的生命,在这种生命之中,人是作为上帝之子而被生养,是为了永生而被生养。这种认知是无时间、无空间、无此地此时的认知。在这种生命之中,万物全都归一,万物统统都合到了一起。

我举一个例子。在身体里,身体的各个部分都是合一的,眼睛属于脚,脚也属于眼睛。倘若脚能说话,它就会说,眼睛放在头部,赛过把它放在脚上,反过来,眼睛也会这样说。同样,我认为,所有在马利亚里面的恩典,更多和更原本属于天使所有,而且,假如这恩典就在他里面或者在圣者里面,相比起来,还不如在马利亚里面更好。因为马利亚所具有的一切,圣者也具有,而且更多,而恩典在马利亚里面,比起在他自己里面来,更使他受益。

这样来说明,总还是太粗浅和太物质化,因为这乃是依赖于一个感性的例子。为此,我再给你们另外一个更纯真和更涉及灵心的说明。我说,在天国里,一切的一切都归于一,一切都是我们的。凡是圣母凭着恩典而得到的,全都在我里面——如果我是在那里——,而且,这绝不是作为从马利亚那里发源出来的,而是作为存在于我里面的,作为我自有的,非外来的。因而我说,在那里,一个人所具有的,另一个人就也具有,而且,不是作为来自于另一个人的或者在另一个人里面的,而是作为就在他自己里面的,这样,存在于一个人里面的恩典,也完全存在于另一个人里面,完全像他里面他自己的恩典一样。

同样,灵心也是在灵心之中的。因此我说:如果我不具有上帝之子所具有的那同一个存在,我就不可能成为上帝之子,而正是通过拥有这同一个存在,使我们得以与他等同,得以看到他上帝的真体。但是,这样以后我们将成为什么样,却还没有显明。因此我说:在这个意义上,既没有什么"等同",也没有什么差异,宁可说,什么差异也没有,我们成为他自己所是的同一个存在,同一个本体和本性。但是,这还没有显明:只有当"我们得以见到他上帝的真体"时,这才显明。

　　上帝使我们得以认知自己,而他的存在也就是他的认知。他使我认知和我得以认知,这二者是一回事;这样,他的认知也就是我的认知,是完全同一的:师父教,而徒弟被教。因为他的认知就是我的认知,因为他的本体就是他的认知和他的本性以及他的存在,所以,由此可见,他的存在和他的本体和他的本性,也都就是我的。如果他的本体、他的存在以及他的本性都是我的,那么,我就是上帝之子。"你看父赐给我们是何等的慈爱,使我们得称为上帝的儿女,我们也真是上帝的儿女!"

　　请注意,我们是通过什么才得以成为上帝之子的:是通过我们也具有子所具有的那同一个存在。可是,人们何以成为上帝之子,或者,人们何以知道自己成为上帝之子,因为上帝毕竟还没有等同于任何人呢!诚然如此。以赛亚说:"你们究竟将上帝比作谁了,或者说,你们给予他的是什么样的形象呢?"(《以赛亚书》,40章,18节)。既然上帝的本性就在于他不跟任何人相等同,因此,我们势必要做到使我们一无所是,只有这样,我们才能够被放置到他自己所是的那同一个存在里面。所以,如果我做到使得我就是无,无就是我,将我里面的一切都抛弃掉,那么,我就能够被放置到上帝之纯真的存在里面,而这也就是灵心之纯真的存在。在那里,必定要去除掉跟等同相关的所有东西,这样,我才会被引入到上帝里面,与他合一,成为同一个本体,同一个存在,同一个本性,成为上帝之子。这样一来,上帝里面就没有什么东西会掩盖着不显明或者不成为我所有的。然后,我就变得像他一样有智慧和有权力,与他合而为一。这样,锡安就将成为真正有所见到者,成为"真正的以色列"*,即"一个见到上帝的男人",因为在神性里面没有什么东西是对他掩盖着的。在那里,人被引导到上帝里面。然而,为了使得上帝里面没有什么东西对我掩盖而不对我显明,在我里面就不可以公然有什么等同的东西和什么影像,因为任何影像都不会向我们显明神性和上帝的存在。假如在你里面还有某个影像或某种等同的东西,那么,你决计做不到与上帝合一。所以,为了使你得以与上帝合一,就不应该有什么东西在你里面化入或化出,也就是说,不应该有什么不会被显明和不会被抛出的东西隐藏在你里面。

　　注意不足的地方!它来自于那虚无。那来自于人里面的虚无的,都必须加以去除;因为,只要这样的缺陷还在你里面存在着,你就不成为上帝之子。人之会埋怨和愁苦,总是不外由于这种缺陷。所以,为了使人成为上帝之子,就必须把这一切都去除得干干净净,那就不会再有埋怨和愁苦了。人既非石头,又非木头,而这些

---

　　* 在《创世记》,32 章,24—29 节中,述说雅各与上帝较力并得胜,上帝赐给他"以色列"这个名字,在希伯来文中,该名字意思是"与上帝较力者"。——译注

都是缺陷和虚无。如果这个虚无不被驱除掉,我们就不会与"他"等同,只有这样,我们才得以成为一切之一切,就像上帝是一切之一切一样。

人有两种诞生:一种是生到世界里面,另一种是生到世界外面,也就是说,以灵心生到上帝里面。你想知道,你的孩子是不是生养出来,他是不是得到了净化,也即你是不是得以成为上帝之子,只要你在你内心里还为什么东西而感到痛苦,也许甚至还为什么罪孽而感到痛苦,那么,你的孩子就还没有生养出来。如果你内心感到痛苦,你就还不是母亲,你还只是正在生养,或者说只是快要生养出来。然而,如果你为你自己或者为你的朋友在受苦,你也不用为此而疑虑:虽然还没有生养,但已快要生养出来了。可是,如果人内心里不再为任何东西而感到痛苦,那时,孩子就完全生养出来了:这样,人就具有了跟上帝所具有的一样的存在和本性和本体和智慧和喜乐和一切。这时,上帝之子的存在,也就是我们的存在,也在我们里面,我们也进入到上帝的同一个存在里面。

基督说道:"若有人要跟从我,就当舍己,背起他的十字架来跟从我。"(《马可福音》,8章,34节;《马太福音》,16章,24节)这就意味着,你要把内心的一切痛苦都抛弃掉,在你的心中,除了恒在的欢乐以外什么也没有。这样,孩子就生养出来了。然而,孩子在我里面得以生养出来,使我目睹我的父和我所有的朋友都在我眼前消亡,我的心却不会为之所动。而如果我的心为之所动,就说明孩子还没有在我里面被生养出来,也许只是接近于要生养出来。我说:上帝和众天使会由于一个善良的人的任何一个行为而感到无与伦比的喜悦。所以我说:只要孩子在你里面被生养,你就会由于在这个世界上发生的任何一件善良之事而欢欣鼓舞,并且经久不变。因此基督说:"你们的喜乐,没有人能夺去。"(《约翰福音》,16章,22节)而我一旦真正被引渡到属神的存在里面,那么,上帝就是我的,一切他所具有的也都是我的。所以他说:"我是上帝,你的主。"(《出埃及记》,20章,2节)这样,我才有了真正的喜乐,是任何痛苦和磨难都不能把它从我这里夺去的;因为,这时,我已经被放置到属神的存在里面,在那里,没有任何痛苦。我们看到,在上帝里面,既没有愤怒,也没有忧郁,只有爱和喜乐。似乎有时他会对着罪人发怒,但这并不是愤怒,而是爱,是出自于伟大的属神的爱;他爱着他们,他去惩罚他们,乃是因为"上帝就是爱"(《约翰一书》,4章,16节),圣灵就是爱。因此,上帝的愤怒乃是出于爱,因为他发怒,但并不愤恨。

所以,如果你能够做到无忧无虑,一无牵挂,那么,对你来说,苦就不成其为苦了,万物尽都是纯真的和平,这时,孩子就确实生养出来了。

因此,你们要加倍努力,使得孩子不但是将要被生养出来,而且是现在就生养出来,因为在上帝里面,子已经被生养出来,而且一直在被生养。

愿上帝扶助我们,让我们得以遇到这个。阿门。

第三十六讲

Scitote, quia prope est regnum dei. (Luc. 21, 31)

"你们该晓得上帝的国近了。"(《路加福音》,21章,31节)

我们亲爱的主在此说道:"你们该晓得上帝的国近了。"(《路加福音》,21章,31节)确实,上帝的国就在我们里面,圣保罗说,我们的得救,比我们所信的更靠近我们*(《罗马书》,13章,11节)。

"你们应当知道",首先,"上帝的国"是如何"靠近"我们的;其次,"上帝的国"是在什么时候"靠近"我们的。为此,我们必须仔细思考这里面的含义。因为,假如我是个国王,却不知道这个国,我就不成其为国王了。然而,假如我坚信我是国王,并且所有人都与我一起认为和相信如此,而我也确切知道所有人是如此认为和相信的,那么,我就是国王了,全部的财富就是我所有的,我不欠缺什么了。这三件事都是我做国王所必不可少的。这三件事里只要少了一件,我就做不成国王了。有一位大师说,福乐就在于人们去认

---

* 此处所引经文,与今本《圣经》有较大出入。今本《圣经》中该处为:"我们得救,现今比初信的时候更近了。"主要的差异在于"信"这个动词的时态。在埃克哈特的引文中,"信"是用现在时,而在今本《圣经》中,"信"是用过去时。二者的意思有很大的差异。——译注

识和"知晓"上帝所是的那个最高的财富。在我的灵魂里面,我具有能够完全接受到上帝的一种力量。我就像我确切知道我现在活着一样有把握地确信,再也没有什么东西像上帝那样靠近着我。上帝靠近我,还胜过我靠近我自己;我的存在有赖于上帝"靠近"我和与我同在!对一块石头和一根木头,他也是如此,但它们对此却一无所知。倘若木头也知晓上帝,也像最高的天使所认识到的那样认识到上帝是多么靠近它,那么,木头也许就也像最高天使一样地有福了。因此,人比石头或木头更为有福,因为他认识上帝并且知道上帝"靠近"他。而且,他知道得越多,他所有的福乐就越多,而他知道得越少,他所有的福乐也就越少。他之所以有福,并不是由于上帝在他里面靠近他以及他具有上帝,而是由于他认识到上帝是多么"靠近"他,由于他"知晓"上帝。一个这样的人就认识到"上帝的国近了"。

先知在他的诗篇里说道:"你们不应该像一头骡或一匹马那样无知。"(《托比传》,6章,17节)*教祖雅各说:"上帝真在这里,我竟不知道。"(《创世记》,28章,16节)我们应该"知晓"上帝,应该认识到"上帝的国近了"。

每当我思考"上帝的国"的时候,我总是难以说出它有多么宏伟。因为"上帝的国"就是上帝自己以及他全部的财富。"上帝的国"绝不是什么细小的事物:设想把上帝会创造出来的各样的世界全部加在一起,也还不是上帝的国!我经常说这样的话:至于"上帝的国"在怎样的灵魂里面得以显现,以及怎样的灵魂认识到"上

---

* 引文出处有误。——译注

帝的国""靠近"它,这不需要对它宣教和加以指导:它就由此而得到了指导,确保得到了永生。凡是知道和认识到"上帝的国"是多么"靠近"他的人,就能够与雅各说:"上帝真在这里,我竟不知道"(《创世记》,28章,16节);可是我连现在也还不知道。

上帝在所有被造物那里都同样地"靠近着"。智慧者说道:上帝将他的网和绳索套在所有被造物身上(《以西结书》,12章,13节),这样,在任何一个被造物那里,只要仔细观察,都可以从中找到和认识到上帝。一位大师说道:在万物中以同样的方式认识到上帝的人,是真正认识到了上帝。我也曾经说过:在畏惧之中侍奉上帝,是好的;而出自于爱去侍奉上帝,就更好;可是,最好的乃是能够在畏惧之中把握到爱。一个人若是在上帝里面具有一种平静安定的生活,是好的;而一个人若是带着忍耐心去忍受一种辛勤劳苦的生活,就更好;可是,最好的是能够在辛勤劳苦的生活之中得到平静。一个人可以走到旷野中去祈祷和认识上帝,也可以在教堂里认识上帝:如果他会由于在一个安静的地方才得以更多地认识上帝,那么,这乃是由于他的欠缺,而不是由于上帝的缘故;因为上帝在万物之中,在任何场所,都是同样的,都愿意以同样的方式将自己赐给他愿意赐给的人;只有不加区别地认识上帝的人,才是真正认识到了上帝。

圣伯尔纳说道:为什么是我的眼睛而不是我的脚认识到天呢?因为我的眼睛比我的脚更等同于天。现在,如果说要我的灵魂认识上帝,那么,它必须成为属天的才行。可是,是什么在引导灵魂,使它得以认识和"知晓"那原本的上帝,上帝又是如何"靠近"它的呢?注意!天不会去接受任何域外的影响;没有什么艰难困苦会促使它偏离正道。同样,想要认识上帝的灵魂,也应该坚定不移地居于上帝之中,无论是希望还是畏惧,无论是喜乐还是悲哀,无论是爱还是苦,或者别的什么,都不会影响到它,都无法使它偏离正道。而且,在任何地方,天都同等地远离地。同样,灵魂也应该同等地远离地上的万物,绝无任何偏爱;无论是忧还是喜,无论是有还是无,都应该同样与之远离:它应该对这一切毫无留恋,完全将其撇下,凌驾于其上。

天又是明朗而纯净的,没有瑕疵的;时间和空间都触及不到天。一切有形的事物在它里面都得不到居所。它并不局限于时间之内,它的运转之快令人难以置信;它的运行乃是无时间的,反之,时间却来自于它的运行。没有什么像时间和空间那样严重妨碍灵魂去认识上帝。时间和空间是碎片,而上帝是"太一"。因此,如果灵魂想要认识上帝,它就必须超越于时间和空间之上;因为上帝既不是这个,也不像地上那些五花八门的事物:上帝就是"太一"。

如果灵魂想要见到上帝,它不应该注视任何在时间之中的事物;因为,只要灵魂还意识到时间或空间或某个这一类的观念,它就绝不可能认识上帝。如果眼睛想要认识颜色,它首先就必须要被剥离掉所有的颜色。如果灵魂想要认识上帝,它就必须与虚无毫无共通之处。凡是认识上帝的人,也就认识到所有被造物都是虚无。如果将一个被造物与另一个被造物相比,也许它会显得很美,还得以成立;而如果将它与上帝相比,它就一无所是。

我还要进一步说:如果灵魂想要认识上帝,它就必须把自己忘记掉,必须失去自己;因为,只要它还在看着和认识着自己,它就看不到和认识不到上帝。而当它为上帝的缘故而失去了自己并且抛弃了万物时，它就又在上帝里面找到了自己。在它认识上帝的时候，它又在上帝里面完善地认识到了自己以及它那已经与之隔绝的万物。如果我想要真正认识那至高的善，或者说，那永恒的善性，那么，我必须是在那善性原本所在的地方，而不是在那善性业已被分割开来的地方，去认识它。如果我想要真正认识存在，那么，我必须是在那存在原本所在的地方，即在上帝里面，而不是在它业已被分割开来的地方，即在被造物里面，去认识它。

只有在上帝里面，才有完整的属神的存在。在一个人里面是没有完整的人性的，因为一个人并不是所有人。但是，在上帝里面，灵魂却认识到了整个人性以及在至高者之中的万物，因为它是按照存在去认识它们的。

一个居住在华丽豪宅内的人，要比另外一个从来没有进去过但又很想谈论它的人知道得更多。同样，我确信我活着，上帝活着：如果灵魂想要认识上帝，它就必须超越在时间和空间之上去认识他。而一个这样的灵魂就得以认识到上帝，并且知道"上帝的国近了"，也就是说：上帝以及他的所有财富都很靠近了。在学校里，大师们就灵魂如何能够认识到上帝提出了很多问题。上帝的正义和严格并不在于他会对人有过多的要求：上帝如果愿意的话，出于他的乐善好施，会使灵魂得以自我拓宽，让它有能力更多地去接受，这样，他就能更多地赐给它。

任何人都不必认为要达到这个是很困难的，虽然初听起来好像很困难，虽然与万物隔绝会是很困难的事。但是，一旦进入其中，就会得到一种前所未有的轻松愉快和值得深爱的生活。因为上帝总是辛勤万分地始终与人同在，时刻教导着他，只要人愿意跟随他,他就引领人归到他那里。从来没有一个人对某样东西的渴望,会像上帝那样一心渴望、引领人来认识他。上帝始终做好了准备,而我们却没有准备好;上帝"靠近着"我们,而我们却离他很远;上帝是在内里,而我们是在外面;上帝是在家里,而我们却流浪在外。

先知说道:"上帝引领义人们穿过一条狭隘的小路进入那宽广的大道,为的是使他们得以广为舒展"(《所罗门智训》,10 章,10 节起),就是说:使他们得到真正的灵心自由,使他们的灵心与上帝成为同一个灵。

愿上帝扶助我们,让我们全都跟随着他,由他将我们引领到他自己里面,使我们在他里面得以真正认识他。阿门。

第三十七讲

Surrexit autem Saulus de terra apertisque occulis nihil videbat.（Act.9,8）

"扫罗从地上起来,睁开眼睛,竟不能看见什么。"(《使徒行传》,9章,8节)

这句我已经用拉丁文说过的话,是圣路加在论到圣保罗时所说的:"保罗*从地上起来,睁开眼睛,竟不能看见什么。"(《使徒行传》,9章,8节)

我认为,这句话有着多层意思。第一层意思是:当他从地上起来时,他睁开眼睛,什么也没有看见,而这个"什么也没有"就是上帝:因为当他看到上帝时,他无法称呼。这第二层意思是:当他站起来时,他除了上帝以外什么也没有看见。而第三层意思是:在万物之中,他除了上帝之外,什么也看不见。第四层意思是:当他看到了上帝时,他将万物视同虚无。

在这之前,他曾经讲述,忽然有光从天而降,使他仆倒在地(《使徒行传》,9章,3节)。现在,请注意,他又说到,有光从天而

---

* 此处应为"扫罗"。在归顺上帝以后,扫罗才改名为"保罗"。——译注

降。我们的一些最好的大师说道,天原本就有光,然而,它并不发光。而太阳也原本就有光,但它却发光。同样,星星也有光,虽然是光流到它们那里。我们的大师们说道:火在处于其出自本性的单纯之中时,在处于其至高的场所之中时,并不发光。在那时,它的本性是如此纯真,没有什么眼睛能够以某种方式看见它。火是如此精细,它跟眼睛格格不入,以至于即使就在眼睛底下,眼睛的视力也无法触及它。然而,借助于某个另外的事物,例如一块木头或者一块煤炭,在它们燃烧时就看得很清楚。

我们认为,天之光乃是指上帝所是的光,乃是指任何人都达不到的光。所以,圣保罗说:"上帝住在人不能靠近的光里。"(《提摩太前书》,6章,16节)他说:"上帝是光,而这光没有入口可进到里面。"没有入口可以进到上帝那里。凡是尚在争取在恩典和光方面有所增长的人,就绝进不到上帝里面。上帝绝不是什么在增长着的光;诚然,人们应该通过有所增长进到他里面。而在这样增长的过程中,人们是见不到上帝的。如果想见到上帝,就必须是在一种上帝自己所是的光里面。一位大师说道:在上帝里面,没有多少之分,也没有这那之分。我们停留在入口,我们就进不去。

现在他说:"从天上发光,四面照着他。"(《使徒行传》,9章,3节)他的意思是:凡是属于他的灵魂的东西,都被包围住了。有一位大师说,在这个光之中,灵魂的所有力量都得到了飞跃和升华:不单是我们用来看和听的外在的感官,还有我们称之为思想的内在的感官。内在的感官是何等的宽阔和深奥,实在是个奇迹:无论是对于远隔重洋的遥远的东西,还是对于近在咫尺的身边的东西,我都能同样方便地予以思考。然而,却还有理性超越于思想之上,如果它要这样做的话。它四处巡行,在寻找着;它到处在探视,有所取也有所舍。然而,在这种在寻找着什么的理性之上,还有另外一种并不寻找什么的理性,后一种理性居于它的纯真而单一的存在之中,而这种存在乃是被包围在前面提到的那个光里面。我说,在这个光里面,灵魂的所有力量都得到了升华。感官跃升为思想。除了上帝和灵魂之外,谁也说不出这思想有多么高深。我们的大师说——这正是一个难题——即使是天使,如果他们没有爆发出来,没有飞跃到那在寻找着什么的理性里面,而如果这个在寻找着什么的理性又没有跃升为那不去寻找什么的理性,跃升为那个原本就是一种纯真的光的理性,那么,天使也会对思想一无所知。这光将灵魂的所有力量都包括了进去。所以他说:"从天上发光,四面照着他。"

有一位大师说:所有从中有所流出的事物,都不从低于它们的事物中接受什么东西。上帝流入到所有被造物里面,但他不为所有这些被造物所触及。他并不对它们有所需求。上帝赋予本性以作出行为的能力,而它所做的第一件事就是心。所以,有一些大师相信,灵魂整个存留在心里面,然后才富有活力地流到其他肢体里面。其实不然。灵魂是完整地存在于每一个肢体里面的。诚然,它的第一个行为是在心里面。心是居中的,它希望它四周都能得到护卫。同样,天也不会受到任何外来的影响,不接受任何其他的东西。天自己就拥有万物。它触及万物,却不被触及。即使是火,尽管它可以烧到最高处,但还是没有触及到天。

在被光四面照着的时候,他仆倒在地,睁开眼睛,他看到的所有事物都成了子虚乌有(参见《使徒行传》,9章,3节)。而当他看到所有事物都成了虚无之时,他就看到了上帝。

现在注意!在那本爱之书里,灵魂说出这样的话:"我躺卧在床上,整夜寻找着我心所爱的。我寻找他,却寻不见。"(《雅歌》,3章,1节)她在床上寻找他,这意思是说,谁仍然留恋或者依附于某种低于上帝的东西,他的床就太窄小了。凡是上帝能够创造出来的东西,都太窄小。她说:"我整夜寻找着他。"任何夜晚都是有光的;然而,这光是被遮住的。太阳在夜里也是在发光的,但它被遮住了。但是,在白天,它发出光,而且遮住所有其他的光。属神的光,也是如此:它遮住所有的光。我们在被造物那里所寻找的,全都是夜晚。我确实认为:凡是我们在某个被造物那里所寻找的,全都是阴影,全都是夜晚。即使是最高天使的光,不管有多么高,都没有照亮到灵魂。只要不是那最初的光,就全都是黑暗,全都是夜晚。因此她找不到上帝。"我起来,游行城中,穿越宽街和小巷。看守的人——这就是天使了——遇见我,我问他们,你们看见我灵魂所爱的没有?他们却不则声。"也许是他们叫不出他的名字来。"我再往前走了一会,我就遇见我所寻找的。"(《雅歌》,3章,2/4节)我以前曾经说到过,是那些细微和渺小的东西在妨碍着她,使她找不到他。凡是不鄙视那些短暂的事物,不把它们看作一无所是的人,就找不到上帝。因此,她说:"我再往前走了一会,我就遇见我所寻找的。"当上帝将他自己倾注到灵魂里面时,你是把他作为一种光,一种存在或者一种善性而加以接受的,——如果说你确实认识到他那里的某些东西的话,那么,这毕竟还并不就是上帝。看,人们应该跨越这种"渺小的东西",应该排除掉所有的附加之物,只认上帝为"太一"。因此她说:"我再往前走了一会,我就找到我灵魂所爱的。"

我们常说:"我灵魂所爱的。"可是,为什么她要说"我灵魂所爱的"呢?现在,他却是远远高出于灵魂之上,她并不去称呼她所爱的他。有四个原因,使得她不去称呼他。一个原因是,上帝是没有名字的。假如她要给他起一个名字,那么,人们会就此而联想到某种东西。然而上帝是超越于一切名字的,谁也没有能力去说明上帝。她没有给他起名字的第二个原因就在于:当沉浸在爱之中的灵魂完全融合到上帝里面的时候,她除了爱之外什么也不知道了。她相信,所有人都像她自己一样地认识他。使她感到惊奇的是,竟然还有人除了上帝以外还去认识别的东西。第三个原因就在于:她没有那么多时间去给他起名字。她不可能那么长时间地抛开爱;除了爱之外,她再也想不出别的词语了。第四个原因是:她错以为除了"爱"之外他再也没有别的名字;她以为称之为"爱"同时也就说出了所有的名字。所以她说:"我起来,穿越宽街和小巷。我再往前走了一会,就找到我灵魂所爱的。"

"保罗从地上站起来,睁开眼睛,却不能看见什么。"我不能看见那个"一"究竟是什么。他看到的是"无":而这就是上帝。上帝是"无",而上帝又是某个。既是某个,又是"无"。上帝所是的,他就完全是。所以,受到启示的狄奥尼修斯①在说到上帝时说道:他是超存在,超生命,超光。他并不把这个或那个加给上帝,他以此表明,上帝是我们所无法知道的,是远远超越在上的。如果你看到了什么,或者有什么东西进入你的认识里面,那并不是上帝;其所

---

① 见身为雅典最高法院法官的狄奥尼修斯(约公元 500 年),《论神秘神学》(De Mystica Theologia),第 5 章。——德文本编者

以不是上帝,正因为他既不是这个,也不是那个。若你们听到有人说上帝在这里或者在那里,你们千万不要相信。上帝所是的光,是照在黑暗里的(《约翰福音》,1 章,5 节)。上帝是真正的光:谁要见到这光,他就必定会瞎掉,必定会远离各样东西而守住上帝。一位大师说道:凡是以某种譬喻来谈论上帝的人,就是以不纯的方式在谈论上帝。可是,在谈论上帝时什么也说不出的人,反而是恰如其分的。如果灵魂进入到"太一"里面,并且在那里真正做到抛弃掉自己,那么,它就如同在虚无之中找到了上帝。这时,人就好像是在梦中,而且是在白日梦中,他会由这虚无而怀孕,就像妇人怀上了孩子一样,而上帝就在这个虚无之中被生养出来;他是虚无所结的果。上帝在虚无之中被生养。所以他说:"他从地上站了起来,睁开眼睛,却不能看见什么。"在所有被造物都失去的地方,他就看到了上帝。他看到所有被造物都变成了子虚乌有,因为上帝自己包含着所有被造物。他是将一切存在都包含在自己里面的存在。

在他说"不能看见什么"的时候,他还有深一层意思。我们的大师说道:如果有谁在一些外在的事物那里认识到某种东西,那么,就必定会有某样东西"跌落"到他里面,至少是某种"印象"。如果我想要获得某一样事物例如一块石头的影像,那么,我就把其中最粗浅的东西引入到我自己里面;这是我在外面抽取到的。然而,如果它成为我灵魂里面的根基,它就处于至高和至贵之中,它就仅仅成为"影像"了。在我的灵魂从外面认识到的所有东西那里,总有某种异样的东西跌落到它里面;但是,我在上帝里面就被造物而认识到的,除了上帝以外什么也进不去,因为在上帝里面,除了上帝以外什么也没有。如果我是在上帝里面去认识所有被造物,那么，我认识到的是一无所是。他看见了上帝，而在上帝里面，所有被造物都一无所是。

第三，他之所以会什么也看不见，其原因为：这虚无就是上帝。一位大师说道：所有被造物，在上帝里面都是作为一种虚无而存在着，因为他自己包含所有被造物的存在。他是包含一切存在的存在。还有一位大师说道：在上帝之下，不管多么靠近他，总会有某种异样的东西跌落进去。另一位大师说：天使是直接认识他自己和上帝的。可是，除此之外他认识到的，就有某种异样的东西跌落进来；不管多么细小，总还有一种印象。如果我们要认识上帝，就必须是直接去认识，不可掺杂什么异样的东西。如果我们是在那个光里面认识上帝，就应该做到完全独立自主，不让任何被造的事物跌落其中。这样，我们就得以完全直接地认识到永生。

"当他什么也看不见时，他就见到了上帝。"那上帝所是的光，溢流而出，使所有（其他的）光都暗了下去。在那个光里面，保罗从中见到了上帝，除此之外就没有别的。所以约伯说："他吩咐日头不出来，就不出来，又封闭众星。"（《约伯记》，9 章，7 节）由于他四周被那个光围住，他就什么也看不见了；因为凡是属于他的灵魂的东西，都专心致志于上帝所是的光，使他不可能再去知觉别的东西。这对我们是一个很好的教导；因为当我们专心致志于上帝，我们就无暇顾及外界的事物了。

他之所以看不见什么东西的第四个原因是：上帝所是的光，是没有任何杂质的；不可能有任何掺杂。这就表明，他看到的是真正的光，而这真正的光在那里却什么也不是。他用这真正的光所表示的无非是他睁开眼却什么也看不见。他用他什么也看不见来表明他见到了属神的"无"。圣奥古斯丁说：当他什么也看不见时，他就看到了上帝。圣保罗[①]说：凡是如盲人一般什么也看不见的人，就是见到了上帝。所以圣奥古斯丁说道：因为上帝是那真正的光，是灵魂的支柱，上帝之贴近灵魂胜过灵魂之贴近自己，所以，理所当然地，如果灵魂摆脱掉一切业已形成的事物，上帝就会在它里面灿烂发光。

不管是爱还是畏惧，如果灵魂不知道它们从哪里而来，那么这二者就不会为灵魂所具有。如果灵魂没有走出到外在的事物那里，它就归家安居在它那单一而纯真的光里面：在那里，它既没有爱，也没有畏惧。知识是一切存在之基础。而爱除了在知识里面以外，不能依附在别的什么地方。如果灵魂像盲人一样什么也看不见，它就见到了上帝，而这是必定如此的。有一位大师说道：眼睛在它那原本什么颜色也没有的至高的真纯之中却得以看见所有颜色；这不仅在它原本与所有颜色都无关的情况下是如此，而且，在它处于肉体之中时也是如此，即使这样，如果人们想要认识颜色，就必须脱离开颜色。脱离开了颜色，人们就得以看见所有颜色，哪怕它长到脚上去也会看得见。上帝是一个总括了所有存在的存在。要想使灵魂认识上帝，灵魂就必须瞎掉。因此他说："他看到的是那个虚无"，这个虚无，一切光都来自于它的光，一切存在都来自于它的存在。所以在那部爱之书里面新妇说道："我再往前

---

① 这里估计作者引用有误。这话可能是圣奥古斯丁说的。——德文本编者

走一会,我就找到我灵魂所爱的。"(《雅歌》,3章,4节)她再往前走一会所越过的,乃是所有被造物。凡是不把所有被造物都摒弃掉的人,就找不到上帝。她还让我们知道,不管我们藉以去认识上帝的那些东西是多么精细和纯真,我们还是要丢弃掉。是的,即使我接受到的真是上帝所是的那个光,假如它触及我的灵魂,还是不应该这样。我应该在这光迸发出来的地方接受到它。如果我不将我的眼睛转向这光迸发出来的地方,那么,在它照在墙上的时候我是不可能正确地看见它的。而且,即使我在它迸发的地方接受到它,我还是应该从这种迸发之中脱离开来:我应该接受到的它,是像它还在自己里面悬着的那样。确实,我说,即使是这样,还是不对:我应该接受到的它,是当它既没有触及什么,也不在迸发,甚至也不是在自己里面悬着,因为这一切都还是方式而已。人们应该接受到的上帝是无方式的方式,是无存在的存在,因为他没有任何方式。因此,圣伯尔纳说道①:谁想要认识你上帝,他就必须不用任何尺度来度量你。

我们祈求我们的主,让我们得以进入到完全没有方式和度量的知识之中。愿上帝扶助我们。阿门。

---

① 见(明谷的)伯尔纳,《〈雅歌〉释》(In Cantica),第七讲。——德文本编者

第三十八讲

Moyses orabat dominum deum suum.（Ex. 32,11）
"摩西便恳求上帝他的主。"（《出埃及记》,32 章,11 节）

我上面引用的这句拉丁文,今天在经文诵读中又读到了:"摩西便恳求上帝他的主:主啊,你为什么向你的百姓发烈怒呢?（《出埃及记》,32 章,11 节)上帝回答他说:摩西,你且由着我,我要向他们发烈怒,向着百姓报复。而且上帝向摩西预言说:我要抬高你,使你壮大,使你的种族繁荣昌盛,使你成为掌管一个大族的主人(《出埃及记》,32 章,10 节)。而摩西说:主啊,倘或你肯赦免百姓,不然,求你从生命者的名册上涂抹我的名字!"（《出埃及记》,32 章,32 节)

"摩西恳求上帝他的主"这话究竟要说明什么呢？确实,如果想要让上帝成为你的主,那么,你就必须做他的仆人;可是,这样一来,你在做你的事时如果是为你自己的利益,为你自己的乐趣或者你自己的福乐,你就不是仆人了;因为你并不是在仅仅寻求上帝的荣耀,而是在寻求你自己的利益。为什么要说"上帝他的主"呢？如果上帝要你生病,而你想要不生病,如果上帝想要叫你的朋友死掉,而你希望他违背上帝的旨意而活下去,那么,确实上帝就不成其为你的上帝。如果你爱你的上帝而生病——以上帝的名义！如果你的朋友死掉了——以上帝的名义！如果他失去了一只眼睛——以上帝的名义！这样的人就做对了。如果你生病了但祈求上帝恢复健康，你就是将健康看得比上帝更宝贵，那他就还不是你的上帝：他是天和地的上帝，但还不是你的上帝。

现在注意，上帝说道："摩西，你且由着我发怒！"你们会说：上帝为什么要发怒呢？不外就是为了我们会失去我们自己的福乐，因为他不会寻求他自己的东西；对于我们做出任何不利于我们的福乐的事，上帝是感到痛心的。没有什么事会比我主耶稣基督他的独生子为我们的福乐而受刑和处死更使他感到痛心的。现在请注意，上帝说道："摩西，你且由着我发怒！"你们看，一个善良的人在上帝那里可以做出多么了不起的事啊！可以看到有这么一条确实可信的真理：谁始终为上帝而全部抛弃掉他自己的意愿，他就得以抓住上帝，使上帝只做这人想要做的事。谁始终将他自己的意愿全部抛弃掉，上帝就反过来将他上帝的旨意真正全部地赐给他，使他得以支配上帝的旨意，而上帝也立下誓愿只做这人想要做的事；因为要不是某个人先为上帝所有，上帝是绝不会为这人所有的。

圣奥古斯丁[①]说道：主啊，除非某个人先为你所有，你是不会为他所有的。我们日日夜夜大声疾呼：主啊，愿你的旨意成就！而当上帝的旨意真的成就时，我们竟然发怒，那就大错特错了。如

---

① 见奥古斯丁：《诗篇释义》(*Enarrationes in Psalmos*)，CXXXXV n. 1；XXXII cap. 2 n. 18。——德文本编者

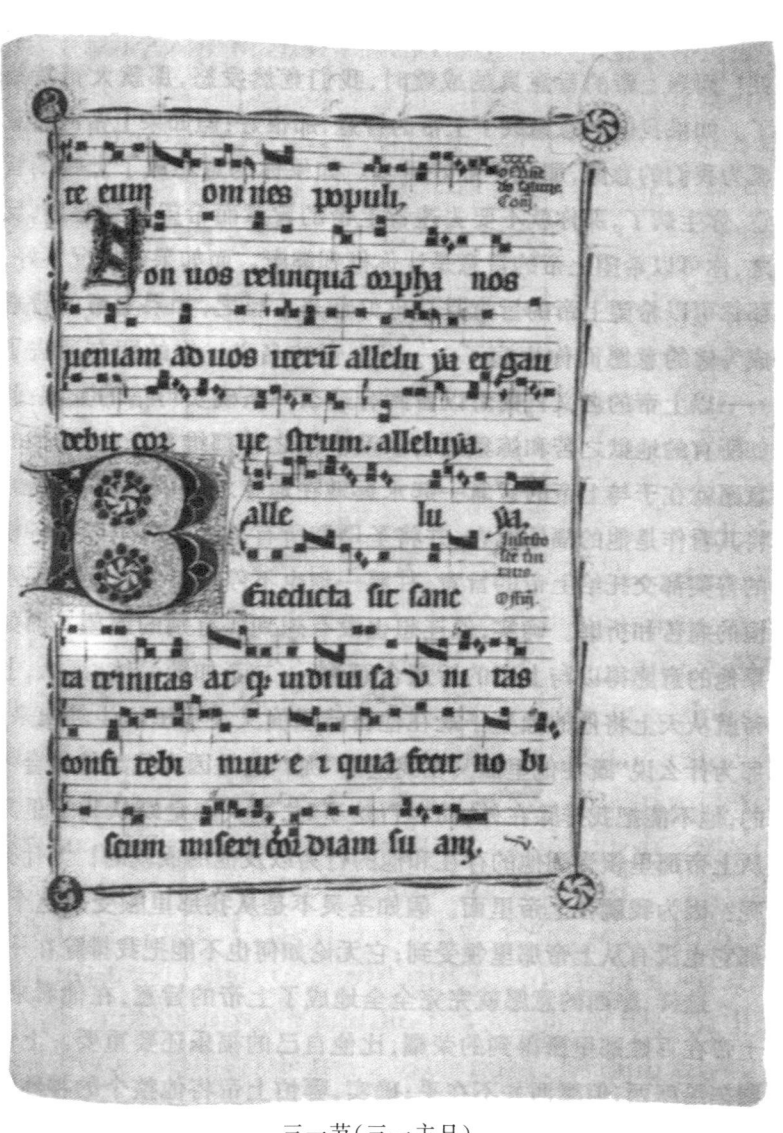

三一节（三一主日）。

果我们的意愿成了上帝的旨意,那很好;但如果上帝的旨意成为我们的意愿,那就更好。如果你的意愿成了上帝的旨意,你生病了,那你不要违背上帝的旨意而希望得到健康,反之,你可以希望上帝的旨意是让你得到健康。如果你情况不好,你可以希望上帝的旨意是让你好起来。反之,如果上帝的旨意成为你的意愿而你生病了——以上帝的名义!你的朋友死去了——以上帝的名义!则可以看到有这么一条确实可信的真理:假如所有的地狱之苦和炼狱之苦以及世俗之苦都维系于此,那他的意愿就在于与上帝的旨意一起永远地在地狱之苦中忍受着,始终将其看作是他的福乐所在,并将圣母和所有圣者的福乐以及各样的善美都交托给上帝的旨意,甘愿一刻不停地始终忍受着那永恒的痛苦和折磨。确实,他连想也没有想到要有别的愿望。如果他的意愿得以与上帝的旨意合而为一,二者如同一体,那么,上帝就从天上将他的独生子既在他自己里面又在我里面生养出来。为什么说"既在他里面又在我里面"呢?因为我与他是合一的,他不能把我排除在外;而在行这事时,圣灵则是既从我那里又从上帝那里领受到他的存在和他的行为以及他的成就!为什么呢?因为我就在上帝里面。假如圣灵不是从我那里领受到这个,它也没有从上帝那里领受到;它无论如何也不能把我排除在外。

  这样,摩西的意愿就完完全全地成了上帝的旨意,在他看来,上帝在百姓那里所得到的荣耀,比他自己的福乐还要重要。上帝赐福给摩西,但摩西并不在乎;确实,哪怕上帝将他整个神性都允诺给摩西,摩西也不同意上帝发怒。反之,摩西祈求上帝说:"主啊,你就把我的名字从生命者的名册中涂抹掉吧。"(《出埃及记》,

32 章,32 节)有大师问:摩西爱百姓胜过爱他自己吗？他们说:不！因为摩西知道,当他去寻求上帝在百姓那里所得到的荣耀时,比起他牺牲掉上帝在百姓那里的荣耀而去寻求他自己的福乐来,更加靠近上帝。所以,一个善良的人应当做到不去寻求他自己的东西,而唯独寻求上帝的荣耀。只要你在行事时还是更多地考虑到你自己,或者对某一个人的考虑胜过对另外一个人的考虑,那么,上帝的旨意就不会成为你的意愿。

我们的主在福音书里说道:"我的教训不是我自己的,乃是那差我来者的。"(《约翰福音》,7 章,16 节)同样,一个善良的人还应当认识到:我的行为并不是我一人的行为,我的生命也并不是我一人的生命。而且,如果我认为圣彼得所拥有的以及圣保罗为之伸出他的头的那所有善美和福乐,所有他们由此而得到的福乐,也都像他们一样地让我们也得到,我也要分享,就像我也做了他们所做的那些事一样。更甚于此:所有圣者和天使做过的事,甚至于上帝的母亲马利亚做过的事,我也由此而获得了永恒的喜悦,就像我自己做了一样。

我说:"人性"和"人",这二者是不同的。人性原本就是很高贵的,人性之至高之处乃是与天使相等同的,乃是与神性同类的。基督所拥有的与天父的最大的一统,我也有可能能够得到,只要我摆脱掉跟这个或那个相关的东西,做到以"人性"对自己自律。上帝曾经给予他的独生子的所有东西,也同样全部给予我,一点也不少,甚至还给得更多:他给予在基督里的我的人性,比给予基督自己的还要多,因为他其实并没有给予他什么,基督毕竟是自从永恒以来就在父里面拥有了。当我打你的时候,我总是先打的是某个名叫布克哈特或者亨利希的,然后我才算是打了"人"。而上帝就不是这样做的。他接纳的首先是"人性"。谁是一个人呢?就是在耶稣基督之后有他自己的名字的人。所以我们的主在《圣经》里说道:"谁摸这些人中的一个的,他就是摸我眼中的瞳人。"(《撒迦利亚书》,2章,8节)*

我再回到前面所引的话:"摩西便恳求上帝他的主。"许多人祈求上帝是为了得到上帝所能够做到的,可是,他们并不想把他们所能够做到的奉献给上帝;他们想分享上帝所有的,却只想给予上帝最没有价值的东西,只想给出一点点。然而,上帝所给予的第一位的东西,就是他给出了他自己。如果你有了上帝,你因为有了上帝就又有了万物。我曾经说过:谁有了上帝以及附属于上帝的万物,他所具有的并不比单有一个上帝更多。我还说:在永恒之中,成千的天使在数量上并不比两个或者一个更多,因为在永恒之中是没有数量的:这永恒,是逾越于所有的数的。

"摩西便恳求上帝他的主。""摩西",意思是一个从水里面被拉出来的人**。现在我再来谈谈意愿。如果某个人为上帝而奉献出一百马克***的黄金,那确实是一件好事,似乎很值得称道;但我说:

---

* 今本《圣经》为:"摸你们的,就是摸他眼中的瞳人。"——译注
** 埃及法老命令将以色列人所生的男孩都丢在河里。但婴孩摩西却被法老的女儿从水中救了起来,她给孩子起名叫"摩西",意思是"我把他从水中拉出来"。事见《出埃及记》,2章,1—10节。——译注
*** 这里马克是古代欧洲的重量单位,约合8盎司。——译注

如果我有这样一个意愿——假设我拥有这能够用来奉献的一百马克黄金——,只要我的这个意愿是完备的,那么,我实际上已经将其付给了上帝,他必定会给我以酬报,就好像我真的付给他一百马克黄金一样。我还要说:倘若我有这样的意愿,即假如我拥有整个世界,我就将其奉献给上帝,那么,我已经将整个世界付给了上帝,他必定会给予我酬报,就好像我真的已经将整个世界付给了他一样。确实,我说:倘若我竟然亲手杀死了教皇,但这并不是出于我的意愿,那么,我还是会照样走上讲坛,还是要照样做弥撒!我说:"人性",在最贫困和最低贱的人那里,也跟在教皇或者皇帝那里同样完备;因为在我看来,"人性"原本就要比我自己身为的人更加可亲。

愿我所谈论到的真理扶助我们,让我们同样与上帝合而为一。阿门。

第三十九讲

Adolescens, tibi dico: surge. (Luc. 7,14)
"少年人,我吩咐你起来。"(《路加福音》,7章,14节)

圣路加在福音书中写到一个死了的少年人。我们的主路经那里,怜悯他,对他说道:"少年人,我吩咐你起来!"(《路加福音》,7章,14节)

现在,请你们知道:上帝完整地在所有善良的人里面,在灵魂里面有某种东西使上帝得以生活在里面,在灵魂里面有某种东西使灵魂得以生活在上帝里面。然而,如果灵魂专注于外界的事物,它就会死去,也使得上帝对灵魂死了心。所以,他原本绝不会死去,而是他继续生活在他自己里面。如果灵魂与肉体分离,那么,肉体死了,而灵魂继续在自己里面生活下去;同样,上帝对那样的灵魂死了心,但他还继续在自己里面生活下去。现在,请你们知道:那是灵魂里面的一种力量,而天虽然那么宽广,达到了难以置信和无法形容的地步,却还远远比不上这种力量那么宽广。

好吧,请特别注意!在那种高贵的力量里面,父对他的独生子说道:"少年人,起来!"上帝与灵魂的合一是如此伟大,是难以置信的,而上帝在自己里面又那么崇高,没有任何认知或者向往可以达到那里。向往倒往往比用知识能够达到的一切还要更胜一筹。它比全部的天还要宽广，甚至胜过所有天使，而地上的一切却靠着天使的一点火花就得以存活。向往是辽阔的，是辽阔无边的。然而，认知所能够掌握到的以及向往所能够向往到的一切，都不是上帝。在理智和向往结束的地方，那里就是黑暗，而那里就是上帝照亮的地方。

我们的主说："少年人，我吩咐你起来！"如果我想要在我里面听见上帝的说话，我就必须彻底摆脱掉一切我自己的东西，尤其是涉及那些有时间性的东西，对待它们要犹如对待远隔重洋的陌生东西一般。灵魂还是像当初它在自己里面被造的时候一样年轻，至于落到它上面的年龄，只是跟肉体有关，只是就它（灵魂）在感官之中起作用时而言的。有一位大师说道：倘若一个老人具有年轻人的眼睛，他就会有像年轻人一样的好视力。昨天我坐在某个地方说了一句听起来难以相信的话。我当时说：对于我的灵魂来说，耶路撒冷就跟我现在所站在的这个地方同样地靠近。千真万确：哪怕是比耶路撒冷还要远上几千里的地方，对于我的灵魂来说，也跟我自己的身体一样靠近，而且，我对此有着充分的把握，就像我有充分的把握确信我是个人一样。凡是有教养的神甫都很容易看清这一点。你们要知道，我的灵魂就像它被造的时候那样年轻，甚至远比那时候更加年轻呢！你们要知道，如果它明天竟然比今天还要年轻，我也不应该感到奇怪！

灵魂具有两种与肉体毫不相关的力量，就是理性和意志：它们是超越于时间之上的。哦，但愿灵魂的眼睛能够睁大，使认知可以清晰地观察到真理！你们应该知道，对于一个这样的人来说，是很容易撇下万物的,就像撇下一颗豌豆或一颗扁豆那么容易;确实,凭着我的灵魂,我说,对于这样的人,有一切就等于什么也没有!而现在,有这么一些人,他们出于爱而撇下了一些事物,却注视着他们所撇下的事物,耿耿于怀。然而,那种人实际上认识到,即使他抛弃掉他自己以及各样的事物,仍什么也不是——哦,这样的人生活着,实际上却还死抱住各样的事物不放。在灵魂里面有一种力量,对它来说,万物都是同等地甘甜;是的,对于这种力量来说,无论是最微不足道的东西还是最优秀的东西,都是完全一样;它是超越于"这里"和"现在"之上去把握万物的。"现在",是时间,而"这里",是地点,是我现在所站在的地点。假如我现在完全从我自身里面走出去,彻底摆脱我自己,那么,父就会从天上将他的独生子在我的灵心里面生养出来,这样的生养是如此纯真,以至于我的灵心又重新将他生养出来。确实,假如我的灵心像耶稣基督的灵魂一样准备就绪,那么,父在我里面也会像在他的独生子里面一样纯真地行事,不会有丝毫减少;因为他是以他爱自己时那同样的爱爱着我。

圣约翰说道:"太初有道,道与上帝同在,道就是上帝。"(《约翰福音》,1章,1节)好,谁想要在父里面听取这个道——在那里,这道是完全宁静的——,谁就必须做到完全宁静,与一切影像和一切形式彻底分手。是的,人应该忠诚于上帝,做到任何事物都不能使他高兴或者忧愁。他应该在上帝里面接受万物,视它们都在上帝里面。

现在他说:"少年人,我吩咐你起来!"他想他自己来做这事。如果有人要我去搬一块石头,他同样也会要我搬一千块石头。或者,如果他要另外一个人去搬一公担的东西,他同样也会要他去搬一千公担的东西。因为上帝是想要自己来完成这事,人只需要跟从在后毫无违逆就可以了。啊,只要灵魂愿意安居在内,万物就都会为它所具有。那是灵魂里面的一种力量,而且不单是力量,倒不如说是一种存在,却又不单是一种存在,宁可说是某种从存在里得以释放出来的东西:它原本就如此纯真和高贵,使得没有任何被造物能够进入其中,唯独只有上帝才能够进入,因为他本来就居于其中。是的,千真万确,如果上帝有方法,连上帝自己也不能进入。确实,上帝也不能以某种方式进入其中:上帝只有以其纯粹的属神的本性,才能够进入其中。

好,现在请注意,他说:"年轻人,我吩咐你……。"那么,什么是上帝的"吩咐"呢?那就是上帝所行的事,而这事是如此高贵,只有上帝才能做。你们要知道,我们全部的完善和我们所有的福乐,都有赖于人穿越并超越一切被造性和时间性以及一切存在,有赖于人进入到那个无穷尽的根基里面。

我们祈求上帝我们亲爱的主,让我们得以成为"一"并安居在内。愿上帝扶助我们。阿门。

第 四 十 讲

Modicum et iam non videbitis me. （Joh. 16,16）

"经过一件小事,你们将不得见我。"(《约翰福音》,16 章,16 节)

我上面引用的这句拉丁文出自圣约翰在福音书里所说的话,大家在这个星期日诵读。这句话是我们的主对他的门徒所说的:"经过一件小事,你们将不得见我。"*(《约翰福音》,16 章,16 节)只要灵魂上还附有一点点小东西,"你们就不得见我"。圣奥古斯丁提出关于什么是永生的问题,他回答说:"你问我,什么是永生?那你就去问永生它自己吧!没有人会比受热的人更懂得什么是热;也没有人会比有智慧的人更懂得什么是智慧;没有人会比永生它自己更懂得什么是永生。"[①]我们的主耶稣基督说:"认识你上帝为独一的真正的上帝,这就是永生。"(《约翰福音》,17 章,3 节)

谁会从远处去认识上帝,就像通过某个中介物或者在一朵云彩里面去认识上帝,他就宁可不要整个世界也不愿意与上帝分离

---

* 今本英文本及中文本《圣经》都译作:"等不多时,你们就不得见我。"——译注

① 见奥古斯丁:《讲道录》(*Sermo*),CL cap. 8 n. 10。——德文本编者

片刻。可是,你们相信,如果不经过中介而直接见到上帝,会是多么了不起吗?现在我们的主说:"经过一件小事,你们将见不到我。"凡是上帝创造的或者如果他愿意他就能够创造出来的所有被造物,相对上帝来说,都是"一件小事"。天那么辽阔广大,无论我怎样说你们都无法相信。假定你去拿一根针,用针尖去戳天,那么,那针尖从天那里所把握到的东西,如果跟天以及整个世界相比,还是会大于跟上帝相比的天以及整个世界。因此,这话说得很中肯:"经过一件小事,你们将不得见我。"只要有某种出自被造物的东西还在你里面发着光,你就不得见到上帝,不管那是多么小的东西。因此,在那爱之书里面,灵魂说道:"我四处游行,寻找我灵魂所爱的,却寻不见。"(《雅歌》,3章,2节)她找到了天使以及各样的人,却没有找到她灵魂所爱的。然后她又说:"那以后,我越过了一小段路,就找到了我灵魂所爱的。"(《雅歌》,3章,4节)她似乎是想说:"当我跳过了所有被造物时"——那就是一件"小事"——,"我就找到了我灵魂所爱的"。灵魂本应找到上帝的,只是它必须要跳过所有被造物。

你们要知道:上帝是如此爱灵魂,所以,如果竟然想要让上帝不去爱灵魂,就等于是想要夺取上帝他的生命和他的存在,而且,如果允许这么说的话,就等于是想叫上帝死去;因为正是在上帝用来爱灵魂的那同一个爱里面,使圣灵得以开花结果,这个爱就是圣灵。现在,由于上帝如此强烈地爱着灵魂,灵魂也就必定同样是某种极其伟大的东西。

有一位大师在一本论述灵魂的书里面说:"假定没有什么中介的东西挡在中间,那么,眼睛也许就能够感知到在天上的一只蚂蚁或一只蚊子。"①他说得很对,他指的是火、空气以及天与眼睛之间的许多东西。而另一位大师②则说:"假如没有什么中介的东西,那么眼睛就什么也见不到。"其实他们两人都说得对。

第一位说:假如没有什么中介的东西挡在中间,那么,眼睛也许就能够感知到天上一只蚂蚁。他的看法是正确的。倘若在上帝与人之间没有什么中介的东西,那么,灵魂就会直接见到上帝;因为上帝不知道任何中介的东西,他也不能容忍任何中介的东西。假如灵魂得以完全摆脱掉所有中介的东西,那么,对它来说,上帝也就完全没有遮盖,上帝就会将他自己完全赐给它。只要灵魂还没有摆脱掉所有中介的东西,哪怕是很细小的东西,那么,它就见不到上帝。假如在肉体与灵魂之间还有某种中介的东西存在着,哪怕像一根头发丝那样纤细,就绝不会有真正的合而为一。对于属肉体的事物尚且如此,对于属精神的事物就更是如此了。波爱修斯③说:如果你想要纯真地认识真理,你就应该把诸如喜乐与畏惧、信赖与希望以及痛苦等等都撇在一边。喜乐是一种中介的东西,畏惧也是,信赖与希望以及痛苦,统统都是中介的东西。只要你还注视着它们而它们也注视着你,你就见不到上帝。

另一位大师却说:假如没有什么中介的东西,眼睛就什么也看不到。如果我把我的手放到我的眼睛上,我就看不见我的手。如果我把我的手放在我前面,我立刻就看到了它。这是由于手所具

---

① 见亚里士多德:《论灵魂》(*De anima*),II 419a 15。——德文本编者
② 系指德谟克利特。亚里士多德引用他,是为了反驳他。——德文本编者
③ 见波爱修斯(Anicius Manlius Severinus Boethius,约 480—524),《哲学的慰藉》(*Consolatio*),I,7。——德文本编者

有的物质性；因此，物质性就必须在空气中以及在阳光中得到净化和精化，然后作为影像被引入到我的眼睛里。这个情况，你们可以在一面镜子里面观察到：你把镜子放到你的面前，你的影像就出现在镜子里。眼睛和灵魂正是一面这样的镜子，因此，所有被放在你面前的东西都出现在它里面。所以，我看到的并不是手或者石头，而是石头的一个影像。我也并不是在一个另外的影像或者在一个中介的东西中看到这个影像，我不通过什么影像而直接看到它，因为影像本身就是中介者而并不是另外一个中介。这是因为影像并不是靠影像而存在的，它是没有运动的运动，虽然它导致了运动；而"大"也不是靠"大"而存在的，虽然它使什么东西变得大起来。所以，影像不是靠影像而存在的，因为它不是在另外一个影像里面被看到的。那永恒的道就是中介者和影像本身，不靠中介的东西、不靠什么影像存在着，为的是使灵魂得以在那永恒的道里面不通过任何影像而直接地把握和认识上帝。

灵魂里的一种力量，即理性，它从一开始起，即自从它察觉到上帝或者说品尝到上帝，就具有五个特性。第一个特性是，它与"这里"以及"现在"截然分开。第二个特性是，它不与任何东西相等同。第三个特性是，它是纯真而不掺杂的。第四个特性是，它是在自己里面有所行为和有所寻求的。第五个特性是，它是一个影像。

第一：它与"这里"以及"现在"是截然分开的，这指的是时间和地点。"现在"，在时间里是最小的，它既不是一段时间，也不是时间的一个部分；但它却是时间的品味所在，是时间的一个顶峰，是时间的一个终点。然而，尽管它是多么微不足道，但还是必须把它去除掉；凡是涉及时间或者即使只涉及时间的品味的，都必须统统去除掉。另一方面，它也是与"这里"分开的。"这里"，指的是地点。我所站在的地点，那是非常渺小的。然而，尽管它是多么渺小，如果人们想要见到上帝的话，还是必须把它去除掉。

第二：它不与任何东西相等同。有一位大师说道：上帝是这样的一位存在者，没有任何东西与他相等同，以后也不会有任何东西能够与他相等同。可是圣约翰又说："我们得称为上帝的儿女。"（《约翰一书》，3 章，1 节）既然我们是上帝的儿女，我们就必定与他相等同。那么，大师何以能说：上帝是这样的一位存在者，没有任何东西与他相等同呢？你们要这样来理解：为了使这个力量不与任何东西相等同，它就等同于上帝。就像上帝不与任何东西相等同一样，这个力量也不与任何东西相等同。你们应该知道，所有被造物都出自于其本性而千方百计地设法与上帝相等同。如果天不是在追寻上帝或者上帝的一个等同者的话，它就绝不会运转。倘若上帝不是存在于万物之中，那么，本性就不会作出什么行为，也不会在某些事物里面去追求什么；因为不管你愿意不愿意，也不管你知道不知道：本性在其最内里是在努力寻求着上帝。一个人，如果有人给他什么喝的，当他知道这里面没有什么是来自于上帝的东西时，他就不想喝它，这样的人是不会感到渴的。假如没有来自于上帝的东西在里面，那么，无论是吃喝还是衣着，还是什么安逸享受，等等，本性都不会去追求，它执着地要在其中找到上帝。

第三：它是纯真而不掺杂的。上帝的本性就在于他不能容忍任何的掺杂和混合。同样，这个力量也没有任何掺杂和混合：在它里面没有任何外异的东西，也没有任何外异的东西能够进到它里面。如果我说的是一个美丽的人,竟说他脸色苍白或者黝黑,那我对他是不公的。灵魂理应是完全没有掺杂的。如果有人把什么东西粘到我的帽子上或者放些什么东西在我帽子上,那么,任何人戴这帽子就把这些粘在上面的东西戴上了。如果我从这里走出去,我身上的所有东西也就一起走了出去。如果有人说动了某个人,那么,他就把另外一个充分信赖这个人的人也说动了。但是,一个不依附于任何东西的人,哪怕天地倒转,他也总不为所动,因为他不依附于任何东西,也没有任何东西依附于他。

第四:它总是在内部有所寻求和有所行为。上帝是一个总是安居在最内里的存在者。因此,理性也总是向内部有所寻求。反之,意愿是向外走到它所爱的东西那里。例如,如果我的朋友到我这里来,那么,我的意愿就怀着爱全部倾注到他身上,要使他感到满意。现在圣保罗说:"到那时我们将认识上帝,如同他认识我们一样。"(《哥林多前书》,13 章,12 节)而圣约翰说:"我们将要见到他的真体。"(《约翰一书》,3 章,2 节)要让我给涂上颜色,那我必须本来就具有属于颜色的东西。除非我本来就具有颜色之本质,不然我就不会给涂上颜色。如果不是在上帝得以见到他自己的那个地方,那我绝见不到上帝。所以有一位圣者说道:"上帝住在人不能靠近的光里。"(《提摩太前书》,6 章,16 节)谁也不用因此而感到沮丧:若是有人能够得以靠近,那固然是好;可是,事实上还差得很远,因为那还不是上帝。

第五:它是一个影像。好,现在请倍加注意,因为在这里面包含了这整个的讲道。影像和原型,二者是完全一致的,彼此合而为一,找不出它们之间的差别来。人们可以撇开热而去思考火,也可以撒开火而去思考热。人们可以撇开光而去思考太阳，也可以撇开太阳而去思考光。然而，人们无法识别影像与原型二者之间的差别。我还要说：上帝以其至高无上的全能也不能识别出任何差别，因为二者是同生同死的。如果我父亲死去，我并不因此也死去。如果一个人死了，那大家就不能再说：他现在还是他的儿子，而只能说：他曾经是他的儿子。如果有人将墙壁刷白，那么，这墙壁就因为是白墙而得以与一切白颜色相等同。而如果有人将它刷黑，那么，对于一切白颜色来说，它就是死的了。你们看，这里也是这样。如果按照上帝而形成的影像消逝了，那么，上帝之形象也就消逝了。

我想说一句话，而由此可以生出两句、三句话来。现在请听我说！理性向内观望，它突破神性的所有角落，接受到处于父的内心之中和处于根基之中的子，并将他放进它的根基之中。理性直驱其内，而无论是真、善、智乃至上帝自己，都不能使它感到满足。确实，在上帝那里很少感到满足，就如同在一块石头或者一棵树那里一样。它从不停息，它闯入到根基里面，就是真和善从中得以萌发的那个根基。它是在本原中（in principio）接受到属神的存在的，还在它获得某个名字之前，还在它得以萌发之前，真和善就在那里发源；它是在一个比智和善高得多的根基之中接受到属神的存在的。而这理性有一个姐妹，就是意愿，它满足于一位表现为善良者的上帝。但理性却把这一切都分离开来，贯穿到根里面，就是使子得以发源和圣灵得以开花结果的那个根里面。

愿父、子和圣灵扶助我们，使我们把握这个并永远成为有福。阿门。

第四十一讲

Laudate coeli et exultet terra (Is. 49,13)

Ego sum lux mundi. (Joh. 8,12)

"诸天哪,应当欢呼,大地啊,应当快乐。"(《以赛亚书》,49章,13节)

"我是世界之光。"(《约翰福音》,8章,12节)

我读的这两句拉丁文。第一句列在诵读文中,先知以赛亚说道:"诸天哪,应当欢呼,大地啊,应当快乐,上帝已经安慰他的百姓,也要怜悯他困苦之民。"(《以赛亚书》,49章,13节)第二句是在福音书里,我们的主说道:"我是世界之光,跟从我的,就不在黑暗里走,必要得着生命之光。"(《约翰福音》,8章,12节)

现在你们要注意先知说的这第一句话:"诸天哪,应当欢呼,大地啊,应当快乐!"确实如此!凭着上帝,确实如此!就像你们确信有上帝活着一样,你们也应当确信:即使是最小的善良的行为,最小的善良的意愿,最小的善良的追求,也使在天上和在地上的所有圣者和所有天使感到如此欢乐,是整个世界都无法提供的那种欢乐!而且,任何一位圣者,越是德高望重,就越是欢欣鼓舞;无论如何,所有这样的欢乐加在一起,比起上帝对此所感到的欢乐来,就小得像一粒小扁豆一样。因为在这种善良的行为里上帝真正感到了心满意足;因为所有其他的不能做到赞美上帝的行为,在上帝面前就如同灰尘一般。所以先知说:"诸天哪,应当欢呼,大地啊,应当快乐!上帝已经安慰他的百姓。"

现在请注意,他是说:"上帝已经安慰他的百姓,也要怜悯他困苦之民。"他是说:"他的困苦之民。"困苦之民只有交托给上帝,因为再也没有别的人会去关怀他们。如果一个人有一个贫困的朋友,他就不会去接近他;而如果这朋友有钱又有才,他就会说:"你是我的亲戚",急于去接近他。对贫困的人他却说:"愿上帝保佑你吧!"不屑于与他们交往。贫困之人是交托给上帝的;因为不管他们到哪里,他们都找到了上帝,在任何地方都得到了上帝,并有上帝来关怀他们,因为他们是交托给了上帝的。所以他在福音书里写道:"贫困的人有福了。"(《马太福音》,5 章,3 节)

现在请注意他所说的话:"我是世界之光。"(《约翰福音》,8 章,12 节)"我是"——他由此而涉及了存在*。大师们说:虽说所有被造物都能够说这个"我",但这是就这个词的通常的意思而言的;如果从本来的意思来说,"我是"("sum"),则是除上帝以外谁也不能这样说的。这个"我是",包含了很多意思:指一个包揽所有善良的东西于自身的事物;而任何一个被造物都不可能拥有能够完全给予人以安慰的一切东西。假如我万事称心如愿,但我的手指却发痛,那我毕竟不是十全十美,因为我的手指在伤痛,因为我的手指的发痛而使我得不到完全的安慰。当人饥饿的时候,面包

---

* "是"和"存在",在德文中是同一个词:Sein。——译注

给人带来安慰；但当人口渴的时候，面包就不能带来什么安慰，简直就跟一块石头一样。说到衣服，也是这样：感到冷的时候，人穿上衣服就得到了安慰，而他感到太热的时候，他就不会从衣服那里得到安慰了。对于任何被造物，都是这样，所以说，一切被造物都天生带有痛苦。诚然，所有被造物都天生具有某种可以带来安慰的东西，就好像那酿出来的蜂蜜一样。然而，那蜂蜜乃是指那在所有被造物里面总能够存在的善美的东西，这是在上帝里面汇总起来的。因此，在那本智慧之书里写道："我灵魂的一切美好的东西都随你而来。"(《所罗门智训》，7章，11节）可是，被造物的安慰并不是什么完美的安慰，因为它天生就带有掺杂物。反之，上帝的安慰是纯真而不掺杂的，是完美无缺的。而他又迫切地要赐给你，他迫不及待地要把自己第一位的东西赐给你。上帝为了我们竟然会如此沉醉在他的爱之中，以至于他似乎忘记了天地以及他的全部福乐和神性，一心为我，他要把能够给予我安慰的所有的一切都赐给我。而且，他是一无遗漏地把这些都赐给了我，最为纯真地赐给我，每时每刻都在赐给我，也赐给所有被造物。

现在他说："跟从我的，就不在黑暗里走。"(《约翰福音》，8章，12节）你们要注意，他是说："跟从我的。"大师们说，灵魂具有三种力量。第一种力量想方设法要寻求最甘美的东西。第二种力量则始终去寻求最高的东西。而第三种力量却始终在寻求最好的东西；因为灵魂是如此高贵，它除了在那个本原之处，也即善美之行得以喷洒而出的那个本原之处以外，总是不能停息下来。你们看，上帝的安慰是如此的甘美，使得所有的被造物都在寻求和追随它。而我还要这样说：所有的被造物的存在和生命，都有赖于它们去寻求和追随上帝。

现在你们会说:这位为所有被造物所追随的上帝,这位使所有被造物由以得到它们的存在和生命的上帝,究竟在哪里呢?——我还是愿意说是神性,因为我们的全部福乐都是从那里流出来的。——父说:"我的子,我今天在圣者的回光之中生养你。"(《诗篇》,109篇,3节)*那么这位上帝究竟在哪里呢?"我四周满是圣者。"(《便西拉智训》,24章,16节)那么这位上帝究竟在哪里呢?——是在永恒之中。没有人曾经会找到过上帝,就像智慧者所说的:"主啊,你是自隐的上帝。"(《以赛亚书》,45章,15节)那么这位上帝究竟在哪里呢? ——真的,就像一个人隐藏了起来,却因为咳嗽而暴露了自己,上帝也是这样。没有人曾经能够找到他,但他却自己暴露了出来。一位圣者说道我在自己里面感觉到了这样一种甘美,让我将我自己以及所有被造物都忘记掉了,一心想要完全融化到你里面。而当我想要完全抱住它时,主啊,你却把它从我这里夺走了。主啊,你为什么要这样呢?如果你是在引诱我,为什么又把它从我这里夺走呢?如果你是爱我,又为什么离开我呢?啊,主啊,你这样做,说到底是为了使我能够从你那里获得更多的东西!

有先知说:"我的上帝!"——"谁对你说我是你的上帝?"——"主啊,不在你里面,我就不得安宁,除了在你里面,我都感到难受。"(《诗篇》,15篇,2节)**

---

* 在今本《圣经》中找不到。——译注

** 在今本《圣经》中找不到。——译注愿父、子和圣灵扶助我们，让我们这样去寻求上帝并且也得以找到他。阿门。

第四十二讲

Renovanmini spiritu mentis vestrae. (Eph. 4,23)
"又要将你们心情的灵心改换一新。"(《以弗所书》,4章,23节)

"又要将你们心情的灵心改换一新。"(《以弗所书》,4章,23节)圣保罗是如此说的。现在奥古斯丁说,上帝已经在灵魂的第一个区域,即叫作"心情"(mens)①的那个区域,与灵魂的存在一起创造了一种力量,大师们称之为精神形态或者有形影像的一种容器或盒匣。一方面,这种力量之得以使灵魂与父相等同,是由于他的神性的外溢,是由于他已经将他的属神的存在的全部宝藏都注入到了人格上不相同的圣子和圣灵里面,另一方面,灵魂的记忆又将他的影像之宝藏倾注到了灵魂的其他一些力量里面。

现在,每当灵魂看到具有这个力量的影像,不管它观看的是天使的影像还是它自己的影像,在它那里总是某种不完备的东西。即使它观看的是上帝,不管是作为上帝还是作为影像还是作为三

---

① 埃克哈特在这里认为,"心情"(Gemuet,mens)与奥古斯丁所创造的概念 abditum mentis(意为"心情之隐秘")二者是同一的;而在记忆(memoria)之中所包含的力量,同样是一种"容器"。——德文本编者

位一体的三位,也总还是某种不完备的东西。然而,如果把所有影像都从灵魂那里去除掉,使它观看到那合一的"太一",那时,那个在自身里面静守着的灵魂之纯存在,就得以找到属神的一统之无形态的纯存在,而这乃是一个超存在的存在。哦,何等的奇妙,如果灵魂之存在能够做到除了上帝之纯一统之外什么也不承受,那样的承受是多么高贵呵!

现在圣保罗说:"又要将你们心情的灵心改换一新。"这改换一新,是要临到上帝之下的所有被造物;但没有什么改换一新会临到上帝头上,对上帝,就只谈得上永恒。那么,什么是永恒呢?听着!永恒之特征就在于在它里面"一直是"和"最近是"这二者是合一的,因为,假如它可以更新而不是经久不变的话,它就不成其为永恒了。但我说:这种改换一新却也是天使所面临到的,而这就涉及关于未来的东西的指示,因为天使只是在上帝向他作出启示的范围内才知道有关未来的事物。灵魂,就其称作为灵魂而言,也面临这种改换一新;因为它之被称为"灵魂",乃是就它将生命给予肉体以及它是生命之形式而言的。而在它被称为"灵心"时,它就面临这种改换一新:它之得以被称为"灵心",是在它摆脱掉"这里"和"现在"以及属于自然界的一切以后。而一旦它成为上帝的影像并且像上帝一样成为没有名字的,那时,它就不再会面临什么改换一新了,而是像上帝一样只有永恒。请注意!上帝是没有名字的,因为关于上帝,没有人会说得出什么或者认识到什么。因此,有一位异教的大师说:我们关于第一原因所认识或所说出的,是我们是什么,而不是第一原因是什么;因为第一原因乃是凌驾于一切表述和理解之上的。照这样说,如果我说"上帝是好的",那就不真实了;恰恰等于是说"我是好的,而上帝不好"!确实,这样我甚至是想要说"我比上帝更好!"因为好的就能够更好;更好的就能够成为最好的。但上帝不是好的,因此他也就不能更好。而因为他不能更好,他也就不能成为最好;因为"好"、"更好"以及"最好",这三者都与上帝无缘,因为他是超越一切的。如果我还说"上帝是聪明的",那也不真实;我比他聪明!而如果我再说"上帝是一个存在",那还是不真实;他乃是一个超存在的存在和一个超存在的"无"!所以,圣奥古斯丁[1]说:人在说到上帝时所能够说出的最美的,就在于他能够出于蕴含在内的智慧而保持沉默。因此,在说到上帝时,你们要保持沉默,切忌夸夸其谈,因为你若是对上帝说东道西,那你就是在说谎,是在犯罪。如果你不想犯罪而保持完善,你就不可对上帝说东道西!你也不应该设法去认知有关上帝的什么东西,因为上帝是超越一切认知的。有一位大师[2]说道:"倘若我具有一位我能够认知的上帝,那么,我绝不会将他看作上帝!"然而,如果你去认知有关他的什么东西:他是与此毫不相关的,而由于你去认知有关他的什么东西,你就陷入无知,又由于这种无知而沦为禽兽一般。因为凡是在被造物那里成为无知的,就如同禽兽一般。如果你不想沦为禽兽一般,你就不要去认知任何有关那不可用言语表述的上帝的事!"啊,我应该如何做呢?"你应当完全去除掉你自有的存在而融入他自有的存在里面,你的"你的"应当在

---

[1] 这句名言是身为雅典最高法官的狄奥尼修斯(Dionysis Areopagita)所说,见其所著的《论神秘神学》(*De mystica theologia*),cap. 1,1.,并不是奥古斯丁所说的。——德文本编者

[2] 见奥古斯丁:《讲道录》(*Sermo*),CXVII cap. 3 n. 5。——德文本编者

他的"他的"里面全部成为一个"我的"，这样，你就用这个"我的"永恒地认知他的无从形成的存在性以及他那无可命名的"无"。

现在圣保罗说："你们的灵心要改换一新。"如果我们想要让我们的灵心改换一新，那么，灵魂的六种力量，从高级的到低级的，每一种都必须要有一个金戒指，要用属神的爱之黄金给镀上金。先看那三种低级的力量。第一种称为分析能力，即 rationale；在这上面你应该戴上一个金戒指，它就是"领悟"，要让你的分析能力由属神的爱时刻给以领悟。第二种力量称为愤怒，即 irascibilis；在这上面你应该戴上一个戒指，它就是"你的平静"。为什么呢？如何处于平静，也就如何处于上帝之中；如何不得平静，也就如何远离上帝！第三种力量称为企求，即 concupiscibilis；在这上面你应该戴上一个戒指，它就是"知足"，要你面对上帝之下的一切被造物都感到知足。而对上帝，你绝不应该知足！因为对上帝你是不能知足的：你从上帝那里得到的越多，你对他的企求也就越多；假如你对上帝竟然感到知足，那上帝就不成其为上帝了。

对于每一种高级的力量，你也必须戴上戒指。这高级的力量也有三种。第一种称为保持力，即 memoria。人们将这种力量比作三位一体中的父。在这种力量上你应该戴上一个戒指，它就是"保持"，就是要你把所有永恒的事物都保持在你里面。第二种力量称为理性，即 intellectus。人们将这种力量比作子。在这种力量上面，你也应该戴上一个金戒指，它就是"认知"，就是要你时刻去认知上帝。那如何去认知呢？你应当是没有影像地去认知他，应当是不通过譬喻而直接去认知他。如果我以这样的方式直接去认知上帝，我必定就成为他，而他也必定就成为我。我说得更确切一些:上帝必定成为我,我也必定成为他,如此完全地合而为一,使得"他"和"我"合成为"一",二者在这样的存在性之中永恒地共同完成唯一的事业。因为只要这个"他"和这个"我",也即上帝和灵魂,并不是唯一的"这里"和唯一的"现在",那么,这个"我"就绝不能够跟那个"他"一起行为,也不可能与他合一。第三种力量称为意愿,即 voluntas。人们将这种力量比作圣灵。在这种力量上面,你应该戴上一个金戒指,它就是"爱",是要你去爱上帝。你爱上帝,应当不是由于他是值得爱的;因为上帝并不是什么值得爱的:他是超越于一切爱和值得爱之上的。"我应当如何去爱上帝呢?"你应当非灵心地去爱上帝,这就是说,你的灵魂要成为非灵心,要摆脱一切灵心属性;因为只要你的灵魂还具有灵心形态,它就具有影像。但是,只要它具有影像,它也就有中介的东西;而只要它有中介的东西,它就不具有一统,也不具有单纯性。只要它不具有单纯性,它就从来没有真正爱过上帝;因为真正爱上帝必须要有一致性。所以,你的灵魂应当丢弃掉一切灵心,应当是无灵心的。因为,如果你爱上帝是把他看作上帝,看作灵,看作一位人格,看作一个影像,那都是必须加以丢弃的。"我该如何去爱他呢?"你爱他,应当把他当作一位非上帝,一个非灵,一位非人格,一个非影像,还要更进一步:把他看作一个纯真而清明的"太一",摆脱掉任何二元性。而我们应该永恒地一心就在这个"太一"里面,从还有什么东西到什么东西也没有。愿上帝扶助我们。阿门。

第四十三讲

Praedica verbum. (2 Tim. 4,2)
"务要传道。"(《提摩太后书》,4 章,2 节)

这句话,今天和明天大家为我们的主圣多明我①而诵读,这话是圣保罗写下的,意思是:"宣讲道,传播道,并生养道。"(《提摩太后书》,4 章,2 节)某样东西流了出去,却又留在里面,这确实是一件很奇怪的事情。道流了出来,但又留在里面,这真是奇事。所有被造物都流了出来,但又留在里面,真是奇事。上帝已经给了的和上帝允诺要给的,都是神奇而不可捉摸的,是难以相信的。也实在真是如此;因为,倘若变得可以捉摸和可以相信了,那反而不对了。上帝是在万物之中的。他越是在事物之中,就越是超脱于事物之外;他越是在里面,就越是超脱在外。我已经多次说过,上帝就是在现在这一刻里全部一下子创造出整个世界的。上帝在六千年甚或更多年以前他创世时所创造出的一切,他也在现在一下子全部创造出来。上帝是在万物之中;但是,就上帝之为属神和具有理性

---

① 多明我(Domingo de Guzman,1170—1221),又译作"多明尼克",是多明我会创始人。埃克哈特即为该会成员。后人为纪念圣多明我,定每年 8 月 5 日为圣多明我日。——德文本编者

而言,上帝在别的地方绝对不会像在灵魂里面和在天使里面那样真正感到自在,如果你愿意的话:上帝进到灵魂的最内里和最高处。当我说"最内里"时,我也是指"最高处";而当我说"最高处"时,我也是指灵魂的最内里。在灵魂的最内里和灵魂的最高处:我认为这二者是在同一个"太一"里面。在那里,没有时间闯进来,没有影像照射进来:在灵魂的最内里和最高处,上帝在创造整个世界。上帝在六千年以前所创造出的一切,以及上帝在几千年后假如世界还存在着的话他将要创造的一切,上帝都是在灵魂的最内里和灵魂的最高处创造着。过去的、现在的以及将来的一切,上帝都在灵魂的最内里创造着。上帝在所有圣者里面所做的事,都是在灵魂的最内里正在做着。父在灵魂的最内里生养着他的子,并且也跟生养他的独生子一样地生养着你。既然我是子,那么,我就必定是处在他之得以成为子的那同一个存在里面,而不是在别的什么里面。既然我是个人,我就不会在一个动物的存在里做一个人,我必须是在一个人的存在里面做一个人。然而,既然我是这一个(特定的)人,我就必须是在这个人的这个(特定的)存在里面。圣约翰说:"你们都是上帝的儿女。"(《约翰福音》,4章,4节)*

"宣讲道,传播道,并生养道!""宣讲道!"从外面说到里面去的,总是有些粗浅的;而那个道,却是在里面被说出来的。"宣讲道!"这意思是说,你应当对在你里面的东西有所领悟。先知说:

---

* 引文出处有误。可能是指《约翰一书》,4章,4节。——译注

"上帝说的是一,我听到的是二"(《诗篇》,61篇,12节)*。这确实是这样。上帝经常只说一。他的箴言是单句话的。他就是用这种单句话的箴言来对他的子和圣灵以及所有被造物说话,然而,在上帝里面,只有单句话的箴言。但先知却说:"我听到的是二",这就是说:我听到了上帝以及被造物。在那里,是上帝在说话,那就是上帝;而在这里(即在时间和空间之中),那是被造物。有一些人错以为上帝只有在那里(即他历史上曾经一度成为人的那个地方)才成为人。其实不然,因为上帝在这里也像在那里一样地成为人,而他之所以要成为人,其原因就在于他将你作为他的独生子生养出来,一点也没有减少。

我昨天坐在这个地方,说了主祷文中的一句话:"但愿你的旨意得以成全!"而主祷文的意思是:但愿我的意愿成为他的旨意,但愿我成为他。这句话有双重意思。第一个意思是:"在万物中安睡吧!"就是说,你对于时间、被造物以及影像等等,都是什么也不知道。大师们说:如果一个人熟睡着,睡上了几百年,那他对于时间、被造物以及影像就一点也不知道;而这样一来,你就能够得知上帝在你里面做些什么了。所以,那本爱之书里说道:"我身睡卧,我心却醒。"(《雅歌》,5章,2节)因此,如果在你里面的所有被造物都睡卧了,你就能够得知上帝在你里面做些什么了。

这话的第二个意思是:"在万物之中你要多费点神!"而这本身却又有三个意思。这意思就是说:"你要在万物之中获益!"这第一

---

* 今本《圣经》中为《诗篇》,62篇,11节。德文本《圣经》译作:"上帝说了一个,而我听到的是两个。"英文本《圣经》译作"上帝说了一次,而我听到了两次。"中文本《圣经》译作"上帝说了一次,两次,我都听见。"——译注

个意思是：要在万物之中去接受上帝，因为上帝是在万物之中。圣奥古斯丁说：上帝创造万物，并不是让它们放任自流而各行其道，而是：他就留在它们里面。有一些人错以为，他们把事物归到上帝那里会比不将其归给上帝得到的更多。这是不正确的，因为把万物加给上帝那他也不会比单独更多一些；如果一个人有了子而又有了父，他错以为这样比他单有子而没有父有的更多一些，那他可就错了。因为有了子而又有父，并不比只有子更多，同样，有了父而又有子，也并不比只有父更多一些。因此，你要在万物之中去接受上帝，而这就表明他已经把你作为他的独生子生养了出来，一点也没有减少。

"你要在万物之中获益！"的第二个意思是：要爱上帝胜过爱万物，要爱人如己！（《马太福音》，22章，37节）这是上帝的诫命。但是我说，它不单是上帝的诫命，而且，它是上帝已经赠送并允诺要赠送的。如果你爱你所有的一百马克胜过爱别人所有的一百马克，那是没有道理的。而如果你喜爱某个人胜过喜爱另一个人，那也是没有道理的。你若是喜爱你的父亲和母亲和你自己，胜过喜爱另外一个人，那也是没有道理的。而喜爱你里面的福乐胜过喜爱别人里面的福乐，那也是没有道理的。"绝对不！你们怎么说的呢？难道我不应当喜爱我自己的福乐胜过喜爱别人的福乐吗？"有许多有学问的人都不理解这个，难以认同。然而，这并不困难，是很容易理解的。我要告诉你们，这是不难理解的。你们看，对于每一个器官，为了使它在人里面起作用，本性都在追求着两个目标。每一个器官所追求的第一个目标，就在于为整个人体服务，然后是第二个目标，即各别地为任何一个器官服务，对它们的重视绝不亚于对本身的重视,在实施其作用时并不把自身看得比别的器官更重要。说到恩典,就更是这样了!上帝应该成为你的爱心的准则和基础。你的爱心的首要目标就应该是上帝,然后才谈得上爱人如己。但是,如果你爱你自己里面的福乐胜过爱别人里面的福乐,那你爱的是你自己,而既然你爱的是你自己,上帝就不是你的纯洁的爱了,那就不对了。因为,如果你爱圣彼得和圣保罗里面的福乐如同爱你自己里面的福乐一样,你就拥有像他们所拥有的一样的福乐。而如果你爱天使里面的福乐如同爱你自己里面的福乐,以及如果你爱圣母里面的福乐如同爱你自己里面的福乐,那你就真正享受到像他们自己一样的福乐:你跟他们享有同样的福乐。因此,那本智慧之书中说道:"他使他等同于他的圣者。"(《便西拉智训》,45章,2节)

"你要在万物之中获益"的第三个意思是:要在万物中同样地爱上帝,这就是说,无论是贫是富,无论是患病在身还是身心健康,无论是经受诱惑还是没有什么诱惑,无论是身受痛苦还是无忧无虑,都要同样地爱上帝。确实,受的苦难越大,到头来这苦难反而越无足轻重,这就像有两个桶,一个越重,另一个就越轻,同样,人放弃得越多,他就越容易放弃。对于一个爱上帝的人来说,将整个世界都抛弃掉,容易得就好比是丢掉一个鸡蛋一样。他抛弃得越多,他就越很容易抛弃,这就像当时在那些使徒那里:他们受的苦越重,他们受苦时反倒越轻松。

"在万物之中你要多费点神",这话的意思是:如果你感到你自己困惑在繁多的杂事上,不能一心专注在那纯真的"太一"上,那么,你就要多费点神,就是说,要在万物之中努力去完成你自己应完成的任务。这意味着,你要抬起头来!而这又有两重意思。第一,你要把你自己的东西都放弃掉,将你自己交托给上帝,这样,上帝就为你所有了,就像他为他自己所有一样,而他对你是上帝,就像他对自己是上帝一样,一点也不差。凡是我所有的,我并不是从任何人那里得到的。可是,凡是我从另外一个人那里得到的,那就不是我的;宁可说,它属于我由以得到它的那个人。"你要抬起头来!"的第二个意思是:你要使你的一切所作所为都以上帝为目的。有好多人不理解这一点,对此我并不感到奇怪;因为人若想要理解这一点,他就必须脱离并且超越所有这些(地上的)事物。

祈求上帝扶助我们,让我们得以达到这样的完善。阿门。

第四十四讲

Mortuus erat et revixit, perierat et inventus est.（Luc. 15,32）

"他是死而复活,失而又得的。"（《路加福音》,15章,32节）

"他是死而复活,失而又得的"（《路加福音》,15章,32节）。

我在一次讲道中说到过,我很愿意去教导这样的人,他在犯死罪期间却也做了一些好事,我要教导他,这些好事连同他当时做这些好事的时间一起如何又得以复活。我现在就来说明其真实情况,因为有人请求我解释一下这里面的意思。我愿意来对此加以解释,尽管会跟现在活着的大师们的意见相左。

大师们一致认为:只要人处在恩典之中,他所做的一切事情都值得得到永生。这是对的,因为在恩典之中,做事的是上帝,在这一点上,我跟他们是一致的。而大师们又一致认为:人若犯了死罪,那么,他在犯死罪期间所做的所有事情,都是该要死的,就像他自己就是该要死的一样,不会值得得到永生,因为他不是生活在恩典之中。在这个意义上,这也是对的,我也同意他们。大师们还进一步认为:如果上帝又将恩典赐给那为自己的罪孽而感到痛苦的人，那么，那人在他犯下死罪以前曾经在恩典之中做过的所有事，都会在新的恩典里面得以出现和存活，一如先前所做的一样。这我也同意。然而，他们又说：人做过的事，在他犯下死罪的时候会永远地消失，做事的时间和所做的事情都一去不复返。我，埃克哈特大师，对此表示反对，我说：人所做过的所有好事，在他犯下死罪的时候，一件也不会消失掉，连做这些好事的时间也不会消失掉，人就会以此再次求得恩典。你们看，这跟那些健在的大师的意见相左！

现在请特别注意我说这话究竟有什么目的，这样，你们就可以明白其中的意思了。

我干脆就说：人曾经做过的以及将要做的所有好事，以及做过和将要做这些好事的时间，事情和时间，作为事情的事情和作为时间的时间，则都一起消失了。我还要说：没有什么做过的事情谈得上是好的或者是神圣的或者是有福的。我又要说，也没有什么做过事的或将要做事的时间谈得上是神圣的或者是有福的或者是好的，不管是这一件事还是那一件事。那么，如果所做的事既不是好的也不是有福的又不是神圣的，那它何以能够保持呢？因为好事以及做好事的时间都一起消失了，那么，在犯下死罪时得以保持的那个事情以及做那事时的时间又何以能够保持呢？我再重复一遍：作为事情的事情和作为时间的时间，不管是好是坏，都一起消失了；它们都永远地消失了。

现在产生这样的问题：某一件事以及做这事的时间，又为什么被称为一件神圣的事和一件有福的事和一件良好的事呢？你们看，正像我先前说过的那样：所做的事以及做这事的时间，既谈不上神圣，也谈不上有福，也谈不上良好。良好、神圣和有福，只是加给事情和时间的称谓而已，而不是其固有的。为什么呢？作为事情的事情，它不是来自于自身，也不是为它自身，它的发生也不是来自于自身，也不是为它自身，而且，它关于自身也根本不知道什么。因此，它根本就谈不上有福还是无福；倒是事情由以发生的那个灵心，它摆脱掉了"影像"（即事情之有目的的表象），而这"影像"再也不回到它里面来。因为不管是事情还是事情发生的时间，都是稍纵即逝的，既不在这里，也不在那里；因为灵心跟事情毫不相关。这灵心如果想要做些什么事情，就必定是另外的事情和在另外的时间发生。因此，不管是好是坏，事情和时间又都一起趋于消失：它们是完全一样地消失的；因为它们无法留存在灵心里面，而在自身里面又没有存在或者说地点，而且上帝对它们毫无需要。因此，它们自行趋于消失。如果有某一件好事经由某个人而得以发生，那么，这人就由于这件好事而得以解脱，而由于有了这种解脱，他就比原先没有得到解脱时更加等同于和靠近于他的始源，同样，他也比原先没有得到解脱时更加有福和更加善美。出于这个理由，人们就称事情以及事情所发生的时间为神圣和有福，但这并不恰当，因为事情和事情所发生的时间，都是没有存在的；因为它们是自行发生的。所以，事情谈不上什么良善、神圣和有福，有福的是事情得以在其中结出果子的那个人，——不是作为时间的时间和作为事情的事情，而是作为一种良善的特性，永远跟灵心连在一起，像灵心一样永远留存在自身之中，它也就是灵心本身。

你们看，这样一来，一件好的行为以及它发生的时间，就绝不会消失了；但它不是作为事情和作为时间而保存着，而是脱离了事情和时间,以灵心里面的特性而保存下来,使它永恒地留存在灵心里面,就像灵心永恒地留存在它自身里面一样。

看,请把注意力放到在犯下死罪时所做的事情上。正像你们作为听懂我的话的人所听到的那样:作为事情的事情和作为时间的时间,那些在犯下死罪时已经发生了的好事情,事情连同时间一起,都消失了。现在我却要说,事情和时间,原本就是一无所是的。那么,既然事情和时间原本就是一无所是的,所以失去它们的人也没有损失什么。确实如此。我又曾经说过:事情和时间原本就既没有存在又没有地点;作为所做的事情,它是在时间之中从灵心里掉落出来的。如果灵心想再做些什么事情,这就必定是另外的事情,必定是在另外的时间中发生的。因此,如果就其为事情和时间而言,它决计进不到灵心里面。它也绝对不可能进入到上帝里面,因为时间或者带有时间性的事情从来也不可能到达上帝里面。因此,它必然迫不得已地消失掉。

但我又曾经说过,人在他犯下死罪期间所做的所有好事,没有一件会一直销声匿迹的,不管是时间还是事情,都是如此。从我接下来要对你们讲的意思里,这确实是这样。而正像我前面说过的那样,我跟所有健在的大师的意见相左。

现在请你们简要地听我说说,这是如何符合于真理的!如果人在他犯下死罪期间做了好事,他做这好事却并不是出于那个死罪,因为他所做的事是良善的,而那个死罪却是邪恶的。宁可说,他做这好事乃是源于他那生来就良善的灵心,尽管他并没有处于恩典之中,尽管他所做的好事本来就是在其所发生的时间之中,是不配得到天国的。然而,它毕竟也不对灵心造成什么损害,因为一旦脱离了事情和时间,这事情所结的果还是留存在灵心之中,也跟灵心一起而成为灵心,而且,正像灵心之存在不会消逝一样,它也不会消逝。宁可说,灵心通过那些确实为良善的"影像"的作用而使得它的存在得以解脱,倘若它处于恩典之中,它就会这样去做,虽然它并不是通过做这样的事情去获得天国,但倘若它处于恩典之中,它确实就会这样去做;因为它是在为与上帝的合一和等同做着同样的准备,而事情与时间二者的用途却正仅仅在于使人得以产生作用。而人越是使自己解脱和产生作用,他就越是靠近那独自存在于自己里面的上帝;而且,随着人使自己日益得到解脱,他也就既不会失去他所做的事情,也不会失去做这事情的时间。而当恩典再次来临时,一切迄今还只是按本性而居于他里面的东西,就变得按恩典而居于他里面。而且,随着他用他犯下死罪期间所做的好事而使自己得以解脱,他也就相应地促使与上帝合一,而如果他不是事先通过他在犯死罪期间所做的好事而使自己得以解脱,他就根本不可能做到与上帝合一。然而,如果他要使他所做的那些好事起到作用,他就必须为此花费时间。但是,因为他已经在他犯下死罪期间所经过的时间里使自己得到了解脱,因此,他已经为自己赢得了时间,在这时间里他是解脱了的。由此可见,他得以解脱以后的时间并没有失去,因为他已经赢得了这个时间,他可以在这个时间里面做一些别的事情,使他更靠近地与上帝合一。他在灵心里做的事情所结的果,还是留存在灵心里面,与灵心一起也成为灵心。虽然事情以及时间都消逝了,但这些事情由以发生的灵心却仍然存活着,这些事情所结的果,一旦摆脱开了事情和时间,就充满了恩典,就像灵心充满了恩典一样。

看，我们就是如此来支持这个真实的道理的。所有对此持异议的人，统统都是站不住脚的，我对之甚至不屑一顾；因为我所说过的，都是真的，而真理是自明的。倘若他们也能够明白灵心究竟是什么，也能够明白事情与时间原本是什么，以及所做的事情跟灵心究竟有着什么样的关系，那么，他们也许就绝不会再主张某一件好事或者善行会变得无影无踪。虽然跟时间连在一起的事情会过去，会消失，然而，就其与灵心在它的存在之中的关联而言，这事情就不会消失。这种关联不外就在于灵心通过那在所做的好事情中得到体现的良善的行为举止而得到了超脱。这就是所做的好事情的力量。而这个力量留存在灵心里面，绝不脱离灵心，它也像灵心原本一样不会消逝；因为灵心就是这个力量。看，明白这个的人又怎么会说，当灵心具有其存在和存活在新的恩典之中时，以前所做的某件好事会消失呢？

祈求上帝扶助我们，让我们得以与上帝合为同一个灵心，让我们在恩典之中得到再造。阿门。

第四十五讲

In omnibus requiem quaesivi.（Eccli. 24,11）

"我在万物之中寻求安宁。"（《便西拉智训》,24 章,11 节）

这些话写在那本智慧书中。这次我们要来解释这些话,将其看作永恒的智慧与灵魂之间的对话,那智慧者说:"我在万物之中寻求安宁"（《便西拉智训》,24 章,11 节）,而灵魂回答说:"那创造出我的,已经安息在我的帐篷里。"（《便西拉智训》,24 章,12 节）然后那永恒的智慧又说:"我的安宁是在那被奉为神圣的城里面。"（《便西拉智训》,24 章,15 节）

如果有人问到我,要我确切地说明造物主创造一切被造物的目的何在,那么,我会说:为了安宁。其次,如果又有人问到我,那神圣的三位一体的所作所为究竟在寻求什么,那么,我还会回答:是安宁。如果还有人问我第三个问题,问我灵魂在其所有的运动中在寻求什么,我的回答还是:安宁。如果又有人问我第四个问题,所有被造物在其出乎本性的奋斗和运动中在寻求什么,我的回答仍然是:安宁。

第一,我们应当知觉到和认识到,那属神的本性之属神的面容是如何适应于灵魂的所有要求而变得富有情感和热情洋溢,为的是把灵魂吸引到他那里。因为上帝非常欣赏他那属神的本性,即安宁,他对其感到极度满意,所以他将其从自己里面拿了出来,以此刺激所有被造物的出乎本性的欲望,将其吸引到他那里。造物主不单是通过将这个属神的本性从自己里面拿出来并使所有被造物得以仿照而来寻求他自己的安宁,同时还寻求吸引所有被造物跟他一起重新回归到他们的最初的本原之中,即回归到安宁之中。而且,上帝也在所有被造物里面爱着他自己。然而,就像他在所有被造物里面寻求对他自己的爱一样,他同样也在其中寻求他自己的安宁。

第二,那神圣的三位一体在寻求安宁。父在子里面倾注并造就了所有被造物,从而在子里面寻求安宁,而且,父与子一起又让圣灵作为永恒的不可度量的爱从他们那里走了出来,从而他们又在圣灵之中寻求安宁。

第三,不管人知道还是不知道,灵魂是在它所有力量和运动里面寻求安宁。人若不是为了寻求安宁,他既不会睁开眼睛,也不会闭上眼睛;他要么是想把阻碍他的东西抛弃掉,要么就是想把使他能得到安宁的东西吸引到自己里面来。人的所作所为,无一不是围绕着这两件事。我也曾经说过,在任何被造物那里,除非有上帝的譬喻在里面,否则人是绝不可能藉此获得欢乐称心如愿的。我想要有的是我最能够在其中认识到上帝的譬喻的东西。但是,在所有被造物里面,没有什么东西能像安宁那样与上帝相等同。第三[*],我们应当去认识,能够使上帝愿意在其内得以安宁的灵魂,究竟应该是怎么样的。它应该是纯净的。那么,灵魂何以变得纯

---

[*] 原文如此!这里意思可能是指这第三点里还要包括下面的内容。——译注

净呢？就在于它要遵循灵心上的东西。这样它才得以提升。而它越是被提升，它就越是一心虔诚，而它越是一心虔诚，它所行的事也就越是坚强有力。与此相关，有一位大师在谈到星星时说道：各个星星越是靠近大地闪耀出光芒，它们的行为反而越是微弱，因为它们没有保持合适的距离。但如果它们保持了合适的距离，它们就居于最高处；这样，虽然人们在地上看不到它们，可是它们的行为却因此成为地上最坚强有力的。圣安瑟伦①对灵魂说道："你要从外在行为之不安中解脱出来。"他又说道："你要在那内心思想的大风暴来临之前赶快逃走和躲藏起来，因为它同样也会将特大的不安引入到灵魂里面来。"此外他还说："人除了安宁之外不可能有比这更美好的东西奉献给上帝。"跟安宁相比，上帝不那么在乎和需要什么守夜、禁食、大声祈祷和各种苦修。上帝所需要的，不外就是希望人们献给他一颗安宁的心：这样，他就得以成就灵魂里面的这些奥秘和属神的事情，而这是任何被造物都无法出力或者哪怕只是观看得到的；确实，即使是我们的主耶稣基督的灵魂也从来没有能够探视到。那永恒的智慧是如此精细和怕羞，它不能容忍当上帝单独在灵魂里面行事时可以有某个被造物掺杂进来。所以，那永恒的智慧不能容忍有某个被造物能够观看得到。因此，我们的主说："我领我的新娘到旷野，对她的心说话"（《何西阿书》，2章，14节），这意味着领她到荒漠之中，远离所有被造物。最后安瑟伦还说到，灵魂应该安息在上帝里面。上帝不可能在灵魂里面

---

① 几处引文，见于坎特伯雷大主教安瑟伦（Anselmus，1033—1109）的《关于上帝之本体论证明的讲话》，第一章；又引自安瑟伦的《沉思录》，XXI。——德文本编者

成就属神的事情,因为凡是来临到灵魂里面的东西都是由度量包围着的。但度量乃是有所包括而又有所排除的。然而这是属神的事业所不容的:属神的事业是无限界的,是不被封口地包含在属神的启示之中。所以大卫说:"上帝坐在众基路伯之上。"(《诗篇》,79篇,2节)* 他不说他坐在众撒拉弗之上。"基路伯",意思就是智慧,就是那认知:是它将上帝带到灵魂里面,又引导灵魂到上帝那里。但是那个认知却不能将灵魂引入到上帝里面。所以,上帝并不是在认知之中成就他的属神的事业,因为认知在灵魂里被度量包围了;宁可说他是作为上帝而属神地来成就他的属神的事业。然后,那个最高的力量就出现了,那就是爱;它闯入到上帝里面,将灵魂连同认知及其所有其他的力量一起引领到上帝里面,使它们得以与上帝合而为一。而在那里,上帝是超越灵魂的力量之上而行事的,不像在灵魂之中那样,而是在上帝里面属神地行事。在那里,灵魂在上帝里面接受浸礼而又在属神的本性里面接受洗礼,它就此获得了属神的生命,并且接受了属神的秩序①,从而它是服从于上帝的治理的。如同人们可以从例子来加以认识那样,一些研究自然学说的大师写道:当孩子在母腹中受孕时,他具有了器官的形态和脸部的外貌。而当灵魂被注入进形体时,这形体就失去它原先具有的形态和外貌,产生出某个一统的东西,而这个一统的东西由于灵魂之力量而从灵魂中获得另外的形态和另外的跟灵魂之

---

* 今本《圣经》为《诗篇》,80篇,1节。基路伯(cherub,cherubim),源自希伯来语(k'rub,k'rubim),指具有人脸的长着翅膀的小天使。下面提到的撒拉弗(seraph,seraphim),则出现在《以赛亚书》,6章,2节,指有着六个翅膀的最高级的天使。——译注

① 关于灵魂的秩序,可参阅本《讲道录》,第十八讲,第二小节。——德文本编者

生命相适合的外貌。对于灵魂也是如此：当它完全与上帝合一并且在属神的本性中受洗礼时，它就失去它的一切障碍和软弱以及反复无常，在属神的生命中得以彻底革新，使它的一切习俗和德行都遵循上帝的规定，就像人们看着烛光时所认识到的那样：火焰越靠近烛心，它就越发黑和浑浊；而火焰越高，越远离烛心，它就越明亮。同样，灵魂越是向上腾越而超脱于自己，它就越是纯真和明亮，上帝就越是能够完美地在它之中仿照自己的样子去成就那属神的事业。假如一座山高出地面两英里，有人在上面的尘土中写下一些字母，那么，这些字母会经久保存下来，经得起风吹雨打。同样，一个真正属灵心的人也应当以十分平静的心情坚定不移地在属神的事业中得到升华。因此，一个属灵心的人会因为自己在遇到烦恼而发火生气时竟然如此轻易地动摇信心而羞愧万分。这样的人实在谈不上是真正属灵心的。

第四，所有被造物，不管它们自己知道不知道，都出于其本性的追求而去寻求安宁；它们以它们的行为证实了这一点。石头的运动总是坚定不移地想要落到地上，只要它还没有落到地上来，就一直不会放弃作这样的努力。火也是这样：火想要向上去。任何一个被造物都在寻求与本性相符合的地点。它们就在这里面显露出上帝赋予所有被造物的那种与属神的安宁的等同。

祈求上帝扶助我们，让我们能够去寻求属神的安宁之属神的等同，并且在上帝那里得以找到它。阿门。

第四十六讲

Beati, qui esuriunt et sitiunt iustitiam etc. (Matth. 5,6)

"虽然饥渴但却追求正义的人,有福了。"(《马太福音》,5章,6节)

我选取大家今天为纪念二位圣者①而在诵读的话,又另外从福音书里再选取一句话。所罗门王在大家今天诵读的训诫文中说道:"追随正义的,为上帝所喜爱。"(《箴言》,15章,9节)另外一句话是圣马太所说的:"虽然饥渴但追随正义的人,有福了。"(《马太福音》,5章,6节)

请你们注意这话:"为上帝所喜爱",对我来说,这话是莫大的恩赐,正像我经常说的那样,如果我们想让上帝爱我们,那实在是在追求着太大的恩赐了。上帝爱什么呢?上帝所爱的,不外是他自己以及跟他相等同的东西,如果他在我里面找到这样的东西而且又在自己里面找到了我。在那本智慧书中有写道:"上帝只爱那居于智慧之中的人。"(《所罗门智训》,7章,28节)在《圣经》中还有

---

① 二位圣者是指殉道者 Cosmas 和 Damian,定 9 月 27 日为他们的纪念日。——德文本编者

一句话说得更好:"追随正义和智慧的,为上帝所喜爱。"(参阅《箴言》,15章,9节)大师们一致同意,上帝的智慧就是他的独生子。那句话说:"追随正义和智慧的",是指追随他的那些人,为他所爱的那些人,因为只有当他在他自己里面找到我们时,他才爱我们。上帝的爱与我们的爱有巨大区别。我们只有当我们在我们所爱的东西里面找到善性时才去爱。即使我立下过别样的誓愿,但我除了善性之外不可能去爱别的东西。但上帝却爱着他自己的善美存在,也就是说,在人里面,他除了爱他自己的善性以及当我们居于他之中和他的智慧之中时爱我们以外,他再不可能爱别的什么。凡是赐给我们的,都是他的爱所赐给的,为的是让我们得以到他里面和居于他的智慧之中。

圣保罗说道:我们都在爱里面经历了变换(参阅《哥林多后书》,3章,18节;《歌罗西书》,2章,2节)。请注意那句话:"为上帝所爱。"何等的奇妙啊!什么是上帝的爱呢?是他的本性和他的存在:这就是上帝的爱。谁从他那里夺走了他对我们的爱,谁也就夺走了他的存在和他的神性,因为他的存在就依存于他对我的爱。而圣灵就以这样的方式走了出来!这是什么样的奇迹呢?既然上帝以他全部的本性爱着我——他的本性也依附于此——,那么,上帝也就真正地爱着我,就好像他的形成以及他的存在都依附于此。上帝只有一个爱:就是父用以爱他的独生子以及他用以爱我的那同一个爱。

还有另外一层意思。一定请注意:如果人们去探究这个爱而且确实想要去阐明它,就会做到与经文所述完全相一致。经文中说的是"在智慧之中""追随正义的人"。正义对于义人来说是时刻也离不开的,他除了正义之外什么也不会去爱。倘若上帝不是正义的,他也许就不会去敬拜上帝,就像我多次说过的那样。在上帝里面,智慧与正义是合一的,爱智慧的也就爱正义;假如魔鬼竟然也变成是正义的,那他也许会就魔鬼是正义的这一点而去爱魔鬼,仅此而已。义人爱上帝,既不在于这个,也不在于那个;假如上帝将他全部的智慧以及他在他自己之外所能够提供的一切都赐给了他,他对此还是会满不在乎,也不会去品味;因为他什么也不想要,也不去寻求任何东西,其原因就在于他根本就不知道为什么他去做他所做的事情。同样,正像上帝在做事情时不问为什么,也根本就不知道为什么一样,义人在做事时也跟上帝做事时一样不问为什么;这样,就像生命是为着它自己而活着,不去追究为什么它要活着一样,义人也不追究他为什么要做某一件事。

现在还是去注意那句话:"虽然饥渴但追随正义。"我们的主说道:"吃我的人,会越发挨饿;喝我的人,会越发口渴。"(《便西拉智训》,24章,29节)* 应当如何来理解呢？如果是指属肉体的事物,那就不是这样了;吃得越多,就越饱。而在属灵心的事物里,就没有什么饱不饱了;因为人们享用得越多,反而更想去享用。所以有了那句话:"喝我的人,会越发口渴,吃我的人,会越发挨饿。"这些人如饥似渴地去追求上帝的旨意,他们充分地品味到了上帝,上帝加诸他们的一切,都使他们感到心满意足,以至他们除此之外再也不会想要别的了。人在挨饿时才品味到食物的美味;越是饥饿,吃的时候就越是感到味美。对于那些如饥似渴地追求正义和上帝的

---

* 引文出处有误。——译注

旨意的人,也是如此;他们品味着他的旨意,上帝想要的以及上帝加诸他们的一切,都使他们感到欣慰,即使上帝想要让他们免于遭受不幸,他们甚至也还不愿意得到那种宽恕。这样说来,上帝的出于初衷的旨意①就使他们感到了满足!如果我想要取悦某一个人,我就特别喜欢所有能够使他感到高兴的东西,而不是别的东西。假如我穿上一件质地较差的衣服反而比穿上天鹅绒的衣服更讨他的喜欢,那么,毫无疑问,我就宁可穿上那件质地较差的衣服。对于那满足于上帝的旨意的人,也是如此:由上帝指派给他的一切,不管是疾病还是贫困或者是别的什么,正因为是上帝所希望的,他就喜爱,胜过任何别的东西。因此,他对之加以品味,胜过任何别的东西。

现在你们会说:我从何知道它是不是上帝的旨意呢?我的回答是:假如它不是上帝的旨意,它就一刻也持久不了;如果是上帝的旨意,那就一定一直是上帝的旨意。如果你品味到了上帝的旨意,那么,不管在你身上有没有发生些什么,你都会感到自己如同就在天国里一般。那些不追求上帝的旨意而追求别的东西的人,整天悲哀愁苦,也是理该如此;他们屡遭不测,难逃厄运。这却是合该如此。他们的所作所为恰恰就像当年犹大出卖耶稣一样地出卖上帝。他们爱上帝,却为不是上帝所是的某个另外的原因。如果他们分得了他们所爱的东西,他们就不再关心上帝了。不管是虔诚入神,还是感动狂喜,或者你所喜欢的什么东西:被造的一切

---

① 这里说到的出于初衷的旨意,是为了有别于以后可能有所赦免的旨意。——德文本编者

没有一样是上帝。

经文中说:"世界是藉着他造的,但世界却不认识他。"(《约翰福音》,1章,10节)为什么呢?因为凡是是被造的,都不认识上帝,因为上帝是非被造的。若有人错以为把成千上万个世界跟上帝加在一起会比单独一位上帝多一些,那么,这样的人就没有认识上帝,他一点也不知道上帝是什么,简直就是十足的大笨蛋。所以,人除了上帝之外不应该再去注意别的东西。在上帝那里寻求某样东西的人,正像我多次说过的那样,根本就不知道他在寻求什么。子是这样才在我们里面得到生养的:如果我们根本就不知道任何为什么,我们就在子里面再次被生养。奥利金[1]写过一句至理名言,假如我说出来,你们会觉得难以相信的。他写道:"并不单是我们被生养在子里面;宁可说,我们被生了出来尔后又被生到里面去,得到了新生后直接生到了子里面。"我说——这确实如此:在任何一个好的思想或者好的愿望或者好的行为之中,我们总是在上帝里面重新被生养。因此,就像我最近说过的那样:父只有一个独一的子,而我们除了上帝之外越是不去对任何别的东西有所企求和有所关注,我们越是不去向外东张西望,我们就越是在子里面得以革新,而这样一来,子就被生养在我们里面而我们又被生养在子里面,从而成为一个子。我们的主耶稣基督是父的唯一的子,只有他,才既是人又是上帝。然而,只有一个子和一个存在,而这是属神的存在。由此可见,如果我们唯独只想到"太一",那我们也就跟

---

[1] 这里所引用的话,见于奥利金(Origenes,约185—约254)的《耶利米书注疏》,IX n.4。——德文本编者

他合一了。上帝总是要独一无二;因此,人们别无选择地必定要独一无二地只想到上帝。

上帝虽然把满足和喜悦注入给了被造物,但是,上帝又把一切满足之根源以及一切喜悦之本质只保持在他自己里面。有一个譬喻①。火通过传送热量而将它的根伸展到水里面,即使把火拿走,在水里面还是有一段时间保持有余热;在木头里也是如此。而且,在取走火以后,热量也按照原来火势的大小而保持相应的时间。然而,太阳虽然照亮了空气,却并不将它的根伸展进去;因为当太阳去掉了的时候,我就见不到光了。上帝对被造物也是如此:他虽然将他的满足之反光投给了被造物,可是,他还是把一切满足之根只掌握在自己手中,这是因为他只想让我们去投靠他,而不会另有所投靠。上帝刻意迎合灵魂,他以他全部的神性努力去取悦灵魂;因为上帝只想唯独由他来取悦灵魂,他不希望另外还有对手。上帝是不能容忍对他有什么限制的;他也不希望人们除他之外还去争取别的东西。现在,的确有好多人错误地认为,他们已经是那么圣洁和完善,他们是在做着伟大的事情,说着伟大的话语,然而,他们在争取的却是各种各样的东西,想要拥有各种各样的东西,他们盯住不放的是自己以及这个和那个东西,他们自以为专心致志,却连一句话也听不进去。实实在在说,他们离开上帝很遥远,是在那个合而为一之外的。先知说道:"我已经把我内心里我的灵魂倒空

---

① 这个譬喻所根据的是古代传统的关于要素的学说。——德文本编者

了。"(《诗篇》,41 篇,5 节)* 而圣奥古斯丁说得更好,他说道:"我已经将那个在我之上的我的灵魂倒空了。"① 灵魂必定是在其之上走出去的,要是它应当在子里面合一的话。而它越是从自己里面走出去,它就越是与子合一。圣保罗说道:"我们得以变成主的形状。"(《哥林多后书》,3 章,18 节)

有一本著作中写道:如果美德不是来自于上帝,或者不是经由上帝,或者不是在上帝里面(即不是与上帝一起),那么,它就不成其为美德了,三者必须居其一。假如是这三者之外的情况,那就不是什么美德了;因为凡是撇开了上帝而注视到的,实在是太微不足道了。美德就是上帝,或者说,就直接在上帝里面。但我现在不想对你们说,哪个才是最好的。可你们会说:告诉我们这是什么吧。我们如何才能够除上帝之外不追求和寻求任何别的东西,从而可以直接进到上帝里面,我们应该如何成为贫困而撇下万物呢?我们不应当计较任何酬报,这真是谈何容易呵!你们要坚信,上帝是一刻也不会不把一切都赐给我们的;哪怕他曾经发誓要放弃过,他也还不得不赐给我们。对他来说,赐给我们比接纳我们还要迫切;但我们不可有意这样去做;因为我们追求的越少,上帝赐给的却越多。而上帝这样做,其目的不外乎就是要我们变得越来越富有,能够接受越来越多的东西。

在我要祈祷的时候,我经常说的一句话是:主啊,我们向你祈

---

* 今本《圣经》为《诗篇》,42 篇,5 节。按德文本《圣经》,接近这个意思。中文本《圣经》及英文本《圣经》,意思与此有较大的差异。——译注

① 见奥古斯丁:《诗篇释义》(*Enarrationes in Psalmos*),XXXXI n.8。埃克哈特在此是以奥古斯丁的措辞来引用该处经文的。——德文本编者

求的,实在是太渺小了！如果有人向我祈求,我就满足他,而你做起来要比我容易千百倍,而且你也愿意去做。而且,哪怕我们求你的是一件很重大的事情,你也很容易赐给我们;越是大,你就越是乐意赐给。因为如果我们能够在正义之中撇下万物,那么,上帝是愿意给出大的赏赐的。

愿上帝扶助我们,让我们以这样的方式去追随智慧之中的正义,如饥如渴地去追随,以使我们得到满足。阿门。

第四十七讲

Ecce ego mitto angelum meum etc.（Mal. 3, 1/2）
"我要差遣我的使者……"（《玛拉基书》, 3 章, 1/2 节）

"看，我要差遣我的使者，在我面前预备道路。我们所期待的他，将立刻在他的殿里接受献祭[*]。有谁知道他来的日子呢？他如炼金之人的火。"（《玛拉基书》, 3 章, 1/2 节）

现在说到："我们所期待的他，将立刻在他的殿里接受献祭。"灵魂应当将自己连同所有一切，不管是弱点还是美德，统统作为祭品献上；它应当把这一切一件件地放上去，连同子一起奉献给父。父能够有多少爱，子就有多么值得爱。父所爱的不外就是子以及他在他的子里面找得到的一切。因此，灵魂应当将自己连同它的整个力量都放上去，在子里面将自己奉献给父；这样，它就得以跟子一起得到父的爱了。

现在："看，我要差遣我的使者。"当人们说"看！"时，无非指这样三种场合：要说重大的事情，或者要说奇怪的事情，或者要说非

---

[*] 英文本《圣经》和中文本《圣经》都作："你们所寻求的主，必忽然进入他的殿。"——译注

常的事情。"看,我要差遣我的使者!"意思就是,他为灵魂做好准备工作,使它得到净化,从而能够接受那属神的光。属神的光总是逗留在天使的光里面,而天使的光也许并不受灵魂的欢迎,要是没有跟上帝的光交合在一起的话,灵魂也许就不会对其感兴趣了。上帝将自己隐藏在天使的光之中,一直在等待着,一旦时机到来,他就可以将自己赐给灵魂。我也在其他地方说过,如果有人问我上帝在天上做些什么事,我会回答他说:他在生养他的子,他在全新地生养他的子,对此他有着浓厚的兴趣,以致他别的事都不去做,他只做这个事情,并且,在子里面也就又有了圣灵以及万物。所以他说:"看,我。"谁说"我"的,他一定把事情做得最好。除了父以外,没有人能够在真正意义上说出这句话来。这事情是他所特有的,除父之外再也没有谁能够做到。在做这事时,上帝竭尽全力,而圣灵以及所有被造物也都有赖于此。当上帝在灵魂之中做这生养之事时,他的生养就是他的事业,而生养就是子。上帝是在灵魂的最内里行这事的,乃是非常隐蔽的,任何一个天使或者圣者都无从知晓,即使是灵魂本身,除了承受以外再也不可能做什么事;这事,只属于上帝。所以确实是父在说:"我差遣我的使者。"

但我说:我们不满足于此,我们不是要这个。奥利金说道:抹大拉的马利亚在寻找我们的主;她在寻找一个死人,却找到了两个活的天使,但她还是不满足。* 她是对的,因为她是在寻找上帝。天使是什么呢?狄奥尼修斯谈到天使们的受封的侯国,在这个侯国里面,有属神的秩序和属神的事业,有属神的智慧和属神的等同

---

* 事见《约翰福音》,20 章,11 节起。——译注

或属神的真理，只要是有可能，在那里就都有。什么是属神的秩序呢？从属神的权力中萌发出属神的智慧，而从它们二者中萌发出爱，爱，这就是激情；因为，智慧、真理、权力和激情，它们都处在存在之外围，这存在是一个漂浮在上的存在，纯净而没有本性。上帝无本性而存在着，而这就是他的本性。谁在思考善性或者智慧或者权力，谁就在这种思考中把存在掩盖掉了。任何推测性的思考，都把存在给掩盖了。可见，这就是属神的秩序。当上帝在灵魂之中找到了跟这个秩序的等同，父就生养他的子。灵魂必须倾其全力突入到它的光之中。由权力和光之中产生出一种激情，一种爱。这样，灵魂就必须倾其全力突入到属神的秩序那里。

　　现在我们想谈谈灵魂之秩序。一位异教的大师[①]说道：灵魂之漂浮在上的出自于本性的光，乃是如此纯真、清澈和崇高，以至于它已触及天使的本性。这光如此恨恶那些低级的力量，因而它绝不倾注到它们里面，绝不去照亮灵魂，除非那些低级力量按序列在高级力量之下，而高级力量又按序列在最高的真理之下。一支军队按序排列，侍从在骑士之下，骑士在伯爵之下，伯爵又在公爵之下；大家都希望安定，这样，任何人都在帮助别的人。同样，任何一个力量都听命于另外一个力量，协助其战斗，为的是在灵魂里面得以有安定和安宁。我们的大师们说道：完全的安宁就在于从一切运动中解脱出来。灵魂就应该以这样的方式超脱自己而使自己上升到属神的秩序那里。在那里，父将他的处于纯净的安宁之中的独生子赐给灵魂。这就是第一个说到的：属神的秩序。其他一

---

① 指阿维森纳。——德文本编者

些可以据此类推。只有那最后的一个,还要稍稍说一下。

正像我在谈到那天生就与上帝具有众多等同性并且具有启发人的能力的天使时说过的那样:在这种启发能力之中,他们得以超越自己而攀登到属神的等同,而在这种等同之中,他们得以在属神的光之中经常面对着上帝,达到了如此的等同,使得他们也在做着属神的事业。天使们如此启发着人们而且与上帝相等同,他们将上帝吸引到了自己里面。我又时常说这样的话:假如我是全空的,假如我有炽热的爱,具有等同性,那么,我就会将上帝完完全全地吸收到我里面来。光总是倾泻而出,照亮着它倾注其上的地方。如果有人偶尔说起:这是一个受到了启发的人,——那是没有什么意义的。其实,如果光萌发出来而贯入到灵魂里面,只要可能就使得灵魂与上帝等同并具有上帝的形态,从内里对灵魂进行透射,那才是更好的事。受到了这样的照亮之后,灵魂就超越自身而攀登到了属神的光里面。而这样一来灵魂就又回归到它原先的所在,跟上帝合一起来,就与上帝一起行事了。被造物是成不了大事的,唯独父才成就事业。灵魂在它还没有像上帝一样有能力去成就事业以前,是不会停息下来的。这样,它就跟父一起去成就他所有的事业;跟父一起行事,纯朴而机智,充满着爱心。

祈求上帝扶助我们,让我们得以与上帝一起行事。阿门。

第四十八讲

上帝为了富人而造穷人,又为了穷人而造富人(参见《箴言》,22章,2节)*。借给上帝的,他就会偿还。有些人说,他们信仰上帝,但不信任上帝。信仰上帝比信任上帝要来得高。人们在借给某人五个先令时可以信任这个人,相信他会归还,但他并没有因此而去信仰这个人。那么,一个人若是信仰上帝,他凭什么不相信上帝会偿还他借给他的穷人的钱呢?撇下了万物的人,将因此而得到千百倍。可是,眼睛盯住千百倍的人,就不会得到什么,因为他并没有把一切都撇下:他想要的就是又得到这个千百倍。然而,我们的主只允诺给那些撇下一切的人得到这千百倍(《马太福音》,19章,29节)。一个人,若是将一切都撇下了,他就将得到千百倍,并且还得到永生。若要论到人是不是真正做到了撇下,那么,那些就为这个目的才去撇下的人,并没有把一切都撇下,这样的人就不配得到什么。那些在上帝里面寻求着什么的人,不管是寻求知识还是认知,也不管是寻求入神虔敬或者别的什么,即使找到了这些东西,他们也并没有找到上帝,一个人虽然找到了知识、认知、虔敬,这我都可以认可,但这在他那里是持久不了的。可是,如果他什么

---

* 今本《圣经》作:"富人穷人相会在一起,都是上帝所造。"——译注

也不去寻求,那么,他就找到了上帝以及在上帝里面的万物,而这是持久的。

　　人应当什么也不去寻求,包括认知或知识或入神虔敬或安宁等等,人应当唯独只去寻求上帝的旨意。灵魂就其理应成为的那样而言,它并不企求让上帝将他的全部神性都赐给它,反之,即使上帝只赐给它一个蚊子,它所感到的安慰也丝毫没有减少。那将上帝的旨意排除在外的对上帝的认识,就什么也不是。在上帝的旨意之中有着万物,它们是取悦于上帝的,是完善的;反之,脱离了上帝的旨意,则万物都变成一无所是,是上帝所不喜欢的,是不完善的。人绝不可去求那种短暂的东西;如果他真要去求什么东西的话,他唯独只应该求上帝的旨意,此外一无所求,这样,他就将得到一切。而如果他去求另外的东西,他将一无所得。在上帝里面无非就是那"太一",而"太一"是不可分割的。如果有人把别的东西作为"太一"接受下来,那乃是可分割的东西而不是"太一"。上帝就是"太一",如果有人还去寻求和追求别的东西,那不是上帝,那是可分割的东西。不管是安宁还是认知还是什么别的东西,只要不是上帝的旨意,就都是为其自己而存在的,就都一无所是。然而,如果一个人唯独只寻求上帝的旨意,那么,他就应当把由此而归属给予他的或者启示给他的都作为上帝的恩赐接受下来,而绝不考虑这些东西是来自于自然还是来自于恩典,绝不考虑它们从何而来或者以怎样的方式而来:这些对他来说都无关紧要。如此的话,这人就正确无误了;人们就应该过这样的简朴的基督徒生活,不应该争取什么特殊的作为。人们从上帝那里,只应该接受那"太一",而对于归属给某个人的东西,人们都应当看作他最好的东西，不必担心会由于这样的谦虚而在内或在外遭受到怎么样的阻碍；人们不管做些什么，只要在自己内心里存着对上帝的爱，那就足够了。

有些人在遭受到什么事情或者要他们去做什么事情时，他们会说："倘若我早知道这是上帝的旨意，那我会甘心情愿去遭受它或者去做它。"天哪！如果一个病人问他生病是不是上帝的旨意，那会是多么奇怪的问题啊！他理应确信，如果他生病了，那是上帝的旨意。对于别的事情，也是如此。因此，一个人应当以纯朴的方式从上帝那里承受任何一件降临到他的事情。的确有这样的一些人，当在内或者在外万事如意时，他们就赞美上帝，信靠上帝，诚如有人所说的："我今年五谷丰收，我坚定不移地信奉上帝！"我说，完全对，你是完完全全地信奉着你的五谷！

灵魂注定要拥有那么巨大和崇高的财富，它因而无法以任何方式平静下来，它始终还是贫困的，一直要到它超出于所有方式而来到那永恒的财富即上帝那里，它也正是为这个永恒的财富才被造的。然而，为此并不需要什么急风暴雨，人不用顽固地坚持做这个或不做那个，而是和风细雨地以真诚的顺从和自制去面对随时发生的事情。由此可见，人往往坚持认为：你要做的是你认为值得去做的事情！而这是错误的，因为在这里面，他坚持的是他的自我。如果有什么突发的事情临到他头上而使他感到烦恼和苦闷，这又是错误的，因为他在这里面坚持的还是他的自我。如果他遭遇到了很坏的事情，他就应该让上帝来决策，而自己则谦卑地俯伏在上帝前面，以温顺的信靠从上帝那里领受对他下达的命令：这才是正确的做法。凡是人们能够想得到的或者能够去教别人的，都归结为去接受上帝的指示,除了上帝之外什么也不去观望,虽然人们可以用种种不同的言语来表达。为了有助于形成顺理成章的良知,人们应当不去注意那些偶然的事物,而且,在头脑清醒时要做到把自己的意愿完全交托给上帝,然后,立即从上帝那里领受每一样东西:恩典,以及各样内在的和外在的东西。谁从上帝身上发觉到些什么,他就见不到上帝。义人并不是需要上帝。既然是我有了的,我就不会再对其有需要了。义人侍奉上帝,并不是为了什么,他对万物都是漫不经心的;他有了上帝,故而他侍奉上帝是无所求的。正因为上帝是远远高出于人的,因而,他之愿意有所赐给也远远胜过人之愿意有所领受。人不应当靠他履行了多少次禁食或者许多外在的表现而去辨认他是不是在从善方面有所长进;倒不如说,他有所长进的确定无误的特征,就是看他是不是更加关爱永恒的事物和更加厌弃短暂的事物。假如有人奉献一百马克的黄金给上帝去建造一座教堂,那也算是一件大事了。但我说:如果一个人为上帝的缘故而蔑视这一百马克的黄金,将其看得一无所是,那就伟大得多,好得多。一个人应该在他全部的所作所为之中都做到使自己的意愿服从于上帝的旨意,眼中唯独只有上帝。这样,他就会一往无前,毫无畏惧,他也根本不用多考虑如何不犯过错了。因为假如一位画家想在画第一笔时就构思好以后所有的画法,那就不会出错了。假如某个人要进城里去,而且已经考虑好他最后一步走到哪里,那么,他也不会出错。所以,人们应当追随着最初的指向向前挺进;这样,就可以去想去的地方,不会有误了。

第四十九讲

Mulier, venit hora et nunc est, quando veri adoratores adorabunt patrem in spiritu et veritate. (Joh. 4, 23)

"妇人,时候将到,如今就是了,那真正拜父的,要用心灵和诚实拜他。"(《约翰福音》,4章,23节)

这话载于圣约翰的福音书中。在长篇的叙述中我只抽取一句话。我们的主说道:"妇人,时候将到,如今就是了,那真正拜父的,要用心灵和诚实拜他,而父也在寻找这样的人。"(《约翰福音》,4章,23节)

先看这第一句话:"时候将到,如今就是了。"凡是想要拜父的,就必须带着他的企求和信念而使自己置身到永恒之中。灵魂中的高级部分是凌驾于时间之上的,它完全不知道什么时间和肉体。几千年之前的某一天,在永恒之中却并不比我现在立身的时间点更遥远,或者,几千年之后将要来临的某一天,在永恒之中也并不比我现在所立身的时间点更遥远。

现在他又说:"那真正拜父的,要用心灵和诚实拜他。"什么才算是诚实呢？真理是如此高贵,设想假如上帝竟然离弃了真理,那么,我也许会追随真理而要离开上帝；因为上帝就是真理,而一切在时间里面的,或者说一切上帝创造出来的,都不是真理。

他说:"他们将真正拜父。"啊,有多少人在拜鞋子或者拜牛,为此而操心,他们实在是愚蠢已极。只要你是为被造物而去向上帝祈求,你就是在为你自己的祸害祈求;因为,只要被造物还是被造物,它所固有的就是苦涩和祸害,就是邪恶和不幸。因此,那些人会遭遇到苦涩和不幸,就是合该的了。为什么呢?——这是他们为之而祈求的!

我曾经说过:谁在寻求上帝但同时又在上帝那里寻求些什么东西,这样的人是得不到上帝的;而谁确确实实唯独只寻求上帝,这样的人就得到上帝,而且,不单单只得到上帝;因为这样的人在得到上帝的同时,也得到了上帝所能够提供的一切。如果你在寻求上帝并且在为你自己的利益或者你自己的福乐而寻求上帝,那么,说实在的,你并不是在寻求上帝。所以他说的是那些真正拜父的。对一个善良的人,有人会这样去问他:"你为什么寻求上帝?"——"因为他是上帝!"——"你为什么寻求真理?"——"因为它是真理!"——"你为什么寻求正义?"——"因为它是正义!"他回答得很对。所有在时间之中的事物,都具有一个为什么。例如,问一个人:"你为什么要吃?"——"我吃了可以有力气!"——"你为什么要睡觉?"——"那也是为了同样的目的!"对于所有在时间之中的事物,都是如此。可是,问一个善良的人:"你为什么要爱上帝?"——"我不知道,——就是为了上帝!"——"你为什么要爱真理?"——"就是为了真理!"——"你为什么要爱正义?"——"就是为了正义!"——"你为什么要爱善性?"——"就是为了善性!"——"你为什么活着?"——"说实在的,我并不知道!我就这么活着!"

有一位大师说道：人一旦被真理和正义和善性所触及，他就一刻也不能背离了，哪怕是因此而遭受地狱之苦，也在所不惜。他还说：如果一个人已经被这三者，即真理、正义和善性，所触及，那么，对于他来说，就像不可能让上帝离弃他的神性一样，也不可能要他抛弃这三者。

有一位大师说，善良的东西有三根枝。第一根枝是收益，第二根枝是喜悦，第三根枝是得体。因此我们的主说是"那拜父的"。他为什么说"父"呢？如果你唯独只寻求父，即只寻求上帝，那么，在得到上帝的同时，你也就得到上帝能够提供的一切。下面的话，虽然没有这样明写，却是千真万确的真理：假如上帝还有什么东西的话，他也不会将其隐藏起来，他一定会显露给你看，他会将其赐给你；我还曾经说过：他将其赐给你，并且是以生养的方式赐给你。

大师们说，灵魂具有两副面容：高级的面容始终仰望着上帝，而低级的面容则是向下看的，操纵着感官；但是，那代表着灵魂的至高成分的高级面容，是居于永恒之中的，跟时间毫无牵连，对于时间抑或肉体，都一无所知。我以前曾经说过，在它里面，隐藏有某种东西，而这某种东西，如同一切善的发源之处，又如同昼夜不停地照耀着的光，还如同燃烧不熄的火焰；这火焰，无非就是圣灵。

大师们①说，从灵魂的高级部分中有两个力量流出。其中一个叫作意志，另一个叫作理性。而这些力量之至高的完满，却依存于那最高级的力量，就是叫作理性的那个力量。它是绝不会停息下来的。它并不去追求只是作为圣灵的上帝，它也不去追求只是

---

① 这种观点以奥古斯丁和异教大师阿维森纳为代表。——德文本编者

作为子的上帝：它在避开子。它也不希望要只是作为上帝的上帝。为什么呢？因为这样一来上帝就有了名字。假如竟有几千个上帝，它就无所适从了：它希望他没有名字。那它究竟想要什么呢？它不知道：它要的是作为父的他。所以圣腓力说："求主将父显给我们看，我们就知足了！"(《约翰福音》,14 章,8 节) 它想要的他，乃是作为善性由以起源的精髓；它想要的他，乃是作为善性由以从中外流的核心；它想要的他，乃是善性由以茁壮成长的根和枝：而只有在那里，他才是父。我们的主说道："除了子，没有人知道父，除了父，没有人知道子。"(《马太福音》,11 章,27 节) 确实，如果我们要认识父，那我们就必须认识子。我曾经说过三句话；你们可以把它们当作是三颗辛辣的肉豆蔻果实，然后把它们吃掉。第一句话是：如果我们想要成为子，我们就必须要有一位父，因为没有人会说，他是子，但他是没有父的；而且，除非有子，否则就不成其为父。即使父死掉了，还是要说："他是我的父。"而子死了，也还是要说："他是我的子。"因为子的生命维系在父之中，而父的生命也维系在子之中；因此，没有人可以说："我是子"，除非他有一位父。然而，如果人所做的一切事情都是出于爱，那么，他就实实在在是子。第二句话是：使得人得以成为子的，首先就是平静。如果他病了，那他在生病时跟健康时一样地安心。如果他的朋友死去了——以上帝的名义！如果他的一只眼睛被打伤了——以上帝的名义！第三句话是：子必须要有的，就是他除了唯独向着父低头以外绝不能向任何其他东西低头。哦，那个凌驾于时间之上并且不需要任何地点的力量，是多么高贵啊！因为它凌驾于时间之上，就使它得以包容全部时间，它就是全部时间。从那个凌驾于时间之上的东西里面,一个人只要稍稍拥有其中的一点点,就得以迅速地变得富有起来;因为那在大洋彼岸的东西,对于那个力量来说,也并不比现在就在这里的东西更为遥远。所以他说:"父也在寻找这样的人。"(《约翰福音》,4章,23节)

你们看!上帝就是如此地爱抚着我们,他甚至于还在恳求我们!因为上帝实在是迫不及待地希望灵魂能够摆脱和远离被造物。确确实实,也必定是确确实实,上帝迫切地要寻找我们,就好像他的神性依赖于此一样。上帝少我们不得,就像我们少不得他一样;因为,即使我们会偏离上帝,但上帝绝不会远离我们。我说:我不愿意求上帝赐给我什么,也不愿意为了他已经赐给我的那些东西而去赞美他。倒不如说,我要去求他,让他使我有资格去受纳,我要去赞美他,是因为他的本性和本质决定了他一定会赐给我。谁想要从上帝那里去掉这个,他也就去掉了他所固有的存在和他所固有的生命。

愿我所说的真理扶助我们,让我们以这样的方式真正成为子。阿门。

第 五 十 讲

Hoc est praeceptum meum ut diligatis invicem. (Joh. 15,12)

"你们要彼此相爱,像我爱你们一样,这就是我的命令。"(《约翰福音》,15 章,12 节)

我用拉丁文所说的三句话,都是在福音书里写着的。第一句话是我们的主说的:"你们要彼此相爱,像我爱你们一样,这就是我的命令。"(《约翰福音》,15 章,12 节)第二句话也是他说的:"我乃称你们为朋友,因我从父所听见的,已经都告诉你们了。"(《约翰福音》,15 章,15 节)第三句他说的话是:"我拣选了你们,要你们去结果子,叫果子在你们那里常存。"(《约翰福音》,15 章,16 节)

现在先看第一句话。他说:"这就是我的命令。"为了"在你们那里常存",我对此要再说一句话。"你们要相爱,这就是我的命令。"他说"你们要相爱",他想要说明什么呢?他要说的是要你们注意:爱是完全纯真的,是完全坦诚的,是完全超然的。几位最优秀的大师认为,我们用以去爱的那个爱,就是圣灵。有一些人对此表示反对。但这是真的:一切驱使我们去往爱的运动,在这样的运动之中,驱使我们运动的正不外就是圣灵。爱,在其最纯真和完全超然的存在之中，不外就是上帝。大师们说：爱之目的，爱的一切行为所追求的目的，就是善性，而善性就是上帝。正像我的眼睛不能说话和我的舌头不能辨认颜色一样，爱，除了向往善性和上帝以外，也不可能再去向往别的什么东西。

现在请注意！他如此认真地要我们相爱，究竟想要说明些什么呢？他是要说：我们用以相爱的那个爱，应当是十分纯真，十分坦诚，十分超然的，它是不偏不倚的，不管是对我自己还是对我的朋友，或者是对自己身旁的什么东西，都是一样的。大师们说，随便什么样的善行，随便什么样的德行，如果它们不是行在爱里面，那就不能称它们为善行和德行。德行是很高贵的，很超然的，很纯真的，它除了自己以及上帝之外，根本就不知道还有什么更好的。

现在我们的主说："这就是我的命令。"如果有人命令我去做使我得到好处、使我感到甜美和会带给我幸福的事情，我当然很乐意去做。我渴了，饮料就是命令，我饿了，食物就是命令。上帝也是如此，是的，他给出的命令是那么甜美，是整个世界所无法比拟的。而人一旦品尝到了这种甜美，就像上帝不会偏离他的神性一样，有着这种爱的人，也不能偏离善性，也不能偏离上帝；是的，他可以轻易地摆脱掉他自己以及他全部的福乐，然后带着他的爱常存在善性和上帝那里。

我们的主说道："你们要彼此相爱。"哦，这真是高贵的生活，福乐的生活！如果每一个人都待人如待己，如果每一个人的爱都是那么纯真和那么坦诚超然，一切均以善性和上帝为目的，那么，这岂不就是一种高贵的生活？去问一个善良的人："你为什么爱善性？"——"就为了善性！"——"你为什么爱上帝？"——"就为了上帝!"而如果你的爱是如此纯真和如此坦诚超然,以至你除了善性和上帝之外什么也不去爱,那么,确定无疑,所有的人已经做了的一切德行,就全部属于你所有,就像你亲自所做一样,而且还更纯真和更善美。因为教皇在其位,经常使他饱经艰难;但你却以更纯洁和更不受制约的方式平静地拥有着他的德行,而这些德行,属于你更胜过属于他,因为你的爱十分纯真,十分坦诚,你除了善性和上帝以外,什么也不去看,什么也不去爱。

我们的主还说:"像我爱你们一样。"上帝是如何爱我们的呢?在我们还没有存在以及在与他为敌的时候,他就爱我们。上帝十分迫切地要与我们为友,他是那么迫不及待,一直到我们向他祈求:他立即向着我们迎来,要求我们成为他的朋友,因为他期待着我们希望他能宽恕我们。因此,我们的主说得好:"你们要去恳求那些使你们遭受痛苦的人,这是我的旨意。"(参见《路加福音》,6章,27节)我们理应很认真地去恳求那些使我们遭受痛苦的人。为什么呢?——为了成全上帝的旨意,我们不应该等候别人来恳求我们:反之,我们应当这样说:"朋友,宽恕我吧,我给你添了麻烦。"为了行德行,我们也同样应当认真对待:付出的劳累越多,就表明我们对德行的追求越执着。你的爱应该做到合一,因为,爱就只希望在有等同和一统所在的地方。在主人和他的仆人之间,是没有什么平静的,因为他们之间没有什么等同可言。女人和男人,彼此是不等同的;而在爱里面,他们却是完全等同的。所以《圣经》里说得好,上帝用男人的肋骨造成了女人*,既不是用头,也不是

---

* 事见《创世记》,2章,22节。——译注

用脚；因为什么地方有二，那里就有欠缺。为什么呢？因为是一个，那就不是另一个，这个"不是"形成了差异，而这不外就是痛苦，那里不再有平静。如果我手里拿着一个苹果，我的眼睛看着很高兴，但我的嘴巴却无法享受它的甘甜。反之，当我吃它的时候，我就剥夺了我眼睛对此的乐趣。由此可见，二者是无法共存的，因为其中必有一个要失去它的存在。

所以我们的主说："你们要彼此相爱！"这就意味着：彼此要爱到对方里面去！在这方面，《圣经》里有很美妙的论说。圣约翰说道："上帝就是爱，住在爱里面的，就是住在上帝里面，上帝也住在他里面。"(《约翰一书》，4章，16节)他说得确实很对！假如上帝住在我里面但我却不住在他里面，或者，假如我住在上帝里面但上帝却不住在我里面，那么，这一切就都是分割为二的。而如果上帝在我里面并且我也在上帝里面，那么，我并不低他一等，而上帝也并不高我一等。现在你们也许会说：主啊，你说我应该爱你，但我无法去爱！关于这个，我们的主有很确切的表述，他对圣彼得说："你爱我吗？"——"主啊，你知道我爱你。"(《约翰福音》，21章，15节)如果你把这个给了我，那我就爱你，而如果你还没有把这个给我，那我就不爱你。

现在请注意他说的第二句话："我已经称你们为朋友，因我从我父所听见的，已经都告诉你们了。"(《约翰福音》，15章，15节)你们注意，他是说："我已经称你们为朋友。"在子由以发源的那同一个发源地，也即在父说出他那永恒的道的那个发源地，圣灵也从这同一颗心里面得以发源和外流。假如圣灵没有从子以及从父那里向外流出，那么，人们就无从辨识到子和圣灵之间的区别。当我在三位一体纪念日上讲道时,我用拉丁文说了一句话:父已经将他所能提供的一切都给了他的独生子,即他的全部神性,他的全部福乐,一点也不为自己而有所保留。这就有一个问题:他把他的个性也给了他吗?我回答说:是的,因为父的个性就在于有所生养,而这不外就是上帝;但我已经说过,他一点也不为自己而有所保留。确实,我说:神性之根,是他完全说到他的子里面的。因而,圣腓力说:"主啊,求你将父显给我们看,我们就知足了!"(《约翰福音》,14章,8节)一棵结有果子的树,就让熟了的果子掉下来。给我果子的人,并不把树也给我。但是,那又给我树又给我根又给我果子的人,就给我很多很多了。

现在我们的主说:"我已经称你们为我的朋友。"(《约翰福音》,15章,15节)确实,父生养了他的独生子,他给予他的是根,是他全部的神性和他全部的福乐,是无所保留的,而也就在与此同样的生养之中,他称我们为他的朋友。即使你没有听见和理解这样的说法,但是,在灵魂之中毕竟有这样的一种力量——我最近在这里讲道时讲起过这个——,这个力量是完全纯真和完全超然的,跟属神的本性有着亲缘关系:在这个力量之中,就能理解上述说法了。因此,他很确切地说道:"我从我父所听见的,已经都告诉你们了。"(《约翰福音》,15章,15节)他说的是"我所听见的"。父的说话,就是他的生养,而子的听见,就是他的被生养。现在他说:"我从我父所听见的一切。"是的,他自永恒以来从他的父那里所听见的一切,他都告诉了我们,什么也不对我们隐瞒。我说:若是他又听见了一千次,他也会将其告诉我们,不会对我们隐瞒。这样,我们也不应该对上帝有所隐瞒;我们应该把我们所能够提供的东西统统向他显明。因为，如果你为自己而有所保留，那么，你就会因此而从你那永恒的福乐中有所损失，因为上帝一点也不对我们隐瞒他所有的东西。有些人觉得这话很难理解。然而，这是毋庸置疑的。你越是将自己奉献给上帝，上帝也就越是将他自己赐给你；你越是摆脱了你自己，你将得到的永恒的福乐就越是大。最近，我在诵读上帝教给我们的主祷文*时，我有这样的一个念头：当我们祈祷说"愿你的国降临，愿你的旨意成就！"时，我们也就在不断地请求上帝，愿他使我们得以摆脱我们自己。

我不想再多谈他所说的第三句话："是我拣选了你们——满足了你们，满足了你们——赐平安给你们，赐平安给你们——让你们得以坚定，让你们得以坚定——，是要你们去结果子，叫你们的果子常存。"(《约翰福音》，15章，16节)这个果子，除了上帝之外，谁也不认得。愿我说到的那永恒的真理扶助我们，让我们得以到达这个果子。阿门。

---

* 见《马太福音》，6章，9—13节；《路加福音》，11章，2—4节。——译注

第 五 十 一 讲

Vir meus servus tuus mortus est. （2 Reg. 4,1）
"我丈夫你仆人死了。"（《列王纪下》,4 章,1 节）

"一个妇人对先知说：'我丈夫你仆人死了。现在有债主来，要取我的两个儿子作奴仆；而我只有一瓶油。'先知说：'去借空器皿，在每个空器皿中倒进一点油；这油会长满。把油卖掉，偿还你的债，解救你的两个儿子。所剩的，你和你的两个儿子可以靠着度日'。"（《列王纪下》,4 章,1/7 节）

理性之火花，是灵魂之首，即灵魂之"男人"，就好比是属神的本性与属神的光之火花，是属神的本性之光线和酷肖的影像。我们读到有一位求基督赏赐的妇人（《约翰福音》,4 章,15/18 节）。上帝给出的首要的赏赐就是圣灵；在圣灵之中，上帝给出了他所有的赏赐：这是"活的水"。他将其给了谁，谁就不再渴了（《约翰福音》,4 章,13 节）。这水，是恩典，是光，它起源于灵魂之中，在其中起源后即喷涌向上，直涌入到永恒之中。那妇人说："先生，请把这水赐给我！"（《约翰福音》,4 章,15 节）我们的主说："你去叫你丈夫也到这里来！"（《约翰福音》,4 章,16 节）她说："我没有丈夫。"我们的主就说："你说没有丈夫，是不错的。你已经有过五个丈夫；你现在有的,并不是你的丈夫。"(《约翰福音》,4章,17/18节)圣奥古斯丁说:为什么我们的主接下来说:"你这话说得对吗?"他的意思是要说:那五个丈夫,就是五个感官;在你年轻的时候完全按照他们的意愿和欲望占有了你。而现在,在你年老的时候,你有的那一个却不是你的:那就是你的理性,而你却不去跟从它。当这一位丈夫,即理性,在灵魂中死去了,那就有了大祸。当灵魂离开肉体时,是有痛苦的;然而,当上帝离开灵魂时,带来的痛苦就更大。正像灵魂给予肉体以生命一样,是上帝给予灵魂以生命。就像灵魂注入各个器官里面一样,上帝也流入到灵魂的各个力量里面,贯穿在它们之中,由它们又将这爱与善之流注入到它们四周的一切,使这个流得以遍及。就是这样,这个流不停顿地在流着,也就是说,超出于时间之上而在永恒之中,在万物得以存活其中的那个彼世生活之中。所以我们的主对那个妇人说:"我给的是活水,人喝了这活水,就不再渴了,他将活在永生之中。"(《约翰福音》,4章,13/14节)

而前面那个妇人说:"我丈夫你仆人死了。"(《列王纪下》,4章,1节)"仆人"的意思是说:他为他的主人做收受和保管的工作。如果他为他自己留下些什么,他就变成贼了。理性,比起意志或者爱来,更加是原本意义上的仆人。意志或者爱,仅仅因为上帝是善良的才想到上帝,倘若上帝不善良,那它们就不去理会他。然而,理性则在它想到诸如善性、权力或智慧以及别的什么"偶然的"东西之前,先就向上突入到存在里面。它并不去注意上帝拥有些什么;它将上帝接受到自己里面来;它专心致志于存在,它是将上帝作为纯粹的存在而接受的。哪怕上帝他并不聪明,也不善良和正义,它还是将他作为纯粹的存在而接受下来。在这里,理性很像由三队唱诗班围绕的天使们的最高统治:诸多的宝座接待着上帝,在上帝里面得到了安宁。基路伯们认识上帝,坚守在那里。而撒拉弗们是火焰。理性就像这些天使一样让上帝留在自己里面。理性跟这些天使一起在上帝的更衣房中接受到上帝,脱掉了外衣,因为他原本就是无区别的"太一"。

那妇人说:"我丈夫你仆人死了。现在有债主来,要取我的两个儿子。"(《列王纪下》,4章,1节)灵魂的两个儿子又是谁呢?圣奥古斯丁说道——还有一位异教的大师也这样说——灵魂有两副面容。其中一副是面对今世和肉体的;灵魂就以这副面容去施行德行和艺术以及圣洁的生活。而另一副面容则直接面对上帝;在它里面,那属神的光一刻不间断地存在着并有所作为,虽然灵魂由于还没有真正归家而并不知道这是为什么。如果理性之火花纯粹纳入到上帝里面,那么,就是"男人"在存活着。在那里,就有了生养,子就在那里被生养。这种生养并不是在某年某月某日,而是时时刻刻都在生养,也就是说,是超越于时间之上,无边无际的,既没有这里,也没有现在,既没有自然,也没有思想。所以我们说到的是"儿子",而不是"女儿"。

现在,我们想从另外一个意义上来谈"两个儿子",那就是:认知和意志。认知是第一个从理性中萌发出来的,然后意志从它们二者中萌发出来。这就不再多说了!

我们还想再从另外一个意义上来谈论理性之"两个儿子"。其中一个为"可能性"(即能力),而另一个则为"现实性"(即效用)。① 一位异教的大师说：灵魂在这种力量之中（即在"可能的理性"之中）具有在精神上变成万物的能力。而在"作用着的理性"之中，灵魂则跟父相等同，使得万物都获得一种新的存在。上帝原本会想要把一切被造物的本性都印入到灵魂里面；然而，在有世界以前，还没有灵魂。在这个世界真正被造成以前，上帝已经在精神上在某个天使里面造出了这整个世界。天使具有两种认知。一种是朝阳之光，一种是夕阳之光。朝阳之光，就在于他（指天使）在上帝里面观看万物。而夕阳之光则在于他在他自己的出自本性的光之中来观看万物。假如他走了出来，进入到事物里面，也许就到了夜晚。既然他仍旧留在里面，所以说是夕阳之光。我们说，当人做了善事时，天使也感到高兴（《路加福音》，15章，7节和10节）。我们的大师提出这样的问题，即如果人犯了罪，天使会不会难过呢？我们说：不会！因为他们领悟到上帝的正义性，他们是在上帝里面把万物都归结于此，就像他们在上帝里面一样。因此，他们是不会难过的。现在，在那可能的力量之中的理性，等同于天使的出自于本性的光，这光就是夕阳之光。具有作用着的力量的理性，则将万物都向上提升到上帝里面，这样的理性就是朝阳之光里面的万物。

现在那妇人说："现在有债主来，要取我的两个儿子作奴仆。"但先知说："向你众邻舍借空器皿。"（《列王纪下》，4章，7节）*"众

---

① 埃克哈特这里谈论的，是有关"作用着的理性"（intellectus agens）与"有可能的理性"（intellectus possiblis）的复杂学说。这种学说可以归溯到亚里士多德（参见他的《论灵魂》，III），尤其是经过一些阿拉伯哲学家如阿维森纳的引申发展，成为一种经院学说。——德文本编者

* 应为《列王纪下》，4章，3节。——译注

邻舍"就是所有被造物和五个感官以及灵魂的所有力量——灵魂还有许多隐蔽着起作用的力量——,包括天使在内。你应当向你的所有"邻舍"借"空器皿"。

愿上帝扶助我们,让我们能够借来许多"空器皿"并且用上帝的智慧使它们得以灌满,从而让我们还清我们的债,靠着所剩下的永远生活下去。阿门。

第 五 十 二 讲

Adolescens, tibi dico: surge. (Luc. 7, 14)
"少年人,我吩咐你起来。"(《路加福音》,7 章,14 节)

在福音书里大家可以读到,有一个寡妇,她有一个独生的儿子,这儿子死了。我们的主走到他面前,对他说:"少年人,我吩咐你起来!"(《路加福音》,7 章,14 节)那少年人就坐了起来。

我们把这个寡妇理解成灵魂;因为"男人"已经死了,所以"儿子"也死去。我们认为这"儿子"就是理性,它就是在灵魂之中的"男人"。因为她并不生活在理性之中,所以她丈夫死了,她成了寡妇。我们的主在井边对那个妇人说道:"你去叫你丈夫也到这里来!"(《约翰福音》,4 章,16 节)他的意思是说:因为她并没有生活在她丈夫在灵魂里面所是的那个理性之中,所以她得不到"活水",而这"活水"就是圣灵;因为这是只给予那些生活在理性之中的人的。理性是灵魂之最高级的部分,在理性那里,灵魂具有跟天使共有的存在,具有一种被包装在天使般的本性之中的存在。而天使之本性是不触及时间的;同样,在灵魂里面的男人所是的那个理性,也不触及时间。人若不活在这里面,"儿子"就死去了。她也就成了"寡妇"了。任何一个被造物都有其长处,同时也有其短处,人们就是由于这短处而失去了上帝。寡妇的欠缺之处,就在于生养能力已不复存在,所以所结的果也凋落了。

从另一方面来看,"寡妇"又有这样的意思:指一个既被撇下而且也已经有所撇下的人。这样,我们就应该将一切被造物都撇下,与之分离。先知说:"无生养能力的妇人,她的孩子反而比有生养能力的妇人要多。"(《以赛亚书》,54章,1节)对于在灵心上生养的灵魂,也是如此:它的生养是经常的;它每时每刻都在生养着。拥有上帝的灵魂,无论何时都能结出果实。上帝所做的一切都是他必须这样去做的。上帝做事,始终是处在永恒之中的现在,他所做的就是生养他的子;他无时无刻不在生养。万物就是在这样的生养之中得以流出,而上帝对于这样的生养有浓厚的兴趣,他甚至于将他的全部精力都消耗于此。人们越是多去认知,就认知得越是完善。上帝是在自己里面而由自己生养出自己,并且,又将自己生养到自己里面去。生养越是完善,生养得就越是多。我说:上帝完全就是"太一";他只认识他自己。上帝在他的子里面完整地生养出他自己;他在他的子里面道出了万物。所以他说:"少年人,起来!"

上帝在他的生养之中实施了他的全部力量,这样做乃是为了使灵魂重新又回到上帝那里去。但灵魂不时背离上帝实施其全部权力的所在,这在一定程度上是会引起不安的;然而,这却是为了使灵魂重新又变得活跃起来。上帝用一句话就创造出所有被造物;然而,为了使灵魂重新又活跃起来,他却在他的子里面道出了他的全部力量。灵魂重新被带回到这里面来,这就以另外一种方式给予了安慰。在这样的生养之中,灵魂变得活跃起来,而上帝将他的子送到灵魂里面来,为的是使灵魂得以活跃起来。上帝在他的子里面道出了他自己。他在他的子里面道出他自己的那个道,他就是用这个道对灵魂说的。所有被造物所固有的是生养。一个不知道什么生养的被造物,就不会存在下去。所以有一位大师说道:这足以表明,所有被造物都是通过属神的生养而得以生存下来的。

那他为什么说:"少年人,起来!"呢?灵魂,上帝能够对之说话的,除了理性。有一些力量太微不足道,上帝不可能对之说话。即使他说了,这样的一些力量也听不见。作为意志的意志,什么也接受不了,不管是用什么方式。除了用理性之外,用任何其他的力量都接受不了。反之,意志唯独只是有所实施。

"少年人!"所有属于灵魂的力量都不会衰老。但是,属于肉体的力量就不具有这种本领:它们因消耗而衰老。而人越是多去认知,他就认知得越是好。因此说:"少年人!"

大师们说:凡接近于其起源的,就是年轻的。在理性之中,人们完全是年轻的:人们越是在这种力量里面行事,就越是接近于他们的诞生。而接近于诞生的,就是年轻的。从灵魂之中发生的第一次萌发,是理性,然后才是意志以及所有其他的力量。

现在他说:"少年人,起来!"这"起来"又是什么意思呢?就是:要从工作中站起来,将自己放到你自己里面的灵魂上去。上帝在灵魂之单纯的光里面所做的唯一的工作,比整个世界还要完美,比他在所有被造物里面做过的事都更使他高兴。愚蠢的人以恶为善和以善为恶。如果人们理解得对的话,那么,上帝在灵魂里面所做的一件事,就已经比整个世界都要来得宝贵和崇高。

在那个光之上的就是恩典。但恩典绝不进到理性里面,也不进到意志里面。如果要恩典进到理性和意志里面,那么,理性和意志就必须超越出自己。但这不可能,因为意志原本就是如此的高贵,除了属神的爱之外,不可能用别的东西去满足它;属神的爱是成就大事的。然而,在这之上还有一个部分,就是理性:理性原本就是如此的高贵,除了属神的真理之外,不可能用别的东西去满足它。所以,有一位大师说:在这之上有着某种完全秘密的东西,那是灵魂之首。在那里,上帝与灵魂真正合一。而恩典则没有做过什么善事,也就是说,恩典干脆就没有去做什么善事;诚然,是恩典的流出导致了某件德行的实施。然而,恩典并不导致在某一件事情中的合而为一。宁可说,恩典是灵魂在上帝里面的安居与共居。与此相比,一切称为是什么事情的,不管是在内的还是在外的,就都太微不足道了。所有被造物都在寻求某种与上帝相等同的东西;这些被造物越是微不足道,就越是到外面去寻找,例如,像四处飘荡的空气和水。可是,天却不休止地在运行着,它在运行时将所有被造物一一予以展现:就天展现被造物而言,则天确实是等同于上帝的;但天并不以此为目标,它向往着某种更高的东西。此外,天在运行时是在寻求平静。天从来没有想到要去做一件讨好某个在它之下的被造物的事情。从这一点来看,它更等同于上帝。上帝之在他的独生子里面生养他自己,这是所有被造物都无法接受的。然而,天却还是努力去做那上帝在自己里面所做的事情。如果天以及别的一些比天低微的被造物也都做了这个事情,那么,灵魂就比天更加高贵了。

一位大师说道:灵魂在自己里面生养自己,而且由自己之中生养出自己，然后又将自己重新生养到自己里面。灵魂在它的出自本性的光之中行使奇迹。它威力之大，足以使合一的东西分开。火和热是合一的；而放到理性之中，则理性知道如何使其分开。智慧和神性在上帝里面本是合一的；但若是将智慧放到理性之中，则理性就不去联想别的什么了。灵魂由自己而生养出上帝，这上帝是在上帝里面而又脱离开上帝的；灵魂确实是由自己生养出他的。它这样做是为了在它具有上帝的形象，成为上帝的影像的情况下，由它自己生养出上帝来。

我好多次说过：作为影像的影像，与影像由以产生的那个原型，二者是不能互相分割开来的。如果灵魂在作为上帝的影像的情况下生活着，它就有所生养；这样就有了合一，任何被造物都无法将其分割开来。上帝本身也好，天使也好，灵魂也好，一切被造物也好，只要灵魂确实是上帝的影像，他们就都无法使其与上帝分割开来！这乃是真正的合一，里面有着真正的福乐。不少大师是在理性之中寻找福乐。而我说：福乐既不存在于理性之中，也不存在于意志之中，而是超越这二者之上：当福乐就作为福乐而不作为理性，当上帝就作为上帝，而且灵魂成为上帝的影像时，就有了福乐。当灵魂所接受到的上帝，确实就是上帝所是的那样时，就有了福乐。

我们祈求我们的主，让我们得以与他合一。阿门。

第 五 十 三 讲

Modicum et non videbitis me etc. （Joh. 16,17. 19）

"经过一件小事,你们将不得见我。"(《约翰福音》,16 章,17 节及 19 节)

我们的主对他的门徒说:"经过一件小事,你们将不得见我;又经过一件小事,你们又将见到我。"(《约翰福音》,16 章,17 节及 19 节)*门徒们说:"我们不知道他说些什么。"(《约翰福音》,16 章,18 节)当时在场的圣约翰写下了这话。我们的主看透他们内心所想的,他就说:"经过一件小事,你们又将见到我,你们的心就喜乐了;这喜乐,也没有人能夺去。"(《约翰福音》,16 章,22 节)

我们的主说:"经过一件小事,你们将不得见我。"一些杰出的大师认为,福乐的核心就在认知之中。有一位伟大的神甫①最近来到了巴黎,他对此甚至义愤填膺地极力反对。而另一位大师说得好一些,似乎所有在巴黎的神甫都持有更好的理论:"大师,你们太激动了;假如这不是福音书中上帝的话,那你们完全可以对此加

---

* 参见本《讲道录》,第四十讲的译注。——译注

① 这里可能是指 Gongsalvus de Vallebona,而下面提到的另一位大师则可能是指 Herveus Natalis。——德文本编者

以批驳!"认知触及的是它直接认识到的东西。基督说道:"唯独认你为真正的上帝,这就是永生。"(《约翰福音》,17章,3节)而要得到福乐,靠的是二者:认知和爱。

我们的主说:"经过一件小事,你们将见不到我。"在这句话里,有四个意思,它们听起来好像差不多,但实际上有很大差别。

"经过一件小事,你们将见不到我。"所有事物在你们里面都必定是小的,如同子虚乌有。我有一次曾经提到过,圣奥古斯丁说道:"当圣保罗什么也见不到时,他就见到了上帝。"现在,我把这话改一下,会更好一些:"当圣保罗见到了那个'无'时,他就见到了上帝。"这是第一个意思。第二个意思是:如果整个世界以及全部时间在你们里面还没有变得很渺小,你们就见不到上帝。圣约翰在《启示录》(10章,6节)中说道:"天使指着永生起誓说,不再有时间了。"圣约翰直率地说(在他的福音书里,而不是在《启示录》里说的):"世界是藉着他造的,世界却不认识他。"(《约翰福音》,1章,10节)甚至一位异教的大师也认为,世界和时间都是一件"小事"。如果你们不超越世界和时间,你们就见不到上帝。第三个意思是:只要还有什么东西粘在灵魂上面,不管是多么小,是罪孽还是只是有点像罪孽,那么,你们就因此而见不到上帝。大师们说,天是排异的。有好多个天:每一个天都有它的属它支配的精灵和天使。如果一个天想到另外不属于它支配的天那里去行事,那是不行的。有一位神甫说:"我很希望你们的灵魂能够进到我的身体里。"我说:"说实在的,这样一来,这些灵魂就变傻了,因为它们在这身体里什么也做不了,即使在我的身体里,你们的灵魂也同样是什么也做不了。"灵魂,除了在受它支配的那个身体里以外,在任何其他的身体里都是无法做事的。眼睛也是排异的。有一位大师说：假如没有中介的东西，人们就什么也看不见。如果我想要看到墙壁的颜色，那么，这颜色一定要在光和空气之中经过精化，然后它的摹本才被引入到我的眼中。圣伯尔纳说：眼睛等同于天；它将天纳入到自己里面。而耳朵就不是这样：耳朵听不到天，舌头也不能品味到天。其次：眼睛像天一样是圆状的。第三：它像天一样居于高位；因此得以接受到光的印象，因为它跟天具有相同的个性：天也是排异的。诚然，身体就不排异，而灵魂，只要它还在身体里行事，就也不排异。如果灵魂想要去认识在它之外的东西，如一位天使或者某样更纯洁的东西，那么，它就必须藉助于一个"小的"影像然后无影像地去做到这个。天使也同样如此：如果他想要去认识别的天使或者别的什么居于上帝之下的东西，那么，他就必须藉助于一个"小的"影像然后无影像地去做到这个，而不像在这里（地上）有许多影像存在。可是，他认识自己时，不需要什么"小事"，不需要什么影像或者譬喻。同样，灵魂在认识自己时，也不需要什么"小事"，不需要什么影像或者譬喻，而是直接去认识。如果灵魂想要去认识上帝，那也必须是不要什么影像而完全直接地去认识。大师们说，人们应当完全直接去认识上帝。天使就是这样认识上帝的，就像他们认识他们自己那样：不需要什么影像，不需要什么"小事"。如果我想不用什么影像和譬喻而直接去认识上帝，那么，上帝应该成为我而我也应该成为他，做到完全合一，使得我与他一起行事，而且，还不是我行事而他居于幕后，而是我可以完全自作主张。我和他一起行事，完全如同我的灵魂和我的肉体一起行事一样。这对我们是个莫大的安慰，即使我们其他什么也没有，单是这个也足以让我们去爱上帝。

第四个意思跟上述三个意思完全背道而驰：如果人们想要见到上帝，就应该变得伟大和崇高。太阳之光，比起理性之光来，就显得渺小了；而理性之光，比起恩典之光，则又显得渺小了。恩典是这样的一种光，它将上帝曾经创造的和他能够创造的一切，都加以提升和拔高。然而，不管恩典之光会怎么高，比起上帝所是的光来，毕竟还是渺小的。我们的主训斥他的门徒说："在你们中间还有着一个小的光。"(《约翰福音》，12章，35节)* 他们在的地方并不是没有光，但是是小的。人们应当奋发起来，在恩典中变得伟大。然而，只要是在恩典中壮大起来的，就还只是恩典而已，还是小的，还只能从远处见到上帝。可是，如果恩典得以登峰造极，就不再是恩典了，而成为属神的光，在这属神的光里，就得以见到上帝。圣保罗说："上帝住在人不能靠近的光里。"(《提摩太前书》，6章，16节) 人不能靠近，只是向往。摩西说道："从来没有人见过上帝。"(《出埃及记》，33章，20节)** 只要我们是人，只要在我们身上还存活着某种属人的东西而使我们停步观望，那么，我们就见不到上帝。我们必须奋发向上，置身于纯真的宁静之中，这样，就见到上帝了。圣约翰说："我们将认识到上帝，就像他自己认识他自己的那样。"(《约翰一书》，3章，2节) 上帝的个性就在于他在认识他自

---

　　* 今本《圣经》均译作"光在你们中间，还有不多的时候。"这里涉及拉丁文 Modicus（小，少）的理解。按此处上下文的意思，似乎不应理解为"小的光"，而是"还有不多的时候"。——译注

　　** 这句话与今本《圣经》有出入。今本《圣经》作："不会有人见到我而得以存活。"今本《圣经》是将来式，而埃克哈特此处引用的是作过去式。——译注

己时既不需要这个也不需要那个。天使就是如此认识上帝的,就像上帝自己认识自己那样。圣保罗说:"到那时,我们将认识到上帝,就像我们被认识一样。"(《哥林多前书》,13章,12节)但我说:我们将真正认识上帝,如同他认识自己那样,是在作为上帝与神性的唯一影像的那个摹本之中去认识他,而这里的神性乃是仅仅就它是父这一点而言的。只要我们等同于所有影像都由以而出的这一个影像,并且在这一个影像里得以革新和归入到父的影像之中,只要他认识到我们里面的这个影像,我们就认识他,一如他认识他自己一样。

现在他说:"经过一件小事,你们就将见不到我。而又经过一件小事,你们又将见到我。"(《约翰福音》,16章,17节和19节)我们的主说:"唯独认你为真正的上帝,这就是永生。"(《约翰福音》,17章,3节)

愿上帝扶助我们,让我们达到这样的认识。阿门。

第五十四讲

'Quis putas puer iste erit? etenim manus domini cum ipso est.'（Luc. 1,66）

"这个孩子将来会怎么样呢？有主的手与他同在。"（《路加福音》,1章,66节）

"这个孩子将来会怎么样呢？有上帝的手与他同在。"（《路加福音》,1章,66节）由这句话,我们应当认识三件事。第一件事是：在说到"有上帝的手与他同在"时所体现的这位大师*的显要身份。有两个理由,可见"上帝的手"指的是圣灵。第一个理由是,人是用手来工作的。第二个理由则是,手与身体以及手臂是合一的；因为人用手所做的一切工作,都起源于心,而后进到各个器官,由手来加以完成。因此,人们可以由那些话认识到神圣的三位一体：认识到居于心中的父以及居于身体之中的父。这样,正像灵魂,虽然它不分大小而贯通在各个器官之中,但它的存在主要是在心里面,它的本质以及它所做的事情的发源都是在心里面,同样,父也

---

* 上面说到的那个孩子是"施洗约翰",也就是这里所称的"这位大师"。施洗约翰的事迹,可参见《路加福音》,3章。——译注

是一切属神的事业的起始和发源。子则犹如圣歌中所写的那样，好比是手臂，他用手臂来施展他的大能（《路加福音》，1章，15节）。这样，属神的力量就进一步从身体和手臂而到手里面，而圣灵就是用手来表示的。因为正像灵魂托身于肉体以及属肉体的东西之中一样，人们想要对属于灵心的事物加以认识的话，就需要使其托身到属肉体的东西之中，才得以认识。故而，人们必须用手来形容圣灵，就是那在这孩子身上行事的圣灵。

首先，我们注意到，上帝对之行事的人，应当是怎样的人。当他称他为"孩子"时，意味着他像空气一样纯净，没有瑕疵。同样，当圣灵要在灵魂里行事时，灵魂也应当是纯净的。一位大有智慧的大师说道："永恒的智慧生根于锡安，而它将在那座纯净的城市里憩息。"（《便西拉智训》，24章，15节）"锡安"的意思是"高"或者"广"。其次，灵魂应当脱离那些短暂易变的事物。第三，灵魂对于未来将会遇到的种种障碍应当做好充分的准备。

第二件事是：我们必须重视圣灵在灵魂里面所行的事。人除非是在他所行的事里面找到跟自己有等同之处，否则没有人会乐意去做。如果我想要引领一个人，那么，要不是他认可他与我的等同，他绝不会乐意跟从我；因为没有等同，就不会乐意去做什么事或者做什么动作。对于所有跟从上帝的人，也是如此；因为所有人，不管愿意还是不愿意，都应该跟从上帝。如果他们自愿跟从，他们就感到很愉快；而如果他们是违心地跟从，他们就会感到很痛苦。所以，上帝出于对灵魂的恩惠和爱，从灵魂一被创造出来那个时间开始，就将属神的光授予灵魂，为的是使他可以在他自己的譬喻之中愉快地行事。

任何被造物都不可能超出它在自己里面所具有的东西去行事。所以，灵魂带着上帝给予它的那个光，并不能超出它自己而去行事，因为这光是它所自有的，上帝将其给了它，就像新婚第二天早晨丈夫送给妻子的晨礼那样送到灵魂之最高力量里。虽说这个光是上帝的譬喻，但它毕竟是上帝所造的。创造者是一回事，而光又是另外一回事，是被造物，因为还在上帝造物之前，上帝就已经在了，而光还没有，是一片漆黑。所以，上帝带着爱来到灵魂那里，让爱将灵魂提升，从而使灵魂得以超出自己而行事。然而，如果爱找不到等同，或者爱没有创造出等同，那么，爱就无法存在下去。只要上帝在灵魂里面找到了与他自己的等同，他就怀着爱而超出于灵魂去行事。因为上帝是无限的，因而对灵魂的爱也应该是无限的。如果一个人活了好几千年，那么，他就会在爱方面大有增长，这一点可以从火里面认识到；只要还有木材，火就不会灭。火烧得旺，加上有风相助，火势就越来越大。对于圣灵在灵魂里面的作为，我们也想把火比作爱，而把风比作圣灵。灵魂中的爱越大，风，即圣灵，刮得越猛，火就越完美，然而，这并不是一下子就这样的，而是由于灵魂的增长而逐渐达到的。因为倘若人整个地进入到火焰里面，那是不好的。因此，圣灵这风是一点点地在吹，使人如果想要活上几千年的话，在爱方面能够一直有所增长。

第三件事是：人们应当从"这孩子将来会怎么样呢？"这句话去认识上帝在灵魂里面所做的奇妙的事情。每一样工具必定要保证工匠工作时得心应手，把工作做得完美。既然人是上帝的一个工具，这工具在工作时就要适应于那工匠的高贵。因此，让圣灵在灵魂里面行事，灵魂还是配不上的，因为圣灵没有成为它的本性。正像我已经多次讲到过的那样,圣灵将属神的光赐给了灵魂,这光等同于圣灵,跟圣灵的本性相同;而且,圣灵将这光完全归给了灵魂,使其成为灵魂的一部分,这样一来,圣灵就可以愉快地在灵魂里面行事了。就像人们对光的认识就在于光作用其上的那个物质的高贵程度:作用在木材上面,产生出热和火;而作用在树木上面或者一些潮湿的事物上面,就促使其生长,就不产生热,而是使其生绿和结果。对于有生命的被造物,光由死的东西中产生出生命,例如一头吃草的羊,由此而生出了耳朵或眼睛。对于人,则光产生出福乐。这来自于上帝的恩典:是恩典将灵魂提升到上帝那里,使它与上帝合一,使它具有了上帝的形态。灵魂若想要成为属神,就必须得到这样的提升。人若是想要登上一座塔,他必须上升到像那塔一样的高度;同样,恩典也必须把灵魂一直抬高到上帝那样高。恩典的工作就在于引领,一直引领到底,而谁不跟随它,谁就是不幸的。然而,灵魂并不满足于恩典所做的事情,因为恩典毕竟还是一个被造物;灵魂应该到上帝以他自有的本性行事的地方,在那个地方,工匠是按照工具的高贵程度,即按照其自有的本性而工作的,在那个地方,做成的成品跟做它的工匠是同等高贵的,在那个地方,流动着的东西跟已经流出去的东西是完全合一的。圣狄奥尼修斯说:最高级的事物流到最低级的事物上面,而最低级的事物又流到最高级的事物里面并且与最高级的事物合成一体。同样,灵魂也与上帝合一和拥抱在一起,在那里,恩典离开了它,它不再与恩典一起行事,而就在上帝里面属神地行事。在那里,灵魂奇迹般地迷醉于其中,感到茫然,就像一滴水掉到一大桶水里面一样,它对自己竟然一无所知,错以为自己变成了上帝。关于这个,我给你们讲一个故事。有一位主教问圣伯尔纳[①]：我为什么应当爱上帝，我应当以怎样的方式爱上帝？圣伯尔纳回答说：我要告诉你们，上帝自己就是为什么你们应当爱他的理由所在。说到爱他的方式，那就是：根本就不用任何方式，因为上帝什么也不是；与其说他是没有存在而存在着，倒不如说，凡是人们能够说得出的，则他既不是这个也不是那个——他是超出于一切存在之上的存在。他是没有任何方式的存在。所以，人们用以爱他的方式，也应当是没有方式，也就是说，超越于人们能够说得出来的一切。

愿上帝扶助我们，让我们得以达到这个完美的爱。阿门。

[①] 见伯尔纳：《论上帝之勤奋》(*De diligendo Deo*)，XXXI。——德文本编者

第五十五讲

Homo quidam erat dives etc.（Luc.16,19）
"有一个富有的人。"（《路加福音》,16章,19节）

"有一个富有的人,穿着丝绸和天鹅绒的衣服,天天奢华宴乐"（《路加福音》,16章,19节）,而他却并没有名字。人们可以以两种方式去理解:一种是认为这其中有深奥莫测的神性,而另一种是认为这关系到任何一个亲切的灵魂。"有一个富有的人。"有一位异教的大师[①]说,"人",意思是一个有理解能力的存在者。在《圣经》中,人们把"人"理解为上帝。圣格列高利[②]说道:倘若在上帝那里有一样东西比另一样东西似乎更高贵——如果可以这样说的话——,那么,这就是指认知;因为在认知之中,上帝是对他自己公开的,在认知之中,上帝融合在自己里面,在认知之中,上帝又流出到万物里面,在认知之中,上帝创造出万物。而假如在上帝里面没有了认知,那么,也就不会有三位一体了;也就不会有任何被造物得以流出了。

---

① 见亚里士多德:《论灵魂》,B c.1 412。——德文本编者
② 此处引文找不到出处。——德文本编者

"他没有名字。"深奥莫测的上帝,同样也没有名字,因为给予他所有那些名字的,是灵魂,而灵魂乃是从这些名字中取出它自己对它们的认识。一位异教的大师在一本叫作《众光之光》的书里说道:上帝是超乎存在之上的,而就出乎本性的认知而言,上帝是不可把握和不可认识的。我并没有说到那来自于恩典的认知,因为一个人由于恩典可以进入到欣喜若狂的境界,以至于他可以像圣保罗那样认识到很多东西。圣保罗当时曾在第三层天,看到了那些说不出来和不能说出来的东西(《哥林多后书》,12章,2节)。因为他无法用言语说出他是怎样看到它们的;这是因为人要去认识,必须从其原因或方式,或其行为去认识。因此,上帝还是不被认识到的,因为他的所作所为不受任何人的影响;他总是居于第一。他也没有什么方式,也就是说,他就存在于他的不被认识之中。他又不靠做什么事情而存在着,也就是说,他是存在于他的隐蔽的平静之中。所以,他仍旧没有名字。那么,已经给予他的所有名字,又是在哪里呢?摩西问到过他的名字。上帝说:"我就是那位差遣你来的。"(《出埃及记》,3章,14节)* 不然的话,他摩西就会无法理解了。至于上帝原本究竟是怎么样的,他绝不会让一个被造物去认识他自己,倒也不在于他做不到这一点:而是被造物无法理解。因此,在那本叫作《众光之光》的书里,那位大师说:上帝是超乎存在之上的,并且超乎一切赞美之上,他是不可把握和不可认识的。

"是一个富有的人。"上帝原本就是富有的,也因拥有万物而富

---

* 埃克哈特这里引用的经文,与今本《圣经》有较大出入。今本《圣经》该处经文为:"我就是那差遣我到你们这里来的。"——译注

有。现在请注意！上帝的财富是在五件事物之中。第一件是，他是第一原因；因而他将自己倾注到万物之中。第二件是，他在他的存在中是单一的；因而他是万物之最内里的所在。第三件是，他是向外流出的；因而他是跟万物相通的。第四件是，他是不会变更的；因而他是事物之支柱。第五件是，他是完善的；因而他最值得去向往。

他是第一原因；因而他将自己倾注到万物之中。一位异教的大师就此说道：当其他原因倾注到它们所起的作用里面时，第一原因则在更高程度上倾注到所有原因里面。他在他的存在之中是单一的。那么，什么东西是单一的呢？阿尔伯特主教说：所谓单一的事物，是指这样的事物，它自成一统，没有什么别样的东西，这就是上帝，而所有一统的事物都被保存在他所是的东西之中；在那里，被造物在"太一"之中合而为一，就成为上帝之中的上帝。然而，这些被造物原本却一无所是。第三件是：他是向外流出的；因而他流出到万物里面。对此，阿尔伯特主教说：他一般以三种方式流出到万物之中，即以存在、以生命和以光，但是，他尤其是在灵魂的认识万物的能力及其使被造物回归到它们最初的起源中去的作用中流出到那富有理性的灵魂之中。这就是"众光之光"，因为所有恩赐和善美都是从众光之父那里流来的，就像圣雅各（《雅各书》，1章，17节）所说的那样。第四件是：他是不会变更的；因而，他是事物之支柱。请注意，上帝是如何与事物合一的。他使自己与事物合一，然而，他同时又维持自己的唯一性，将万物包容到自己里面。

对此，基督说："你们将要变成我，而我不会变成你们。"①这是由于他的不可变更和他的不可估量，以及由于事物的渺小。有一位先知说道，万物相对于上帝乃是何等的渺小，就像一滴水之相对于汪洋大海（《所罗门智训》，11章，23节）。如果把一滴水放到汪洋大海中，这一滴水就也变成汪洋大海，而不是汪洋大海变成这一滴水。对于灵魂，也是如此：如果上帝将灵魂吸引到自己里面来，那灵魂就变成上帝，灵魂就成为属神的，而不是上帝变成灵魂。这样一来，灵魂失去了它的名字和力量，但没有失去它的意志，没有失去它的存在。在那里，灵魂留在上帝里面，就像上帝留在它自己里面一样。对此，阿尔伯特主教说道：人正是在旨意里面在这里面死去，而他又将永远地留在这里面。第五件是：他是完善的；因而他最值得去向往。上帝是他自己以及万物之完善性。上帝的完善性究竟是什么呢？就在于，他完全就是他自己以及万物之善性。因此，万物都向往他，因为他是它们的善。

愿主扶助我们，让我们能够得到上帝自己所是的财富，让我们可以永远地享受这财富。阿门。

---

① 这话并非基督的原话，而是奥古斯丁所说的。见奥古斯丁的《忏悔录》，VII cap. 10 n. 16。——德文本编者

第 五 十 六 讲

Videns Jesus turbas, ascendit in montem etc. (Matth. 5,1)

"耶稣看见这许多人,就上了山。"(《马太福音》,5章,1节)

福音书中写道,我们的主离开那一大群人,到了山上。他就上帝的律法开口教训(《马太福音》,5章,1节)。

"开口教训"。圣奥古斯丁①说:那开口教训的,已经在天上放好了他的座位。谁想要接受上帝的教训,就必须奋力向上,必须超越一切目今广为流传的东西:他必须摆脱所有这些东西。谁想要接受上帝的教训,就必须聚精会神,摒弃各种忧虑和低级趣味。对于灵魂之数目众多并且分布广泛的各个力量,他必须超越于其上,即使它们处在思维这样的领域之中,虽然这思维原本会行出奇迹来,他却还是必须超越于其上。如果上帝想要对那些并没有分散开来的力量说话,那么,人们也必须超越这个思维。

---

① 见奥古斯丁:《论基督的教训》(*De disciplina christiana*),cap. 14 n. 13。——德文本编者

其次:"他到了山上",这说明必须是在被造物所是的一切都荡然无存的所在,上帝才会显示出他的本性的崇高和甘甜。在那里,人所知晓的不外就是上帝,以及成为上帝的影像的他自己。

第三:"他走了上去",这表明了他的崇高——凡是高的,就是跟上帝接近的——,这是指那些接近于上帝的力量。有一次,我们的主带着他的三个门徒上了一座山,就在他们面前变了形象,全身发光,就像我们将来在永生之中会有的那个样子(见《马太福音》,17章,1/2节)。我们的主说道:你们要记住,当我从天上对你们说话时,你们什么也看不到,既没有影像,也没有形态(参见《马太福音》,17章,8节)。当人得以"离开那一大群人"时,上帝就不用通过什么影像和譬喻而将自己赐予灵魂。反之,一切事物都是在影像和譬喻之中才得以被认识的。

圣奥古斯丁说有三种认知。第一种是限于肉体的:它接受各种影像,例如眼睛,眼睛观看并接受各种影像。第二种是属于灵心的,但它还是从属于肉体的事物之中去接受影像。第三种是内在于灵心之中的,它不是通过影像和譬喻去认知;这样的认知等同于天使了。天使之最高统治分成三部分。① 一位大师说:若没有了譬喻,灵魂是不认识它自己的,因为万物都是在影像和譬喻之中被认识的。然而,天使却不用譬喻就认识他自己和上帝。他想要说的是:在高处,用不着影像和譬喻,上帝将自己赐予灵魂。

"他上了山,在他们面前全身发光。"《马太福音》,17章,1+2

---

① 按照那身为雅典最高法官的狄奥尼修斯的天使学说(见于他的《论天国的等级制》,De caelesti hierarchia),在上帝之下依次有三重三级的天使队,称为特隆、基路伯和撒拉弗(Throne, Cherubim, Seraphim)。——德文本编者

节)灵魂应当得到变换,又重新被印刻到那个影像里。我说,如果灵魂超出了所有影像,那么,它就被印刻到那个影像之中,这影像便是上帝之子。大师们说:唯独子才是上帝的影像,而灵魂则是按照这个影像来成形的(参见《所罗门智训》,2 章,23 节)。但我说:子是上帝的影像,却又是超越于影像之上的影像;他是他的隐蔽的神性之影像。正是在子得以成为上帝的影像和子得以形成的地方,灵魂就按此而得以形成。子从哪里接受,灵魂也从那里接受。即使在子从父那里得以流出的地方,灵魂也不在那里逗留:它凌驾于那个影像之上。火和热是合一的,然而,它们毕竟还远远不是一体的存在。苹果的滋味和颜色是合一的,然而,它们毕竟还远远不是一体的存在:口品尝滋味,对此,眼睛是无能为力的,眼睛感受色彩,口对此则是一无所知。眼睛需要有光,而滋味则在晚上也仍然存在。灵魂除了那"太一"之外别无所知,它是凌驾于那个影像之上的。

因而有先知说:"上帝要在绿色的草原上牧养他的羊。"(《以西结书》,34 章,14 节)羊是极其单纯的;而那些总归到"太一"去的人,也是单一的。① 有一位大师说,人们对天的认知,从来没有像在那些单纯的动物那里认识得么好:它们以单一的方式感受到天的影响;小孩子也是如此;他们没有自己的想法。然而,那些会动脑筋而有各种想法的人,经常会向外而进到多种多样的事物之中。我们的主预言,他要让他的羊在山上那单一的绿色草原上尽

---

① 这前后两个形容词,在古德语中都是 einvalic,但在现代德语中分成语义上不同的两个形容词 einfaeltig 和 einfaltig。这里用前者去形容羊,带有一定的贬义,指缺乏智能,而后者则表示人的归一,不被分割。——德文本编者

情享受(参见《以西结书》,34章,14节)。所有被造物都在上帝里面得以成绿。所有被造物,先是从上帝里面掉落出来,然后,穿越通过天使。任何一个单个的被造物的本性所不具有的东西,在其自身里面却具有所有被造物的印记。天使在他的本性之中就具有所有被造物的印记;天使的本性所能够接受的东西,他在自己里面始终完全拥有。天使之所以在自己里面带有上帝所能够创造的东西,就因为他们并没有失掉虽然所有其他被造物也拥有的那种完善性。天使为什么具有这个呢?就因为他靠近上帝。

圣奥古斯丁说道:凡是上帝所创造的,都贯穿通过天使。在高处,万物都是"绿的"。在那"高山"上,万物都是新的和"绿的";如果这些事物掉落到时间性之中,它们就变成灰白了。我们的主就是想要在所有被造物的那个新的"绿"之中"牧养他的羊"。所有的居于天使里面存在着的那种"绿"和"高"之中的被造物,比这个世界中任何东西更加取悦于灵魂。太阳跟黑夜有多么大的不同,那么,居于那里的最微小的被造物,跟整个世界相比,也就有那么大的不同。

谁想要接受上帝的教训,就必须到这山上去;在那里,上帝愿意在有着明亮的日光的永恒之白日里讲完他的教训。我在上帝里面认识到的,就是光;而触及被造物的,就是黑夜。任何被造物都触及不到的地方,才是真正的光。人们认识的,应该是光。圣约翰说道:"上帝是真光,光照在黑暗里。"(《约翰福音》,1章,9+5节)这黑暗是什么呢?第一:人应当不依附任何东西,什么也看不见,对被造物不闻不问。我曾经多次说过:谁想要见到上帝,他必须是瞎的。第二:"上帝是照在黑暗里的光",因为他是使人致盲的光。

这意味着这样的光是不可思议的，又是无穷尽的，因为它根本就没有终了，也根本不知道有什么终了。而这就意味着，它使灵魂变瞎，使灵魂什么也不知道，什么也不去认识。而第三种黑暗乃是最好的黑暗，它是指那种没有光的黑暗。一位大师说：天是没有光的，它实在是太高了；它并不发光，它原本就既不冷又不热。在这样的黑暗之中，灵魂也就失去了一切的光；它已经超出了可以称之为炎热或者颜色的东西。

一位大师说：如果上帝想要将他的应许之地*赐给人，那么，其中最高的就是光。又一位大师说：对一切值得去向往的东西的良好品味，是必须由光带入到灵魂里面。还有一位大师说：除了上帝之外，没有别的东西能够纯真得可以到达灵魂的根基。他是要说：上帝把光照在黑暗里，灵魂就在这个光之中超出于一切的光。灵魂固然以它的各种力量去接受光、甘甜以及恩典，然而，除了上帝之外，没有什么东西能够进到灵魂的根基里。灵魂确是在上帝里面接受子和圣灵之从上帝里面的萌发。但是，除此之外，至于还有什么跟光和甘甜相关的东西也从上帝里面流出，灵魂就只是以它的各种力量去加以接受。

一些至高的大师说：灵魂的各种力量以及灵魂本身，乃是完全合一的。火和火光是合一的；但是，落到理性之中，二者就具有不同的本性。理性一旦从灵魂之中萌发出来，就好像落到了另外一个本性之中。

---

* 据《创世记》，12 章，7 节，上帝允诺将迦南这个地方赐给亚伯拉罕和他的后裔。以色列人称迦南为"应许之地"。——译注

第三：它是一种超越于众光之上的光。在那"高山"上面，根本就没有光，灵魂在那里超脱一切的光。灵魂并没有停留在上帝在他的子里面萌发出来的那个地方。如果说人们是在上帝流出来的某个地方去接受到上帝的话，那么，灵魂却并没有停留在那里。远远要超出于此：灵魂超脱了一切的光和一切的知识。所以他说："我要将他们领出，聚集他们，引导他们归回故土，在那里，我要引领他们到绿色的牧场上去。"(《以西结书》，34章，13、14节)在山上，他开了口。有一位导师说：当然，我们的主在下面也开口；他通过经文和被造物来教导我们。圣保罗又一次说道："如今上帝已经在他的独生子之中对我们都说了；在子里面，从最小的到至大的，我都是全部就在上帝里面认识到一切的。"(参见《希伯来书》，8章，11节)*

愿上帝扶助我们，让我们得以超脱一切不是上帝的东西。阿门。

---

* 这里所引经文，与今本《圣经》所列，有较大出入。今本《圣经》该处为："他们不用各人教导自己的邻居和弟兄说：你该认识主！因为他们从最小的到至大的，都必认识我。"——译注

第五十七讲

Dum medium silentium tenerent omnia et nox in suo cursu medium iter haberet etc. (Sap. 18,14)

"当一切都归于宁静,黑夜已过去一半之时。"(《所罗门智训》,18 章,14 节)

我们在此庆祝那永恒的生养①,就是父神上帝已经完成且还在永恒之中不间断地在完成着的那个生养,正是这个生养,现在又在时间之中,在属人的本性之中,得以完成了。圣奥古斯丁说道:如果这个生养虽然无止境地发生着,但并不是正在我里面发生着,那对我又有什么帮助呢?关键就在于这个生养要在我里面发生。

现在我们想来谈谈这个生养,谈谈它如何在我们里面发生,以及,只要上帝父神是在完美的灵魂里面说出了他那永恒的道,那么,这个生养就在善良的灵魂里面得以完成。因为我在这里所说到的,乃是应该就善良而完美的人而言的,这样的人,已经并且还在继续转换到上帝的道路上;而不应该是就一个没有深思熟虑的自然人而言的,因为这样的人完全远离这个生养的,对它也完全一

---

① 这里是指每年 1 月 6 日的主显节(纪念耶稣显灵的节日)。——德文本编者

无所知。

智慧者所说的是:"当一切都归于宁静之时,就有一个隐蔽的道从上面,从君王的宝座,降临到我里面来"。(《所罗门智训》,18章,14节)本次讲道就要来谈谈这个道。

这里要注意三件事。第一:上帝父神是在什么情况下在灵魂之中说出他的道,这个生养的地点在哪里,灵魂又是在什么情况下才可以受纳这样的作为。这必须在灵魂所能够提供的东西之中是最纯真、最宝贵和最精致的。确实,倘若上帝父神以他的全能将某种更高贵的东西赐予灵魂的本性,倘若灵魂能够从他那里接受到某种更高贵的东西,那么,上帝也许就必须用这个生养去期待这种高贵的东西。因此,要想让这个生养在灵魂之中发生,灵魂就必须使自己保持完全的纯洁,使自己生活得高贵,专心致志,一心向内,不会通过那五个感官而向外跑到那纷繁的被造物之中去,而是毫不分心地持守在内,力求做到最最纯真:那就是上帝的所在,是容不得有丝毫减损的。

本次讲道的第二部分,是有关人应当如何对待这事,或者说,关于上帝如何对灵魂说话,以及如何生养:如若人也去参与一起行事,是不是更有利于使他做到让这个生养得以在他之中发生和完成。这样一来,人就在自己里面,在他的理性和在他的思想里面,形成了一种观念,心里想着:上帝是大智大能的,是永恒的,以及人对上帝可以想象得出的任何样子:那么,是这样会对那父一般的生养起到促进的作用,还是认为人们应该超脱一切思想、言语和行为,以及一切认知影像,使自己完全保持在对上帝的受纳之中,无所事事,让上帝在自己里面行事:由此,关键就在于人应当以什么样的态度最大限度地服务于这个生养。

第三部分是有关这个生养里面所包含的好处有多大。

首先,我要说给你们听:我想要使用一些自然的理由来向你们说明,这样一来,你们就可以自己去把握它,虽然我相信经文胜过于相信我自己;但是,通过使用具有论证性的说明,对你们来说,是会更有得益的。

我们先来看那段话:"在宁静之中,有一个隐蔽的道对着我说话。"啊,主啊,那宁静在哪里,说出这个道的场所又在哪里? 正像我前面说到过的那样,我们说:是在灵魂所能够提供的最纯真的东西里,是在最宝贵的东西里,是在根基之中,是的,是在灵魂之存在里,也就是说,是在灵魂之最隐蔽的东西里;在那里,那"中介"沉默无言,因为什么也进不到里面,无论是被造物还是什么影像都进不去,而且,在那里,灵魂也无从知道做些什么或者认识些什么,在那里,灵魂一点也不知道有什么有关自身的或者有关某个被造物的影像。

灵魂所做的一切事情都是藉助于它的各种力量做到的:它用理性去认识它所认识的东西;当它回想起什么东西时,它是靠它的记忆力做到的;如果它想要爱,它就用意志去爱;由此可见,它是靠它的各种力量来行事的,而不是用存在来做事的。它对外所做的任何事情,总是依附于某种起中介作用的东西。视力通过眼睛起作用,否则,视力就毫无作为;对于其他的感官,也是如此:它们对外所做的事情,都是通过某种起中介作用的东西来实施的;因为灵魂藉以行事的各种力量,虽然都是从那存在之根基里流出来的,可是,在这个根基本身里面,"中介"是沉默无言的,在这里,统摄一切的唯独就是宁静,以及对于生养和事业的赞美,以便使上帝父神在那里将他的道说出来。因为就本性而言,能够接受这个的,唯独就只有那不经过任何中介的属神的存在,除此以外,就没有别的什么东西能够接受这个。上帝是完整地而不是部分地进入到灵魂里面;上帝就在这里进入到灵魂的根基里面。除了上帝以外,没有任何人能够触及灵魂里面的根基。被造物是不能进到灵魂之根基里面的,被造物必须留在外面,留在那些力量那里。然而,在那里,灵魂见到了被造物的影像,即被造物藉以寄居于内的它们的影像。因为,如果灵魂的那些力量触及被造物,那么,这些力量就从被造物那里抽取出其影像和譬喻,并将这吸收到自己里面来。这些力量就是如此来认识被造物的。被造物不可能更接近地进到灵魂里面,如果灵魂不是预先自愿地把某个被造物的影像接受到自己里面,它也绝不会更进一步去靠近那个被造物。正是藉助于灵魂可及的这个影像,灵魂才向被造物去接近;因为影像乃是灵魂以其各种力量从事物之中抽取得到的某种东西。不管是一块石头、一个人、还是一匹骏马,或者是灵魂想要认识的什么东西,它总是先抽取到一个影像,以这样的方式,它就能够使自己与那个(认知对象)合而为一。

然而,当人以这样的方式去接受一个影像时,这影像必然是由外部通过感官进入到里面来。因此,对灵魂来说,没有什么东西像它那样不被自己所认识。所以有一位大师说,灵魂不可能由它自己里面创造出或者抽取出影像。故而灵魂无法用什么东西来认识它自己。因为各种影像都只有通过感官进入到里面;因而,它不可能具有关于它自己的影像。所以,它知晓各种其他事物,却对自己毫不知晓。对于任何事物,它所知道的都没有像对它自己那样少,这正是由于有了起中介作用的东西的缘故。

因为你们应该知道,灵魂内在地摆脱了一切起中介作用的东西,摆脱了一切影像。这也就是为什么上帝可以不用影像或譬喻就直接跟它合一。你认为某一个大师具有能力,你就不得不承认,上帝也具有同样的能力,而且是超越于一切限度地具有。对于一位大师来说,他越有智慧,越有能力,则他所做的事就越不需要依靠中介,做起来就越容易。人在做外面的事时,需要许多手段;在他如愿以偿成就事情以前,要有很多物质上的准备工作。然而,太阳以它高超的技能实施它的行为,即发光照亮,却是很迅速的:它一射出光线,世界立刻就遍地明亮。在这之上还有天使,天使在行事时所需要的手段更少,具有的影像也更少。那至高的撒拉弗所具有的影像,不多于一个;那些居于他之下的天使在形形色色的东西之中才得以把握到的,他却在"太一"之中把握到了一切。但上帝根本就不需要什么影像,他也不具有任何影像:上帝撇开了任何"手段"、影像或譬喻而在灵魂之中行事,确实,是在灵魂的根基之中,没有任何一个影像可以进入到这个根基里面,只有上帝他自己连同他自有的存在才得以进入。任何被造物都不能进入!

那么,父是如何在灵魂里生养他的子呢?被造物又是如何在影像和在譬喻之中去做的呢?不,绝不!宁可说,跟他在永恒之中的生养方式一模一样,不少也不多。那么,他在那里是如何生养他的呢?注意!你们看,上帝父神完全地洞察到他自己,通过自己而不是通过某个影像而对自己有着极其深入的认识。这样,上帝父神在属神本性的真正的一统之中生养他的子。你们看,就以这同样的方式,而不是以什么别的方式,上帝父神在灵魂的根基里面和在灵魂的存在里面生养他的子,并且与灵魂合而为一。因为,倘若在那里还有某个影像,就谈不上真正的合而为一;而灵魂的全部福乐都维系于如此真正的合而为一。

现在你们会说,如从本性而言,在灵魂之中存在着的,毕竟不外就是一些影像。不,绝不!因为,如果确实这样的话,那么,灵魂就不会有福了。上帝不会造出使你可以从中得到完全的福乐的那种被造物;否则,上帝就不成其为至高的福乐和最终目的了,而这正是他的本性所在,他确实要成为万物的开始和终了。既然任何被造物都不能成为你的福乐,人间任何被造物也不得成为你的完善;因为彼世生活之完善,乃是跟随作为一切美德之总和的今世生活之完善。所以,你必须驻留在那个存在和根基之中:在那里,上帝必定会用他那单一的存在触及你,不需要由某个影像作中介。任何一个影像都不以它自己为目的;它总是指向它成为其影像的那个东西。而且,因为人只具有关于那外在于他而通过感官由被造物之中抽取得到的东西的影像,因为这样的影像总是指向它成为其影像的那个东西,所以,你绝对不可能通过某个影像而得到福乐。因此,在那里,必定极为平静和安宁,父必定不需要任何影像而说出他的道、生养出他的子和做成他的事。

第二个问题是:人为了使得这个生养可以在他里面发生和完成,他经过他自己的努力究竟能够起多少作用?还有,到底应该如何:人是应该千方百计去争取,设想上帝会如何如何,还是保持平静,静静等待,让上帝自己说话和行事,等候上帝来行事,这两种做法哪一个更好呢?正像我以前曾经说过的那样,我还要说:这种说法以及这种态度,仅仅只适合于那些善良和完美的人,他们已经吸取了各样美德的本质,也就是说,各样的美德自然而然地由他们那里溢流而出,我们的主耶稣基督的宝贵的生命和高深的学说,活在他们里面,将万物抛到了后面。这样的人会知道,如果你静静地等待,让上帝行事和说话,那才是今世生活中所能达到的最佳做法。在所有力量摆脱了它们所有的事情和影像的地方,在那里,这个道就被说出来了。所以他说:"当一切归于宁静之时,那隐秘的道就对我说出来了。"由此可见:你越是忘记掉你曾经接受到你自己里面来的万物及其影像,从而能够将你的所有的力量都归到一统那里,以及你越是避离被造物及其影像,那么你就越是靠近这个道,就变得越是容易接受这个道。假如你能够做到对万物泰然置之,你也就能够失去对你自己的身体的知觉,就像圣保罗遇到过的那样,他说:"或在身内,我不知道,或在身外,我也不知道,只有上帝知道!"(《哥林多后书》,12章,2节)在那里,灵心已经将所有的力量全部吸引到自己里面,因而它已经忘记了身体;在那里,记忆、理性、感官,以及本应在感官里施加影响去引导和装扮身体的那些力量,都不起作用了。(生命之)火和(身体之)热得以保持,他三天不吃不喝,身体仍是原样。摩西也曾遇到过同样的事情,他在山上禁食四十天,但身体一点也没有减弱(参见《出埃及记》,24章,18节;34章,28节);他在最后一天,身体还跟第一天一样强壮。所以,人应该避离所有感官,将他的所有力量都转向内心,忘掉万物以及他自己。因此,有一位大师[①] 对灵魂这样说:"你要从外部的事情所

---

① 指坎特伯雷大主教安瑟伦(Anselmus),见于他的《关于上帝之本体论证明的讲话》,第一章。——德文本编者

带来的不安中脱身！然后，躲得远远的，又让自己在内部思想的暴风骤雨到来之前隐蔽起来，因为这样的内部思想会造成不安！"所以，如果要让上帝在灵魂里面说话，那灵魂就必须处在安定与平静之中：这样一来，他就说出他的道，也说出他自己，——不是说出什么影像，而是说出他自己。

狄奥尼修斯说道：上帝没有关于他自己的影像或者譬喻，因为他本质上就是全部的善、真和存在。上帝是在自己里面和由自己里面在一瞬间做成所有的事情。不要错以为上帝在造天地万物时是今天造一个明天又造另一个。摩西诚然是这样写的；其实他知道得很清楚；他当时这样做，是为了那些无法以任何其他方式理解的人。上帝只做他要做的事情。凡是他说到的，也就做成了！上帝行事不需要手段和影像。你越是抛开了影像，你就越是能够接受他的作用，而且，你越是一心向内，越是把自己忘记掉，你就越是向这靠近了。

为此，狄奥尼修斯提醒他的门徒提摩太说："亲爱的提摩太儿子，你应该用十分平静的心情使你自己超越你自己和你所有的力量，超越认知能力和理性，超越行为、方式以及存在，从而进入到那幽静的黑暗之中，这样，你就得以认识到那未知的超上帝的上帝。"[①]人们理应摆脱掉万物。上帝是不愿意在影像中行事的。

现在你们也许会问：上帝撇开了影像而在根基之中和在存在之中做些什么呢？我是不能知道的，因为各种力量都只有在影像之中才能够有所把握，这是由于它们必须始终在它们特有的影像

---

① 参见身为雅典最高法官的狄奥尼修斯：《论神秘神学》，c.1。——德文本编者

之中去把握和认识。它们不可能在一个人的影像之中去认识一匹马,而且,正因为所有的影像都是从外部进入到里面来的,所以,关于上帝撇开了影像而在根基之中所做的事,对于灵魂来说,总还是隐秘的;然而,对它来说,却又是最有益的。正是由于这种不知道,就驱使灵魂想要超世脱俗,全力追求上帝所行的事,因为对于其确实存在,它是深切认识到的,但却不知道其如何存在,以及其究竟是什么。反之,如果人清楚地知道了事物的究竟,他立即就会对事物感到厌倦,又企图去体验别的东西,这样,就会始终处于焦躁不安之中,想知道,但又不能持久。所以,灵魂持之以恒地坚持那种无所认识的认识,却又驱使它有所追求。

因此那位智慧者说:"当一切都归于宁静,黑夜已过去一半之时,有一个隐蔽的道对我说话;这道悄悄地来临,简直跟小偷一样。"(《所罗门智训》,18章,14、15节)那么,既然是隐蔽的,又如何可以称它为"道"*呢?道,其本性不就在于它显明了原先隐蔽的东西吗?它将自己公开着,在我的面前闪耀出光辉,向我有所启示,使我对上帝有所知晓。正是如此,它才得以被称为"道"。然而,它原先如何,对我是隐蔽的。它悄悄如小偷一般地来临,为的是使自己得以显明。你们看,正因为它是隐蔽的,因而人们必须而且应该去追随它。它在闪耀着,但它又是隐蔽的:这样的目的是让我们去追求它和渴望它。圣保罗提醒我们,要我们在跟随到它之前执着地去追求它,在我们抓住它之前,绝不停息。他在第三层天中欣喜若狂,认识到了上帝,见到了万物,而他回来了之后,竟然什

---

* "道",原来的意思就是"言语"。见《约翰福音》,1章,1节。——译注

么也没有忘记掉:这已深深地埋入到根基之中,是他的理性所达不到的;这对他也是掩盖着的。因此,他也必须去追随它,在他自己里面,而不是在自己外面,去达到它。它是完全在内的,而不是在外的。正因为他清楚地知道这一点,所以他说:"我深信,无论是死还是什么样的劳苦,都不能使我跟我在我自己里面所追随的东西隔绝开来。"(《罗马书》,8章,38、39节)*

关于这个,有一位异教的大师对另一位大师说了一句很美的话:"我发现我里面有某种在我的理性之中闪耀发光的东西;我虽然察觉到有某种东西,不管是什么东西,它存在着,但我不能把握它;只是我觉得,假如我掌握了它,我就认识到了全部真理。"另一位大师说道:"好吧!那就去追随它吧!因为假如你能够把握它,你就会拥有全部善性之总和,你就会拥有永生。"在这个意义上,圣奥古斯丁也说:我在我里面发现有某种在我灵魂面前闪耀发光的东西:假如这在我里面得以完成和持久,这一定就是永生。不过,它虽然隐而不露,但还是有所显露;可是,它却悄悄地像小偷一样地来临,力图从灵魂那里去除和偷走万物。但由于它很少表明和显露自己,因而,它希望去激励和吸引灵魂,希望使灵魂达到自我摆脱。关于这个,有先知说道:"主啊,求你从他们那里取走他们的灵,而把你的灵赐给他们。"(《诗篇》,103篇,29、30节)**那个在爱着的灵魂也这样认为,她说:"我的良人说话的时候,我的灵魂神不

---

* 今本《圣经》中,该处经文为:"因为我深信无论是死,是生,是天使,是掌权的,是有能的,是现在的事,是将来的事,是高处的,是低处的,是别的受造之物,都不能叫我们与上帝的爱隔绝,这爱是在我们的主基督耶稣里的。"——译注

** 今本《圣经》为104篇,29、30节。但语句上有较大出入。——译注

守舍"(《雅歌》,5章,6节);在他走进来的时候,我无地自容。基督也这样认为,他说道:"凡为我而撇下的,必将得到百倍,凡是想要得到我的,就必须撇下他自己以及万物,凡要侍奉我的,就必须跟随我,而不可去追随他自己的东西。"(参见《马可福音》,10章,29节;《马太福音》,16章,24节;19章,29节;《约翰福音》,12章,26节)

你现在会说:嘿,先生,你们是要彻底改变灵魂的自然进程,使其违背它的本性!它的本性就在于通过感官并且在影像之中去接受;你们想要彻底改变这个秩序吗?不!你知道吗,上帝将什么样的高贵放入到本性之中,是没有完全写到,还是隐而不明的呢?因为那些写到了灵魂之高贵的人,还没有越出他们的出自于本性的理性所能够提供的;他们总还没有进到根基里面:故而,许多事情是他们所不明白的。所以,有先知说:"我要静静地安坐,听上帝在我里面所说的话。"(《诗篇》,84篇,9节)* 因为这话是隐蔽的,因而它是在夜晚,在黑暗之中才来临的。圣约翰说道:"光照在黑暗里;他到自己的地方来,凡接待他的,就有权成为上帝的儿子:他们被赐给了权柄,成为上帝的儿子。"(《约翰福音》,1章,5、11、12节)

现在请你们注意这个隐秘的道以及这个黑暗二者的用处和结果。不但天父之子在这个属于他的黑暗之中被生养出来;而且,你同样也作为同一位天父的孩子在那里被生养出来,并且,他也给予你那个权柄。你应该认识到:这有多大的好处啊!虽然各位大师运用了他们自己的理性和知识将各样的真理教导给大家,或者,还

---

* 今本《圣经》为85篇,8节。——译注

将要教导大家直到世界末日,然而,就这些真理而言,他们丝毫也没有做到上面所说到的那种从认知和根基之中来加以理解。尽管那种认知甚至于可以称为无知,称为非认知,然而,它所包含的却胜过所有在这个根基之外的认知;因为这样的无知吸引你去摆脱所有认知对象,进而又摆脱你自己。基督也这样认为,他说道:"凡是不去否定自己,不去撒下父母以及一切外在的东西的,就不配跟从我"(参见《马太福音》,10 章,37/38 节)*,他似乎是要说:凡是没有把被造物的所有外在性都撒下的,这样的人,在属神的生养之中,就既不能有所领受,又不能被生养。说实在的,你只有把你自己以及一切外在的东西都撒下,你才能够得到这个。我坚信,人若做到这样,他就绝不可能与上帝隔绝,无论如何也不会。我说:这样的人,绝不可能陷入死罪。这样的人,宁可遭受最难以忍受的死亡,也不会犯下哪怕是最小的死罪,就像圣者们做到的那样。我说,连任何一次可以宽恕的罪他们也不会犯,而且,只要他们有办法阻止,不管对自己还是对别人,他们绝不会袖手旁观。他们深深地受到了吸引,他们绝不会再去走另外的道路,他们在这上面倾注了全部情感和精力。

愿上帝扶助我们,让我们在这个生养之中成为新人。愿上帝永远扶助我们,让我们这些软弱的人在他里面以属神的方式被生养。阿门。

---

* 今本《圣经》作:"爱父母胜过爱我的,不配作我的门徒,爱儿女胜过爱我的,不配作我的门徒。"——译注

第五十八讲

Ubi est,qui natus est rex Judaeorum? (Matth. 2,2)

"那生下来作犹太人之王的在哪里?"(《马太福音》,2章,2节)

"那生下来作犹太人之王的在哪里?"(《马太福音》,2章,2节)。

你们注意看,这个生养是在哪里发生的。"他在哪里生下?"可是,正像我已经多次说过的那样,我要说,这个在灵魂之中的永恒的生养,跟它在永恒之中所发生的情况是完全一样的,不多也不少;因为这是同一个生养,这个生养发生在灵魂之存在和根基之中。

你们看,现在会产生出好几个问题。先来看第一个问题。因为上帝是以灵的方式存在于万物之中,而且,他之居于这些事物之中比它们存在于自身之中更深入到其内里和更贴近其本性,上帝无论在什么地方,他都必须行事,必须认识他自己,必须说出他的道,所以就有了这样一个问题:相对于其他的也有上帝存在于其中的富有理性的被造物,灵魂又有什么特性使它居于优先呢?请注意下面的教导!

上帝存在于万物之中，在万物之中行事，有权执掌万物。但是，他只在灵魂之中才成为有所生养；因为所有被造物都是上帝的一个脚印，而灵魂从本性上来说是按照上帝的样子来成形的。这样的影像必定会通过生养而得以完成，得以焕然一新。除了灵魂之外，没有其他任何被造物能够接受上帝所做的这个事情，能够接受这样的生养。确实，不管什么样的善美，是那种纯一的属神的光，还是恩典和福乐，都必须随同这个生养一起进入到灵魂之中，没有别的方式。你只要等待在你里面的这个生养，你也就会得到所有的善和安慰，所有的欢乐，所有的存在和真理。如果你错过了这个，你也就错过了所有的善和福乐。你在这里面所能得到的，将带给你纯真的存在和恒定；凡是你在这之外再去寻求或者热爱的，你就是在堕落，如果你还一意孤行，那就什么都给毁掉了。唯独这个才赋予存在，所有其他的都是在毁坏。然而，在这个生养之中，你将分享属神的流入和他的所有恩赐。既然上帝的影像并不存在于被造物之中，就无法接受到这个，因为灵魂之影像特殊地属于永恒的生养，这个生养实实在在地专门在灵魂之中发生，由父在灵魂之根基和最内里加以完成，那里从来没有一个影像曾经扫视到过，从来没有一种力量曾经窥视到过。

再来看第二个问题。因为这生养之事是在灵魂之存在和根基之中发生的，所以，在善良人那里发生的事，同样也在一个有罪的人那里发生：那我又得到了什么恩典或者好处了呢？难道本性之根基在他们两种人那里是同样的，难道连地狱里的那些人也永恒地保持有本性之高贵吗？

现在请注意下面的教导：这个生养特有的性质，就在于它总是连同新的光一起发生。它将经久不灭的强光带入到灵魂之中,因为善性就是无论在哪里都必定向外倾注。在这个生养之中,上帝带着光注入灵魂里面,这光在灵魂之存在和根基之中变得如此充盈,以致它溢满而出,流到那些力量之中,也流到外在的人之中。保罗就遇到过这样的情况,上帝在路途上用他的光照射他,对他说话;这光的反光清晰可见,他同行的人看到了,看见这光包住了保罗,如同当年的圣者一般(《使徒行传》,9章,3节)。光在灵魂的根基之中溢满而出,流到身体之中,身体就变得通体发亮。然而,有罪之人于此却什么也接受不到,他也不配去接受,因为他内心充满着罪孽和邪恶,就是被称为"黑暗"的那些东西。所以说:"黑暗却不接受光。"(《约翰福音》,1章,5节)这要归咎于这光得以行进的路途由于虚假和黑暗而受到堵塞;光与黑暗不能相容,上帝与被造物也不能相容:如要上帝进来,被造物就必须立即退出。人确实能够觉察到这光。人只要投靠上帝,立刻就在他里面有一个光闪耀着,这光使他认识他该做什么和该撇下什么,给予他许多他先前从来不知道和不理解的善美的指示。"那么,你是从哪里和如何知道这个的呢?"你注意看!你的心经常为世俗之事所扰。如果不是通过这光的照亮,这又怎能成功呢?这事乃是如此精美和欢快,使你对于所有非上帝所是的和非属神的东西都深感厌恶。它将你引导到上帝那里去,你将听到许多良好的忠告,却不知道它们从何而来。这种内在的向往,绝对不是来自于被造物,也不是来自于出于被造物的什么指示,因为被造物所作的指示或所做的事情,总是从外面来的。然而,那个根基却唯独只有被上面所讲到的那样的事才触及得到,而且,你越超脱,就越能得到光和真理以及观察力。

所以，这样说来，人除非刚脱离这个根基就甘愿过于依恋那些外在的东西，不然就不会误入歧途。圣奥古斯丁说道：他们中有好多人，他们寻找过光和真理，但一直只是在外面寻找，而那里是根本没有的。他们最后竟然更加走到外面去，再也回不来了。他们因此得不到真理；因为真理是在根基之内，而不是在其外。可见，谁想要得到这个光以及对真理的洞察力，他就应该守望着，在自己里面和在根基里面注意着这个生养：这样一来，所有的力量都将得到照亮，连那外在的人也如此。因为，一旦上帝用真理去触及那个在内里的根基，光就照到那些力量里面，人就此的得益往往胜过受某某人的教导所得的收获。这样，有先知说："我获得的知识，超过所有曾经教过我的人。"(《传道书》，1章，16节)你们看：由于这个光不能够在有罪之人里面出现和照亮，因此，这个生养也不可能会在他之中发生。这个生养是不能跟罪孽之黑暗共存的，虽然它不是发生在那些力量之中，而是发生在灵魂的存在和灵魂的根基之中。

现在又产生出了一个问题。因为上帝父神只在灵魂的存在和灵魂的根基之中而不是在那些力量之中生养，那么，这跟那些力量又有什么关系呢？这样说来，难道它们尽可以袖手旁观、无所事事吗？既然在那些力量之中什么也不发生，那又何必要它们呢？这问题提得很好。现在请注意以下的教导！

每一个被造物都为了某一个最终目标而在奋斗。这最终目标，就意愿而言，总是居于第一位，而就实现而言，却又居于最末一位。同样，上帝在他全部的作为中也在追求一个赐予福乐的最终目标，这就是：为了他自己，并且，也为了将灵魂及其所有的各种力量都引往这个最终目标，那就是，引到他自己那里。上帝的全部所作所为都是为此目标,父在灵魂中生养他的子,也是为此目标:为的是使灵魂的所有力量都达到这个目标。他跟随着灵魂之中的任何东西,并且邀请它们全部去参加这个盛大的庆典。然而,灵魂连同那些力量已经向外部分散了开来,各行其是:看的力量归眼睛,听的力量归耳朵,辨味的力量归舌头,这样一来,灵魂的在内里起作用的行为就减弱了。因为每一个被分散了的力量都是不完备的。所以,如果灵魂想要强有力地在内里行事,就必须把它的所有力量重新召集回来,把它们从那些被分散开来了的事物中集中到内里的行为中来。圣奥古斯丁说道:灵魂存在于它在爱着的地方,胜过它给予肉体以生命的地方。有一个很好的譬喻!曾经有一位异教的大师①,他醉心于研究计算术。他将整个精力都投入进去,坐在满是灰尘的屋中,悉心钻研。一天来了一个手持宝剑的人,但他不知道他是位大师。他问这位大师:"快说,你叫什么名字,否则我就杀了你!"大师实在太专心致志了,他根本就没有看到和听到这个敌人,也没有注意到他想要做什么,也没有想到他该如何说,只是胡乱说了声:"我就叫这名字。"敌人大声又叫了几遍,他还是不做回答,最后来者把他杀了。这还只是为了钻研一门自然的艺术。而为了观察和认识那合而为一的、不可度量的、非被造的、永恒的真理,我们理应更加千万倍地摆脱万物和集中我们的所有精力!你应该为此集中你的全部感情,全部力量,全部理性以及全部记忆:你应该在存放这个宝藏的那个根基之中去驾御这一切。而

---

① 这里指的是阿基米德。传说他在公元前 212 年在他的故乡叙拉古(Syrakus)被一个罗马士兵所杀,当时他正在花园里思索着一个新的发明并在沙地上画着图样。——德文本编者

要做到如此,你就要知道,如果你想要得到这个,你就必须抛弃掉所有其他的事情,必须进入一种无知的境界之中。

这又产生了一个问题。如果每一个力量都能够保持住自己的行为,互不妨碍,也不妨碍上帝的行事,那不是更好吗?难道在我里面就不能有这样一种出乎本性的认知,它不会对此有所妨碍,就像上帝通晓万物但未有任何妨碍,也像圣者所做的那样吗?这是一个很有意思的问题。请注意下面的教导!

圣者在上帝里面只看到一个影像,就是在这一个影像里面他们认识到万物;确实,连上帝自己也这样在自己里面观察和认识万物。他没有必要像我那样逐个地加以观察和认识。假如说在今世生活中我们总要有一面镜子放在我们面前,使我们可以一下子见到所有事物,在一个影像之中认识到所有事物,那么,对我们来说,做什么事情或者认识什么事情,都不成其为阻碍。然而,因为我们必须逐个地去做和认识,因此,在我们去做和认识某一件事时就难免会形成对另一件事的阻碍。因为灵魂紧紧地给拴在那些力量上面,它们流向哪里,它也跟它们一起流向那里;因为在它们所做的一切事情之中,灵魂都必须到场,而且必须有所贡献,否则,它们就会什么也做不了了。这样,在它作出贡献之时,它就分散到那些外在的事情之中,如此一来,它在它内在的事情之中就必定有所减弱了。因为,为了这个生养,上帝希望和需要的是一个无忧无虑的、单独而自由的灵魂,在这样的灵魂里面,除了他之外什么也没有,这样的灵魂,除了守望他之外,不会去守望别的东西和别的人。基督说的就是这个意思:"爱父母和爱许多别的东西胜过爱我的,不配跟从我。我到地上来,不是叫地上太平,而是叫地上动刀兵,是要叫兄弟姐妹,母亲孩子,实际是你敌人的朋友,都隔绝开来。因为你所信任的,其实是你的敌人"(《马太福音》,10 章,34/36 节)。如果你的眼睛想要看见万物,你的耳朵想要听见万物,你的心想要思考万物,那么,说实在的,你的灵魂就必须被分散到万物之中。

所以,有一位大师说道:如果人要从事内在的事情,他就必须聚集他所有的力量,就好比把它们都放到他灵魂的一个角落,然后让自己在所有影像和形式面前隐蔽起来,这样,他才得以从事那内在的事情。在这种情况下,他必须进入到一种忘记和不去求知的境界。为了使这个道能够被听得到,就应当保持处于平静和安宁之中。只有保持处于平静和安宁,才能够使这道起作用;只有这样,人们才能够听得到并且正确地理解:就是处在那种无知之中。在人们什么也不知道的情况下,这道就得以显明了。

这样一来,又产生了一个问题。你们会说:先生,你们将我们全部的得救都置放在一种无知之中。这听起来总是有缺陷的。上帝造人,是为了要他有知识;就像先知所说的:"主啊,求你使他们成为有知识的人。"(《托比传》,13 章,4 节)变成无知了,那就意味着缺陷和空虚;一个无知的人,就是一个动物式的人,是个大笨蛋!——如果他一直就这样无知,那确实如此。然而,在这里,人们务必进入到一种经过脱胎换骨的知识之中,而且,这种无知并不可以来自于无知,而是:人们务必是由知识而进入到这种无知。这样,我们就将由于属神的知识而成为富有知识,这样,我们的无知就将由于超乎本性的知识而大大拔高。并且,我们在此处于受动,反而比我们自己行动更使我们成为善美。所以,有一位大师说道,听的力量远比看的力量更宝贵,因为人们通过听所获得的知识胜于通过看所获得的，通过听，人们更加得以生活在智慧之中。据说，有一位异教的大师躺在床上死去了，这时，他的几个学生在他床前谈论着一门很高深的艺术；他竟然抬起他的头来，仔细地听着，然后说道："啊，让我也学习这门艺术，这样我就可以永远以此自娱了。"听更多的是向内，而看则更多的是向外，至少就看这个活动原本的含义是这样。因此，在永生之中，我们的福乐，依靠听远胜过依靠看。因为听那永恒的道，那是在我里面，而看却是离我而去的；在听的时候，我是在接受，而在看的时候，我却是在做事。

可是，我们的福乐并不有赖于我们所做的事，而在于我们从上帝那里的领受。因为上帝比被造物高贵多少，上帝所做的事就比我们所做的事也高贵那么多。是的，上帝出于不可度量的爱而将我们的福乐置于我们对此的领受之中；因为我们的领受胜过我们的行事，我们所领受到的之超过我们所给予的，是无可比拟的。而每一次给予都促使去领受到新的更大的恩赐；每一次属神的恩赐，都推动了对于更高和更大的恩赐的可领受性和向往。因而，有好几位大师都说，就此而言，灵魂是可以跟上帝并列的。因为就像上帝在给予方面是无限的一样，灵魂在获取或者说领受方面同样也是无限的。上帝在行事方面是全能的，而灵魂在领受方面也同样是深不可测的；因此，灵魂靠了上帝和在上帝里面得以脱胎换骨。上帝应该行事，而灵魂应该领受；上帝应该在灵魂里面认识和爱他自己，而灵魂则应该用对上帝的认识去认识，应该用对上帝的爱去爱。所以，灵魂之要获得福乐，藉助于上帝远远胜过藉助于自身，同样，灵魂之要获得福乐，取决于上帝的行事远远胜过它自己去行事。

圣狄奥尼修斯的门徒问他,为什么提摩太比他们所有人都更完善？狄奥尼修斯说:提摩太是一个完全只知道从上帝那里领受的人。能够很好地理解这一点的人,就可以胜过所有人。

这样一来,你的无知就不是什么缺陷,而是你最高的完善,你的领受也就成为你最高的行为。同样,如果你真的希望这个生养在你里面得以成就,那么,你就应该抛弃你的所有活动,让你的所有力量都归于停息。如果你想要找到那位被生养出来的君王,那么,你就必须越过一切你能够找得到的其他东西并将其抛弃。

我们祈求那位为了使我们成为上帝的孩子而曾经做过人子的圣子,扶助我们,让我们越过这一切,将这位被生养出来的君王所不喜欢的东西统统撇下。阿门。

第五十九讲

Et cum factus esset Jesus annorum duodecim etc. (Luc. 2,42)

"当耶稣十二岁的时候。"(《路加福音》,2章,42节)

福音书里写道:"当我们的主十二岁的时候,他同马利亚和约瑟一起到耶路撒冷,走进殿里,当他们两人离开时,耶稣却留在殿里;但他们并不知道。他们回家发现找不到他,就在亲戚熟人以及人群中去找,但也找不到;他们将他丢失了。因此他们只得又回到他们来的地方,当他们又回到了殿的出口时,他们就找到了他。"(《路加福音》,2章,42/46节)

同样,如果你想要找到这个高贵的生养,那么,你确实就应该离开所有"人群"并回归到你由以而来的那个发源地和根基。所有灵魂的力量以及所有你所做的事:这一切都是"人群";记忆、理性和意志,只是使你无所适从。因而,你必须把一切都撇下:感官活动和想象活动,以及一切你自己存身于其中和眼中看到的东西。只有这样,你才能够找到这个生养,除此就没有可能了,这是千真万确的。在朋友和"亲戚熟人"中间是找不到他的;倒是会完全丢失他。

因而,我们会产生下面这样一个问题。通过一些特定的事物,这些事物虽然也是属神的,但却是经过感官从外面引入的,例如关于上帝的一些观念,诸如上帝是善良的,有智慧的,有怜悯心的,或者其他由理性可以想象出来的确实是属神的东西,那么,通过这样一些事物,人是不是能够得到这个生养呢?说实在的,不能!因为,尽管这一切会多么善美和属神,但它们毕竟是通过感官从外面引入的;如果要使这个生养真正得以照亮,那这一切就必须仅仅由内心向上而从上帝里面发源出来,而你整个的行为都必须服从于此,你所有的力量都必须服务于上帝的事,而不是服务于你自己的事。要想使这事得以完满成就,就必须由上帝单独去做,而你应该只是领受而已。当你真正从你自己的意志和你自己的知识中走出来的时候,上帝就也真正欣然地带着他的知识走进来,他一进来,就光芒四射了。在上帝要这样去认识他自己的地方,你的知识就经受不住了,对此也毫无用处了。你不要以为你的理性也会增长到使你可以认识上帝。恰恰相反,如果上帝想要在你里面发出属神的光,那么,你那出乎本性的光对此就毫无用处,它应当彻彻底底地变成纯粹的虚无,应当完全摆脱开自己;只有这样,上帝才能够带着他的光进入,而且,他进来的同时又把你放弃的一切带了回来,并且还加上一千倍,具有崭新的形态。

我们在福音书里有一个譬喻。当我们的主在井边跟一位异教的妇人友好地谈话时(《约翰福音》,4章,5节起),她把她的水罐留了下来,往城里去,对众人说,那真正的弥赛亚来了。众人不相信她的话,他们跟她一起来亲自看他。他们对她说:"我们信,不是因为你的话,我们信,是因为我们亲自看到了他。"(《约翰福音》,4

章,42节)同样,说实在的,所有被造物的知识,还有你自己的智慧以及你全部的知识,都不能使你以属神的方式去认识上帝。如果你想要以属神的方式去认识上帝,那么,你自己的知识就必须变成纯粹的无知,变成对你自己以及所有被造物的忘却。

现在你会说:先生,如果我的理性只能无所事事地这样闲着,它还要做什么事呢?我是不是要把我的内心提高到一种实际上简直不可能的不去认知任何东西的认知才是最好的方式呢?因为,如果我去认知什么东西,那就不是什么非认知,也不是什么超脱了。那么,难道我应该完全居于黑暗之中吗?是的,当然如此!你最好使你自己完全置身于黑暗之中和无知之中。——啊,先生,如果什么都没有了,还能够再返回来吗?不,绝不会,不会有什么实在的返回。——可是,这种黑暗是什么呢,它叫什么,它的名字是什么呢?——它的名字所说明的,不外就是一种领受能力,这种领受能力完全不需要什么存在,它是使你得以完满成就的领受能力。因此,根本就没有什么返回。但是,如果你想要返回,其动机就不会是某种真理,而只是某个别的东西,如感官、今世世界或者魔鬼。如果你去信赖这种返回,那么,你必定会陷入罪孽之中,你就会误入歧途,就此垮下去。所以说,是没有什么返回可言的,只有一直往前,去达到和成全那种领受。在没有以全部的存在得以成全之前,是绝不停顿下来的。正像物质不会停顿,它会以所有可能的形式去求得成全一样,理性也不会停顿下来,它将以它所具备的一切去求得成全。

对此,有一位异教的大师说道:自然界中没有什么东西比天更快;它在运转时超过了万物。然而,说实在的,人的心灵在思虑万千之时却要胜过它呢。假定人的心灵保持有它的能力,不被一些低级粗俗的事物所贬低和分心,那么,它就会超越那最高的天,猛追不懈,直到进入到那至高之处,获得那至善之善的抚养。

(你会问,)那么,做到这样,使自己保持超脱和纯真,一心只去追求黑暗和无知而绝不回头,是不是有好处呢?——:这样有可能赢得的就是总括万物于一己的那一位了!而你越是将自己撇开,越是对万物一无所知,你也就越是靠近那一位。关于这个旷野,《何西阿书》中写道:"我将领我的朋友到旷野,将对着她的心说话。"(《何西阿书》,2章,14节)那永恒之真道,只有在孤独之中,也即只有当人像在旷野之中一样与自己以及与所有杂七杂八的事物都隔绝开来时,才得以被说出来。先知则向往这种在旷野之中的与世隔绝,他说:"啊,谁能给我翅膀像鸽子,让我飞去,得享安息呢?"(《诗篇》,54篇,7节)* 人们在什么地方得享安息呢?确实是只有在遭人遗弃之时,在居于旷野之时,在与一切被造物隔绝之时。关于这,大卫说道:"我宁可在上帝的殿中遭受遗弃和鄙视,也不愿虽然拥有巨大的荣耀和财富但住在罪人的帐棚里。"(《诗篇》,83篇,11节)**

你现在会说:啊,先生,如果人们必须像在旷野中那样不管是在内和在外都要将万物撇弃掉,要将各种力量以及它们所做的事情都撇弃掉,如果这一切都必须去除掉,那么,这样一来,如果人得不到上帝的支持,就像先知所说的:"我是多么痛苦啊!我遭受的

---

* 今本《圣经》为:55篇,6节。——译注

** 今本《圣经》为:84篇,10节。——译注

苦难太久了"(《诗篇》,119篇,5节)*,如果上帝让我长久地这样孤苦无援,他既不照亮我,也不对我说话,也不在我里面行事,完全不像你在这里教导我们和让我们去理解的那个样子,那该如何呢?如果人如此而居于一种纯粹的虚无之中,那么,他是不是应该设法去驱除这个黑暗和孤苦,是不是应该去祈祷,去读经或去聆听讲道,或者去做些别的有德之事,以此来救助自己呢?不!你要知道该做的是:平静而尽可能长久地等待,这才是你该做的最好的事情。不遭受些损失,你就不可能专心致志,这是确定无疑的。你也许希望由你自己去准备一部分,再由他去准备另外一部分,然而,这是不可能的。如果不是上帝事先就为你准备好,那你绝对不可能如此快地想到该如何准备。但是,假定事情分了开来:准备之事由你去做,而实施之事由他去做,那同样也是不可能的,你应该知道,上帝一发现你已准备好,他就必须立即加以实施。你不可错以为上帝也像地上的一个木匠那样,做不做可以随心所欲。在上帝,可就不是如此了,他必须行事,必须将自己注入你里面;这好有一比,当空气清净之时,太阳就必须将自己注入空气里面,非得如此。当然,如果上帝竟然不在你里面成就大事,不将巨大的财富注入给你,让你一直这样孤苦无助,那也许是他的一大欠缺。

  大师们写道,当孩子的材质在母腹之中准备完毕的时候,就在这同一时刻,上帝将那活的灵心,也即成为肉体之形态的那个灵魂,注入肉体之中。准备完毕与注入,二者是在同一时刻。当本性达到其最高点时,上帝才赐给恩典;一旦灵心准备完毕,上帝就

---

  * 今本《圣经》为:120篇,5/6节。——译注

立即进入,一刻也不会延误。那部充满着神秘的书中写道,我们的主对众人召唤说:"我站在门外叩门,若有听见我声音就开门的,我要进到他里面去,与他一同坐席。"(《启示录》,3章,20节)你不用这里那里地去寻找他,他就近在你的心的门口;他站在那里等候着,看谁已经准备好了,可以为他开门请他进去。你也不用从远处呼叫他;他早就焦急地在等着你开门。他到你那里,比起你到他那里,要快上一千倍:开门和进来,二者发生在同一个时间点。

现在你会说:这怎么能呢?我对他毫无察觉。注意!这种察觉,不是取决于你,而是取决于他。如果他觉得合适,他就显明他自己;而如果他愿意,他也可以使自己隐蔽起来。基督对尼哥底母说:"灵随心所欲地在漂游着;你听见它的声音,却不晓得从哪里来和往哪里去。"(《约翰福音》,3章,8节)那是一个矛盾:"你听见了,但却不晓得。"听见了,就变成晓得了!基督认为:听见了,人们就接受到这灵了,或者说,将它吸收到自己里面来,他似乎是要说:你接受了这个灵,但你关于它却什么也不晓得。你应该知道!上帝是不会让任何东西空着的;上帝和自然界都不能容忍让任何东西空着。因此:如果你以为你对他什么也察觉不到,觉得他变成完全空了,其实并不是这样。因为,假如在天之下存在某种空的东西,不管是什么样的,不管是大是小,那么,或者是天将它向上吸入进去,不然的话,天就只能降下来,用自己去充满它。上帝,自然界之大师,根本就不会容忍让任何东西空着。所以,你应该静静地站着,不要对这个空再有什么犹豫;因为你错过了这个时刻,你就再也回不来了。

现在你又会说:那么,先生,你们总是主张要让这个生养在我里面发生,让子在我里面被生养。好吧!那我怎么能够得到一个征兆,让我可以认识到这事真的发生了呢?是的,确实是有三个可以信赖的征兆!我只想举出其中的一个。经常有人问我,人是不是有可能达到这样的境界,以至于人不会再受到诸如时间以及数量和物质的妨碍。是的,事实如此!如果这个生养真的发生了,那就没有任何被造物可以再来阻碍你;它们全都把你引向上帝和这个生养。为此,我们可以以闪电来作譬喻。如果给闪电碰上了,不管是树木还是动物或者人,都立地使之转向它;假如有一个人背对着它,它也会一下子使他转过身来。假如一棵树有好几千片树叶,它们也会在同一时刻各自转向它。看,跟这个生养有关的人们,也是如此:他们迅速地被引向这个生养,他们将他们遇到的任何事物,即使是很粗浅的事物,都转向这个生养。是的,以前妨碍过你的东西,现在却在促进你。你完全面对着这个生养。在你看到和听到的一切事物之中,不管是什么,你唯一接受到的就是这个生养。是的,在你看来,万物都成了上帝,因为在万物之中,你眼中看到的唯独只有上帝。的确,就像人长时间观看太阳一样:这以后他看到的东西,里面都会有太阳的影像。如果你做不到在万物之中和在每一样事物之中都去寻找上帝并在眼中看到上帝,那么,你就得不到这个生养。

你现在会问:已经有了很大长进的人,是不是还应该去作忏悔?如果他不作的话,是不是会有所损失?听着!之所以要创立各样的忏悔,包括禁食、守夜、祈祷、跪求、苦修、穿粗衣、睡硬地等等,之所以要设想出这一些来,就是因为肉体总是会跟灵心相对立。相对于灵心,肉体往往太强大了;它们二者之间始终有着斗争,永远在争斗着。在尘世间,肉体又勇敢又强大,因为这里是它的家乡;世界在帮助着它,大地是它的祖国,它的所有亲族都在这里帮助它:吃喝玩乐,无一不是在对抗着灵心。在这里,灵心却是异居客地;它的所有亲族和它的整个种族都是在天上:在那里,如果灵心确是一心想望到那里安居,它就在那里得到了友好的待遇。为了在灵心客居之处给予其帮助,在这种争斗之中设法削弱肉体,使肉体不至于打败灵心,所以人们就通过忏悔活动设法对肉体加以约束,加以压制,以便使灵心得以抵制它。如果人们这样做是为了对肉体加以管束,如果你想要较此好上千百倍地对之加以束缚和压制,那么,你就应当用爱去约束它。用爱,你就可以最迅速地去克服它,用爱,你就可以最强有力地去压制它。所以,上帝最要我们去做到的,就是爱。因为用爱,就好比是渔夫用钓鱼竿:渔夫只有靠钓鱼竿才能够捕捉到鱼。鱼上了钩,渔夫就稳稳捕到了鱼;这时,不管鱼再如何挣扎,渔夫都不会放在心上。对于爱,我也这么说:谁被爱抓住了,他就给戴上了最牢固的镣铐,然而这同时却又毕竟是一份甜美的负荷。谁将这个甜美的负荷放到了自己身上,那么,即使所有人加在一起所能够做到的各种忏悔和修行,也没有他所能达到的多。而且,他可以轻松愉快地去承受他所遭遇到的和上帝所加给他的一切,也能够大度地去原谅人们对他所行的恶事。没有什么东西能像由爱所产生的这个甜美的镣铐这样使你靠近和拥有上帝。谁寻找到了这一条路,他就不会再去找别的路了。谁上了这个钩,谁也就牢牢地被抓住了,手和脚、口和眼、心和人身上的所有一切,就都为上帝所有。这样,你就不可能比用爱更好地去制胜敌人,使敌人不至于伤害你了。因而经文中写道:

"爱如同死之坚强,又如同地狱之冷酷。"(《雅歌》,8章,6节)*死亡将灵魂从肉体中隔离开来,而爱则将万物从灵魂中隔离开来;爱绝不容忍任何非上帝所是的和非属神的东西。谁进入了这个套索之中并且走上了这一条路,不管他做了什么事情或者没有做什么事情,就都是一样的;他做了什么或者没有做什么,已经无关紧要。这样的人所做的最微不足道的事情,无论是对他自己还是对所有人来说,都胜过那些虽然不犯有死罪但少有爱心的人所做的,比他们更有益,更有成果,更讨得上帝的喜悦。他的悠闲反而胜过别人的忙碌。所以,你应该耐心等待那个鱼钩,让你愉快地去上钩,而且,越是钩住,反而越是获得了解放。

愿本身就是爱所是的那一位,愿他扶助我们,使我们得以如此地被钩住和获得解放。阿门。

---

* 今本《圣经》作:"爱如同死之坚强;嫉恨如同阴间之残酷。"——译注

在奥滕巴赫（Ötenbach）多明我会女修道院中写成的埃克哈特大师的手稿。

附　　录

埃克哈特逸闻

一位善良的姐妹
跟埃克哈特大师进行的一次谈话

一位上帝的女儿来到修道院,要见埃克哈特大师。守门人说:"我该告诉他是谁要见他呢?"她说道:"我不知道。"守门人说:"为什么不知道呢?"她就说:"因为我什么也不是,既不是一个姑娘,也不是一个妇人,既不是一个丈夫,也不是一个妻子,既不是一个寡妇,也不是一个童贞女,既不是一个主人,也不是一个使女或仆人。"守门人就跑去对埃克哈特大师说:"请您去看看我闻所未闻的那个奇怪的家伙,请您把头伸出去说:'是谁要见我?'"他这样做了。她还是说了她跟守门人说过的同样的话。他这就说:"亲爱的孩子,你的话说得既实在又机敏:请你更确切地告诉我你要说的意思。"她说道:"倘若说我是个姑娘,那我就还处在我最初的纯洁之中;倘若说我是个妇人,那我就会在我的灵魂里面不停顿地生养那永恒的道;倘若说我是个丈夫,那我就会坚决抵制一切罪孽;倘若说我是个妻子,那我就会忠诚于我唯一可亲的配偶;倘若说我是个寡妇,那我就会始终思念着我那唯一所爱的人;倘若说我是个童贞女,那我就会以敬畏之心去侍奉主;倘若说我是个主人,那我就会去管辖所有属神的德行；倘若说我是个使女，那我就会谦卑地顺从上帝和所有被造物；倘若说我是个仆人，那我就会辛勤劳动，毫无怨言地全身心去侍奉我的主人。在所有这些里面，我都不是，同时，却既是这又是那，就如此。"大师走开去，对他的弟兄们说："这话是我迄今所听到过的最纯真的人说的，我是如此认为的。"

关于美好的早晨

埃克哈特大师对一位贫苦的人说："愿上帝给你一个美好的早晨，兄弟！"——"先生，给您自己留着吧：我还从来没有过糟糕的早晨呢。"他说道："为什么呢，兄弟？"——"因为凡是上帝要我忍受的我都为上帝的缘故而愉快地忍受了，还是觉得做得很不够，我也从来不因此而感到悲伤和烦恼。"他就说："你最初是在哪里找到上帝的呢？"——"当我将所有的被造物全都撇下之时，我就找到了上帝。"他说："那么，你将上帝放在哪里呢？"——"放在所有纯真的心中。"他说："兄弟，你究竟是怎样的一个人呢？"——"我是君王。"他说："那你统治什么呢？"——"统治我的肉体：因为，为了将我的灵心想望从上帝那里得到的一切都加以实施和忍受，我的肉体比我的灵心更敏捷地去领受它们。"他说："君王总要有王国。兄弟，你的王国在哪里呢？"——"在我的灵魂之中。"他说："这怎么会呢，兄弟？"——"当我管辖住我的五个感官，全身心地向往着上帝的时候，我就发现，上帝在我的灵魂之中一如他在永生之中那么光辉和喜悦。"他说："你是可以成圣了。那么，兄弟，是谁使得你成圣呢？"——"是我的静心和我那高出在上的思想以及我跟上帝的合一，——是这些将我提升到天上去；因为，只要是少于上帝的，都无法使我平静下来。现在我找到了他，在他里面永远得到了安宁和喜悦，而就时间性而言，这超过了一切的王国。没有任何一件外在的事情，可以完美到不会去妨碍内心的专心致志。"

埃克哈特与裸体少年

埃克哈特大师遇见一个俊美的裸体少年。

他问他从哪里来？

他说："我从上帝那里来。"

"你将他放在哪里？"——

"放在充满美德的心中。"

"你要到哪里去？"——

"到上帝那里去！"

"你到哪里去找到他呢？"——

"在我脱离开所有被造物的地方。"

"你是谁呢？"——

"是君王。"

"你的王国在哪里呢？"——

"就在我的心中。"

"你注意，不要让任何人与你一起来拥有它。"——

"我是在注意着。"

然后，他将他领到他的房间，对他说："穿上你喜欢的衣服吧！"——

"那样我就不成其为君王了!"

他沉默不言。

那是上帝自己,是他采用了这种寓教于乐的方式。

埃克哈特大师的宴请

一次,一个贫苦的人来到莱茵河畔的科隆,要在那里寻找贫穷,靠真理而生活。这时,有一位少女跑来对他说:"亲爱的孩子,你是不是愿意在属神的爱里面与我一起吃饭呢?"他说:"我愿意!"他们一起吃饭时,她说:"尽管吃,没有什么不好意思的!"他说:"如果我吃得很多,那就是一个错误,而如果我吃得很少,那也是不对的。我将恰好像一个贫穷的人那样吃。"她就问:"怎样才算是一个贫穷的人呢?"他说道:"这取决于三件事情。第一,他应该对于一切出乎本性的东西都漠然置之。第二,他不能对上帝有太多的要求。第三,遇到受苦的事情,他首先要自己去承担,而不是让别人去担当。"她问道:"啊,亲爱的孩子,告诉我,那内在的人,他的贫乏又是什么呢?"他说道:"这也取决于三件事情。第一,是要在时间之中和在永恒之中都摆脱所有被造物。第二,是要在内和在外都做到真正的谦卑。第三,是要具有炽热的内心世界,始终不渝地保持着向往上帝的心情。"她说:"说实在的,我很乐于听到这话。唉,亲爱的孩子,你现在再告诉我,什么才是灵心之贫乏呢?"他说:"您问得太多了!"她说:"我还从来没有体会到,涉及上帝的荣耀和人的福乐竟然会有那么多的事情。"那贫穷的人说道:"您说得对。那灵心之贫乏也取决于三件事情。第一,在时间之中以及在永恒之中，人应该去知道的唯独只有上帝。第二，他不应该在他自己之外去寻找上帝。第三，他不应该将那属神的财富当成私有财产而从一个地点搬到另一个地点。"她问道："那么，那位大师，即我们两人的父，他难道也不应该把他的讲道从他的房间搬到讲坛上去吗？"他回答说："不！"她就说："为什么呢？"他说道："越是具有时间性，就越是属于肉体的；越是属于肉体的，就越是具有时间性。"①她说："这个灵心可不是从波希米亚人那里来的！"②他说："在科隆照射着的太阳，在布拉格也照进了城中。"她说："请你说得清楚一些！"他说："我无权来解释，因为这位大师就在此地。"大师说道："凡不是在内心里拥有真理的人，就应该在外面去爱这真理，这样，他在内里也会找到这真理。"她说："这一餐饭吃得很值得。"

然后那个穷人又说道："小姐，现在该您付酒钱了！"她说："很愿意！请您问吧！"他说："人应该如何去认识圣灵在他灵魂之中所做的事情呢？"她说："通过三件事。第一，他对于肉体的东西，对于情欲和对于出于本性的情爱，日益淡漠。第二，他向往属神的爱，向往恩典，与日俱增。第三，带着爱和真诚，他在做事时考虑他的

---

① 这贫穷人的这句回答，不是很容易理解。也许这句话是要说明，将讲道人的属神的财富从他的房间搬移到讲坛之上，作为一件发生在时间和空间之中的事情，会对属灵的财富的属灵性质产生不良的影响，会使其坠入到世俗物质的泥坑之中。——德文本编者

② 这段话也不好理解。也许是这少女想对那个据称是从波希米亚的布拉格来到莱茵河畔的科隆的贫穷人表明，她再一次认识到他刚才所说的那种灵心，乃是科隆所说的灵心，是埃克哈特大师所说的灵心，而不会是这位贫穷人从波希米亚带来的。但接下来那位贫穷的人举出太阳照在科隆也照在布拉格，说明在波希米亚的布拉格，人们也知道埃克哈特所说的灵心，其实，这位传教士在约公元1307年时曾经以助理牧师的身份在布拉格待过，因而，是能够将其从那里带来的。——德文本编者

同伴胜过考虑他自己。"他说:"我们的主的那些经过挑选的朋友,已经很好地证实了这一点。"他又说:"一个属灵的人,在他祈祷和行德行时,如何知道上帝是不是在场呢?"她说:"也取决于三件事。第一,取决于上帝用以挑选他的选民的事情,那就是:对世界的蔑视和肉体的受难。第二,根据他与上帝之间的爱的大小决定所取得的恩典如何增长。第三,上帝在没有向人指出一条新的走向真理的道路的情况下,不会轻易将人撇下不管。"他说:"这必定是如此! 请告诉我,一个人应当如何得知他所做的一切事情是不是符合上帝的至高的旨意?"她说道:"也取决于三件事。第一,他绝不缺少一颗纯真的良心。第二,他绝不放弃与上帝的合一。第三,在天上的父始终通过注入而在他里面生养他的子。"

大师说话了:"假如所有的欠债都能够像这酒一样地得到偿还,那么,许多目前还在炼狱中的灵魂,就可以到永生里面去了。"那穷人说:"这里还要付的钱,就归大师了。"大师说:"理应体谅老人。"那穷人说:"那就让爱来起作用,因为爱是不分年龄差别的。"

那少女说:"您是一位大师,在巴黎,您的威望更是三倍于此地。"那穷人说:"我却宁可看到一个人通过做实事赢得威望,这要比在巴黎坐在讲坛上的那个好三倍。"埃克哈特大师说:"该要说的都说了。"

那少女说道:"我的父,请告诉我,一个人该如何知晓他是不是成为天父的孩子呢?"他说:"要看三件事情。第一,这人做所有事情是不是出自于爱。第二,他是不是以均一无差异的态度从上帝那里领受到万物。第三,他是不是将他的全部希望都唯独寄托在上帝身上,而绝不寄托在某个人身上。"

那穷人说:"请告诉我,我的父,一个人如何得以知晓他里面的美德已经尽善尽美了呢?"他回答说:"也要看三件事情:要为上帝而爱上帝,要为善而爱善,要为真理而爱真理!"

大师说道:"亲爱的孩子们,那在教导真理的人,又该如何生活呢?"那少女说:"他如何用言语去教导人的,他自己在行为之中就该如何去做到,他就该这样生活着。"那穷人说:"这很好。然而,他在内心里拥有的真理应该比他用言语说出来的还要多才好。"

教皇约翰二十二世训谕
（在主的耕地之上）
公元 1329 年 3 月 27 日

对埃克哈特大师的二十八句话的谴责

主教约翰，上帝的仆人的仆人，为了那永恒的纪念。

按照属天的指派，在主的耕地上面，尽管我们不配，但我们现在成为这块耕地上的守护人和耕种人，为此，我们理应兢兢业业地执行属灵的嘱托，无论何时，若是有敌人在这块耕地上将杂草种子撒到真理的种子上，则务必在其生根发芽之前将其灭尽，必定要杀灭这罪恶之种子，拔除那谬误之荆棘，使得我教真理之播种欣欣向荣。

确实，令我们痛心的是我们得知，在这一时期有一位来自于德意志土地的名为埃克哈特的人，又被称为《圣经》博士和教授，属于教士兄弟会教团，他逾越他应该知道的范围而想要知道得更多，但又丝毫没有做到谨慎行事，没有遵循信仰之准绳，因为他对真理充耳不闻，胡编乱造。诱他误入歧途的是那个谎言之父，他经常变成发光的天使模样，散布那感官之阴森可恶的黑暗，想要遮蔽真理之光，而这个受此误导的人，却因此而对在教会的这块耕地上闪耀发亮的信仰之真理横加反对，助长了杂草和荆棘，乐此不疲地培育着毒草，他讲了大量的诲人之言，但是，在他主要对普通百姓所作的讲道和他写下的那些论说中，却使得受此影响的许多人心灵中的信仰变得淡薄了。

依据我们可敬爱的科隆大主教亨利希的职权前此所进行的调查，以及最后依据罗马教廷的职权重新又进行的调查，我们获知，经过那个埃克哈特的供认，可以可靠地确定，他在讲道时或作教导时或在写作时包括有下述二十六款的说法。

1

曾经被问到过，为什么上帝没有在更早的时候创造出世界来，他当时的回答，甚至现在的回答还是说，上帝不可能在这之前创造出世界，因为在有存在之前是任何事情也做不成的。因此：上帝一旦存在，他立刻就创造出世界来。

2

同样得到认可的是，世界是从永恒以来就已经存在着的。

3

同样：上帝一旦存在，他就产生出他那跟他等同的永恒的子，成为跟他完全等同的上帝，与此同时，他也就创造出了世界，而这一切都是一下子同时做到的。

4

同样:在每一件事情之中,即使是在受罚和负罪这样的恶事之中,也同样显示出和闪耀着上帝的庄严。

5

同样:诽谤某个人的人,却正是由于这诽谤之罪而去赞美上帝;他越诽谤得厉害,他犯的罪越重,他就越加倍地赞美上帝。

6

同样:亵渎上帝自己的人,也赞美上帝。

7

同样:求这求那的人,是以邪恶的方式求邪恶之事,因为他所求的是要否定善良和否定上帝,而他是为了要上帝拒绝他才去祈求的。

8

上帝是在下面这样的人里面得到荣耀。他们无所追求,对荣誉、好处、献心、成圣、酬报以至天国,都无所追求,已经将这一切都放弃了。

9

我最近考虑过这样的问题,即我想要从上帝那里有所领受或有所企求：我要深思这件事情，因为当我想从上帝那里有所领受时，我是在他之下像一个仆人一样，而他像一个主人一样地在作赏赐，——而在永生之中，我们就不该是这样。

10

我们将完全地被变成为上帝；这就像在圣餐礼中那饼被变成基督的身体一样的方式：这样，我被变成为他，他亲自将我产生出来，是作为合而为一的存在，而不仅仅是等同的存在；在那活生生的上帝那里，确实是分不出有什么区别的。

11

凡是上帝父神在属人的本性之中已经给予了他的独生子的，他也已经全部给予了我：我从中不取出任何东西，包括那合一和成圣，他将赐给他的一切也都赐给了我。

12

凡是《圣经》中关于基督所写到的一切，全部在每一个善良属神的人那里得到了证实。

13

凡是属神的本性所拥有的，也全部都是属神的义人所拥有的；因此，这样的义人也行上帝所行的所有事情，他也跟上帝一起创造出了天和地，他是那永恒的道的见证人，而且，假如没有这样的义人，也许上帝就不知道该做些什么了。

14

善良的人应该使他的意志迎合上帝的旨意,凡是上帝想要的,他自己就也想要:因为上帝以某种方式要我犯罪,我就不会不愿意去犯罪,这才是真正的忏悔。

15

如果有一个人犯下了成千条的死罪,却还觉得心安理得,那么,他就根本不会希望他最好没有犯下这些死罪。

16

上帝不会明确命令去完成什么外在的事情。

17

从根本上讲,外在的事情不是善美和属神的,上帝是不会去做的,也不会去生养的。

18

不要让我们去承受那些只给我们带来坏处的外在的事情的后果,反之,居留在我们里面的父,他所行的那些内在的事情,我们很愿意享受它们的成果。

19

上帝热爱的是灵魂,而不是外在的事情。

20

善良的人就是上帝的独生子。

21

"贵人"是上帝的那个独生子,即父自永恒以来就已经产生的那个独生子。

22

父产生出我,是把我作为他的子,作为那同一个子。上帝所做的无论什么事,都是归一的;因此,他产生出我,是把我作为他的子,是不加任何区别的。

23

无论以什么方式,无论从哪个方面来看,上帝都是单一者,在他里面,不管是在理性之中还是在理性之外,都找不到任何多样性;故而,谁看到了双重性或者差异性,谁就是没有看到上帝,因为上帝是居于一切数字之外和超越一切数字之上的单一者,他跟虚无一起重合在"一"之中。由此可知:在上帝自己里面不可能有任何差异存在,也不可能在他里面认识到有什么差异。

24

任何差异性都与上帝格格不入,不管是在本性里面还是在各个人格*里面。其证据为：他的本性本身就是那个"太一"，而每一位都是这个"太一"，也就是本性所是的"太一"。

25

经文中说道："西门，你爱我胜过爱这个吗？"这意思是说："我要说，胜过这个，是以良好的方式去做到，但不是以完善的方式去做到的。"有"第一"和"第二"，就有"多"和"少"，就有程度上的差异和等级上的差异；然而，在"太一"里面，既没有程度也没有等级。这样说来，谁爱上帝胜过爱邻人，也就是以良好的方式去爱他，而不是以完善的方式去爱他。

26

所有被造物都是纯粹的虚无：我不是说它们微不足道或者怎样怎样，而是说它们乃是纯粹的虚无。

除此之外，还对上述埃克哈特曾经在他的讲道中讲到的下面两款进行了指责：

1

在灵魂之中具有某种非被造的和不可被造的东西；假如整个灵魂都是这样，那么，它就是非被造的和不可被造的，——而这就是理性。

---

* 这里所说的各个人格，系指三位一体中的三位。——译注

2

上帝,既谈不上是善良的,也谈不上是更善良的或者说完善的;如果我称上帝为善良的,那么,我是说了错话,就是颠倒了黑白。

我们业已将上述条款让多位神学博士检验过,甚至也跟我们这里的弟兄们一起仔细地检验过。最后,根据博士们的报告以及我们自己的检验,我们确认,上述条款中的前十五款以及最后两款,无论是就其字面上的意思还是其思想关联,都包含着谬误或者包含有异端之痕迹;至于那其余的十一款,即从"上帝不会明确命令"开始的那些条款,我们已确认是提法恶劣,十分鲁莽,已涉嫌异端了,虽然也可以认为,这些条款若是加上大量的解释和补充以后也有可能具有我们天主教的含义。

现在,为了不让这些条款或者其内容再进一步去感染听过他讲道的那思想单纯的人们的心,不至于在他们那里或者在其他人那里得以孕育,按照我们上述弟兄们的建议,我们明确地谴责这头十五款以及最后的两款,宣布其为异端,而其他十一款为恶劣的和鲁莽的,涉嫌异端,也包括这个埃克哈特的所有包含上述条款的书籍和小册子。如果有人胆敢顽固地坚持或者赞同它们,那么,我们的打算是,凡是以这样的方式坚持或者赞同头十五款和最后两款或者其中某一款的人,我们都认定其为异端者,而对于从字面上坚持或者赞同上述其他条款的人,我们认定其为涉嫌异端者。

我们还要向那些听讲过上述条款和所有知晓它们的人宣布,

业已由一份公开签发的证书确证，上述那个埃克哈特，在他生命快要结束之时，又信奉了天主教的信仰，对于他曾经宣教过的那二十六款以及所有他曾经写过的和在学校及讲道时讲授过的，这些都有可能在信徒的内心产生一种异端的或者谬误的意思，与真正的信仰相敌对的意思，就这个意义而言，他已经对之加以撤消并谴责，而且希望获知其全部被撤消，尤其是那些条款所涉及的内容，因为他自己以及他所有的著作和言论都服从于教廷的裁决。

以上训谕，发布于阿维尼翁（Avignon），1329年3月27日，本届教皇第十三年。

译者后记

埃克哈特大师,他的全名是约翰尼斯·埃克哈特(Johannes Eckhart),但无论是在他活着的时候和他死去以后,也无论是他自称还是别人称呼他,都是以埃克哈特(也有译为爱克哈特或艾克哈特的)大师而闻名于世的。他的生卒年份,最近经过多方面的考据,已基本可以确定。他于公元1260年生于德国图林根(Thueringen)州的塔姆巴赫(Tambach),于公元1328年逝世,但究竟是死于德国科隆还是法国的阿维尼翁,则尚未能确定。但较可能是死于阿维尼翁。

埃克哈特在15岁至18岁期间进德国埃尔福特(Erfurt)多明我会修道院。然后,于公元1285/1286年起继续在科隆的教团高等学校学习。在这期间,他初次去了巴黎。他的神学学习是在科隆或者巴黎结束的。1293年,他短期在巴黎大学任《西部语录》讲师,他对彼得(伦巴第的)(Petrus Lombardus,1095—1160)的《西部语录》作了讲解和评论,涉及上帝、创世、得救和圣礼。从1294年至1298年,他担任埃尔福特多明我会修道院院长,同时又任图林根代理主教。他的《教诲录》就是在这期间他对教团青年弟兄们所讲的。在1302/1303年,在巴黎被授予硕士学位并获得讲学许可。他自1302年8月28日即圣奥古斯丁纪念日起用拉丁文开讲论述奥古斯丁的课程。自 1303 年至 1311 年,任萨克森教团大主持,又任教团教士联合会的监事,策划并领导教士会会议。并且,自 1307 年起,又任波希米亚省副主教。1313—1323 年,任斯特拉斯堡主持主教。埃克哈特的德语讲道,大部分都是在斯特拉斯堡的这段时间里讲的,他的《论属神的安慰》以及《论贵人》,后来收录于以《哥林多后书》(1 章,3 节)为标题的《赞美上帝集》(Liber benedictus)之中的,也是约 1318 年在斯特拉斯堡写成的。自 1323/1324 年至 1327 年,他在科隆讲学。公元 1326 年,由科隆大主教根据埃克哈特在《赞美上帝集》以及他的德语讲道中的一些语句对他进行了指控,开始了对他的宗教法庭审理程序。该年 9 月 20 日,第一次传讯埃克哈特,由科隆委员会对受指控的语句作神学上的鉴定。1327 年 1 月 24 日,对他第二次传讯。2 月 13 日,埃克哈特大师在科隆的多明我会教堂中作无罪声明,表明对信仰之真理的认同,也承认会有一些错误之处。2 月 22 日,在教团大主持亨利希·冯·奇格诺和另外三位讲师的陪同下,埃克哈特他们前往阿维尼翁教廷,向教皇约翰二十二世面陈该事。埃克哈特于 1328 年去世,可能是死于阿维尼翁。公元 1329 年,由教皇签发以"在主的耕地上"(In agro dominico)为开始的训谕。这以后,由罗马教廷将埃克哈特的全部著作作为异端加以禁绝。

埃克哈特受到指控,是由多种因素促成的。多年以来,在所谓世俗教士与托钵修会(多明我会即为托钵修会之一支)之间,一直存在着激烈的争斗。自 1324 年以后,由于埃克哈特的参与,科隆的多明我修道院在关系到教团的规章纪律方面作了一系列的改革。那些受到指责的教士,对热心于改革的教士感到无比的愤恨。

而直接引起对埃克哈特大师的指控的,则是他的那本包括《论属神的安慰》和《论贵人》在内的《赞美上帝集》以及他的那些广为流传的讲道记录。教廷对埃克哈特强调科学理论与拯救灵魂这二者之间的关联和对他贬低教廷和教皇的地位,始终是极其不满的。埃克哈特倾向于普通的平民百姓,对社会底层贫民的同情,也是与教廷的做法大相径庭的。实际上,在埃克哈特活着的时候,他始终在为自己辩护,作了必要的解释,对自己的基本论点是坚持的。他的死,也是很值得怀疑的。在他死后发布的教皇训谕中所说到的他临死时的悔过表现,其可靠性,则是无法考据的了。直到公元1980年,才在教士教团大会上正式提出为埃克哈特大师恢复名誉,并成立"埃克哈特大师委员会",从事文档整理工作。

实际上,尽管由教皇签发了训谕,在德国多明我会内,埃克哈特的思维方式及其学说,始终起着很大的作用。他的同时代人约翰尼斯·陶勒(Johannes Tauler)和亨利希·绍依塞(Heinrich Seuse),一方面匿名发表了埃克哈特的一些著作,特别是其德语讲道,另一方面,又在他们各自的著作中大量运用了埃克哈特的思想。有许多同情埃克哈特的人为保存他的手稿作出了贡献。

宗教改革运动的发起者和基督教新教的创始人马丁·路德,是埃克哈特死后第一个有影响的拥护者。他在他的著作中广泛地引用了埃克哈特的论点,尤其是其德语讲道中所阐述的许多思想。自19世纪中叶以来,除了众多的神学家对埃克哈特大师的学说作了深入系统的研究以外,又有一系列著名的哲学家从各个方面发展和运用了他的理论,他们中有:叔本华、弗洛伊德、海德格尔、布洛赫等。如果说那时对埃克哈特大师的兴趣始终保持在学术和理论的研究上面的话,那么,在20世纪上半世纪出现的新的埃克哈特热,则其中毕竟掺杂有许多借题发挥以为己用的目的,如一些纳粹的"理论家",都企图断章取义地拾取大师的个别语句大加发挥,达到为他们的"理论"作辩护的目的。然而,这在客观上却也产生了一个积极的后果,那就是促成了埃克哈特大师的著作得以比较系统完整的整理和出版。在德国,自1936年开始,受德国国家研究协会的委托,编辑出版《埃克哈特大师德语与拉丁语著作全集》,下又分《德语著作全集》和《拉丁语著作全集》两大部分。《德语著作全集》共分五卷,《拉丁语著作全集》也分五卷。《德语著作全集》由埃克哈特大师的研究家约瑟夫·克温特(Josef Quint)将古德语翻译成现代德语,《拉丁语著作全集》也由瓦依斯等三人将拉丁语翻译成现代德语。我这次翻译的这本《埃克哈特大师文集》,就是根据约瑟夫·克温特在1955年从《德语著作全集》中挑选出来的他认为最可信和最能够代表大师的思想的德语著作,包括他的3篇论说和59篇德语讲道。1979年该书列入"第欧根尼丛书"第20641号,书名为:《埃克哈特大师德语讲道和论说集》(*Meister Eckhart : Deutsche Predigten und Traktate*, Diogenes Taschenbuch 20642,1979)。

在经过了近七个世纪的被贬抑以后,埃克哈特大师的许多思想和论点,尤其是在最近的二三十年,受到了非凡的重视。在基督教神学范围内,大师的学说被认为是将基督教恢复到其最纯粹的原始形态,是可以承担起使基督教摆脱一切非属神的和会引人误入歧途的人为因素的使命。埃克哈特往往被称为是一位神秘学家,然而,他的神秘学,恰好就是对早期基督教所信奉的神秘根基的回归。他在他的著作和讲道中对于教会和宗教仪式的作用所谈到的看法,尽管在他的时代是与当时流行的观点有着很大的区别,但是,随着时间的推移,却越益受到更多的信徒的赞同。他的灵魂学说,他的超世脱俗学说,他的有关上帝生养他的子的学说以及他的关于人的内在行为远远高于其外在行为的学说,这一切,在理论上又植根于他的关于一统、关于"太一"、关于人与上帝的合一以及万物之中皆有上帝的基本出发点。

埃克哈特受古希腊哲学家如柏拉图、亚里士多德等以及东方哲学家如阿维森纳等的影响是很明显的。剖析他的思想来源,则不可忽视的是他将上述所谓异教大师们的思想吸收到奥古斯丁、托马斯·阿奎那等人的正统的基督信仰学说之中去,力图协调其间的差异和矛盾之处。他又受到多明我会内同伴的影响,对观察各种自然现象表现出浓厚的兴趣。因而,他对神学问题的阐述,往往多从哲学的观点来开展的。这也是为什么埃克哈特的思想备受哲学家重视的原因。译者在美国"雅虎"(www.yahoo.com)网站以"埃克哈特大师"作为关键词进行了检索,竟发现有多于两千多条的内容,除了有大量的相关论文和著作以外,还有不少专门的研究学会,并出版一些定期的研究期刊。

约瑟夫·克温特,作为本书的编者和译者,基于他长期以来对埃克哈特大师的深入研究和考证,作了大量极其重要的注释,对我能够顺利翻译本书,起了不可替代的作用。译者在 2000 年 11 月,趁赴德国短期讲学之便,有机会查阅到不少有关的资料,并和多年从事埃克哈特大师思想研究的克利斯多夫·阿斯姆特博士(Christoph Asmuth)探讨了几个较难理解的名词术语在古德语中的确切含义，对我的翻译有一定的帮助，在此致谢。另外，在翻译过程中，也适当参考了美国1996年出版的《埃克哈特大师著作集》(*The Works of Meister Eckhart*)，但该书的翻译不太确切，漏译和错译之处很多。此外，瑞士马内斯出版社（Manesse Verlag）1999年出版的小册子《埃克哈特大师德语讲道录》（收入《马内斯世界文库》），也帮助译者了解了大师的生平事迹以及一些重要内容的出处。约·克温特编辑和翻译的这本《埃克哈特大师：德语讲道和论说集》，在书首有克温特的较长篇幅的前言，其内容主要涉及克温特多年来对埃克哈特著作的一些考证，对中国读者可能不会引起很大的兴趣。前言中对大师的一些思想的评述，也仅代表克氏个人的看法。因此，我就不将它们译出了。

本书中引用《圣经》处很多。众所周知，当今广泛使用的新教《圣经》是在埃克哈特之后由马丁·路德译成的，因而与埃克哈特的引文有时会有出入。译者在翻译到《圣经》经文时，首先考虑到中文本《圣经》的语句是否可用，如相差不大，则尽可能直接引用或相近地引用。但是，遇到埃克哈特在解释经文时对原文的理解与中文本《圣经》译文出入较大时，则只能按埃克哈特的意思加以翻译了。另外，中文《圣经》译文个别地方有较重大的错译，则予以更正。遇到这种情况，我都会以"译注"的方式标明。

这是一本距今逾七个多世纪的神学-哲学著作，而且，由于作者长期遭贬，因而有好多篇都是根据一些零星流传的手稿和记录稿才得以以今天的面目面向读者的。这一点，有些类似于我国曹雪芹的《红楼梦》。但因为相隔年代更加久远，难度就更大了。克温特以及在他之前的法兰兹·法依弗（Franz Pfeiffer），以他们毕生的精力投入到这项艰巨而烦琐的工作之中,终于使埃克哈特大师的那些久遭尘封但具有深邃思想内涵的著作得以重新面对广大读者。译者在翻译过程中虽然有时也遇到这样那样的困难,但在克温特氏注释的帮助下,大部分都得以迎刃而解。有个别地方,可能由于手稿的不完整,语句之间的衔接似乎有些问题。好在这样的情况不是很多。应当承认,译者虽然作了极大的努力,但限于本人的水平,错误和不恰当之处一定是在所难免的,敬请广大读者多加指教更正。

荣震华

2001年5月于上海

图书在版编目(CIP)数据

埃克哈特大师文集/(德)埃克哈特著;荣震华译. —北京:商务印书馆,2024
(中外哲学典籍大全. 外国哲学典籍卷)
ISBN 978-7-100-22959-3

Ⅰ. ①埃…　Ⅱ. ①埃…②荣…　Ⅲ. ①哲学理论—德国—中世纪　Ⅳ. ①B503.99

中国国家版本馆 CIP 数据核字(2023)第 170298 号

权利保留,侵权必究。

中外哲学典籍大全·外国哲学典籍卷
埃克哈特大师文集
〔德〕埃克哈特　著
荣震华　译

商　务　印　书　馆　出　版
(北京王府井大街36号　邮政编码100710)
商　务　印　书　馆　发　行
北京通州皇家印刷厂印刷
ISBN 978-7-100-22959-3

2024年3月第1版　　　　开本 710×1000　1/16
2024年3月北京第1次印刷　印张 34¼
定价:175.00元